손 안의 자바

손 안의 자바

초보자를 위한
자바 프로그래밍의 핵심 + 알파

김지훈 · 이현우 지음

i!i
에이콘

| 지은이 소개 |

김지훈 (docgkill@gmail.com)

동국대학교 컴퓨터공학과를 나왔으며, 홍익대학교 대학원 컴
퓨터공학과에서 시스템 프로그래밍을 전공해 석사 학위를 받
았다. LG CNS에서 SW 아키텍트를 수행했으며, KT ds에서 연
구원을 지냈고 현재는 정보기술감리원에서 감리사로 근무 중
이다. 안드로이드, HTML5, 빅데이터, 보안 분야에서 저술과 번
역 작업을 수행했으며, 정보시스템 감리에서 주로 수행하는 분
야는 시스템 구조 및 보안 분야이다.

이현우(hw.ralf79@gmail.com)

대한민국 공군 장교로 방공전산서버를 운영하면서 IT 관련 경력을 시작했다. 이후 LG CNS에서 차세대 응용개발 프로그램을 수행했으며, 모바일 개발에 관심을 가지고 KT ds 연구소의 모바일 플랫폼 개발을 수행했다. 이후 정보시스템감리사 자격증을 취득한 후 한국 공공기관의 정보시스템 감리 업무를 수행하고 있으며, IBK기업은행, 삼성생명, 산업은행, 한국전력 등 많은 공공기관의 감리 업무를 수행했다. IT 강의를 하는 것을  좋아하며 시큐어코딩 및 데이터베이스, 자바프로그램에 대한 강의를 한국전력, 한국소프트웨어기술진흥협회(KOSTA), 한국ICT융합협동조합 등에서 수행했다. 최근 화제가 되고 있는 워라벨을 중시하며, 매번 어제보다 나은 오늘이 되기 위해서 노력하지만 매번 부족함을 느끼고 있는 개발자다.

필자가 자바를 처음 접한 시기는 벤처 붐이 한창 불던 2000년 초반이었다. KDN을 그만두고 벤처에서 일하고 있었는데, Brew라는 모바일 플랫폼에서 C 언어로 메모리 할당, 해제를 하면서 한 땀 한 땀 프로그램을 작성하고 있었다. 그런데 그때 아리따운 여자 후배가 자기가 만들었다며 핸드폰에서 돌아가는 자바 프로그램을 보여줬다. 필자는 후배에게 메모리 관리는 어떻게 했는지 물어봤다. 그런데 그 후배는(지금의 와이프) 눈을 깜빡이며 "메모리 관리? 그게 뭐예요?"하는 것이 아닌가. 그렇다. 자바는 메모리 관리가 필요 없었다.

처음 자바를 접했을 때 받은 인상은 한문만 사용하던 양반이 한글을 접했을 때의 느낌과 비슷했을 것 같다. 그 당시에는 C는 전문가들이 사용하는 언어, 자바는 IT 노동자(?)들이 사용하는 언어 정도로 치부했다. 그러나 세월이 흘러 이제는 자바가 대세를 차지하고 있다. 변화가 느리다는 금융권에서조차도 이제는 자바로 계정 시스템을 만드는 것이 흔한 일이 됐다. 필자 역시 대부분의 프로젝트를 자바로 수행하고 있다.

후배이자 동업자인 현우와 함께 출판사에 갔다가 책을 쓰기로 덥석 계약을 하는 바람에 이 책을 쓰게 됐다. 직장생활을 하면서 자바를 이용해 많은 프로그램을 작성해왔지만, 책을 쓰는 것은 쉽지 않은 일이었다. 실무 경험이 많기는 하지만 그걸 전달하는 것은 어려운 작업이었다. 왜 이런 말도 있지 않은가. "그냥 내가 짜고 말지". 하지만 작업을 끝내고 나니 알고 있던 지식을 글로 정리했을 뿐 아니라 쓰면서 배운 부분도 있었다는 생각이 든다.

처음 자바를 접한 이후 자바의 버전도 많이 높아졌다. 지금 자바를 보고 있자니, 어느 날 부쩍 다 커버린 자녀를 보는 느낌이랄까? 스레드 프로그램을 작성할 때 블로 킹 큐까지 한 자 한 자 코딩을 하던 시절이 있었는데 이제는 자바가 제공하는 기본 기능을 사용하면 단 몇 줄로 끝낼 수 있게 됐다. 하긴 맨 처음 안드로이드 책을 쓸 때 는 안 놀아준다고 칭얼대던 아이가 이제는 마감 지키라고 닦달하는 청소년으로 컸으 니 자바도 그럴 만하다.

이 책의 목표는 가능한 작은 분량 안에 실제 프로젝트에서 사용되고 있는 자바 문법 과 API 그리고 프로그래밍 가이드를 담는 것이다. 자바 책이 날로 두꺼워지고 있는 요즘 그런 생각을 한 이유는 필자의 직업 때문이다. 필자는 LG CNS와 KT ds에서 소 프트웨어 아키텍트 역할을 수행한 후, 현재는 IT 감리 법인에 근무하고 있다.

정보시스템 감리 직업의 특성상 1년이면 10~20여 개의 프로젝트를 점검하게 된다. 필자는 최근 4년 동안 약 70여 개가 넘는 프로젝트를 감리했으며, 이를 통해 점검한 시스템의 소스는 약 100여 개에 달한다. 그러다 보니 자바 프로그래밍 요소 중 실제 로 사용되고 있는 것들이 무엇인지 자연스럽게 경험하게 됐다. 그 경험을 바탕으로 자바 프로그래밍 중 실무에 사용되는 요소들만 책에 담을 수 있었다.

이 책은 자바 8까지의 내용을 주로 다루며, 그 이후 버전에 대해서는 많이 다루지 않 는다. 자바 입문자 대상으로는 불필요하다고 판단했기 때문이다. 그러나 자바 9를 일 부 사용하기 때문에 개발 환경은 자바 9를 사용한다.

저자 **김지훈** 드림

필자는 무엇이든 먼저 행동하고 생각하는 것을 좋아한다. 이 책을 집필하겠다고 출판사와 계약했을 때 같이 말이다. 물론 나중에 조금 후회를 했다.

직장생활을 하면서 초보자가 쉽게 접할 수 있는 실무경험이 담긴 자바 책을 집필하겠다는 욕심이 있었지만 책을 집필하기가 쉽지 않았던 것 같다. 그래도 이 책이 처음 개발을 하는 초보자들을 위해 집필됐음을 알아줬으면 좋겠다.

매번 책을 집필하면서 머릿속에 있는 것을 좀 더 쉽고 간단하게 독자들에게 전달하기 위해서 노력했지만 돌이켜 보면 아쉬움이 많다. 그래도 고민하고 집필한 내용들이 독자들에게 전달돼 실무 현장에서 도움이 될 것이라고 생각한다.

자바는 매년 변화해왔고 느리지만 성장해왔다. 필자가 자바를 처음 접했을 때와 이 책을 읽는 독자들이 접하는 현재의 시점과는 많은 차이가 있다. 예전에는 무엇인가를 좀 더 고민하고 코드를 길게 작성하던 일련의 일들이 이젠 간단한 한 줄 정도의 코딩으로도 마무리가 된다. 예전보다 쉬워졌다고 하지만 그래도 여전히 시작하는 이들에게는 어려움이 있을 것이다. 필자도 시작할 때는 벽에 부딪힌 듯 막막했고, 도와주는 사람도 없이 개발 서적을 가지고 학습을 했다. 그때 필자와 같은 사람들이 이 책의 독자층이라고 생각하고 집필했다.

사실 이 책을 집필하면서 필자가 알고 있는 지식을 정리하고 다시 학습하는 계기가 돼 오히려 좋은 도전의 기회가 됐다. 책을 쓰는 동안 함께 더 많은 시간을 보내지 못해서 힘들게 했던 가족들에게도 감사의 말을 전하고 싶다. 사랑하는 아내 임자성과 진형이, 아인이에게 책을 마무리 했으니 앞으로 신나게 놀아줄게라고 말하고 싶다.

저자 **이현우** 드림

IT 전문가가 아닌 내가 리뷰어로 참여하게 된 이유는 초보자도 쉽게 이해할 수 있도록 하는 데 도움이 되기 위해서다. 책을 보고 따라 하다 잘 이해되지 않는 부분이 나오면 더 쉽게 설명하는 방법을 고민하면서 직접 고쳐 봤다. 이 과정에서 내가 정확하게 이해했는지 확인하고 질문하느라 저자 분들을 많이 귀찮게 했다. 전혀 새로운 분야에 도전할 수 있다는 자신감을 갖게 된 소중한 경험이었다.

삼육고등학교 1학년 4반
김하늘

| 차례 |

1부 자바 기본

1장   자바를 시작하며

2장   변수와 상수 그리고 타입

22장 I/O 스트림 및 파일 511

2부 자바 확장

들어가며

이 책은 크게 자바 기본편과 자바 확장편으로 나눠져 있다. 자바 기본편에서는 주로 자바의 기본 문법과 기능에 관한 내용을, 자바 확장편에서는 품질 좋은 코딩을 작성할 수 있는 방법과 자바 기본편에서 다루지 못한 내용을 담았다.

순서대로 설명하다가 중간에 이 부분은 이해하기 어려우니 나중에 다시 설명하겠다고 돼 있는 부분이 몇 군데 있다. 자바의 요소들이 유기적으로 연결돼 있어 순서를 완벽하게 정할 수 없어서이다. 책에서 제시한 대로 그런 게 있다는 정도로만 생각하고 관련 개념을 습득한 후 다시 돌아와서 해당 부분을 보기 바란다.

이 책의 학습을 마친 후, 추가로 디자인 패턴이나 자바 프로그래밍 가이드 관련 서적을 공부할 수도 있을 것이다. 디자인 패턴이나 자바 프로그래밍 가이드는 웹 개발자이던 안드로이드 개발자든 사용하는 데 차이가 없다. 그 이후 단계에서는 개발 분야에 따라 안드로이드, 웹 프로그래밍 등으로 분화해서 학습하면 된다.

자바 버전에 따른 변경 사항은 http://javainhand.tistory.com에 정리해뒀으니 필요하다면 참조하기 바란다.

이책의 대상

이 책은 자바를 배우기 시작한 입문자를 대상으로 한다.

코드 다운로드 및 문의

여기에 실린 예제 프로그램들은 http://javainhand.tistory.com에서 다운로드할 수 있다. 에이콘출판사의 도서 정보 페이지 http://www.acornpub.co.kr/book/java-in-hand에서도 예제 코드를 다운로드할 수 있다.

오탈자

에이콘출판사 도서 정보 페이지 http://www.acornpub.co.kr/book/java-in-hand에서 찾아볼 수 있다.

질문

자바에 관련된 질문은 http://javainhand.tistory.com의 질문 게시판에 올리거나 에이콘출판사 편집 팀(editor@acornpub.co.kr)으로 문의해주길 바란다.

1부

자바 기본

자바란?

자바는 썬 마이크로시스템즈에서 개발한 객체지향 프로그래밍 언어다. 현재는 썬 마이크로시스템즈가 오라클로 인수됐다. 약 십수년 전만 하더라도 C나 C++이 각광을 받았다. 웹 프로그래밍을 하더라도 C로 CGI^{Common Gateway Interface} 프로그램을 작성했다. 그러나 썬 마이크로시스템즈의 엔지니어인 제임스 고슬링을 주축으로 자바가 개발되면서 이제는 다양한 분야에서 자바가 사용되고 있다.

자바가 각광을 받게 된 데는 다음과 같은 자바의 특징들이 큰 역할을 했다.

● 운영체제에 독립적인 언어다

기계에서 사용하는 운영체제가 달라지면 저수준의 언어는 프로그래밍을 조금씩 수정해야 하는데, 이를 포팅^{Porting}이라 한다. C 프로그램은 사람이 인지하는 프로그램이다. 이를 컴파일러와 링커를 통해 기계가 알아들을 수 있는 기계어 프로그램으로 변환한다. 그런데 이 기계어 프로그램은 운영체제에 매우 종속적이다. 하드웨어가 바뀌면 운영체제가 바뀌고 그렇게 되면 프로그램을 재사용할 수 없다. 맥 컴퓨터에서 실행되는 프로그램을 윈도우 컴퓨터로 가져가면 사용할 수 없는 이

유다.

여기서 한 가지 의문을 가질 수도 있을 것이다. 컴파일러와 링커가 기계어 프로그램을 운영체제에 맞게 생성하면 되지 않냐는 의문이다. 반은 맞고 반은 틀리다. 1부터 10까지 더하는 간단한 C 프로그램이라면 그렇게 할 수 있다. 그러나 C 언어는 운영체제 수준의 조작이 가능하다. 운영체제가 제공하는 시스템 콜도 호출할 수 있고, 운영체제에 따라 특정 타입의 실제 바이트 크기가 달라질 수도 있다. 이렇게 저수준의 조작이 들어가 있는 C 프로그램의 경우는 컴파일러와 링크만 바꾼다고 C 프로그램의 수정없이 그대로 실행되지 않는다. 그래서 C 프로그램 중 이런 부분을 수정하는 것이 포팅Porting 작업이다.

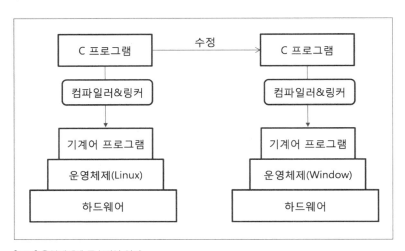

[도표] 운영체제에 종속적인 언어

그런데 자바는 다르다. 운영체제가 달라지더라도 프로그램을 수정할 필요가 없다. 자바는 기계어 프로그램으로 바뀌어 운영체제 상에서 실행되지 않고 바이트 코드로 전환돼 JVM이라는 가상 머신 상에서 실행되기 때문이다.

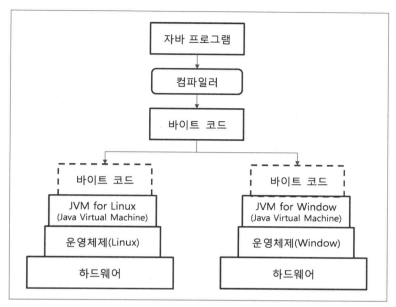

[도표] 운영체제에 독립적인 언어

자바에서 바이트 코드는 class라는 확장자를 가진 클래스 파일과 대응된다. 이 클래스 파일들을 묶어서 jar로 배포하기도 한다.

● 객체지향 언어다

객체지향^{Object Oriented Programming Language} 프로그래밍이란 객체 내에 관계있는 데이터와 연산을 묶어 그 객체의 재사용성 및 유지보수성을 높이는 기법인데, 이를 위한 언어를 객체지향 언어라고 한다. 이를 위해 객체지향의 핵심 개념인 상속, 캡슐화, 다형성을 지원한다. 이는 뒤에서 자바의 문법과 함께 다룰 것이다.

● 배우기 쉽다

자바를 블루 컬러 랭귀지^{Blue Color Language}라고 하는 사람도 있다. 블루 컬러는 청색 작업복을 입고 육체노동을 하는 노동자를 의미하는 용어였는데, 이러한 노동자도 쉽게 배울 수 있다고 해서 블루 컬러 랭귀지라고 한 것이다. 자바만 봐서는 얼마나 쉬운지 잘 모를 수 있지만 C, C++ 언어 등과 비교하면 쉽다는 것을 알 수 있다.

- **자동으로 메모리를 관리한다**

C의 경우에는 데이터를 보관하고자 할 때 그 데이터를 위한 메모리를 개발자가 직접 할당하고 해제해야 한다. 그리고 이러한 메모리 관리에 실수가 발생하면 프로그램이 불규칙하게 오작동한다. 그러나 자바는 인위적인 메모리 할당과 해제 과정이 없다. 객체를 생성하면 자동으로 메모리가 할당되고, JVM이 알아서 메모리를 해제해 시스템에 반납한다. 자바가 배우기 쉬운 데는 이러한 자동 메모리 할당도 한몫한다.

- **동적 로딩을 지원한다**

객체지향 프로그래밍에서 프로그램 즉 애플리케이션은 객체의 집합으로 구성된다. 그리고 객체를 생성하려면 객체를 찍어내기 위한 틀, 즉 클래스를 JVM이 알고 있어야 한다. JVM이 객체를 생성하기 위한 클래스를 인지하는 동작을 클래스 로딩이라고 하는데 자바는 클래스 로딩을 프로그램 실행 중에 천천히 해도 된다. 이를 동적 로딩 Dynamic Loading 이라고 표현한다. 반대 개념으로 정적 로딩이 있는데 이는 JVM이 시작하면서 클래스 로딩이 일어남을 의미한다.

정적 로딩에서는 JVM이 실행하면서 클래스 구조를 모두 알아야 하고, 동적 로딩에서는 JVM 실행 후에 천천히 클래스 구조를 알게 된다.

지금보면 대단한 특징도 아닌 것 같지만 자바가 처음 나왔던 시절에는 이러한 장점들로 인해 급격하게 사용 분야가 확대될 수 있었다.

개발 환경 구축하기

먼저 컴파일러와 JVM이 있어야 한다. 오라클 사이트에서 다운로드할 수 있는 JDK Java Platform, Standard Edition Development Kit 에는 컴파일러와 JVM뿐 아니라 개발에 필요한 도구들이 포함돼있다.

필자는 JDK 9.0.1을 다운로드했다. 오라클 사이트는 계속 수정되므로 다운로드 시점에 따라 다음 화면과 다른 모습일 수 있다.

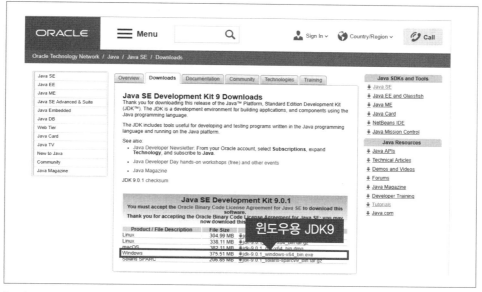

[도표] JDK 다운로드 페이지

다운로드한 JDK 설치 파일을 실행해 JDK를 설치한다. 필자는 옵션을 변경하지 않고 디폴트로 설치했다. 설치됐는지 확인하기 위해 cmd를 실행하고 다음 명령어를 입력해 설치된 자바 버전을 확인한다.

```
C:\Users\docgk>java -version
java version "9.0.1"
Java(TM) SE Runtime Environment (build 9.0.1+11)
Java HotSpot(TM) 64-Bit Server VM (build 9.0.1+11, mixed mode)

C:\Users\docgk>
```

[도표] 자바 설치 확인

이제 자바가 제공하는 커맨드를 자유롭게 사용할 수 있도록 하기 위해 환경 변수 중 시스템 변수의 PATH에 JDK의 실행도구가 들어 있는 디렉터리를 추가한다. 해당 디렉터리 아래에는 javac 등이 있어야 한다.

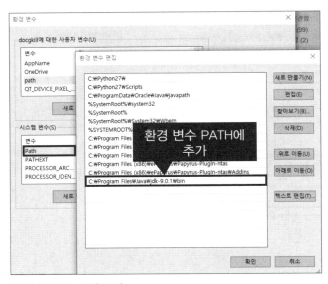

[도표] 환경 변수 편집(PATH)

그리고 JAVA_HOME이라는 환경 변수도 추가한다. 이는 추가된 JDK가 설치된 디렉터리이다. 필자는 디폴트로 설치했는데 C:\Program Files\Java\jdk-9.0.1이다. JDK를 다운받는 시점에 따라 자바의 세부 버전은 달라질 수 있는데 본 책의 예제를 실행하려면 JDK 1.9 이상을 다운받는다.

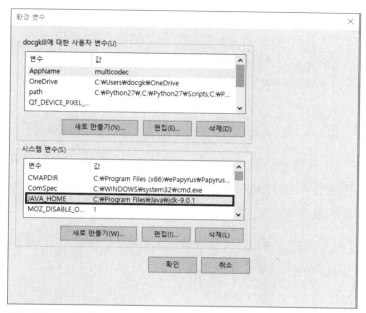

[도표] 환경 변수 편집(JAVA_HOME)

이제 노트패드를 사용해 간단한 예제 프로그램을 작성해보자. 화면에 "Hello World"를 출력하는 자바 프로그램이다. 프로그램을 작성하고 컴파일하고 실행하는 절차는 다음과 같다.

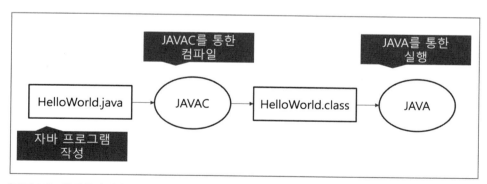

[도표] 프로그램 작성 및 컴파일 그리고 실행

먼저 프로그램을 작성한다.

[예제] 첫 번째 자바 프로그램 – HelloWorld.java

```java
class HelloWorld  {
    public static void main(String[] args)  {
        System.out.println("Hello World!!");
    }
}
```

일단 위 내용과 똑같이 HelloWorld.java 파일을 작성한다. 이때 프로그램 내의 HelloWorld라는 이름과 파일 이름 HelloWorld가 반드시 같아야 한다. 이 장의 목적은 개발 환경을 구성하는 것이므로 프로그램 설명은 뒤에서 한다.

프로그램을 작성했으니 이제 이를 컴파일러로 컴파일해야 한다. HelloWorld.java 파일이 있는 위치에서 다음 명령어를 명령어 창에 입력한다.

[도표] HelloWorld 컴파일

HellowWorld.java를 컴파일하면 HelloWorld.class라는 파일이 생성된다.

```
C:\Users\docgk>dir HelloWorld.class
 C 드라이브의 볼륨에는 이름이 없습니다.
 볼륨 일련 번호: 12F2-66FC

 C:\Users\docgk 디렉터리

2017-11-28  오전 12:06                   425 HelloWorld.class
               1개 파일                   425 바이트
               0개 디렉터리  11,441,500,160 바이트 남음

C:\Users\docgk>
```

[도표] HelloWorld 클래스 파일

이제 컴파일된 HelloWorld.class 파일을 java라는 명령어를 사용해 JVM 상에서 실행한다.

[도표] HelloWorld 클래스 파일 실행

자바 애플리케이션은 자바 클래스의 집합이다. 앞의 예제는 단순해서 하나의 클래스로 하나의 애플리케이션이 구성됐다. 자바 프로그램을 실행하려면 시작점이 있어야 하는데, 그것이 바로 main() 함수이다. "java HelloWorld"라는 명령어는 Helloworld 클래스 내의 main()을 시작점으로 정해 자바 애플리케이션을 시작하라는 명령이다.

그런데 실제 프로젝트에서는 개발을 편히 할 수 있는 도구를 사용한다. 이 책에서는 무난하게 이클립스^{eclipse}를 사용한다. 이클립스의 상세 기능을 사용하지는 않을 것이므로 버전은 중요하지 않다. JDK 1.9 이상을 지원하는 이클립스면 된다. 대개 최신 버전 이클립스를 설치하면 될 것이다. https://www.eclipse.org에 방문해 이클립스를 설치한다. 이클립스 내에서 프로그램을 에디팅하고, 컴파일하고, 실행한다. 주요 이클립스 화면은 다음과 같으며 상세한 설명은 생략한다.

사용하는 JDK의 버전은 Window → Preferences → Java → Installed JREs에서 확인한다.

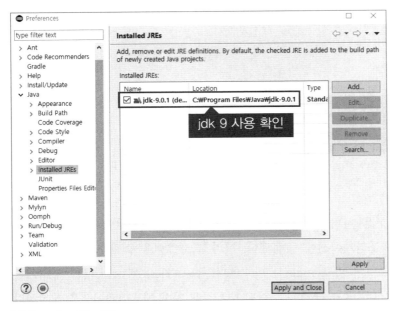

[도표] Installed JREs 설정

이클립스를 사용해 프로그램을 작성하려면 먼저 프로젝트를 생성해야 한다. 이는 자바로 인한 규칙은 아니고 이클립스의 프로그램 관리 단위이다. 이클립스에서 File → New → Java Project 메뉴를 실행해 자바 프로젝트를 생성한다.

[도표] Java Project 생성

Project name을 입력하라는 메시지가 나오면 임의로 입력하고 Finish 버튼을 클릭한다. 다음은 프로젝트 내에 자바 클래스를 추가한다. 왼쪽 창에 프로젝트 폴더가 열리면 클래스를 추가하고 싶은 프로젝트 폴더를 마우스 오른쪽 버튼으로 클릭한 후, New → Class를 선택해 새로운 클래스를 생성한다.

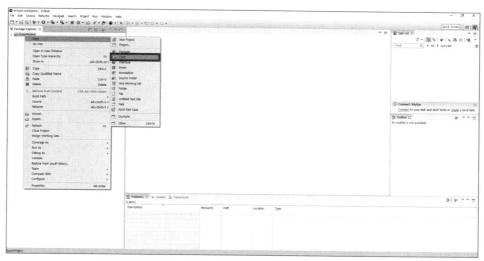

[도표] Java 클래스 생성

노트패드로 작성하는 것은 HelloWorld.java 하나면 족하다. 실제 프로젝트에서는 모두 개발도구를 사용하므로 초보자는 그냥 이클립스를 사용한다.

작성한 클래스를 실행하려면 클래스를 마우스 오른쪽 버튼으로 클릭하고 Run As → Java Application을 선택한다. 앞에서 작성한 HelloWorld를 이클립스로 작성하고 실행해보자.

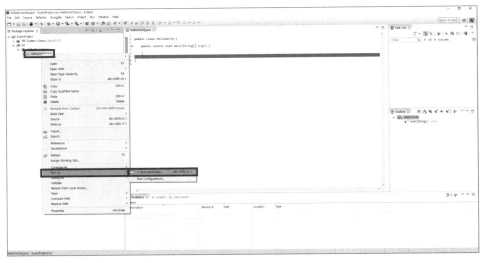

[도표] 클래스 실행

사실 개발 환경을 설치하는 것은 번거롭고 자바 입문자에게는 힘든 작업이다. 자바 프로그램을 개발하기도 전에 개발 환경 설정이라는 벽에 부딪힌다. 이런 부담을 덜 어주기 위해 이클립스와 JDK 그리고 본 책에 포함된 예제 소스까지 모두 포함된 개발 환경을 http://javainhand.tistory.com에 올려놓았다.

앞에서 소개한 개발 환경을 설치하는 번거로운 작업을 생략하고 싶으면 http://javainhand.tistory.com에 올려놓은 '개발환경.zip' 파일을 다운로드하여 C:\에 압축을 풀고 JavaInHand_DEV 디렉터리 내의 eclipse를 클릭한다.

자바에서의 명명 규칙

자바로 프로그래밍을 하다 보면 이름(변수 이름, 클래스 이름, 메소드 이름 등)을 명명해야 할 경우가 발생한다. 아직은 변수, 클래스, 메소드 등이 무엇을 하는지 잘 이해되지 않을 것이다. 일단 개발자가 정의할 수 있는 이름이라는 정도만 알아두자. 그 반대되는 개념으로는 예약어^{Reserved Word}가 있다. 이는 자바가 특정 용도로 사용하도록 예약해놓은 단어이다. 개발자는 이 예약어를 피해서 프로그램 구성 요소의 이름을 지어야 한다. 개발자가 정할 수 있는 이름의 명명 규칙은 다음과 같다.

1. 대소문자를 구분하며 길이 제한은 없다.

   즉 int a와 int A는 다르다(여기서 int는 정수형^{integer type}을 가리키는 자바의 예약어이다).

2. 예약어^{Reserved Word}를 사용하면 안 된다.

   자바 컴파일러가 사용하려고 미리 정의한 단어는 변수 이름, 메소드 이름, 클래스 이름 등을 정의하는 데 사용할 수 없다. 예를 들면 자바에서는 조건문을 위해 if를 예약어로 사용하고 있으므로 if는 변수 이름으로 사용할 수 없다.

3. 숫자로 시작하면 안 된다. 즉 int a10은 되지만 int 10a는 안 된다.

4. 특수 문자는 '_'와 '$'만 허용한다. 즉 int a_$는 되지만 int a@는 안 된다.

문자에는 한글도 포함된다. 즉 이름(변수 이름, 클래스 이름, 메소드 이름 등)을 지을 때 한글을 사용해도 된다.

자바에서의 예약어는 다음과 같다. 예약어를 억지로 변수 이름 등에 사용하면 컴파일 에러가 발생한다.

[도표] 예약어(Reserved Word)

abstract	continue	for	new	switch
assert	default	goto*	package	synchronized
boolean	do	if	private	this
break	double	implements	protected	throw
byte	else	import	public	throws
case	enum	instanceof	return	transient
catch	extends	int	short	try
char	final	interface	static	void

class	finally	long	strictfp	volatile
const*	float	native	super	while

* : 현재는 사용되지 않음. 예약어로도, 개발자가 정의하는 이름으로도 사용하지 않음

예약어를 모두 외울 필요는 없다. 이 정도의 예약어가 있다는 것과 예약어는 개발자가 정의하는 변수 이름, 메소드 이름, 클래스 이름 등에 사용할 수 없다는 정도만 알아두자. 어차피 이클립스를 사용하기 때문에 부적절하게 이름을 지으면 거의 실시간에 가깝게 경고 메시지가 나타난다.

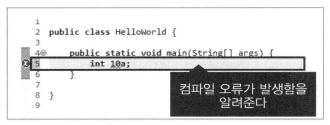

[도표] 명명 규칙 위반으로 인한 컴파일 오류

변수와 상수 그리고 타입

변수의 이해와 활용

이제 데이터를 저장하는 공간에 대해 알아보자. 2장에서는 어떤 데이터를 다룰 수 있는지 알아보고 3장에서는 자바가 제공하는 기본 연산에 대해 알아본다.

변수variable는 데이터를 저장할 수 있는 메모리 상의 공간이다. 변수는 변하는 값이기 때문에 이 메모리 공간은 변경이 가능하다. 반대되는 개념으로 변하지 않는 데이터, 즉 상수가 있다. 변수에 대해 먼저 알아보자. 변수와 데이터의 관계를 혼동하기 쉬운데 그 둘 사이의 관계를 추상화하면 다음과 같이 표현할 수 있다.

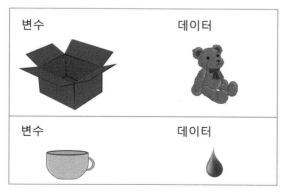

[도표] 변수와 데이터의 관계

데이터를 변수에 담는다. 이때 주스는 컵에 담고 인형은 상자에 담는 것처럼 데이터의 종류에 따라 담아야 하는 변수의 종류도 달라진다. 즉 담기는 데이터의 타입에 따라 변수의 타입도 달라진다.

먼저 변수의 사용법에 대해 알아보자. 변수를 사용하려면 먼저 변수를 선언해야 한다. 변수를 생성하는 과정이라고 보면 된다.

[도표] 변수 선언

앞의 문장은 변수 number를 선언한다. 이 문장은 int 타입의 데이터를 저장하기 위해 선언한 변수이다. 변수 타입은 변수에 저장할 데이터의 타입을 지정한다. 즉 저장할 데이터의 타입에 따라 변수 타입이 정해진다. 변수 이름은 데이터의 저장 공간에 붙여진 이름이다. 변수를 선언하면 메모리의 빈 공간에 변수 타입에 맞는 데이터의 저장 공간이 확보되고, 이 저장 공간은 변수 이름을 통해 사용할 수 있다.

변수를 사용하기 전에 적절한 값이 들어있어야 하는데 처음 값을 정하는 것을 변수의 초기화라고 한다. 변수의 초기화에는 명시적 초기화와 묵시적 초기화가 있는데, 명시적 초기화는 다음과 같이 명시적으로 초기 값을 설정하는 것이다.

```
int number = 0;
```

number 변수가 선언되면서 0으로 초기화된다.

명시적으로 0을 대입하지 않아도 자동으로 값이 지정될 때 이를 묵시적 초기화라고 한다.

```
int number;
```

이렇게 변수를 선언하면 자동으로 초기 값이 0으로 지정된다. 그런데 자동 초기화는 무조건 발생하는 것이 아니라 특수한 경우에만 발생한다. 특정한 경우에만 묵시적 초기화가 발생하며 특정 값으로 초기화된다. 그러나 묵시적으로 초기화가 가능하더라도 명시적 초기화가 바람직한 코딩 습관이기 때문에 명시적 초기화를 기본으로 하며, 묵시적 초기화는 다음에 다루기로 한다.

변수 선언은 아래로 추가해도 되고 오른쪽으로 추가해도 된다. 즉 다음 선언은 왼쪽과 오른쪽이 동일하다.

`int x = 0, y = 0;`	`int x = 0;` `int y = 0;`

변수의 타입

변수는 데이터를 담는다. 데이터의 종류가 다르듯이 이 데이터를 담을 수 있는 변수의 종류도 달라진다. 이를 데이터의 타입, 변수의 타입이라고 부른다.

변수의 타입에는 크게 기본Primitive 타입과 참조Reference 타입이 있다. 기본 타입의 변수는 실제 데이터를 담는다. 반면에 참조 타입의 변수는 직접 데이터를 담는 것이 아니라 데이터(엄밀히 말하면 데이터 중에서도 객체)를 가리키는 주소 값을 가진다.

기본Primitive 타입을 기본형, 참조Reference 타입을 참조형이라 부르기도 한다. 앞에서 제시한 변수와 데이터에 대한 설명은 기본형을 전제로 했는데 이제 참조형도 포함해 생각해보자.

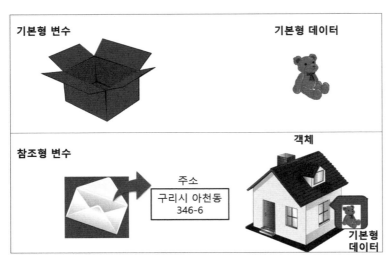

[도표] 기본형 변수 vs 참조형 변수

이 책에서 참조 변수라고 하면 참조형 변수, 참조 타입의 변수를 나타낸다. 참조형 변수가 주소 값을 갖기는 하지만 이 주소 값으로 할 수 있는 연산은 거의 없다. 참조형 변수로 할 수 있는 연산은 기본적으로 데이터(객체)에 대한 연산이다.

객체에 대해 아직 배우지 않았으니 참조형 변수에 대해서는 개념만 이해하고 넘어가자. 기본형 변수는 실제 변수 안에 데이터가 들어간다. 비유를 하면 상자라는 변수 안에 곰돌이 인형이라는 데이터를 넣을 수 있다.

그러나 참조형 변수는 이와 다르다. 봉투 안에 주소가 들어 있다. 그리고 이 주소로 찾아가면 집이 있으며 집 안에 곰돌이 인형이 있다. 여기서 봉투는 참조형 변수를, 집은 객체를, 곰돌이 인형은 기본형 데이터를 의미한다. 객체 안에는 기본형 데이터뿐 아니라 다시 객체를 가리키는 참조형 변수가 포함될 수도 있다.

클래스나 객체에 대해 학습하지 않았으니 참조형 변수에 대해 깊이 이해하기는 어렵다. 참조형, 참조 타입에 대해 그냥 이런 것이 있다는 정도만 알고 넘어가자.

기본형에는 다음과 같이 8가지 종류가 있다.

[도표] 기본형과 저장 가능한 데이터

기본형	저장 가능한 데이터	크기	분류
boolean	true, false	1byte	논리형
char	\u0000 ~ \uffff (0 ~ $2^{16}-1$)	2byte	문자형
byte	−128 ~ 127 (-2^7 ~ 2^7-1)	1byte	정수형
short	−32,768 ~ 32,767 (-2^{15} ~ $2^{15}-1$)	2byte	
int	−2147483648 ~ 2147483647 (-2^{31} ~ $2^{31}-1$)	4byte	
long	−9223372036854775808 ~ 9223372036854775807 (-2^{63} ~ $2^{63}-1$)	8byte	
float	−3.4028235E38 ~ −3.4028235E38 / −1.4E−45 ~ 1.4E−45	4byte	실수형
double	−1.7976931348623157E308 ~ 1.7976931348623157E308 −4.9E−324 ~ 4.9E−324	8byte	

직관적으로 생각해보자.

참^{true}, 거짓^{false}을 나타낼 수 있어야 하는데, 이를 위해 boolean이 있다. a, b, c와 같은 문자를 나타낼 수 있어야 하는데, 이를 위해 char가 있다. 정수를 나타낼 수 있어야 하는데, 이를 위해 short, int, long이 있다. 나타낼 수 있는 범위에 따라 short, int, long으로 나눌 수 있는데, 이름이 암시하듯이 short는 가장 작고, int는 중간, long이 가장 큰 정수를 나타낼 수 있다. 실수를 나타낼 수 있어야 하는데, 이를 위해 float, double이 있다. float보다 double이 더 큰 수를 나타낼 수 있다.

유니코드라는 문자체계가 있다. \u가 있고 그 뒤에 16진수를 표현하는 숫자 4개가 연달아 있다면 이는 유니코드 이스케이프 시퀀스라고 하는데, 유니코드 한 문자를 나타내기 위한 표기법이다. 앞의 표에서 char의 범위를 유니코드로 나타냈다.

다시 정리해보자. 8개의 타입은 논리형, 문자형, 정수형, 실수형으로 분류할 수도 있고, 논리형은 true, false를 나타내며, 문자형은 변수당 하나의 문자를 나타낸다. 그런데 문자 하나만 사용할 일은 별로 없다. 주로 문자열을 많이 사용하는데 자바에서 문자열은 기본형이 아니라 String 클래스를 사용해 나타낸다.

정수형은 말 그대로 정수를 나타내는데 byte, short, int, long의 크기가 각각 1, 2, 4,

8byte이다. 크기를 보면 알 수 있듯이 크기가 커질수록 나타낼 수 있는 정수의 크기도 커진다. 예전에는 하드웨어 자원의 사용을 줄이기 위해 byte, short도 사용했지만, 최근에는 int, long을 주로 사용한다. 하드웨어 자원이 점점 늘어남에 따라 자원을 줄이는 쪽으로 프로그래밍하기보다는 만약을 대비해 큰 값을 대비하는 것이 나을 수도 있다.

byte를 정수형으로 분류하기는 하지만, byte를 숫자를 저장하기 위해 사용하는 경우는 거의 없다. 숫자를 위한 데이터 타입이라기보다는 저장돼 있는 데이터를 바이너리^{Binary} 원본 그대로 다루고 싶을 때 사용한다.

마지막으로 실수를 나타낼 수 있는 실수형, float와 double이 있다. 각각 4, 8byte인데 크기가 클수록 나타낼 수 있는 실수의 크기가 커진다.

논리형 – boolean

기본형	저장 가능한 데이터	크기
boolean	true, false	1byte

논리형에는 boolean이 있는데 기본 값은 false다. 기본 값은 명시적으로 초기화를 하지 않은 경우의 값을 말한다.

[예제] boolean 기본 값 – BooleanDefaultDemo.java

```
01 public class BooleanDefaultDemo {
02
03     static boolean flag;
04     public static void main(String[] args) {
05         System.out.println("boolean 기본 값: "+flag);
06     }
07 }
```

아직 위 프로그램을 모두 이해하기는 어렵다. 3행의 static이라는 키워드는 아직 배우지 않았으며 뒤에서 다룰 것이다. 3행에서 boolean 타입으로 변수 flag를 선언했다. 그런데 명시적으로 초기화를 하지 않아서 묵시적 초기화, 즉 자동 초기화가 발생한다. 이때 대입되는 값이 false이다. 다시 한 번 강조하자면 묵시적 초기화는 모든 장소에서 발생하는 것이 아니다. 묵시적 초기화를 보여주려다 보니 예제가 복잡해졌다.

그리고 System.out.println() 메소드는 출력을 위한 구문이라는 정도로 이해하고 넘어가자. 클래스, 정적 메소드 등 많은 부분을 배워야 이해할 수 있는 부분이다. 출력 결과는 다음과 같다.

---

boolean 기본 값: false

앞의 프로그램에서 이해해야 하는 부분은 특정 경우에는 자동 초기화(묵시적 초기화)가 가능한데 그때 기본 값이 사용되며 boolean의 경우는 false가 기본 값이라는 것이다. 이 기본 값의 개념은 다른 타입에서도 동일하게 적용된다. 기본 값이 어느 경우에 적용되는지 설명하려다 보니 설명이 길어졌으며 다른 타입에서 반복 설명하지는 않겠다.

boolean 타입의 변수가 가질 수 있는 값은 true와 false이다. 선언과 동시에 명시적 초기화를 하는 구문은 다음과 같다.

---

boolean flage = true;

실행 가능한 프로그램은 다음과 같다.

[예제] boolean 선언 및 초기화 - BooleanFlagDemo.java

```
01 public class BooleanFlagDemo {
02     public static void main(String[] args) {
```

```
03        boolean flag = true;
04        System.out.println("flag: "+flag);
05    }
06 }
```

변수를 선언한 뒤에 변수 값을 변경하고 싶으면 다음과 같이 하면 된다.

```
flage = false;
```

boolean은 1bit면 구현이 가능하다. 그러나 데이터를 다루는 최소 단위가 byte이기 때문에 대부분 1byte가 됐다. 사실 이 부분은 스펙에 정해져 있지는 않다. 이는 자바 스펙에 나와 있지 않는 부분이라 JVM을 구현하는 사람이 임의로 정할 수 있는 영역이다.

문자형 – char

기본형	저장 가능한 데이터	크기
char	\u0000 ~ \uffff (0 ~ $2^{16}-1$)	2byte

문자형에는 char만 있는데 이는 문자를 나타내는 타입이다. 자바는 내부적으로 유니코드Unicode라는 문자체계를 가지고 있는데 이 유니코드가 2byte로 구성돼 있기 때문에 자바의 char 역시 2byte다.

기본적으로 컴퓨터는 숫자만 처리한다. 글자나 다른 문자도 내부적으로는 숫자를 사용해 저장된다. 유니코드가 개발되기 전에는 이러한 숫자를 지정하기 위해 수백 가지의 다른 기호화 시스템을 사용했다. 이러한 기호화 시스템은 또한 다른 기호화 시스템과 충돌한다. 즉 두 가지 기호화 방법이 2개의 다른 문자에 대해 같은 번호를 사용하거나 같은 문자에 대해 다른 번호를 사용할 경우 충돌이 발생한다. 유니코드는 사용 중인 플랫폼, 프로그램, 언어에 관계없이 문자마다 고유한 숫자를 제공한다. 유니코드 표준은 업계 선두주자에 의해 채택됐다. 그리고 자바 역시 유니코드를 선택했다.

유니코드 문자표 중 한글의 일부를 소개한다.

[도표] 유니코드 한글 부분

가	각	갂	갃	간
\uAC00	\uAC01	\uAC02	\uAC03	\uAC04
갅	갆	갇	갈	갉
\uAC05	\uAC06	\uAC07	\uAC08	\uAC09

이제 문자 '가'를 선언하고 초기화를 해보자.

[예제] char 선언 및 초기화 – CharDemo.java

```
01 public class CharDemo {
02
03     public static void main(String[] args) {
04         char c1 = '가';
05         System.out.println("char :"+c1);
06         char c2 = '\uAC00';
07         System.out.println("char :"+c2);
08
09         System.out.format("16진수 %X", (int)c1);
10     }
11 }
```

결과 값은 다음과 같이 출력된다.

```
char :가
char :가
16진수 AC00
```

4행에서 char형 변수를 선언하고 '가'로 초기화했다. 이렇게 하면 내부적으로는 AC00이라는 값을 가진다. 6행에서처럼 내부적으로 사용되는 코드 값을 사용해 문자를 지정할 수도 있다. 이때 만약 '\uAC00'이 아니라 'AC00'이라고 한다면 무슨 일이 발생할까? char는 문자 하나이다. 그런데 'AC00'이라고 하면 4개의 문자가 된다. 이건 문자열이지 문자가 아니다. 'AC00'이 문자가 아닌 유니코드임을 알려줘야 하는데 그때 사용되는 것이 '\u'이다. 이를 특수 문자라고 하며 특수 문자에는 여러 종류가 있다.

9행은 문자를 16진수로 알고 싶을 때 사용한다. 이때 내부적으로 사용하는 코드체계는 유니코드다. (int)c1이라는 문장을 통해 문자를 int형으로 형변환한다. 그리고 유니코드 테이블표가 16진수를 사용하고 있는데, 이 16진수와 비교하기 위해 %X를 사용했다. 즉 문자를 (int)로 형변환해 숫자로 바꾸고 이를 다시 %X를 사용해 16진수로 표현했다. %X의 X는 16진수 헥사데시멀^{hexadecimal}의 X이다.

다음으로 특수 문자에 대해 알아보자. 특수 문자는 \ 다음에 나오는데 \를 이스케이프 문자라고 해서 \~를 이스케이스 시퀀스라고도 한다. 앞에서 소개한 '\uAC00'도 특수 문자의 일종이다.

[도표] 특수 문자

특수 문자(Escape Sequence)	리터럴	용도
탭(Tab)	\t	탭
백스페이스(Backspace)	\b	백스페이스
폼 피드(Form Feed)	\f	다음 페이지의 시작 부분으로 이동
새 줄(New Line)	\n	한 줄이 끝나고 새로운 줄이 시작됨을 표시
Carriage Return(CR)	\r	한 줄이 끝나고 새로운 줄이 시작됨을 표시
역슬래시(\)	\\	역슬래시
작은따옴표(')	\'	작은따옴표
큰따옴표(")	\"	큰따옴표
유니코드(16진수) 문자	\u	유니코드를 나타내기 위해 사용됨

모두 일반적인 방법으로는 표현하기 어려운 문자들이다. 예를 들어 char c가 탭을 나타내도록 하고 싶다고 할 때 키보드의 탭 키로는 해당 c라는 변수에 탭 문자를 지정할 수 없을 것이다. 이때 다음과 같은 코드로 변수 c에 문자 '탭'을 할당할 수 있다.

```java
char c = '\t';
```

몰라도 되지만 상식 차원에서 이야기하면 컴퓨터 환경 초기에는 새 줄 문자로 CR+LF를 사용했다. CR은 Carrage Return이고 LF는 Line Feed이다. 텔레타이프의 프린터가 다음 줄의 처음부터 인쇄하기 위해서는 두 글자를 인쇄하는 시간이 필요했다. 텔레타이프는 텍스트의 한 글자를 같은 시간 간격으로만 프린터로 전송할 수 있었다. 프린터에서 좌우로 움직이는 장치가 캐리지^{carriage}였는데 이것이 오른쪽 끝에서 왼쪽 끝으로 이동하는 시간이 두 글자 인쇄하는 만큼 걸렸다. 새줄 문자로 코드 하나만 쓸 경우 다른 한 글자를 인쇄할 수 없었다. 그래서 텔레타이프를 쓰던 시절에는 CR+LF 두 코드를 새줄 문자로 썼다. 지금은 이런 제약이 없지만 그때의 영향으로 여전히 CR은 새로운 줄을 나타낼 때 사용된다.

그런데 이 특수 문자가 앞에서 기술한 용도대로 모든 플랫폼에서 정확히 작동하지는 않는다. 특히 백스페이스, 폼 피드는 운영체제에 따라 다르게 출력된다. 특수 문자를 출력해서 어떻게 화면에 표시되는지 확인해보자.

[예제] 특수 문자 출력 프로그램 - EscapeDemo.java

```java
public class EscapeDemo {

    public static void main(String[] args) {
        System.out.println("Backspace      : " + "ABCDE\bFGHIJ");
        System.out.println("Form Feed      : " + "ABCDE\fFGHIJ");
        System.out.println("New Line       : " + "ABCDE\nFGHIJ");
        System.out.println("Single Quote   : " + "ABCDE\'FGHIJ");
        System.out.println("Double Quote   : " + "ABCDE\"FGHIJ");
        System.out.println("Backslash      : " + "ABCDE\\FGHIJ");
        System.out.println("Tab            : " + "ABCDE\tFGHIJ");
```

```java
        System.out.println("Carriage Return: " + "ABCDE\rFGHIJ");
    }
}
```

다음과 같이 출력된다.

```
Backspace      : ABCDE▯FGHIJ
Form Feed      : ABCDE♀FGHIJ
New Line       : ABCDE
FGHIJ
Single Quote   : ABCDE'FGHIJ
Double Quote   : ABCDE"FGHIJ
Backslash      : ABCDE\FGHIJ
Tab            : ABCDE   FGHIJ
Carriage Return: ABCDE
FGHIJ
```

[도표] EscapeDemo 결과

백스페이스와 폼 피드는 기대한 것과 다르게 동작했다. 화면 출력이나 입력 등은 자바가 직접 처리하지 않고 운영체제에 해당 동작을 위임하는데, 백스페이스와 폼 피드의 출력을 위임받은 운영체제가 이렇게 출력한 것이다.

마지막으로 문자는 문자열이 아니다. 자바에서 'a'는 문자이지만 "ab" 혹은 "a"는 문자열이다. 문자열은 자바에서 기본형Primitive Type이 아니다. 문자열을 위해서는 String 클래스를 사용하며 이는 추후에 다루기로 한다.

정수형 – byte, short, int, long

기본형	저장 가능한 데이터	크기
byte	−128 ~ 127 (-2^7 ~ 2^7-1)	1byte
short	−32,768 ~ 32,767 (-2^{15} ~ $2^{15}-1$)	2byte
int	−2147483648 ~ 2147483647 (-2^{31} ~ $2^{31}-1$)	4byte
long	−9223372036854775808 ~ 9223372036854775807 (-2^{63} ~ $2^{63}-1$)	8byte

정수형에는 byte, short, int, long이 있다. 모두 정수를 나타낸다. 하드웨어 자원이 부족한 예전에는 byte, short도 사용했지만 최근에는 대부분 int와 long을 사용한다. 기본형은 int이다. 기본형이 int란 말은 아무 표시 없이 정수형 숫자, 예를 들면 9를 프로그램 상에서 기술하면 이는 int 타입이라는 의미다.

변수의 선언과 초기화는 정수형이라 해도 특이할 것이 없다. 다만 long인 경우에는 숫자가 int 범위를 벗어나면 숫자의 끝에 L(대문자)이나 l(소문자)을 붙여야 한다. 붙이지 않으면 컴파일 오류가 발생한다.

이는 숫자를 적으면 기본적으로 int로 동작하는데, int의 범위를 벗어나는 숫자를 기술하는 경우 컴파일이 int 범위를 벗어나는 것을 인지하고 컴파일 오류를 발생시키기 때문이다. 이는 정수형의 기본형이 int이기 때문이다. 기본형인 int가 아닌 long으로 숫자를 기술하는 방법은 다음과 같다.

```
int intValue = 9223372036854775807;     // (X) 컴파일 에러
long bigInt = 9223372036854775807L;     // (○)
```

만약 L 없이 9223372036854775807을 적는다면 이 리터럴은 정수형의 기본형인 int로 인지하고, 9223372036854775807은 int의 범위를 벗어나기 때문에 컴파일 에러가 발생한다. 다만 long 변수에도 int 범위 내의 수를 할당하면 굳이 L을 붙이지 않아도 된다.

```
long bigInt = 0;
```

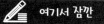 **여기서 잠깐** **리터럴**

숫자나 문자, 혹은 문자열을 리터럴이라고 한다. 예를 들면 123, 'a', "Kim Ji Hoon" 등은 모두 리터럴이다.

10진수 외에도 16진수 혹은 8진수의 수를 사용할 수도 있다. 16진수를 위해서는 'OX' 혹은 '0x'를 숫자 앞에 붙이면 된다. 여기서 0은 숫자다.

```
int hexNumber = 0x10;
```

8진수를 위해서는 숫자 0을 숫자 앞에 붙이면 된다.

```
int octNumber = 010;
```

16진수, 8진수를 다루는 예제 프로그램은 다음과 같다.

[예제] 정수형 예제 - IntTypeDemo.java

```
01 public class IntTypeDemo {
02
03     public static void main(String[] args) {
04         int hexNumber = 0x10;
05         int octNumber = 010;
06
07         System.out.println("hexNumber 10진수 출력: "+hexNumber);
08         System.out.println("octNumber 10진수 출력: "+octNumber);
09
10         System.out.printf("hexNumber 16진수 출력 %x: ", hexNumber);
11         System.out.printf("\noctNumber 8진수 출력 %o: ", octNumber);
12     }
13 }
```

4행에서 0x10을 사용함으로써 10진수로는 16을 할당했으며 5행에서는 010을 사용함으로써 10진수로는 8을 할당했다. 7행에서 hexNumber를 출력하는데 기본은 10진수이기 때문에 16이 출력될 것이다. 마찬가지로 8행에서는 8이 출력될 것이다. 이를 16진수와 8진수로 출력하고 싶다면 각각 10행과 11행처럼 System.out.printf 구문을 사용하면 된다. %x는 16진수로 포맷할 것을 지시하며, %o는 8진수로 포맷할 것을 나타낸다. %f는 실수, %d는 10진수를 나타낸다.

System.out.format("%x %d %o %f를 포함한 문자열", 변수1, 변수2..);

[도표] System.out.printf 구문

문자열에서 %x, %o, %d, %f는 뒤의 변수들과 치환돼 스트링이 구성된다. 출력 결과는 다음과 같다. 스트링 포맷팅 관련해서는 이 밖에도 문자열의 폭을 제한하는 등의 부가적인 장치들이 있다.

```
hexNumber 10진수 출력: 16
octNumber 10진수 출력: 8
hexNumber 16진수 출력 10:
octNumber 8진수 출력 10:
```

예제의 11행에서 \n를 붙인 이유는 System.out.println()은 출력 후 행을 바꾸지만 System.out.printf()는 행을 바꾸지 않기 때문에 매뉴얼하게 행을 바꾸기 위해 특수 문자인 \n를 사용해 줄 바꿈을 한 것이다.

만약 범위를 초과해 연산이 일어난다면 어떻게 될까?

[예제] 오버플로우 예제 – OverflowDemo.java

```
01 public class OverflowDemo {
02     public static void main(String[] args) {
03         byte b = 0;
04         while(true)  {
05             b++;
06             System.out.println("b : "+b);
07         }
08     }
09 }
```

5행의 ++는 1만큼 증가시키는 연산이다. 무한 반복을 하면서 1씩 증가시키고 이를 출력하는 프로그램이다. 앞의 프로그램 출력 결과를 일부 발췌하면 다음과 같다.

```
b : 0
b : 1
b : 2
    :
b : 126
b : 127
b : -128
b : -127
```

byte의 범위는 -128 ~ 127이다. 127까지 증가한 후 다시 맨 앞인 -128로 돌아가고 있다. 차라리 예외가 발생해 프로그램이 중지되는 것이 낫지 이렇게 마치 정상인 것처럼 프로그램이 동작하는 것이 더 문제다. 가능한 값을 고려해 int나 long 중에서 선택하자. 다행스러운 것은 컴파일이 미리 알 수 있는 경우는 컴파일 에러를 발생시킨다는 점이다. 앞의 프로그램에서 byte는 127에서 1을 증가한 수인 128을 넣을 수 없지만 런타임에 이뤄지는 일이라 컴파일러가 미리 알 수 없었다. 그러나 만약 다음과 같이 byte 변수에 직접 128을 할당한다면 어떻게 될까?

```
byte b = 128;  // (X)
```

컴파일러는 byte의 범위가 -128 ~ 127이라는 것을 알고 있다. 컴파일 타임에서 바로 컴파일 오류가 떨어진다. 컴파일러가 실행 시간에 실행될 미래를 예측해 값이 초과할 것을 미리 알 수는 없지만 앞에서와 같이 명확한 것은 컴파일 타임 때 미리 오류를 알려준다. 이는 다른 정수형에도 동일하게 적용된다.

실수형 – float, double

기본형	저장 가능한 데이터	크기
float	크기 −3.4028235E38 ∼ 3.4028235E38	4byte
double	크기 −1.7976931348623157E308 ∼ 1.7976931348623157E308	8byte

실수의 범위는 정수와 조금 다르다. 정수는 크기만 있으면 되지만 실수는 정밀도라는 개념이 추가된다. float의 경우 크기는 −3.4028235E38 ∼ 3.4028235E38인데, 양수 중 표현할 수 있는 가장 작은 수는 1.4E−45 즉 $1.4 \times \frac{1}{10^{45}}$이다. 혹시나 해서 이야기하면 E2은 10^2이고 E−2는 $\frac{1}{10^2}$이다. 사실 $1.4 \times \frac{1}{10^{45}}$도 실제 프로젝트를 진행하는 데는 그리 큰 의미가 없다. 이보다 큰 수라 하더라도 표현할 수 없을 때가 많고, 실제 프로젝트에서는 잘 사용하지 않기 때문이다.

알아둬야 할 것은 1.11111⋯1111 등 아주 정밀한 실수는 4byte 혹은 8byte로 표현할 수 없다는 것과 표현할 수 없는 수라고 해도 오류를 내는 것이 아니라 자신이 표시할 수 있는 비슷한 수로 바꿔 처리한다는 점이다. 이러다 보니 회계나 과학 분야의 계산에 float나 double을 사용하는 것은 아주 부적절하다. 기초 타입인 float와 double을 쓰면 정확한 계산이 되지 않는다.

실수형에는 float와 double이 있으며 double이 기본형이다. double이 기본형이란 말은 실수를 프로그램에서 기술하면 기본적으로 double이란 의미다.

```
01      float floatNumber1 = 1.1f;
02      float floatNumber2 = 1.1F;
03
04      double doubleNumber1 = 1.1;
05      double doubleNumber2 = 1.1d;
06      double doubleNumber3 = 1.1D;
```

1.1과 같은 숫자 리터럴, 즉 실수는 실수형의 기본형인 double로 인지된다. 그러므로 float에 할당하려면 1행과 2행에서처럼 f나 F를 숫자 뒤에 붙여야 한다. 실수 리

터럴 1.1은 기본형이 double이기 때문에 float처럼 굳이 뒤에 문자를 붙이지 않아도 된다. 4행을 보면 1.1만 기술돼있다. 실수 리터럴이 double임을 굳이 표현하려면 5행, 6행에서 d나 D를 붙이면 된다.

int와 long도 각각 4byte, 8byte였다. 그런데 −2147483648 ~ 2147483647 범위를 갖는 int에 비해 동일하게 4byte인 float의 저장 범위가 −3.4028235E38 ~ 3.4028235E38로 훨씬 더 넓다. 마찬가지로 실수형인 double이 정수형인 long보다 저장범위가 넓다. 크기가 동일한데 저장 범위가 훨씬 더 넓다는 것이 이상하지 않은가? 게다가 정수는 1, 2, 3…으로 나가지만 실수는 1.1, 1.11, 1.111, 1.1111…로 표현하고자 하는 수가 무한대로 많다. 그런데도 정수형과 실수형이 사용하는 byte의 수는 동일하다. 이는 내부적인 데이터 표현 방식이 다르기 때문이다.

다음은 실수의 내부 표현에 관한 내용인데 건너뛰어도 무방하다. 실수는 부동소수점^{floating-point} 방식으로 저장되는데, 실수를 $\pm a \times 10^n$의 형태로 나타낸다. 이때 $0 \leq a < 1$이며 이를 가수^{mentissa}라 하고, n을 지수^{exponent}라고 부른다. 예를 들면 3.14는 0.314 $\times 10^1$로 나타내져서 가수는 0.314이고 지수는 1이 된다. 설명을 쉽게 하기 위해 10진수로 설명했는데 컴퓨터의 세계에서는 가수, 지수도 2진수로 계산된다. 실수는 가수와 지수로 표현하기 때문에 같은 바이트 수인데도 int나 long보다 더 큰 범위를 나타내며, 가수의 한계로 인해 정밀도가 떨어져 근사치로 처리된다.

float와 double의 자료 구조는 다음과 같다.

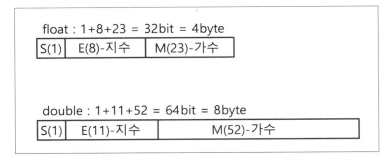

[도표] float와 double 자료 구조

가수 부분이 표현할 수 있는 수에 따라 정밀도가 정해진다. 정밀도는 좀 표현할 수 없더라도 컴파일러가 개략적인 값으로 처리한다. 그러나 만약 크기 범위를 벗어나면 다음과 같은 에러가 발생한다.

```
The literal 1.39E-46f of type float is out of range
```

그러나 1.1111…1111(여기서 소수점 이하 1은 무수히 많음)은 float나 double의 크기 범위에 있기 때문에 오류는 아니다. 다만 23bit 혹은 52bit 가수로는 표현할 수 없다. 이런 경우에는 에러를 발생시키는 것이 아니라 값을 개략적으로 처리한다. 다음 프로그램을 보자.

[예제] float 정밀도 예제 - FloatPrecisionDemo.java

```
01 public class FloatPrecisionDemo{
02
03    public static void main(String[] args) {
04        float f = 1.1111111111111111111111111111111111111111111111111111111111
                    1111111111111111111111111111111111111111111111111111111111
                    111111111111111111111111f;
05        System.out.println("f : "+f);
06    }
07 }
```

4행에서 소숫점 이하 1을 아주 많이 기술함으로써 가수가 나타낼 수 있는 범위를 벗어났다. 그래도 크기 자체를 벗어나는 것은 아니기 때문에 컴파일 오류는 발생하지 않고, 대신 값이 부정확하게 표현된다. 결과는 다음과 같다.

```
f : 1.1111112
```

double은 float보다는 가수 부분이 더 크기 때문에 정확도면에서 유리하긴 하다. float는 가수를 23bit로 표시한다면 double은 52bit로 표시하기 때문이다. 그래도 여전히 정확도 문제는 발생한다.

실수형은 내부 표현이 가수와 지수로 이뤄지는데 bit 단위의 정확한 표현법까지 연구할 필요는 없다. 다만 실수가 사람이 인지하는 대로 정확히 처리되지 않는다는 것만 알고 있으면 된다. 0.9d라는 double형 실수가 있다고 하자. 이것이 정말 내부적으로도 정확히 0.9로 처리될까? 다음의 프로그램으로 테스트해보자.

[예제] double 정밀도 예제 – DoublePrecisionDemo.java

```
01 public class DoublePrecisionDemo {
02
03     public static void main(String[] args) {
04         double d = 0.9d;
05         System.out.println("double : "+d);
06         System.out.println("근접한 내부 표현 : "+new BigDecimal(d));
07     }
08 }
```

6행에 BigDecimal이 있다. 이는 기본형인 float와 double이 가지지 못하는 정확도 및 여러 기능을 제공하기 위한 자바의 기본 클래스다. 이를 사용해서 실수 0.9가 내부적으로 정확하게 0.9로 다뤄지지 않는다는 것을 알 수 있다. 결과는 다음과 같다. 4행의 0.9d가 내부적으로 정확하게 0.9는 아닌데, BigDecimal이라는 클래스가 이 수를 가능한 정확하게 표현하려다 보니 다음과 같이 됐다.

```
double : 0.9
근접한 내부 표현 : 0.90000000000000002220446049250313080847263336181640625
```

0.9d를 1000번 더한 후 결과를 출력해보자.

```
public class DoubleSum {

    public static void main(String[] args) {
```

```
        double d = 0.9d;

        double sum = 0;
        for(int i=0;  i<1000;  i++)  {
            sum = sum + d;
        }
        System.out.println(sum);
    }
}
```

결과 값은 900이 아니다. 그러므로 정확한 계산에서는 float나 double을 사용하면 안 된다. 예를 들면 회계나 과학 분야 등에는 사용할 수 없다. 그럼 정확한 실수를 나타내려면 무엇을 사용해야 하는가? 이미 힌트를 제공했다. BigDecimal이라는 자바의 클래스를 사용하면 된다. new BigDecimal("0.9")라고 기술하면 정확한 0.9를 가리키는 객체가 생성된다. 이는 14장 '자주 사용하는 자바 기본 API'에서 다시 알아본다.

형변환

데이터에는 타입이 있으며 그 데이터를 담고있는 변수에도 타입이 있다. 프로그램을 작성하다 보면 서로 다른 타입으로 변환해야 하는 경우가 종종 발생한다. 모든 연산은 기본적으로 같은 타입끼리만 실행되기 때문에 형변환이 발생한다. 예를 들면 long을 int로 할당한다고 하자. 그러면 다음과 같이 형변환을 해야 한다.

```
long longNumber = 1L;
int intNumber=(int)longNumber;
```

앞에서와 같이 실행했을 때 메모리를 개념적으로 표현하면 다음과 같다.

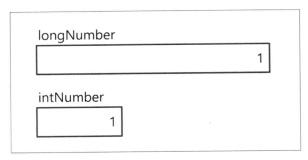

[도표] 형변환 메모리 개념도

별것도 아닌 것을 그림까지 그려 설명하는 이유는 형변환을 해도 기존 데이터는 변하지 않는다는 것을 보여주기 위해서다. long 타입을 int 타입으로 형변환하기 위해 (int)를 사용했다. 형변환의 일반적인 형태는 다음과 같다.

(타입 이름)피연산자

형변환을 해도 피연산자의 값은 변화하지 않는다. 또한 8개의 기본형 중에서 boolean 외에는 모두 서로 형변환이 가능하다. 자동 형변환이 발생하기도 하는데 무조건 자동으로 형변환을 하는 것은 아니고 데이터의 유실이 없는 경우에 한해 자동 형변환이 발생한다.

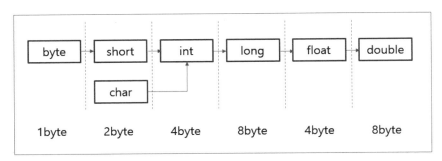

[도표] 자동 형변환 규칙

자동 형변환의 기본 규칙은 정보 유실이 없는 방향으로 허용한다는 것이다. 물론 예외도 있는데 잠시 후에 살펴보기로 한다. byte에서 short 혹은 int 등으로는 자동 형변환이 발생한다. 그러나 그 역은 명시적으로 형변환을 해야 한다. long 값을 float에 할당한다고 하자. 그러면 다음과 같이 기술해도 자동 형변환이 발생한다. 바이트 수는 long이 더 크지만, float가 실수형의 독특한 자료 구조로 인해 더 많은 범위의 수를 가리킬 수 있기 때문이다.

```
float f = 1L;
```

그러나 만일 float 값을 long에 할당하려면 다음과 같이 명시적으로 형변환을 해야 한다.

```
long longNumber = (long)1.0f;
```

자동 형변환 규칙에 따르면 long에서 float로도 가능하다. 자동 형변환의 기본 규칙은 정보 유실이 없는 방향으로는 허용한다는 것인데 이 경우는 예외다. float는 가수가 23bit밖에 되지 않아서 8byte long을 정보 유실 없이 모두 유지하는 것은 불가능하다. 이러한 경우는 정확도를 포기한다.

[예제] 형변환 시 정밀도 문제 - TypeConversionPrecisionDemo.java

```
public class TypeConversionPrecisionDemo {

    public static void main(String[] args) {

        float f = 9223372036854775807L;
        System.out.println(f);
    }
}
```

9223372036854775807L은 long으로 표현할 수 있는 최댓값인데 이를 float로 형변환한 후 값을 출력한다. 결과는 다음과 같다.

원래 값과 비교하면 다음과 같은 차이가 있다.

9	2	2	3	3	7	2	0	3	6	8	5	4	7	7	5	8	0	7
9	2	2	3	3	7	2	0	0	0	0	0	0	0	0	0	0	0	0

컴파일러가 데이터 유실이 적다고 판단해 자동 형변환을 하는 경우에도 실제로 사용하기에는 불합리할 정도로 데이터 유실이 많이 발생했다. 그러므로 실수형으로의 자동 형변환은 주의해야 한다. 무심코 사용했다가 테스트 중에는 발견되지 않았던 문제들이 나중에 큰 문제가 될 위험이 있다.

기본형과 참조형 간의 형변환도 이전 버전의 JDK에서는 되지 않았으나 JDK1.5부터 가능하다. 예를 들면 기본형 int에 대응되는 클래스로 Integer가 있는데 이들 간에는 자동 형변환이 가능하다.

```
Integer integer = 2;
int i = integer;
```

클래스에 대해 배우지 않았으니 정확히 이해되지는 않겠지만 클래스 부분을 학습한 후에 다시 보면 이해가 될 것이다.

마지막으로 형변환의 간단한 예를 들어보자. 다음과 같은 연산이 있다고 할 때 먼저 + 연산이 수행된 후 = 연산이 수행된다.

```
long형 = int형 + long형    // 정상 동작
```

+ 연산도 동일한 타입을 가져야 하는데 하나는 int형이고 나머지는 long형이다. 이럴 경우 int형이 long형으로 자동 형변환된다. 그래야 데이터의 유실이 일어나지 않는다. 반대의 경우를 생각해보자.

```
int형 = int형 + long형      // 컴파일 시 에러
```

먼저 + 연산이 수행되는데 이때 int형이 long형으로 자동 형변환된다. 그리고 long
형끼리 덧셈을 한 후, int형 = long형을 수행하고자 하는데 8byte짜리 long을 4byte
짜리 int에 할당하려고 한다. 이러면 자동 형변환이 발생하지 않는다. 이 경우에는 컴
파일 타임에 에러가 발생한다. 해결 방법은 두 가지이다. 첫 번째 방법은 다음과 같
이 + 연산 전에 long형을 int형으로 형변환하는 것이다.

```
int형 = int형 + (int)long형
```

두 번째 방법은 다음과 같이 + 연산 후에 long형을 int형으로 형변환하는 것이다.

```
int형 = (int)(int형 + long형)
```

앞에서 설명한 내용의 자동 형변환 및 명시적 형변환 프로그램 예제는 다음과 같다.

[예제] 형변환 예제 - TypeConversionDemo.java

```java
public class TypeConversionDemo {

    public static void main(String[] args) {
        long longSum1 = 1 + 1L;
        int longSum2 = 1 + (int)1L;
        int longSum3 = (int)(1 + 1L);
    }
}
```

상수

지금까지의 변수는 모두 변경이 가능했다. 그런데 휴먼 에러를 방지하기 위해 변경이 불가능하게 막을 필요가 있는 경우도 있다. 이때 final이라는 예약어를 사용한다.

```
final int intNum = 0;
// intNum = 1;    컴파일 에러 발생
```

final로 선언한 변수는 변하지 않는 수, 즉 상수가 돼 변경할 수 없다. 할당문을 통해 변경하려고 하면 컴파일 오류가 발생한다.

연산자

연산자 종류와 우선순위

2장에서 데이터와 그 데이터를 담을 수 있는 변수에 대해 알아봤다면 이제는 데이터에 대한 연산을 알아볼 차례다. 어떤 기능을 하는지는 추후 상세히 알아보기로 하고 일단 연산자의 종류와 우선순위에 대해 알아본다.

연산자의 우선순위란 사칙연산의 우선순위 같은 것이다. 4+2×3을 계산할 때는 곱셈의 우선순위가 높다는 것을 알기 때문에 곱셈을 먼저 수행하고 덧셈을 나중에 수행할 것이다. 자바의 연산자는 훨씬 더 다양하다. 사칙연산자도 물론 있지만 이보다 훨씬 더 다양한 연산자가 있다. 사칙연산에 우선순위가 있듯이 자바의 연산자에도 우선순위가 필요하다.

[도표] 연산자의 종류와 우선순위

유형	연산 방향	연산자	우선순위
단항 연산자	←	++ -- + - ~ ! (타입)	높음
산술 연산자	→	* / %	
	→	+ -	
	→	《 》 》》	
비교 연산자	→	〈 〉〈= 〉= instanceof	
	→	== !=	
논리 연산자	→	&	
	→	^	
	→	|	
	→	&&	
	→	||	
삼항 연산자	→	?:	
대입 연산자	←	= *= /= %= += -= 《= 〉》= 》》= &= ^=	낮음

세부적인 연산자들에 대해서는 뒤에서 다루기로 하자. 위의 표에서 같은 줄에 있는 연산자는 우선순위가 같다. 이런 경우는 연산 방향에 따라서 연산 순서가 정해진다. 예를 들면 산술 연산자로 동작하는 +와 -가 있는 경우 왼쪽에서 오른쪽으로 진행한다.

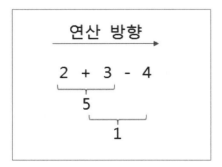

[도표] 연산 방향의 의미

연산자 우선순위의 기본 규칙은 다음과 같다.

- 단항 > 산술 > 비교 > 논리 > 삼항 > 대입
- 단항 연산자와 대입 연산자를 제외한 다른 연산의 방향은 왼쪽에서 오른쪽이다.

다른 개발자가 작성한 프로그램을 해석할 때는 어쩔 수 없지만, 직접 프로그램을 작성할 때 우선순위를 정확히 모르겠다면 괄호로 묶으면 된다.

[예제] 우선순위 괄호 예제 – OpPriorityDemo.java

```
01 public class OpPriorityDemo {
02
03     public static void main(String[] args) {
04         int x = 0;
05         System.out.println(++x + 3 * 4);
06
07         x = 0;
08         System.out.println(((++x) + (3 * 4)));
09     }
10 }
```

5행의 연산 ++x + 3 * 4의 우선순위를 정확히 모르겠으면 8행처럼 괄호로 명확히 하면 된다. 5행과 8행은 동일한 문장이다. 결과는 다음과 같다.

```
13
13
```

이제 각 연산자에 대해 알아보자.

단항 연산자

증감 연산자 ++, --

증감 연산자의 기능은 다음과 같다. 증감 연산자는 boolean형을 제외한 모든 기본형에 사용할 수 있다. 대부분의 연산자는 피연산자 자체에 영향을 미치지 않는데 증감 연산자는 피연산자 자체에 영향을 미친다.

++ : 증가 연산자, 피연산자의 값을 1 증가시킨다.
-- : 감소 연산자, 피연산자의 값을 1 감소시킨다.

--와 ++는 피연산자의 오른쪽과 왼쪽 모두에 올 수 있는데, 피연산자의 값을 증감한다는 것은 동일하지만 시점에 미묘한 차이가 있다. 증감 연산자의 사용 예는 다음과 같다.

```
01 int num;
02 num++;
03 ++num;
04 num--;
05 --num;
```

2행, 4행과 같이 사용하는 것을 후위, 3행, 5행처럼 사용하는 것을 전위라고 한다. 위 예에서처럼 단독으로 사용하는 경우는 전위든 후위든 결과가 동일하다. 그러나 다른 수식에 포함되거나 함수의 매개 변수로 사용된 경우는 전위형과 후위형의 결과가 다르다.

[예제] 증가 연산자 위치 차이 예제 – AddPositionDemo.java

```
01 public class AddPositionDemo {
02
03     public static void main(String[] args) {
```

```
04          int intNum1 = 0;
05          int intNum2 = intNum1++;
06
07          System.out.println("intNum1 : "+intNum1);
08          System.out.println("intNum2 : "+intNum2);
09
10          int intNum3 = 0;
11          int intNum4 = ++intNum3;
12
13          System.out.println("intNum3 : "+intNum3);
14          System.out.println("intNum4 : "+intNum4);
15      }
16 }
```

5행에서는 후위 연산자이기 때문에 intNum1 값을 읽은 후에 intNum1의 값을 증가시킨다. 11행에서는 전위 연산자이기 때문에 intNum3 값을 증가시킨 후에 intNum3 값을 읽어온다. 출력 결과는 다음과 같다.

```
intNum1 : 1
intNum2 : 0
intNum3 : 1
intNum4 : 1
```

대부분 위의 규칙을 따르므로 이해하는 데 크게 무리가 없다. 다만 for문의 경우는 마치 위의 규칙과 다른 것처럼 보일 수 있다. 그러나 자세히 보면 여전히 같은 규칙을 따른다. 아직 반복문에 대해 배우지 않았지만 일단 소개하니 나중에 다시 와서 보도록 한다.

[예제] For문에서의 증가 연산자 위치 차이 예제 - AddPositionForDemo.java

```
01 public class AddPositionForDemo {
02
03     public static void main(String[] args) {
04         for(int i=0;  i<3;  i++) {
```

```
05              System.out.println("첫번째 for : "+i);
06          }
07
08          for(int i=0;  i<3;  ++i) {
09              System.out.println("두번째 for : "+i);
10          }
11      }
12  }
```

4행의 for문 내에서는 i++을 하고 8행의 for문 내에서는 ++i를 하는데도 for문의 결과 값이 동일하다. 이유는 for문의 동작 방식 때문이다.

[도표] for문의 동작 방식

for문이 시작되면서 ①이 맨 처음 한 번 실행된다. 이 변수는 for문 안에서 선언했기 때문에 for문 안에서만 유효하다. 다음은 ②를 수행함으로써 조건을 검사한다. 만약 이 검사가 true가 아니면 for문을 빠져나간다. 다음으로 ③ 본문이 실행된다. 그리고 나서 ④가 실행된다. 다시 ②부터 시작한다. 요약하면 ① → ② → ③ → ④ → ② → ③ → ④ … → ②가 실행된다. 이때 ④가 전위든 후위든 영향이 있겠는가? ①, ②, ③, ④가 각각 개별적인 문장처럼 단절돼 동작하기 때문에 전위든 후위든 의미가 없다. 그렇기 때문에 for문에서는 증감문이 전위든 후위든 상관없다.

부호 연산자 +, −

부호 연산자는 피연산자의 부호를 바꾸는 데 사용한다. 기본형은 논리형, 문자형, 정수형, 실수형이 있다고 했는데 부호가 의미 있는 것은 정수형과 실수형이다. 거꾸로 이야기하면 논리형과 문자형에는 부호 연산자를 사용할 수 없다.

[예제] 부호 연산자 예제 – PlusMinusDemo.java

```java
01 public class PlusMinusDemo {
02
03     public static void main(String[] args) {
04         int intNum1 = -1;
05         int intNum2 = -intNum1;
06         int intNum3 = +intNum2;
07
08         System.out.println("intNum1 : "+intNum1);
09         System.out.println("intNum2 : "+intNum2);
10         System.out.println("intNum3 : "+intNum3);
11     }
12 }
```

산수에서 배웠던 부호 연산이다. 출력 결과 값은 다음과 같다.

```
intNum1 : -1
intNum2 : 1
intNum3 : 1
```

비트 전환 연산자 ~

비트 전환 연산자 ~는 값을 2진수로 표현했을 때 0을 1로, 1을 0으로 바꾸는 역할을 한다.

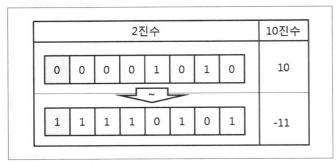

2진수								10진수
0	0	0	0	1	0	1	0	10
~								
1	1	1	1	0	1	0	1	-11

[도표] 비트 전환 연산

비트 전환 연산자는 정수형과 char형에서만 사용할 수 있으며 byte, short, char형은 자동으로 int형으로 변환된 후 연산된다. 또한 비트 전환 연산은 피연산자 자체를 바꾸지는 않는다.

[예제] 비트 전환 연산자 예제 – BitwiseCompliment.java

```
01 public class BitwiseCompliment {
02
03     public static void main(String[] args) {
04         int intNum = 10;
05         System.out.println("~intNum : "+~intNum);
06         System.out.println("intNum  : "+intNum);
07     }
08 }
```

출력 결과는 다음과 같다.

```
~intNum : -11
intNum  : 10
```

5행에서 10이 들어있는 intNum을 비트 전환했으므로 –11이 출력된다. 피연산자인 intNum이 영향을 받는 것은 아니므로 6행에서 intNum이 10으로 출력된다.

참고로 컴퓨터 분야에서 널리 사용되는 음수 표현법은 2의 보수법인데, 이는 양수에서 2의 보수를 하면 음수가 나오는 방법이다. 2의 보수는 주어진 이진수의 모든 자리의 숫자를 비트 전환한 뒤 여기에 1을 더하면 얻을 수 있다. 앞의 도표에서는 10을 비트 전환만 하고 1을 더하지 않았기 때문에 -10이 아닌 -11이 나왔다.

byte, short, char형은 ~을 하면 자동으로 int형으로 변환된 후 연산된다. 그럼 연산된 값을 다시 원래 형인 byte, short, char로 저장할 수 있을까? 가능하긴 한데 명시적으로 형변환을 해야 한다. byte, short, char는 모두 int보다 크기가 작아 자동 형변환이 발생하지 않기 때문이다. 그것도 아니라면 int형 변수에 결과 값을 담아야 한다.

[예제] 비트 전환 연산자 예제 - BitwiseComplimentConversion.java

```
01 public class BitwiseComplimentConversion {
02
03     public static void main(String[] args) {
04         byte b = 10;
05         int num = ~b;
06         b = (byte)~b;
07         System.out.println("int num : "+num);
08         System.out.println("byte b   : "+b);
09     }
10 }
```

5행에서 byte 변수를 비트 전환했다. 이때 byte, short, char형은 int로 변환되기 때문에 5행에서도 int로 변환된다. 5행에서는 int형인 num 변수에 해당 값을 할당했기 때문에 형변환이 필요 없었다. 그러나 6행에서는 비트 전환 연산에 의해서 int로 변환된 값을 byte형인 b에 할당하려 하기 때문에 (byte)라는 형변환 연산이 필요하다. 출력 결과 값은 다음과 같다.

```
int num : -11
byte b   : -11
```

논리 부정 연산자 !

논리 부정 연산자인 !는 boolean형에만 사용할 수 있으며 true를 false로, false를 true로 전환한다.

[예제] 논리 부정 연산자 예제 – LogicalComplimentDemo.java

```
01 public class LogicalComplimentDemo {
02     public static void main(String[] args) {
03         boolean flag = true;
04         flag = !flag;
05         System.out.println("flag : "+flag);
06         flag = !flag;
07         System.out.println("flag : "+flag);
08     }
09 }
```

3행에서 boolean형 변수 flag의 값을 true로 할당하고 4행에서 flag의 논리 부정을 한 값을 flag에 할당했다. 6행에서 다시 flag의 논리 부정을 한 값을 flag에 할당했다. 출력 결과 값은 다음과 같다.

```
flag : false
flag : true
```

산술 연산자

산술 연산자에는 사칙 연산자(+, -, *, /)와 나머지 연산자(%) 그리고 시프트 연산자 (<<, >>, >>>)가 있다. 이들은 모두 2개의 피연산자가 있어야 하는 이항 연산자다. 비트 전환 연산자(~)에서 피연산자가 byte, short, char형인 경우 즉 4byte보다 작은 경우 int형으로 결과 값이 나온다고 했는데, 산술 연산자 역시 마찬가지이다. 명시적으로 형변환을 하든 자동으로 형변환이 되든, 최종적으로는 두 피연산자의 형이 모두 같아야 산술 연산이 가능하다. 산술 연산자의 형변환 기본 규칙은 다음과 같다.

- 크기가 4byte 이하의 자료형인 byte, short, char는 최소 int로 변환된다.
- 2개의 피연산자 중 자료형의 표현 범위가 큰 쪽에 맞춰 형변환된다.

산술 연산자의 피연산자가 byte, short, char일 경우 자동으로 int형으로 형변환된다. 최소 int형이라고 표현한 이유는 두 번째 규칙 때문이다. 2개의 피연산자 중 자료형의 표현범위가 큰 쪽에 맞춰 형변환되기 때문에 byte와 long을 피연산자로 하면 long형으로 변환된다. 복습 차원에서 다시 언급하면 자동 형변환 규칙은 다음과 같다.

---

byte → (short, char) → int → long → float → double

덧셈 연산을 예로 들어 산술 연산자의 형변환에 대해 설명하고자 한다. 예는 덧셈을 들지만 산술 연산자 모두에 적용된다. "크기가 4byte 이하의 자료형인 byte, short, char는 최소 int로 변환된다." 이 규칙에 따르면 char와 byte를 피연산자로 하면 모두 int로 자동 형변환된다.

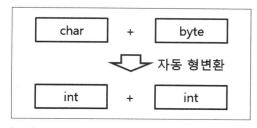

[도표] 산술 연산자의 자동 형변환 1

byte, short, char는 최소 int로 형변환된다고 했는데 최소라는 단어를 사용한 이유는 다음의 규칙 때문이다. "2개의 피연산자 중 자료형의 표현 범위가 큰 쪽에 맞추어서 형변환된다."라는 규칙 때문에 더 큰 타입으로 형변환이 될 수도 있다. 예를 들면 char와 long이 피연산자로 사용되는 경우 char는 int가 아니라 long으로 형변환된다.

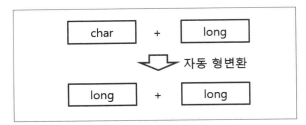

[**도표**] 산술 연산자의 자동 형변환 2

대입 연산자가 있는 경우도 크게 다르지 않다. 단계적으로 자동 형변환 규칙을 적용하면 된다.

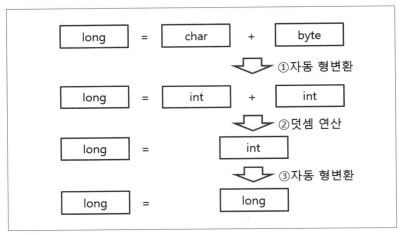

[**도표**] 산술 연산자와 대입 연산자 혼합 시의 자동 형변환

① char와 byte는 4byte 이하이기 때문에 int로 형변환된다.

② 덧셈연산을 해 int형의 임시 결과 값을 저장한다.

③ long형 변수로 대입해야 하기 때문에 int형의 임시 결과 값을 long형으로 형변환한다.

만약 자동 형변환 규칙에 부합하는 경우가 아니라 역방향으로 가면 컴파일 오류가 떨어질 것이다. 예를 들면 앞의 예에서 long형 = char형 + byte형이 아니라, short형 = char형 + byte형이라면 short ←- int가 돼서 컴파일 오류가 떨어진다. 이런 경우는

short = (short)(char형 + byte형)으로 명시적 형변환을 하면 된다. 자바 문법을 설명하기 위해 명시적 형변환의 예를 들긴 했지만 데이터 유실이 일어날 수 있는 형변환은 가급적 피하는 것이 좋다.

사칙 연산자 +, −, *, /

사칙 연산자는 산술 연산자의 일종이다. 사칙 연산에 대해서는 특이한 것이 없다. 덧셈 뺄셈, 곱셈, 나눗셈이어서 별로 설명할 것도 없다.

[예제] 사칙 연산자 예제 – FourFundamentalDemo.java

```java
public class FourFundamentalDemo {

    public static void main(String[] args) {
        System.out.println(5*2);
        System.out.println(5/2);
        System.out.println(5+2);
        System.out.println(5-2);
    }
}
```

결과는 다음과 같다.

```
10
2
7
3
```

다만 0으로 나누는 경우에는 주의를 해야 한다. 런타임 때 분모가 0으로 되는 것을 미리 인지할 수는 없다 해도, 컴파일 타임 때 분모가 0으로 됨을 명확히 인지할 수 있는데도 컴파일러가 에러를 발생시키지 않는다.

```
public class DivideByZeroDemo {

    public static void main(String[] args) {
        System.out.println(10/0);
    }
}
```

10/0은 컴파일 타임 때 컴파일러가 미리 에러를 인지할 수 있음에도 불구하고 이에 대해 컴파일 에러를 발생시키지 않는다. 실행하면 다음과 같이 에러가 발생한다.

```
Exception in thread "main" java.lang.ArithmeticException: / by zero
        at com.javainhand.ch03.DivideByZeroDemo.main(DivideByZeroDemo.java:6)
```

0으로 나눠지지 않도록 주의해서 프로그래밍을 해야 한다. 특이한 경우로 실수형 (float, double)을 0으로 나눌 때는 정수형 0으로 나눌 때와 결과가 다르다.

```
01 public class DivideByRealNumberZeroDemo {
02
03     public static void main(String[] args) {
04         System.out.println(0.0/0.0);
05         System.out.println(1.0/0.0);
06     }
07 }
```

결과는 다음과 같다. 정수 0으로 나누면 Exception이 발생하지만 실수형 0으로 나누면 정상적으로 수행된다. 다만 결과 값으로 특별한 값이 출력된다.

```
NaN
Infinity
```

4행의 0.0/0.0은 NaN이 출력되는데 NaN은 Not A Number라는 의미다. 5행의 1.0/0.0은 Infinity가 출력되는데 infinity는 무한이라는 의미다. 정수형 0이나 실수형 0.0으로 나누는 것은 주의해야 한다는 것이다.

곱셈에 대해서도 생각해볼 문제가 있다. 곱셈을 했더니 타입을 벗어난다면 어떻게 될 것인가? byte형 변수를 계속 증가시키면 127까지 증가했다가 −128, −127…로 진행하며 별다른 명시적 에러는 발생하지 않는다. 이와 유사하게 변수 타입의 범위를 벗어나도 명시적 에러는 발생하지 않고 부정확한 값을 출력한다. 만약 int * int를 했는데 결과 값으로 int의 범위를 벗어날 때도 에러는 발생하지 않지만 의미 있는 결과 값은 나오지 않는다. 오히려 프로그래밍이 더 어려워진다.

[예제] 연산으로 범위를 초과하는 예제 – IntMulOverflowDemo.java

```
01 public class IntMulOverflowDemo {
02
03     public static void main(String[] args) {
04         int maxInt = 2147483647;
05         System.out.println(maxInt*maxInt);
06         System.out.println((long)(maxInt*maxInt));
07         System.out.println((long)maxInt*(long)maxInt);
08     }
09 }
```

결과는 다음과 같다.

```
1
1
4611686014132420609
```

2147483647은 int형이 가질 수 있는 최댓값이다. 그런데 최대 int 값 * 최대 int 값은 당연히 int의 최댓값을 초과할 것이다. 곱셈의 피연산자가 int였기 때문에 결과 값도 int가 되는데 이때 결과 값이 int를 초과하기 때문에 정상적으로 도출되지 않는다.

그래서 5행에서 1이 출력됐다. 6행에서 (long)을 붙였지만 소용이 없다. 이미 int형 임시 변수에 부정확한 결과 값이 저장된 상태에서 long으로 형변환했기 때문이다. 정상적으로 계산되도록 하려면 7행에서와 같이 피연산자를 long으로 형변환한 뒤에 곱셈 연산을 해야 한다.

int / int도 마찬가지이다. 즉 int * int가 아무리 값이 커도 int로 나오듯이, int / int 역시 결과 값은 int로 나온다. 이때 버림이 사용된다. 즉 1.9가 나와도 1로 연산된다.

char형 덧셈에 조금 특이한 사항이 있다. 다음을 보자.

[예제] char 덧셈 예제 – CharAddDemo.java

```
01 public class CharAddDemo {
02     public static void main(String[] args) {
03         char c1 = 'a';
04         System.out.println(c1+1);
05         char c2 = (char)(c1+1);
06         System.out.println(c2);
07         char c3 = 'a'+1;
08         System.out.println(c3);
09     }
10 }
```

결과는 다음과 같다.

```
98
b
b
```

예제 프로그램의 4행에서는 char + int인데, 앞에서 이야기했듯이 산술 연산에서 byte, short, char인 경우는 최소 int로 변환된다. 즉 char + int는 int + int로 변환된다. 그러므로 4행에서는 98이 출력된다. 이는 'a'의 정수 값이 97이기 때문이다.

5행에서 만약 char c2 = c1+1;이라고 했다면 컴파일 에러가 발생했을 것이다. c1+1
이 일단 int형 임시 변수에 저장된 후, 해당 값을 다시 char c2에 대입하려 하기 때
문이다. int는 형변환 없이 char로 대입할 수는 없다. 그러므로 5행에서와 같이 char
c2 = (char)(c1+1);로 (char)형변환을 기술해야 한다.

지금까지는 일반적인 형변환 규칙에 따라서 이뤄졌다. 그런데 7행은 특이하다. 지금
까지 학습한 자동 형변환 규칙에 따르면 7행은 불가하며 char c3 = (char)('a'+1);
라고 명시적 형변환을 해야 한다. 그런데 이러한 형변환 없이도 가능했다.

이유를 알아보기 위해 CharAddDemo.class를 디컴파일하면 다음과 같다.

```
01 public class CharAddDemo {
02     public static void main(String[] args) {
03         byte c1 = 97;
04         System.out.println(c1 + 1);
05         char c2 = (char) (c1 + 1);
06         System.out.println(c2);
07         char c3 = 98;
08         System.out.println(c3);
09     }
10 }
```

.java 파일과 .class를 디컴파일한 소스의 차이점을 알 수 있겠는가? 7행을 보면 자바
파일에서는 char c3 = 'a'+1;로 돼 있지만 디컴파일한 소스에서는 char c3 = 98;로
돼있다. 이는 자바 컴파일러의 동작이다. 자바 컴파일러는 상수나 리터럴의 연산에
대해서는 자동으로 최적화를 수행한다.

[예제] 상수 및 리터럴 자동 최적화 – FinalLiteralOptimizeDemo.java

```
01 public class FinalLiteralOptimizeDemo {
02     static final int intNum1 = 1;
03     static final int intNum2 = 2;
04
```

```
05      public static void main(String[] args) {
06          System.out.println(9*3);
07          System.out.println(intNum1+intNum2);
08      }
09 }
```

.class에 대해 디컴파일한 소스는 다음과 같다.

```
01 public class FinalLiteralOptimizeDemo {
02      static final int intNum1 = 1;
03      static final int intNum2 = 2;
04
05      public static void main(String[] args) {
06          System.out.println(27);
07          System.out.println(3);
08      }
09 }
```

6행, 7행을 주의 깊게 보자. 6행은 리터럴끼리의 연산이라 컴파일러가 27로 최적화를 수행했다. 7행은 final이 붙은 변수, 즉 상수끼리의 연산이라 컴파일러가 3으로 최적화를 수행했다.

✏️ **여기서 잠깐** | **디컴파일**

컴파일은 .java 파일을 .class 파일로 전환하는 것인데, 디컴파일은 그 역할을 말한다. 즉 .class 파일을 .java로 변환하는 작업이다. 디컴파일을 도와주는 다양한 도구들이 나와 있다. 실제 프로젝트를 진행하다 보면 클래스 파일과 자바 파일이 일치한다고 보장하지 못하는 경우가 있다. 이때 디컴파일러를 사용한다.

나머지 연산자 %

나머지 연산자는 산술 연산자의 일종이다. 11% 4 = 3이다. boolean형을 제외하고는 모든 기본형에 나머지 연산을 적용할 수 있다.

boolean에 나머지를 적용하지 못한다는 것은 직관적으로 이해가 된다. 실수형을 나머지 연산하면 어떻게 될까? 결과 값도 실수형이 나온다.

[예제] 실수형 나머지 – RealRemainderDemo.java

```
01 public class RealRemainderDemo {
02
03     public static void main(String[] args) {
04         System.out.println("11.4%4.1: "+11.4%4.1);
05
06         BigDecimal big1 = BigDecimal.valueOf(11.4);
07         BigDecimal big2 = BigDecimal.valueOf(4.1);
08         System.out.println(big1.remainder(big2));
09     }
10 }
```

결과 값은 다음과 같다.

```
11.4%4.1: 3.200000000000001
3.2
```

위 예제의 4행은 실수형의 한계로 인해 정확하게 값이 떨어지지 않는다. 앞에서 실수형에 대해 설명한 것처럼 정확한 실수형 데이터를 표현하려면 BigDecimal을 쓰면 된다. 이를 위한 연산이 6~8행이다. 6행, 7행에서 BigDecimal을 생성했으며, 8행에서 나머지 연산을 수행했다. 나머지 연산은 boolean을 제외한 기본형에 적용된다고 했다. 그런 이유로 BigDecimal에 %를 사용할 수는 없다. BigDecimal이란 클래스는 나머지를 위해 remainder라는 멤버 함수를 제공한다. 클래스의 개념을 아직 배우지 않았기 때문에 정확히 이해되지 않을 수 있다. 클래스를 공부하고 나서 다시 읽어보자.

시프트 연산자 ⟨⟨, ⟩⟩, ⟩⟩⟩

시프트 연산자는 산술 연산자의 일종이다. 시프트 연산자는 정수형(byte, short, int, long)에만 사용할 수 있다. 2진수로 표현해서 각 자리를 왼쪽이나 오른쪽으로 이동한다. 오른쪽으로 1bit 이동하면 피연산자를 2로 나눈 것과 같다. 2bit를 이동하면 2²로 나눈 것과 결과가 같다. ⟨⟨는 왼쪽으로 이동시키고 ⟩⟩는 오른쪽으로 이동시킨다. 그런데 여기서 부호 문제가 발생한다.

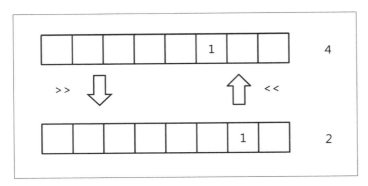

[도표] 시프트 기본 동작

⟨⟨을 하면 새로 채워지는 자리를 0으로 하면 되지만, ⟩⟩는 부호에 따라 결과가 달라진다. ⟩⟩는 음수인 경우 오른쪽에 새로 채워지는 비트를 1로 한다. ⟩⟩⟩는 음수든 양수든 무조건 0으로 채운다.

컴퓨터 분야에서 널리 사용되는 음수 표현법은 2의 보수법인데, 이는 양수에서 2의 보수를 하면 음수가 나오는 방법이다. 2의 보수는 주어진 이진수의 모든 숫자를 비트 전환한 뒤 여기에 1을 더해 얻을 수 있다.

다음은 2를 -2로 전환한 후, ⟩⟩와 ⟩⟩⟩을 한 결과 값을 비교한 것이다.

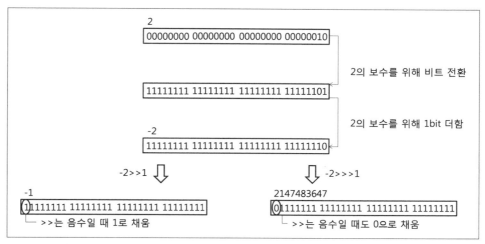

[도표] 〉〉와 〉〉〉 비교

음수에 대해 〉〉〉 연산을 수행하니까 직관적인 결과 값은 나오지 않았다. 시프트 연산은 곱셈이나 나눗셈과 결과가 동일하다. 다만 속도가 조금 빠르다. 그러나 오늘날 이 정도 성능은 무시될 수 있다. 일반적인 분야에서는 이 정도 성능 차이보다는 가독성이 더 중요한 품질 속성이다. 굳이 나누기나 곱하기를 위해 시프트 연산자를 쓰지 말고 가독성이 좋은 나누기, 곱하기를 사용하라는 의미다.

시프트 연산자에 대한 예제는 다음과 같다.

[예제] 시프트 – ShiftDemo.java

```java
public class ShiftDemo {

    public static void main(String[] args) {

        System.out.println(2>>1);
        System.out.println(2<<1);

        System.out.println(-2>>1);
        System.out.println(-2<<1);
```

```
        System.out.println(2>>>1);
        System.out.println(-2>>>1);
    }
}
```

결과 값은 다음과 같다.

```
1
4
-1
-4
1
2147483647
```

위의 값 중 2147483647이 나온 사유는 90쪽의 도표 ">>와 >>> 비교"를 참고한다.

비교 연산자

비교 연산자 역시 피연산자가 2개 필요한 이항 연산자인데, 두 피연산자의 형이 다를 경우 큰 쪽으로 형변환이 자동으로 이뤄진다.

대소비교 연산자 <, >, <=, >=

두 피연산자의 크기를 비교한다. boolean을 제외한 기본형에 사용할 수 있으며 참조형, 즉 클래스를 new한 객체에는 사용이 불가하다. 이미 알고 있겠지만 a >= b는 "a가 b보다 크거나 같으면"을 의미한다.

수식	의미
x 〉 y	x가 y보다 크면 true, 그 외는 false
x 〈 y	x가 y보다 작으면 true, 그 외는 false
x 〉= y	x가 y보다 크거나 같으면 true, 그 외는 false
x 〈= y	x가 y보다 작거나 같으면 true, 그 외는 false

사용 예는 다음과 같다.

[예제] 대소 비교 – CompareDemo.java

```java
public class CompareDemo {

    public static void main(String[] args) {
        if( 3 > 2)  {
            System.out.println("3은 2보다 크다");
        }

        if( 3 >= 3)  {
            System.out.println("3은 3보다 크거나 같다");
        }

        if( 2 < 3)  {
            System.out.println("2는 3보다 작다");
        }

        if( 2 <= 2)  {
            System.out.println("2는 2보다 작거나 같다");
        }
    }
}
```

결과는 다음과 같이 출력된다.

3은 2보다 크다
3은 3보다 크거나 같다
2는 3보다 작다
2는 2보다 작거나 같다

등가비교 연산자 ==, !=

==는 같음을 나타내고, !=는 다름을 나타낸다. 대소비교 연산자는 boolean을 제외한 기본형에 사용 가능한 반면, 등가비교 연산자는 기본형은 물론 참조형 등 모든 데이터형에 사용할 수 있다.

[도표] 등가비교 연산자의 의미

수식	의미
x == y	x와 y가 같으면 true, 그 외는 false
x != y	x와 y가 같지 않으면 true, 그 외는 false

사용 예는 다음과 같다.

[예제] 등가비교 – EqualDemo.java

```java
public class EqualDemo {

    public static void main(String[] args) {
        int op = 3;
        if( op == 3 ) {
            System.out.println("op와 3은 같습니다");
        }

        if( op != 4 ) {
```

```
            System.out.println("op와 4는 다릅니다");
        }
    }
}
```

결과는 다음과 같이 출력된다.

op와 3은 같습니다
op와 4는 다릅니다

실수형을 설명할 때 언급했던 문제가 여기서도 발생한다. 실수형 변수는 내부 데이터 구조로 인해 정확도에 문제가 있다. 만약 double형 0.2와 0.1을 더한 후, 그 결과를 0.3d와 비교하면 같을까?

[예제] 정밀도로 인한 등가비교 이상 예제 – RealEqualDemo.java

```
public class RealEqualDemo {

    public static void main(String[] args) {

        double sum = 0.1d + 0.2d;

        if(0.3d != sum)  {
            System.out.println("같지 않다");
        }

        System.out.println("0.3d의 내부 표현 : "+new BigDecimal(0.3d));
        System.out.println("sum의 내부 표현 : "+new BigDecimal(sum));
    }
}
```

결과는 다음과 같다.

같지 않다
0.3d의 내부 표현 : 0.2999999999999999988897769753748434595763683319091796875
sum의 내부 표현 : 0.30000000000000000444089209850062616169452667236328125

0.3d의 내부 표현과 0.1d와 0.2d를 더한 sum의 내부 표현이 다르다. 그렇기 때문에 등가비교 연산에서도 다르게 출력됐다. 이런 문제를 피하려면 아예 기본 실수형을 사용하지 말고 BigDecimal이라는 클래스를 사용한다. BigDecimal에 대해서는 14장 "자주 사용하는 자바 기본 API"에서 알아보도록 한다.

다음으로는 참조형의 등가비교를 알아보자. 참조형의 등가비교 연산은 일반적으로 생각하는 동일함을 의미하지 않는다. 참조형 피연산자를 대상으로 ==나 !=를 사용하면 이는 참조형 데이터의 실제 값이 아니라 참조형 데이터의 주소를 비교하기 때문이다. 참조형 변수의 정확한 의미는 객체 참조형 변수인데, 등가비교 연산에서는 이 객체 참조형 변수에 할당된 주소 값을 비교하고, 결과적으로 우리가 생각하는 객체 내부의 실질적인 값의 비교는 이루어지지 않는다.

[예제] 객체에 대한 등가비교 - ObjectBasicEqualDemo.java

```
01 public class ObjectBasicEqualDemo {
02
03     public static void main(String[] args) {
04         BigDecimal big1 = new BigDecimal("0.1");
05         BigDecimal big2 = new BigDecimal("0.1");
06
07         System.out.println("big1: "+big1);
08         System.out.println("big2: "+big2);
09
10         if(big1 != big2)  {
11             System.out.println("big1의 주소 값과 big2의 주소 값은 같지 않다.");
12         }
```

```
13    }
14 }
```

결과 값은 다음과 같다.

```
big1: 0.1
big2: 0.1
```

big1의 주소 값과 big2의 주소 값은 같지 않다.

4행, 5행에서 생성된 big1과 big2의 값은 모두 0.1이다. 그럼에도 불구하고 10행에서의 비교는 같지 않음을 나타내고 있다. 이는 (객체) 참조형 변수의 등가비교는 실질적인 값이 아니라 주소 값을 비교하기 때문이다.

참조형 변수의 등가비교는 실질적인 값이 아니라 주소 값을 비교한다.

그러면 실질적인 값을 비교하려면 어떻게 해야 할까? equals라는 메소드를 사용하면 된다.

[예제] 객체에 대한 동등비교 − ObjectBasicEqualDemo2.java

```
01 public class ObjectBasicEqualDemo2 {
02
03     public static void main(String[] args) {
04         BigDecimal big1 = new BigDecimal("0.1");
05         BigDecimal big2 = new BigDecimal("0.1");
06
07         System.out.println("big1: "+big1);
08         System.out.println("big2: "+big2);
09
10         if(big1.equals(big2)) {
11             System.out.println("big1과 big2는 동등하다.");
12         }
```

```
13      }
14 }
```

10행을 보면 객체 비교를 위해 == 대신 equals( ) 메소드를 사용했다. 결과 값은 우리가 의도하는 대로 출력된다.

```
big1: 0.1
big2: 0.1
big1과 big2는 동등하다.
```

기억해야 할 것은 기본형 변수는 ==으로 우리가 원하는 동등비교가 가능하지만, 객체를 가리키는 참조형 변수에서는 equals( )라는 메소드를 사용해야 한다는 점이다.

논리 연산자

논리 연산자 &&, ||

&&는 AND 연산이며, ||는 OR 연산이다. 짐작이 가겠지만 &&과 ||는 boolean형만을 피연산자로 한다. 연산자의 종류와 우선순위에서 다룬 것처럼 &&이 ||보다 우선순위가 높다.

[도표] 논리 연산 결과 표

x	y	x && y	x || y
true	true	true	true
true	false	false	true
false	true	false	true
false	false	false	false

&&과 ||이 여러 개 반복되면 우선순위를 헷갈릴 수 있다. 차라리 괄호()를 충실히 사용해 우선순위를 명시적으로 해야 가독성이 좋다.

1보다 크면서 3보다 작거나 7보다 크면서 9보다 작다는 조건을 나타내보자. 이는 다음과 같이 표현할 수 있다.

---

x > 1 and x < 3 or x > 7 and x < 8

가독성을 위해 다음과 같이 괄호를 사용하는 것이 좋다.

(x > 1 and x <3) or (x > 7 and x < 8)

이를 자바의 문법으로 표현하면 다음과 같다.

(x > 1 && x < 3) || (x > 7 && x < 8)

예제는 다음과 같다.

[예제] 논리 연산 예제 – LogicalOperatorDemo.java

```
public class LogicalOperatorDemo {

    public static void main(String[] args) {
        int x = 2;
        if( (x > 1 && x < 3) || (x > 7 && x < 8) )  {
            System.out.println("1보다 크면서 3보다 작거나 7보다 크면서 9보다 작다");
        }else {
            System.out.println("조건에 부합하지 않는다");
        }
    }
}
```

결과는 다음과 같다.

1보다 크면서 3보다 작거나 7보다 크면서 9보다 작다

비트 연산자 &, |, ^

비트 연산은 float와 double 같은 실수형을 제외한 기본형에서 사용할 수 있다. 의미
는 다음과 같다.

[도표] 비트 연산 결과 표 - 논리형

x	y	x && y	x ‖ y	x ^ y
true	true	true	true	false
true	false	false	true	true
false	true	false	true	true
false	false	false	false	false

사용 예는 다음과 같다.

[예제] 논리형 비트 연산 예제 - BooleanBitOperatorDemo.java

```java
public class BooleanBitOperatorDemo {

    public static void main(String[] args) {
        boolean x = true;
        boolean y = false;

        if( x & y ) {
            System.out.println("x & y: true");
        }else {
            System.out.println("x & y: false");
        }
```

```
        System.out.println("x & y: "+(x & y));
    }
}
```

결과는 다음과 같다.

```
x & y: false
x & y: false
```

지금까지는 논리형 비트 연산에 대해 이야기했다. 그런데 실수형을 제외하고는 모두 비트 연산을 적용할 수 있기 때문에 문자형이나 정수형에 대해서도 비트 연산이 가능하다. 이진수로는 10101111 등으로 표현되는데 이때 1을 true로, 0을 false로 놓고 연산하면 된다.

[도표] 비트 연산 결과 표 - 문자형, 정수형

x	y	x && y	x || y	x ^ y
1	1	1	1	0
1	0	0	1	1
0	1	0	1	1
0	0	0	0	0

예를 들면 13과 3을 ^ 한다고 하자. 그러면 각 비트에 대해 ^를 수행한다.

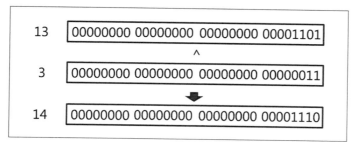

[도표] ^ 연산 예

사용 예는 다음과 같다.

[예제] 정수형 비트 연산 예제 - IntBitOperatorDemo.java

```java
01 public class IntBitOperatorDemo {
02
03     public static void main(String[] args) {
04         int x = 13;
05         int y = 3;
06         int z = x ^ y;
07
08         printBitString(x);
09         printBitString(y);
10         printBitString(z);
11     }
12
13     // 자바를 처음 공부하는 사람은 아래 함수를 이해하려 하지 마시오.
14     private static void printBitString(int n) {
15         String s1 = "";
16         String s2 = "";
17         for (int i = 0; i < Integer.numberOfLeadingZeros(n); i++) {
18             s1 += "0"; // 0을 빈자리 개수만큼 만들어 전진 배치
19         }
20         s1 += Integer.toBinaryString(n); // 10진수를 2진수화하여 합치기
21
22         for (int i = 0; i < 32; i+= 8) {
23             s2 += s1.substring(i, i + 8) + " "; // 2진수를 8개씩 묶기
24         }
25         System.out.println(s2);
26     }
27 }
```

자바를 처음 공부한다면 13행 이하 소스는 이해하려 하지 말고, 숫자를 2진수로 출력하는 용도로 사용된다는 것만 알아두자. 결과는 다음과 같다.

```
00000000 00000000 00000000 00001101
00000000 00000000 00000000 00000011
00000000 00000000 00000000 00001110
```

정수형 데이터에 대한 비트 연산은 결국 각 비트에 대한 비트 연산과 동일하다는 것을 확인할 수 있다.

실행흐름의 컨트롤

조건문 if문, switch문

지금까지 데이터, 그리고 그 데이터의 연산에 대해 배웠다. 이제 그 연산의 실행 순서를 조정하는 방법에 대해 알아본다.

조건문은 단어가 나타내는 것처럼 조건이 만족될 때 특정 문장을 수행한다.

if문

if문은 자주 사용되는 조건문이며 가장 간단한 if 조건문의 구조는 다음과 같다.

```
if(조건식)  {
    // 조건식이 true일 때 실행되는 문장들이 위치한다.
    문장;
    문장;
}
```

[도표] if 조건문 구조

앞으로 조건식이라는 단어가 종종 나오는데 조건식은 결과 값이 true나 false가 나오는 식이라고 이해하면 된다. 조건식을 만족한다는 의미는 조건식으로 인해 나온 결과 값이 true라는 의미다. 만약 조건식이 false == false라면 이는 true일까, false일까? 전체 조건식의 결과 값이 중요하기 때문에 내부적으로 false가 사용됐더라도 false == false는 결과적으로는 true다.

조건식에 대해 좀 더 이야기해보자. 눈여겨보면 좋을 패턴이 있다. 바로 다음 패턴이다.

```
boolean flag = ..
if(!flag)
```

!는 논리 부정 연산자다. flag가 true라면 !를 통해 논리 부정을 했으니 !flag는 false가 된다. if문의 조건식이 false니까 결국 if문 내의 문장은 실행되지 않을 것이다. flag가 false라면 !flag는 true가 돼 조건식이 참이 되고 if문 내의 문장은 실행된다. 결국 다음과 동일하게 동작한다.

```
boolean flag = ..
if(flag==false)
```

flag가 false이면 조건식은 참이 돼 if문 내의 문장이 실행된다. 다음 형태가 좀 더 이해하기 쉽지만 위 형태도 자주 사용되는 구문이니 눈여겨보자.

변수 x가 3보다 크면 true인 조건식은 다음과 같이 나타낼 수 있다.

```
x > 3
```

이는 다음과 같이 표현할 수 있다. 사용되지 않은 형태이지만 의미적으로 같다는 정도만 알아두자.

```
(x > 3) == true
```

다음으로는 x가 3보다 크면 false인 조건식을 알아보자. 논리 부정 연산자를 사용해서 다음과 같이 표현할 수 있다.

```
!(x > 3)
```

이는 또 다음 형태로도 표현할 수 있다.

```
(x > 3) == false
```

의미적으로 동등하게 다음처럼 나타낼 수도 있다.

```
x <= 3
```

표로 정리하면 다음과 같다. 다음 표의 왼쪽은 모두 동일한 내용을 다른 형태로 표현한 것이고, 오른쪽 역시 변수 x가 3보다 크지 않으면 true라는 것을 3가지 방식으로 표현한 것이다.

[도표] 조건식의 다른 형태

변수 x가 3보다 크면 true	변수 x가 3보다 크지 않으면 true
x > 3	!(x > 3) 변수 x가 3보다 크지 않으면 true
(x > 3) == true	(x > 3) == false 변수 x가 3보다 크다는 조건을 false로 만들면 전체식은 true
–	x <= 3 변수 x가 3보다 작거나 같으면 true

if문 안의 조건식이 만족될 때 if 다음에 오는 { … } 안의 문장이 실행된다. 하나의 문장만 실행할 것이라면 다음과 같이 기술해도 된다.

```
if(조건식)
    문장; // 조건식이 true일 때 실행되는 문장이 위치한다.
```

[도표] 괄호가 없는 if 조건문 구조

조건식이 만족될 때뿐 아니라 만족되지 않을 때도 문장을 실행하려면 다음과 같이
구성한다.

```
if(조건식) {
    // 조건식이 true일 때 실행되는 문장들이 위치한다.
    문장;
    문장;
}else {
    // 조건식이 false일 때 실행되는 문장들이 위치한다.
    문장;
    문장;
}
```

[도표] if else 조건문 구조

조금 더 복잡한 구조를 고민해보자. 조건식1이 만족될 때 특정 문장을 실행하고, 조건
식2가 만족될 때 다른 특정 문장을 실행하고 싶다면 다음과 같은 구조를 유지한다.

```
if(조건식1) {
    // 조건식1이 true일 때 실행되는 문장들이 위치한다.
    문장;
    문장;
} else if(조건식2) {
    // 조건식2가 false일 때 실행되는 문장들이 위치한다.
    문장;
    문장;
} else {
    // 앞의 모든 조건식이 false일 때 실행되는 문장들이 위치한다.
    문장;
    문장;
}
```

[도표] 복수 if 조건문 구조 1

다음과 같은 변형도 가능하다.

```
if(조건식1) {
    // 조건식1이 true일 때 실행되는 문장들이 위치한다.
    문장;
    문장;
} else if(조건식2) {
    // 조건식2가 false일 때 실행되는 문장들이 위치한다.
    문장;
    문장;
}
```

[도표] 복수 if 조건문 구조 2

if문 안의 if문 역시 가능하다.

```
if(조건식1) {
    if(조건식2) {
        문장;
        문장;
    }
}
```

[도표] if문 내의 if문

if문은 다양한 형태로 조합할 수 있으므로 굳이 앞의 형태를 암기할 필요는 없다. 어떤 조건을 만족할 때 특정 문장을 실행하고자 하면 기본적으로 if문을 사용하며 이때 다양한 조합이 가능하다는 정도만 알아두자.

{}를 블록이라고도 하는데 이는 여러 문장을 하나로 묶는 용도로 사용한다. 조건문뿐 아니라 반복문, 함수 등에도 유사하게 사용된다. 문장이 하나이더라도 괄호를 사용해 기술하는 것이 좋은 습관이다. 처음 프로그램을 작성하고 시간이 흐른 후 다른 문장을 추가할 때를 대비해 아예 괄호를 포함해 작성하자.

조건식에 올 수 있는 연산자에는 비교 연산자(〈, 〉, ==, !=)와 논리 연산자(&&, ||, &, |, ^)가 있다. 요약하면 boolean형의 가능한 값인 true, false가 오면 된다. 다음은 if문의 전형적인 예다. 점수에 따라 등급이 결정되는 if문이다.

```java
public class IfDemo {

    public static void main(String[] args) {
        int score = 81;
        char grade = 'F';

        if(score >= 90)  {
            grade = 'A';
        }else if(score >= 80)  {
            grade = 'B';
        }else if(score >= 70)  {
            grade = 'C';
        }else if(score >= 60)  {
            grade = 'D';
        }else {
            grade = 'F';
        }
        System.out.println("grade : " +grade);
    }
}
```

결과는 다음과 같다.

```
grade : B
```

주의해야 할 것은 조건식의 위치다. 앞의 조건식부터 순차적으로 검사된다. 즉 90
보다 같거나 큰지 검사한 후, 80보다 같거나 큰지를 검사한다. 나머지도 순차적으
로 70과 비교하고 60과 비교한다. 아무 조건식도 만족하지 못한다면 else문이 실행
된다. 앞의 조건식부터 비교를 하다가 조건이 만족되면 해당 문장이 실행되고 if문을
빠져나간다. 어떠한 조건식도 만족하지 못하면 else에 해당되는 문장이 실행된다.

만약 점수가 60보다 같거나 크다는 조건식을 실수로 맨 앞에 두면 어떻게 될까? 다

음 프로그램으로 시험해보자.

[예제] 조건식의 순서가 잘못된 if문 예제 - MistakeIfDemo.java

```
01 public class MistakeIfDemo {
02
03     public static void main(String[] args) {
04         int score = 81;
05         char grade = 'F';
06
07         if(score >= 60)  {
08             grade = 'D';
09         }else if(score >= 90)  {
10             grade = 'A';
11         }else if(score >= 80)  {
12             grade = 'B';
13         }else if(score >= 70)  {
14             grade = 'C';
15         } else {
16             grade = 'F';
17         }
18         System.out.println("grade : " +grade);
19     }
20 }
```

결과는 다음과 같다.

```
grade : D
```

81이 60보다는 크기 때문에 7행의 첫 번째 조건식이 true가 된다. 결과로 8행이 실행된 후 if문을 빠져나가 18행이 실행된다. 이처럼 조건식의 위치에 따라 의미하는 바가 달라지니 주의한다.

switch문

if문과 비슷하면서 좀 더 간결한 형태의 조건문이 있는데 바로 switch문이다. switch 문의 구조는 다음과 같다.

```
01 switch (조건식) {
02     case 값1 :
03         문장;
04         문장;
05         break;
06     case 값2 :
07         문장;
08         문장;
09         break;
10     default :
11         문장;
12         문장;
13 }
```

if문에서는 조건식의 결과가 boolean 값인 반면, switch문에서는 조건식의 결과가 int형의 정수 값이다. 그러므로 값1, 값2도 정수 값이다. 조건식의 값이 값1과 일치하면 3행, 4행이 실행된 후 5행의 break문을 만나 13행 바깥으로 빠져나간다.

조건식의 값이 값1, 값2와 같지 않다면 10행의 default로 진행된다. default문은 선택^{Option}이기 때문에 필요 없다면 제거해도 된다.

switch문의 조건식이나 값1, 값2 등에 int형이 아닌 다른 타입이 온다면 어떻게 될까? 자동 형변환 규칙에 따라 int형으로 변환이 될 수 있는 경우는 컴파일 오류가 발생하지 않을 것이며, 자동 형변환에 해당되지 않는 경우는 컴파일 오류가 발생할 것이다. byte, short, int, char는 자동 형변환 규칙에 따라 int형으로 변환된다.

```
01 public class SwitchDemo {
02
03     public static void main(String[] args) {
04         int data = 1;
05
06         switch (data) {
07             case 1 :
08                 System.out.println("1");
09                 break;
10             case 2 :
11                 System.out.println("2");
12                 break;
13             default :
14                 System.out.println("default");
15         }
16     }
17 }
```

프로그램의 출력은 다음과 같다.

```
1
```

9행의 break가 없다면 다음과 같이 출력된다.

```
1
2
```

break는 switch문을 빠져나가는 문장인데 만약 break가 없다면 후속 문장이 계속해서 실행됨을 알 수 있다.

반복문 for, while, do~while

특정 문장을 반복해서 수행하고 싶으면 반복문을 사용하면 된다. 예를 들어 1부터 10까지 더한다고 했을 때 반복문이 없다면 다음과 같이 해야 할 것이다.

```java
public class NonRepeatDemo {

    public static void main(String[] args) {
        int sum = 0;

        sum = sum + 1;
        sum = sum + 2;
        sum = sum + 3;
        sum = sum + 4;
        sum = sum + 5;
        sum = sum + 6;
        sum = sum + 7;
        sum = sum + 8;
        sum = sum + 9;
        sum = sum + 10;

        System.out.println(sum);
    }
}
```

10개니까 이렇게 했지만 갯수가 많아지면 현실적으로 불가능할 것이다. 이를 위해 반복문이 사용된다.

for문

먼저 가장 기본적인 for 문을 알아보자.

```java
for(초기화;  조건식;  증감식)  {
```

```
        반복될 문장;
        반복될 문장;
}
```

반복될 문장이 하나라면 다음과 같은 형태도 가능하다.

```
for( 초기화;   조건식;   증감식)
        반복될 문장;
```

for문 구성 요소의 수행 순서는 다음과 같다.

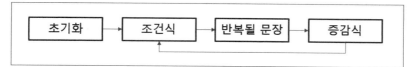

[도표] for문 구성 요소의 수행 순서

이제 for문을 사용해 1부터 10까지 더해보자.

[예제] for문을 사용해 1부터 10까지 더하는 예제 – ForDemo.java

```
01 public class ForDemo {
02
03     public static void main(String[] args) {
04
05         int sum = 0;
06         for( int i=1;  i<=10;   i++)  {
07             sum = sum +  i;
08         }
09
10         System.out.println("1~10의 합 : "+sum);
11     }
12 }
```

6행의 초기화 문장을 보자. int i라는 변수를 선언했는데 for문의 초기화 부분에서 변수를 선언하면 for문 안에서만 의미가 있으며 for문 바깥에서는 해당 변수가 사라진다. 즉 for( ){…}에서 변수가 참조 가능하다. 9행에서 int i를 참조하려면 어떤 일이 벌어질까? 없는 변수를 사용하려고 할 때와 같이 컴파일 에러가 발생할 것이다.

또 초기화 부분에는 초기화 문장을 하나가 아니라 콤마(,)를 사용해 여러 개 배치할 수 있다. 초기화 부분에 반드시 변수 선언이 올 필요는 없으며 어떠한 문장이라도 가능하다.

```
for( int i, int j;   조건식;   증감식)
```

또한 초기화, 조건식, 반복될 문장, 증감식을 유연하게 생략할 수도 있다. 극단적인 경우에는 다음과 같은 문장도 구성될 수 있다.

```
for(;;)  {

}
```

아무 의미 없이 거의 버그와 같은 문장이지만 문법적으로는 이런 for문도 가능하다. 이는 무한반복이라는 의미다.

앞의 for문 구조와는 다른 형태의 for문도 있다. JDK 1.5부터 지원하며 for each문이라고도 하는데 형태는 다음과 같다.

```
for(String item : list) {
    System.out.println(item);
}
```

앞의 스니펫은 list라는 목록에 들어 있는 String 타입의 객체를 모두 출력하는 로직이다. 새로운 형태의 for문은 객체의 집합을 순환하기에 적합한 구조다.

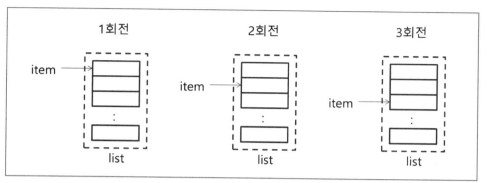

[도표] JDK1.5부터 지원하는 for문

클래스, 배열 등에 대해 알아야 새로운 형태의 for문에 대해 이해할 수 있기 때문에 지금 이해하는 것은 무리다. 일단 이러한 형태의 for문이 있다는 것만 알아두자.

while문

반복문의 한 종류인 while문에 대해 알아보자. for문을 가장 많이 사용하며 그 다음 으로는 while문이 종종 사용된다.

```
while( 조건식 ) {
    반복될 문장;
    반복될 문장;
}
```

for문과 마찬가지로 반복될 문장이 하나인 경우는 괄호를 생략할 수 있다. for문에 있던 초기화와 증감식이 없다. while문은 문법적으로 초기화와 증감식 문장을 강요 하지 않는 대신 의미적으로 개발자가 넣을 것을 요구한다. 1부터 10까지 더하는 예 제를 while문으로 작성해보자. 그러면 무슨 말인지 이해될 것이다.

[예제] while문을 사용해 1부터 10까지 더하는 예제 – WhileDemo.java

```
01 public class WhileDemo {
```

```
02
03     public static void main(String[] args) {
04         int sum = 0;
05         int i=1;
06         while(i<=10)  {
07             sum = sum + i;
08             i++;
09         }
10         System.out.println("1~10의 합 : "+sum);
11     }
12 }
```

5행의 문장이 결국 for문의 초기화 역할을 수행하며, 8행의 문장이 for문의 증감식 역할을 수행한다. while문은 for문과 다르게 문법적으로 초기화와 증감식이 없지만 결국 그와 유사한 역할을 수행하는 문장을 넣어야 의미 있는 반복문이 구성된다.

do~while문

마지막으로 do~while문에 대해 알아보자. while이 문장 처음에 조건식이 있어 수행할지 말지를 검사했다면, do~while문은 반복될 문장을 먼저 수행한 후 조건식 검사를 수행한다.

```
do  {
    반복될 문장;
    반복될 문장;
} while(조건식);
```

do~while문 역시 반복될 문장이 하나일 경우 괄호를 생략해도 된다. 1부터 10까지 더하는 예제를 do~while문으로 구성하면 다음과 같다.

```java
public class DoWhileDemo {

    public static void main(String[] args) {
        int sum = 0;
        int i=1;
        do {
            sum = sum + i;
            i++;
        }while (i<=10);
        System.out.println("1~10의 합 : "+sum);
    }
}
```

do~while문은 구성상 반복될 문장을 한 번은 수행한 후에 반복문 중단 여부를 위해 조건식을 수행한다.

break와 continue문

반복문이나 switch문에서 실행흐름을 건너뛰고 싶을 때 break와 continue를 사용한다. 이름이 의미하는 것처럼 break는 완전히 끝내는 개념이며, continue는 실행을 건너뛰긴 하지만 완전히 끝내는 것이 아니라 건너뛰고 계속해서 진행하는 개념이다.

break문

우리는 이미 break에 대해 경험한 바 있다. 바로 switch문이다. switch문에서 break를 만나면 switch문을 빠져나갔다. break를 만나면 가장 가까운 switch문이나 반복문을 빠져나간다. 가장 가깝다는 표현을 사용한 이유는 switch문이나 반복문이 중첩 됐을 수 있기 때문이다. 예를 들면 for문 안에 for문이 있고 가장 안쪽에서 break를 만나면 맨 안쪽의 for문만 빠져나간다.

1부터 10까지의 합을 구하는 프로그램을 break를 사용해서 작성하면 다음과 같다. i를 증가시키다가 i가 11이 되면 더하지 않고 반복문을 빠져나간다.

[예제] break문 예제 - BreakDemo.java

```java
01 public class BreakDemo {
02
03     public static void main(String[] args) {
04         int i = 1;
05         int sum = 0;
06
07         while(true)  {
08             if(i==11)  {
09                 break;
10             }
11             sum = sum + i;
12             i++;
13         }
14         System.out.println("1~10의 합 : "+sum);
15     }
16 }
```

7행의 조건식이 항상 true이므로 이 조건식을 통해서는 해당 반복문을 빠져나가지 못한다. 반복문이 실행되다가 i가 11일 경우 9행의 break가 실행된다. 그러면 이후의 문장을 실행하지 않고 바로 break를 감싸고 있는 반복문을 빠져나가게 된다.

continue문

continue문은 break와 비슷하게 동작한다. 차이점은 break는 자신을 감싸고 있는 반복문을 완전히 빠져나가는 반면에 continue는 반복문의 끝으로 이동한다는 점이다. 개념적으로는 다음 도표에서 화살표가 가리키는 지점으로 이동한다고 보면 된다.

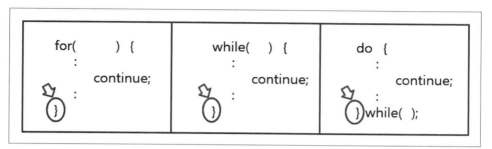

[도표] continue 문장의 개념적 이동 위치

다음은 0부터 9까지의 수 중에서 3으로 나눠 떨어지지 않는 수를 출력하는 프로그램이다.

[예제] continue문 예제 - ContinueDemo.java

```
01 public class ContinueDemo {
02
03     public static void main(String[] args) {
04
05         for(int i=0;  i<10;  i++) {
06             if(i % 3 == 0)  {
07                 continue;
08             }
09             System.out.println(i);
10         }
11     }
12 }
```

3으로 나누어 떨어지면 6행에서 if문의 조건식이 true가 돼 7행의 continue가 실행된다. 그렇게 되면 for문의 마지막인 10행으로 건너뛰게 된다. 출력 결과는 다음과 같다.

```
1
2
4
5
7
8
```

변수의 범위

변수 선언의 위치에 따라 그 변수를 사용할 수 있는 위치가 달라진다. 기본적으로는 변수 선언을 먼저 해야 변수 사용이 가능할 것이다. 그런데 추가적인 특성이 있는데 { } 문 안에서 선언된 변수는 { }의 바깥에서는 사용할 수 없다는 것이다.

```
{
    int data = 0;
}
data = 1;      // data라는 변수를 알 수 없다는 컴파일 오류가 발생한다.
```

앞의 성질로 인해 결국 반복문 내에서 선언된 변수는 반복문 바깥에서는 사용할 수 없게 된다.

배열

배열의 필요성

학생 수가 5명인 반의 평균을 내는 프로그램을 작성한다고 하자. 배열^{array}이라는 장치가 없는 경우 다음과 같이 프로그램의 형태가 나타날 것이다. 반복해서 변수를 생성하고 있어 효율적이지 않다.

```
int score_01, score_02, score_03, score_04, score_05;
```

사용자로부터 학생의 점수를 입력 받는 부분의 코드도 다음과 같이 작성되므로 효율적이지 않다.

```
01  Scanner scanner = new Scanner(System.in);
02
03  score_01 = scanner.nextInt();
04  score_02 = scanner.nextInt();
05  score_03 = scanner.nextInt();
06  score_04 = scanner.nextInt();
07  score_05 = scanner.nextInt();
```

1행의 Scanner scanner = new Scanner(System.in)과 3행부터 반복적으로 나오는 scanner.nextInt()는 일단 키보드로부터 숫자를 입력받기 위한 코드라는 정도만 이해하고 여기서는 배열에 집중하자. Scanner는 자바 JDK가 제공하는 기본 클래스인데 이를 사용해 입력을 받을 수 있다. new Scanner 시에 System.in을 한 이유는 자바의 기본^{default} 입력으로부터 입력을 받겠다는 기술이며, 대부분의 PC 환경에서는 키보드를 의미한다.

5개의 점수를 보관하려니 5개의 변수를 선언해야 하고 해당 변수를 사용하는 부분도 불편해진다. 앞의 코드는 키보드로 입력을 받아서 변수에 저장하는 코드인데 학생 수만큼 반복해서 비슷한 행을 추가해야 한다. 평균을 내려면 더해야 하는데 이는 또 어떠한가? 다음과 같이 아주 불편하고 단순 반복적인 형태의 코드가 될 것이다.

```
int sum = score_01 + score_02 + score_03 + score_04+ score_05;
```

여기서는 5명이지만 실제로는 대부분 이보다 더 많다. 전교생이라면 코드가 더 복잡해질 것이다. 이러한 단순 반복 작업을 효율적으로 처리할 수 있도록 하는 장치가 배열이다. 일단 5개의 변수 선언을 배열을 사용해 한 번으로 줄여보자.

```
int[] scores = new int[5];
```

변수 선언만 해도 간단해졌다. 사용할 때도 아주 간단해진다. 숫자를 키보드로 입력받는 코드는 다음과 같이 단순해진다.

```
for(int i=0;  i<5;  i++) {
    scores[i] = scanner.nextInt();
}
```

배열을 배우고 싶은 마음이 생겼는가? 이제 배열의 사용법에 대해 알아보자.

배열의 선언, 생성, 초기화

자바에서 배열^{array}은 번호(인덱스)와 번호에 대응하는 데이터로 이뤄진 자료 구조를 나타낸다. 일반적으로 배열에는 같은 종류의 데이터들이 순차적으로 저장돼, 값의 번호가 곧 배열의 시작점으로부터 값이 저장돼 있는 상대적인 위치가 된다.

일단 배열을 선언해야 한다. 앞의 예에서는 다음과 같이 함으로써 5개의 점수를 위한 배열을 선언했다.

```
int[] scores = new int[5];
```

[]는 배열을 가리킨다. int[]는 정수형 배열 즉 정수 데이터가 연달아 있는 것을 의미한다. 그렇다면 int[] scores는 정수형 배열을 의미하는 것일까? 정확히는 아니다. int[] scores에서도 엄격히 말하면 score는 정수형 배열이 아니고 정수형 배열을 가리킬 수 있는 참조 변수이다. 중요한 사항이다. int[] scores를 선언한다고 해서 배열이 생성되는 것이 아니다. 배열을 가리킬 수 있는 참조 변수를 생성하는 것이다.

2장에서 학습한 참조형 변수와 메커니즘이 동일하다.

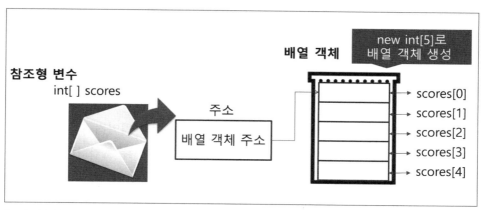

[도표] 배열 참조형 변수과 배열 객체

scores는 정수형 배열 객체의 주소를 가리킨다. scores[0]은 그 정수형 배열 객체

중 첫 번째 정수형 데이터의 주소를 나타낸다. scores[1]은 정수형 배열 객체 중 두 번째 정수형 데이터를 나타낸다.

그러면 언제 배열이 생성되는가? new int[5]를 하면 5개 크기의 정수형 배열이 생성된다. 즉 int[] score는 객체 배열을 가리킬 수 있는 참조 변수를 선언하는 것이며, new int[5]를 해야 5개의 정수 데이터가 저장될 수 있는 배열이 생성된다.

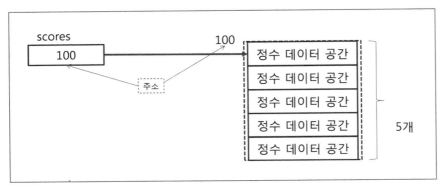

[도표] 배열 참조 변수와 배열의 관계

Scores 안에 들어있는 주소 값에 접근할 수는 없다. C 언어에서는 참조 변수가 가지고 있는 주소 값을 알아낼 수 있지만 자바에서는 그 주소 값을 알 수 없다. 앞의 예에서 100이라고 했지만 이건 그냥 예일 뿐이고 그 값이 무엇인지는 알 수 없다. 그냥 scores라는 참조 변수를 사용해 배열에 접근할 수 있을 뿐이다. int[] scores를 통해 배열에 대한 참조 변수를 선언했고, new int[5]를 통해 배열을 생성했다.

생성된 정수 데이터 공간에는 어떤 값이 들어있을까? 자바는 초기화를 하지 않았다고 해서 쓰레기 값이 들어가지는 않는다. 컴파일 에러가 떨어지거나 의미 있는 값으로 초기화되거나 둘 중의 하나다. 컴파일 정수형 변수를 초기화하지 않았는데 컴파일 오류가 떨어지지 않았다면 묵시적으로 초기화가 됐다는 이야기다. 상식적으로 생각해도 정수형 데이터이니 0으로 됐음을 유추할 수 있다.

다음과 같이 배열을 생성하면서 초기화하는 경우도 많으니 다음 패턴은 알아두자.

```
int[]intArray = new int[]{1,2,3,4,5};
```

앞의 코드는 정수형 데이터가 5개 생성되며 각 값은 1, 2, 3, 4, 5로 초기화된다. new int[5]로 하지 않고 new int[]를 했지만 {} 안의 수가 5개이므로 배열 객체의 크기를 5개 결정한다.

배열의 사용

이제 배열에 값을 저장하고 꺼내보자. 해당 배열의 첫 번째 데이터에 접근하려면 scores[0]을 하면 된다. 마찬가지로 두 번째 데이터에 접근하려면 scores[1]을 하면 된다. 눈여겨볼 것은 첫 번째 데이터가 1이 아니라 0이라는 것이다. 이 숫자를 인덱스라고 한다. 학생 5명의 점수를 입력받는다면 다음과 같이 코드를 작성한다.

```
01    Scanner scanner = new Scanner(System.in);
02    for(int i=0;  i<5;  i++)  {
03        scores[i] = scanner.nextInt();
04    }
```

앞의 코드는 배열에 값을 할당하는 코드였다. 값을 꺼내올 때도 다르지 않다. 5명 점수의 합을 구하는 코드를 통해 배열에서 값을 꺼내오는 방법을 알아보자. 이를 위한 코드는 다음과 같다.

```
01    int sum = 0;
02    for(int i=0;  i<5;  i++)  {
03        sum = sum + scores[i];
04    }
```

지금까지 부분적으로 다룬 것을 종합해보자. 5명의 성적을 입력받아 평균을 내는 프로그램을 작성한다고 했을 때, 배열을 사용하지 않으면 반복되는 코드가 많아져 비효율적이고 전교생을 다룬다고 하면 거의 불가능에 가까워진다. 하지만 배열을 사용하면 다음과 같이 간단하게 작성할 수 있다.

[예제] 점수 평균 – ScoreAverageDemo.java

```
01    public class ScoreAverageDemo {
02
03        public static void main(String[] args) {
04            int[] scores = new int[5];
05
06            Scanner scanner = new Scanner(System.in);
07
08            for(int i=0;  i<5;  i++)  {
09                scores[i] = scanner.nextInt();
10            }
11
12            int sum = 0;
13            for(int i=0;  i<5;  i++)  {
14                sum = sum + scores[i];
15            }
16
17            int avg = sum / 5;
18            System.out.println("AVG : "+avg);
19            scanner.close();
20        }
21    }
```

4행을 통해 scores라는 배열을 가리키는 참조 변수를 생성한다. 또한 new int[5]를 통해 5개 크기의 정수형 배열을 생성한다. 6행을 통해 키보드로부터 데이터를 입력받기 위한 객체를 생성한다. 이는 기존 자바 JDK에 포함돼있는 클래스다. 8행의 반복문을 통해 5개의 점수를 입력받기 위한 반복문을 수행하며, 9행을 통해 키보드로 입력받은 정수를 배열에 저장한다. 이때 반복문이 수행되면서 scores[0], scores[1], scores[2]로 데이터가 저장된다. 12~15행은 배열의 값을 반복해서 읽어와 sum에 합을 한다. 그리고 17행에서 평균을 낸다. 19행의 scanner.close()는 Scanner 객체의 사용을 종료하기 전에 Scanner가 내부적으로 사용하던 자원을 정리하기 위한 메소드다.

배열 연산에 많이 사용되는 기능이 더 있는데 그 중에 하나가 배열의 크기를 알아내는 것이다. 배열의 크기는 length 필드를 통해 알 수 있다.

```
01          int[] scores = new int [5];
02          System.out.println("scores length "+scores.length);
```

scores.length를 통해 배열의 크기를 알아낼 수 있다. 앞의 경우에는 5가 출력될 것이다.

배열의 복사

배열을 복사하는 가장 고전적인 방법은 반복문을 수행하면서 일일이 값을 옮기는 것이다. 다음과 같은 형태로 작성한다.

[예제] 매뉴얼한 배열 복사 – ArrayCopy01Demo.java

```
01 public class ArrayCopy01Demo {
02
03     public static void main(String[] args) {
04         int[] sourceData = new int[]{1,2,3};
05         int[] targetData = new int[3];
06
07         for(int i=0;  i<sourceData.length;  i++)  {
08             targetData[i] = sourceData[i];
09         }
10
11         for(int i=0;  i<targetData.length;  i++)  {
```

```
12                System.out.println("targetData["+i+"] = "+targetData[i]);
13        }
14    }
15 }
```

sourceData가 가리키는 배열에서 targetData가 가리키는 배열로 값을 복사하기 위해서 7~8행을 통해 일일이 값을 이동했다. 그리고 11~13행을 통해 구한 결과 값은 다음과 같다.

```
targetData[0] = 1
targetData[1] = 2
targetData[2] = 3
```

좀 더 효율적인 방법을 위해 System.arraycopy 메소드를 사용할 수 있다.

[도표] System.arraycopy 사용법

public static void arraycopy(Object src, int src_position,
                        Object dst,int dst_position,
                        int length)	

src	복사할 원본 배열
src_position	복사할 원본 배열의 위치
dst	대상 배열
dst_position	대상 배열의 위치
length	복사할 길이

System.arraycopy를 사용한 배열 복사 방법은 다음과 같다.

[예제] System.arraycopy를 사용한 배열 복사 – ArrayCopy02Demo.java

```
public class ArrayCopy02Demo {

    public static void main(String[] args) {
        int[] sourceData = new int[]{1,2,3};
```

```
        int[] targetData = new int[3];

        System.arraycopy(sourceData, 0, targetData, 0, 3);

        for(int i=0;  i<3;  i++)  {
            System.out.println("targetData["+i+"] = "+targetData[i]);
        }
    }
}
```

다차원 배열

지금까지 한 반의 학생이 5명일 때의 평균을 구했다. 그런데 만약 반이 한 개가 아니라 3개라면 어떻게 되는가? 이때 다차원 배열의 일종인 이차원 배열이 사용된다. 즉 5명씩 3반이 있는 것이다. 이를 위한 객체 참조 변수 선언 및 다차원 배열 생성은 다음과 같다.

```
int[][] scores = new int[3][5];
```

메모리 상의 개념적인 구조도는 다음과 같다.

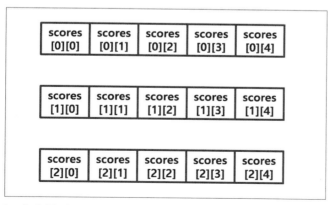

[도표] 이차원 배열

일차원 배열과 마찬가지로 이차원 배열도 배열을 생성하면서 초기화할 수 있다.

```
int[][] scores = new int[][] {{1,2,3,4,5},{6,7,8,9,10},{11,12,13,14,15}};
```

실제 점수가 1, 2, …일 리는 없지만 편의상 앞과 같이 기술했다. 앞의 배열에서 9값을 가지는 배열은 무엇일까? scores[1][3]이다. 앞의 예에서 기술한 배열에 대해 값과 배열의 인덱스를 나타내면 다음과 같다.

scores [0][0]	scores [0][1]	scores [0][2]	scores [0][3]	scores [0][4]
1	2	3	4	5

scores [1][0]	scores [1][1]	scores [1][2]	scores [1][3]	scores [1][4]
6	7	8	9	10

scores [2][0]	scores [2][1]	scores [2][2]	scores [2][3]	scores [2][4]
11	12	13	14	15

[도표] 이차원 배열의 인덱스

이를 참조 변수의 관점에서 묘사하면 다음과 같다. 차원을 늘려나가도 같은 개념이 적용된다. 충분히 숙지하자.

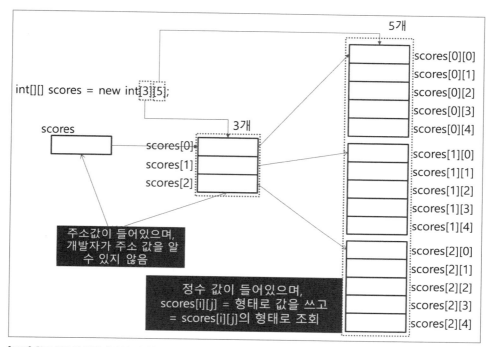

[도표] 참조 변수의 관점에서 본 다차원 배열

scores라는 변수에는 주소 값이 들어있다. scores 주소 값은 일차원 배열을 가리킨다. 이 일차원 배열은 scores[0], scores[1], scores[2]인데 여기에도 주소 값이 들어간다. C 언어에서는 주소 값을 개발자가 조회하고 조작할 수 있지만, 자바에서는 주소 값을 명시적으로 알 수 없다.

scores[0]의 주소 값을 따라가면 비로소 5개의 정수형 데이터가 배열 형태로 존재하는데 이를 scores[0][0], scores[0][1], scores[0][2], scores[0][3], scores[0][4]로 나타낸다. scorea[0][1]에 정수 값을 넣고 싶으면 scores[0][1] = 1의 형태로 사용한다. scores[0][1]의 값을 알고 싶으면 int data = scores[0][1]의 형태로 사용한다.

배열의 참조 변수의 속성으로는 length가 있는데 앞의 도표에 따르면 scores가 가리키는 배열의 크기는 3이고, scores[0]이 가리키는 배열의 크기는 5이다. 정말 그런지 예제로 확인해보자.

[예제] 배열의 크기 – ArrayLengthDemo.java

```java
public class ArrayLengthDemo {

    public static void main(String[] args) {
        int[][] scores = new int[3][5];

        System.out.println(scores.length);
        System.out.println(scores[0].length);
    }
}
```

출력 결과는 다음과 같다.

```
3
5
```

가변 배열

앞의 예에서는 3개 반 5명이라고 고정했다. 그런데 이제 가정을 조금 바꿔보자. 반은 3개로 고정돼 있지만 한 반의 학생 수는 변동이 있다고 가정해보자. 이럴 때 사용할 수 있는 것은 가변 배열이다. 다음과 같이 선언한다.

```java
int[][] scores = new int[3][];
```

3개의 덩어리가 있다는 것은 앞의 문장으로 알 수 있지만 그 덩어리 안에 몇 개의 데이터가 들어있는지는 아직 정해지지 않은 상태다. 이를 그림으로 표현하면 다음과 같다.

[도표] 가변 배열

지금 상태에서는 실제로 들어갈 데이터 영역이 할당되지 않았다. 데이터 영역의 실질적인 할당은 다음과 같이 수행한다. 첫 번째 scores[0]에는 3개의 데이터 영역을, 두 번째 scores[1]에는 4개의 데이터 영역을, 그리고 세 번째 scores[2]에는 5개의 데이터 영역을 할당하고자 하면 다음과 같이 코드를 작성한다.

```
scores[0] = new int[3];
scores[1] = new int[4];
scores[2] = new int[5];
```

앞의 코드가 실행되면 비로소 데이터를 저장할 수 있는 메모리 영역이 할당된다.

다차원 배열이기 때문에 scores[0], scores[1], scores[2]에도 주소 값이 들어간다. new를 하면 메모리가 할당되면서 해당 메모리의 주소를 반환하는데 scores[0] = new int[3]이라는 문장의 통해 new를 통해 정수형 데이터 3개를 저장할 수 있는 영역을 할당하고 그 주소 값을 scores[0]에 저장한다.

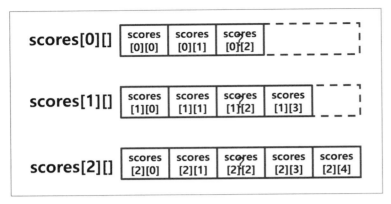

[도표] 가변 배열의 크기 고정

3개의 반이 있다고 가정하고, 몇 명을 입력할지를 실시간으로 키보드로 입력받아서 반별 학생 수를 결정한 후, 점수를 입력받아 전체 평균을 구하는 프로그램은 다음과 같다. 문법 예시를 나타내고자 조금은 불필요하게 프로그램을 작성했다.

[예제] 가변 배열을 사용한 평균 – VariableArrayAverageDemo.java

```
01 public class VariableArrayAverageDemo {
02
03     public static void main(String[] args) {
04         int[][] scores = new int [3][];
05
06         Scanner scanner = new Scanner(System.in);
07
08         // 각 반당 몇 명인지 입력
09         for(int i=0;  i<scores.length;  i++)  {
10             System.out.print("반당 학생수 :");
11             int size = scanner.nextInt();
12             scores[i] = new int[size];
13         }
14
15         // 3개 반 반복해 점수 입력
16         for(int first=0;  first<scores.length;  first++)  {
17             // 위에서 입력된 학생 수만큼 점수 입력
```

```
18          for(int second=0;  second<scores[first].length;  second++)  {
19              System.out.print("점수 :");
20              scores[first][second] = scanner.nextInt();
21          }
22      }
23
24      // 모든 학생의 점수를 합산
25      int sum = 0;
26      for(int first=0;  first<scores.length;  first++)  {
27          for(int second=0;  second<scores[first].length;  second++)  {
28              sum = sum + scores[first][second];
29          }
30      }
31
32      // 모든 학생의 수를 카운팅
33      int totalNum = 0;
34      for(int first=0;  first<scores.length;  first++)  {
35          totalNum = totalNum + scores[first].length;
36      }
37
38      int avg = sum / totalNum;
39      System.out.println("TotalNum : "+totalNum);
40      System.out.println("Sum : "+sum);
41      System.out.println("Avg : "+avg);
42
43      scanner.close();
44  }
45 }
```

4행에서 가변 배열을 선언했다. new int[3][]을 선언하긴 했지만 아직 인덱스는 기술되지 않았다. 6행을 통해 키보드로부터 입력을 받을 수 있는 자바 JDK의 기본 객체를 생성했다. 9행에는 scores.length라는 문구가 있는데 이는 배열의 크기를 의미한다.

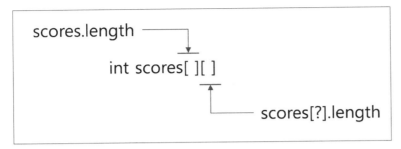

[도표] 다차원 배열에서의 배열 크기

만약 scores[1].length라고 하면 scores[1]이 가리키는 배열의 크기인데 아직 이 행에서는 해당 배열의 크기가 정해지지 않았다. 이건 좀 있다가 정해진다.

11행에서 키보드로 숫자를 입력받고, 입력받은 수를 사용해 12행에서 가변 배열의 크기를 확정한다. new int[입력 받은 수]를 통해 숫자를 저장할 수 있는 참조형 배열 데이터를 할당한다. 13행까지의 반복문을 완료하면 정수형 데이터를 할당할 수 있는 모든 배열이 생성된다. 반의 학생 수로 1, 2, 3을 입력하면 다음과 같이 최종적으로 배열이 생성될 것이다.

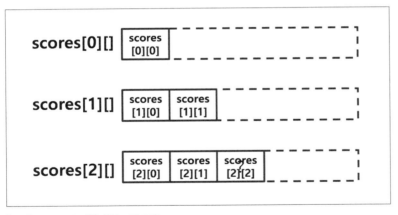

[도표] 1, 2, 3으로 가변 배열 크기 고정

16~22행에서 각 학생의 점수를 입력받는다. 이때 18행에 주목하자. scores [first].length는 scores[][]에서 두 번째 []에 할당된 배열의 크기를 말한다. 앞에서 1, 2,

3을 입력했으므로 scores[1].length는 2, scores[2].length는 3을 나타낸다.

25~30행에서는 다차원 배열에 들어있는 정수의 합을 구한다.

33~36행에서는 전체 배열의 크기, 즉 scores[0].length + scores[1].length + scores[2].length를 구한다. 이는 결국 의미적으로 전체 학생 수가 된다.

이제 앞에서 구한 합에서 전체 배열의 크기, 학생 수인 totalNum을 나누면 평균이 된다. 예제에서는 정수/정수로 근사치 값이 나오는데 이는 정수를 사용했기 때문에 나오는 당연한 결과이니 이상하게 생각할 필요는 없다.

가변 배열의 형태에서 역시 생성과 초기화를 동시에 수행할 수 있다.

```
int[][] scores = new int[][] {{1,2,3},{6,7,8,9},{11,12,13,14,15}};
```

위와 같이 선언하면 메모리 공간은 다음과 같이 생성될 것이다.

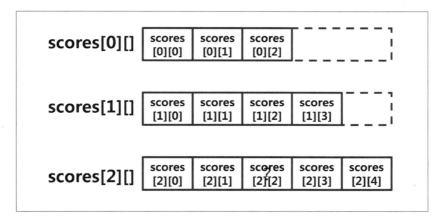

[도표] 가변 배열의 또 다른 예

배열을 벗어난 인덱스

다음과 같은 코드를 실행하면 에러가 발생한다.

```
int [] array = new int[] {1,2,3};
System.out.println(array[4]);
```

java.lang.ArrayIndexOutOfBoundsException이라는 예외가 발생한다. 당연한 결과이다. 배열의 크기는 3개인데 네 번째 데이터를 요구하니 에러가 발생하는 것이다. 에러가 발생하는 것은 당연한데 왜 컴파일 타임 때 이에 대한 경고를 하지 않았는지 의문이 생길 것이다. 다음 코드를 보자.

```
int [] array = new int[] {1,2,3};
Scanner scanner = new Scanner(System.in);
int index = scanner.nextInt();
System.out.println(array[index]);
```

컴파일 타임 때는 오류 가능성을 알 수 없다. 단순한 프로그램의 경우에는 배열의 범위를 벗어난 참조를 하는지 컴파일 때 알 수 있기는 하지만 자바 컴파일러의 기본동작은 그렇게 하지 않는다. 대신 실행 시간에 예외를 발생시키는 정책을 선택한다.

System.arraycopy와 매뉴얼 복사 중 누가 빠른가?

상황에 따라서 다르다. 데이터가 큰 경우는 대개 system.arraycopy가 빠르고 데이터가 작은 경우는 매뉴얼 copy가 빠르다. System.arraycopy는 내부적으로 JNI를 사용한다. 즉 순수 자바가 아니고 C와 같은 언어로 작성한 기계어를 호출한다.

자바는 일반적으로 JVM이라는 가상 머신 상에서 동작한다. 그런데 JNI를 사용하면 가상 머신이 아니라 기계에서 실행할 수 있다. 그러면 무조건 System.arraycopy가 빠르지 않을까? 그렇지 않다. 자바가 기계어를 호출하려면 JNI는 일종의 인터페이스를 거쳐야 되는데 이때 일정 부분 오버헤드가 발생하기 때문이다.

그러한 사유로 복사해야 할 데이터가 많은 경우는 JNI 사용의 오버헤드에도 불구하고 System.arraycopy가 빠른 것이고, 그렇지 않은 경우는 매뉴얼 복사가 빠른 것이다. 그리고 그 경계점이 되는 복사할 데이터의 양은 컴퓨터 환경마다 다르기 때문에 일괄적으로 제시하기는 어렵다. 그래도 대개는 System.arraycopy가 더 빠르다.

Arrays – 배열을 위한 유틸 클래스

배열보다는 뒤에서 소개할 콜렉션을 사용할 것을 권장한다. 콜렉션에는 좀 더 풍부한 기능이 제공된다. 그럼에도 불구하고 배열을 사용하고자 한다면 다양한 기능을 개발자가 구현할 필요가 있을 것이다. 이러한 부담을 덜어주기 위해 자바는 배열에 주로 적용할 수 있는 공통 기능을 Arrays 클래스로 제공한다.

[도표] Arrays 주요 메소드

메소드	설명
static String toString(int[] a)	배열을 [~,~,~] 형태의 문자열로 반환한다.
static int binarySearch(int[] a, int key)	배열 중 key와 동일한 요소를 찾아서 몇 번째 요소인지 index를 반환한다.
static boolean equals(int[] a, int[] a2)	a배열과 a2배열의 요소가 동일한지 검사한다.
static void sort(int[] a)	배열을 정렬한다.
static void fill(int[] a, int val)	배열을 val 값으로 채운다.

주요 메소드는 정수형 배열을 기본으로 설명했지만 JDK는 long, char 등 다양한 타입의 동일한 기능을 가진 메소드도 제공한다. 예를 들면 static String toString(long[] a), static String toString(short[] a) 등으로 배열의 타입만 다른 동일한 이름의 메소드가 있다. 예제를 통해 해당 메소드의 기능을 시험해보자.

[예제] Arrays 메소드 – ArraysDemo.java

```java
public class ArraysDemo {

    public static void main(String[] args) {
        int[] a = {1,2,3,5,4};
        int index = -1;

        String str = Arrays.toString(a);
        System.out.println(str);

        index = Arrays.binarySearch(a, 3);
        System.out.println(index);

        int[] b = {1,2,3,5,4};
        int[] c = {1,2,3,4,5};
        boolean isEquals = false;
        isEquals = Arrays.equals(a, b);
        System.out.println(isEquals);
        isEquals = Arrays.equals(a, c);
        System.out.println(isEquals);

        Arrays.sort(a);
        System.out.println(Arrays.toString(a));


        Arrays.fill(a, 0);
        System.out.println(Arrays.toString(a));
    }
}
```

앞에서 설명한 5가지 메소드에 대한 예제이며, 출력 결과는 다음과 같다.

```
[1, 2, 3, 5, 4]
2
true
false
[1, 2, 3, 4, 5]
[0, 0, 0, 0, 0]
```

객체지향 프로그래밍의 개념

객체지향 프로그래밍이란?

객체지향 프로그래밍^{Object Oriented Programming, OOP}은 컴퓨터 프로그래밍 패러다임의 하나이다. 이와 대비되는 개념으로 절차지향이 있으며 대표적인 절차지향 언어로 C 언어가 있다. 객체지향 프로그래밍은 컴퓨터 프로그램을 명령어의 목록으로 보는 절차지향을 벗어나 여러 개의 독립된 단위 즉 객체의 모임으로 간주하는 것이다. 각 객체는 메시지를 주고받음으로써 특정 기능을 수행한다.

또한 객체지향 프로그래밍은 프로그램을 유연하고 변경이 용이하게 만들기 위한 기반을 제공한다. 객체지향 언어는 이전에 대세였던 절차지향 언어에 비해 만들어 놓은 코드의 재활용이 비교적 용이하며 코딩이 쉽다. 또한 유지보수 및 업그레이드가 원활하며 디버깅이 쉽다. 대형 프로젝트에도 더 적합하며 분석과 설계의 전환이 쉽다. 이러한 이유들로 절차지향 언어(C)의 시대에서 객체지향 언어(자바, C++)의 시대로 이동했다.

사실 이런 장점들은 이전의 절차지향 언어와 비교했을 때의 장점이고, 요즘 새롭게 나오는 언어들과 비교하면 또 다를 것이다. 다음으로는 객체지향 프로그래밍에서 중요한 몇 가지 개념에 대해 알아보자.

객체

실제 세계에는 다양한 객체^{Object}들이 있다. 학생, 선생님, 강의실 등이 모두 객체다. 학생, 선생님, 강의실처럼 눈에 보이는 객체뿐 아니라 강좌, 수강과 같은 추상적인 개념의 객체도 존재한다. 즉 객체는 물리적으로 존재할 수도 있고, 논리적으로 존재할 수도 있다. 객체 개념을 도입해 실제 세계와 유사하게 프로그래밍을 하자는 것이 OOP이다.

우리가 프로그램으로 해결해야 하는 문제는 실제 세계의 문제이다. 실제 세계의 문제를 컴퓨터 상의 프로그램으로 변환해야 하며 그 과정을 개발자들이 수행한다. 그런데 사람이 바라보는 실제 세계는 객체로 구성돼 있는데 반해 컴퓨터 상의 프로그램은 바이너리로 구성돼있다. 이 중간 과정을 도와주는 것이 프로그래밍 언어다. 예전에는 프로그래밍 언어가 인간의 사고방식을 기반으로 하는 것이 아니라 컴퓨터가 이해하도록 구성된 바이너리에 가까웠다. 소위 어셈블리라고 하는 언어가 그것이다. 실제 세계는 객체로 돼 있지만 컴퓨터 상에서 구동되는 프로그램을 작성하기 위해서 개발자는 컴퓨터가 인지하는 방식으로 프로그램을 설계하고 코딩했다. 사람의 인지는 객체 위주이나 설계 및 코딩이 그와 다르다면 이로 인해 개발이 어려워진다.

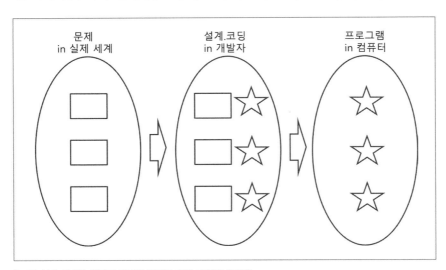

[도표] 실제 세계와 컴퓨터 세계의 차이로 인한 개발의 어려움

프로그래밍 언어는 점차 발전해 절차지향 언어의 대표로 C 언어가 사용됐다. 그 후 계속되는 발전을 거쳐 객체지향 언어의 시대가 도래했다. 이제 사람의 인지 방식과 동일하게 설계 및 코딩할 수 있는 객체를 기반으로 하는 객체지향 프로그래밍이 가능해졌다. 사람이 인지하는 실제 세계는 객체로 이뤄져 있고, 설계 및 코딩도 객체를 기반으로 한다. 이것이 객체지향 프로그래밍이다. 객체지향 프로그래밍에서는 실제 세계와 컴퓨터 세계 간격이 이전의 프로그래밍에 비해 줄어든다. 더 손쉽게 프로그래밍이 가능해진 것이다.

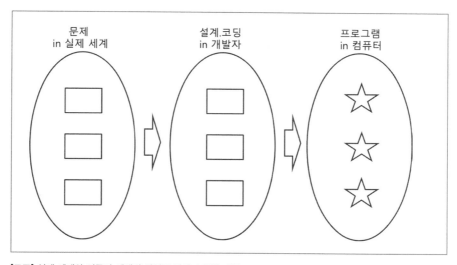

[도표] 실제 세계와 컴퓨터 세계의 차이를 없애기 위한 기반

객체지향 프로그래밍으로 성공한 첫 번째 언어는 스몰토크^{Smalltalk}이다. 스몰토크는 자바에 많은 영향을 미쳤다. 어찌 보면 자바보다 더 객체지향 언어의 원형에 가깝다. 그 특징은 다음과 같다.

첫째, 모든 것이 객체다. 순수 객체지향 언어에서 모든 프로그래밍 요소는 객체다. 객체는 다재다능한 변수인데, 객체에 데이터를 저장할 수도 있고, 그 객체가 특정 기능을 수행하도록 요청할 수도 있다.

둘째, 프로그램은 객체의 집합이다. 이 객체의 집합은 서로 메시지를 주고받으면서 상호작용한다. 객체에 무엇인가를 요청할 때는 메시지 교환을 통해 이를 달성한다. 메시지 전달을 코딩 수준에서 이야기하면 이는 해당 객체에 소속돼 있는 메소드를 호출하는 것을 의미한다.

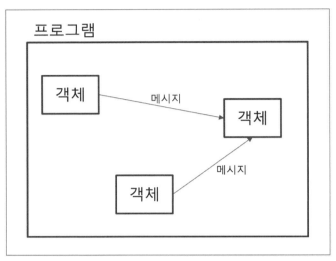

[도표] 메시지를 주고받는 객체들의 집합

셋째, 이미 존재하는 다른 객체를 조합해 새로운 객체를 생성할 수 있다.

넷째, 모든 객체는 타입을 가진다. 객체는 타입의 인스턴스이며 타입은 클래스의 동의어이다. 타입은 객체를 찍어내는 틀이라고 이해하면 된다.

다섯째, 타입이 동일한 객체들은 동일한 메시지를 받는다.

유명한 소프트웨어 엔지니어인 그래디 부치$^{Grady\ Booch}$는 다음과 같이 객체를 설명하기도 했다.

"객체에는 상태^{state}, 동작^{behavior}, 동일성^{identity}이 있다."

상태는 객체의 내부 데이터, 즉 속성을 의미하며, 동작은 메소드를 이야기한다. 동일성이 있다는 표현보다는 식별성이 있다는 표현이 더 쉽게 이해될지도 모르겠다. 객체를 다른 객체와 구분하는 것이 가능하다면 이를 식별 가능하다고 말하며, 해당 객체는 동일성^{identity}을 가진다고 표현한다.

상태와 동작에 대한 예를 더 들어보자. 강아지는 이름, 무게, 품종 등의 상태를 가지고 있으며 짖다, 자다, 꼬리를 흔들다 등의 동작을 가지고 있다. 또한 같은 품종의 강아지라 하더라도 메리, 해피 등으로 식별 가능하다. 지금까지 객체가 가지는 일반 속성에 대해 알아봤다. 실제 세계 객체의 개념과 크게 다르지 않다.

객체 간 상호작용

프로그램이 수행되려면 객체들 간에 상호작용이 일어나야 한다. 객체 간 상호작용이 일어나려면 결국 객체에 메소드를 호출할 수 있어야 하는데 이를 객체에 메시지를 전달한다고 표현하기도 한다.

　　메소드 호출 = 메시지 전달

외부로부터 메시지를 전달받을 수 있도록 객체에는 인터페이스가 있다. 인터페이스에 대해 알아보기 전에 여기서 말하는 인터페이스는 자바의 장치인 인터페이스가 아니라는 점을 먼저 밝힌다. 여기서 말하는 인터페이스는 객체의 성질을 설명하기 위한 용도로 사용하는 용어이다. 자바의 장치 중 하나인 자바 인터페이스를 그냥 인터페이스라고 표현하기도 하므로 여기서는 그와 구분하기 위해 객체의 인터페이스라고 부르자.

객체의 특성 중 하나는 인터페이스가 있다는 것이다. 그럼 객체의 인터페이스는 무엇인가? 객체와 상호작용하기 위한 창구를 의미한다.

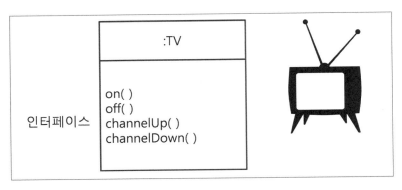

[도표] 상호작용을 위한 객체의 인터페이스

도표에 :TV라는 표시가 있는데 이는 TV라는 클래스를 사용해 만들어진 객체라는 의미다. 이는 UML이라는 모델링 표기법의 일부다. 클래스는 객체를 찍어내기 위한 틀Template이라는 정도만 알아두자. TV를 사용하기 위해서는 TV를 켜다/끄다/채널을 올린다/채널을 내린다의 인터페이스가 있다. 객체의 인터페이스 부분만 전담하기 위해 자바는 자바 고유의 장치로 인터페이스interface를 제공한다. 자바 인터페이스에 대해서는 뒤에서 다룬다.

요약하면 프로그램은 객체의 집합이고, 특정 목적을 달성하려면 객체 간 협업이 이뤄져야 하는데 이는 객체 간 상호작용을 통해 이뤄진다. 객체 간 상호작용은 메시지 전달을 통해 달성되며, 코드 수준에서 이야기하면 메시지 전달은 결국 객체에 포함된 메소드 호출에 의해 이뤄진다.

다음으로는 객체지향 프로그래밍의 몇 가지 특징을 알아보자. 실제 세계 객체의 특징을 그대로 프로그래밍에서 유지하는데, 이를 통해 실제 세계 객체를 다루는 방식과 유사하게 설계 및 코딩을 할 수 있다.

캡슐화

캡슐화Encapsulation는 객체의 속성data field과 행위메소드, method를 하나로 묶고, 실제 구현 내용 일부를 외부에 감춰 은닉하는 것을 말한다.

이는 결국 실제 세계의 객체를 모방한 특성이다. TV를 예로 들어보자. TV를 보다가 끈 후 다시 켜면 이전에 보던 번호가 다시 작동한다. 이는 TV라는 객체가 상태를 가지고 있다는 의미다. 또한 TV의 복잡한 내부 동작을 모른다고 하더라도 버튼(인터페이스) 몇 개만 알면 TV를 볼 수 있다. 내부 동작 방식이 외부에는 드러나지 않는 것이다.

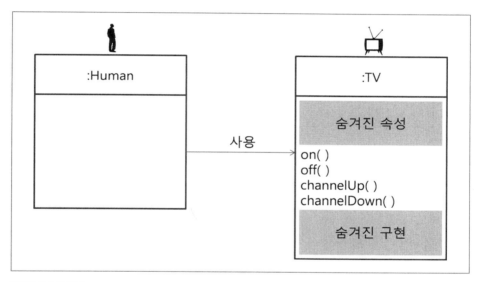

[도표] 캡슐화 개념

사람이 TV를 사용하려면 켜다/끄다/채널을 올린다/채널을 내린다 정도의 버튼만 알면 된다. 이러한 개념이 객체지향 프로그래밍의 세계에서도 유사하게 동작한다. Human이라는 객체는 TV 객체의 내부에 있는 속성(데이터)이나 구현 방식을 몰라도 노출된 창구(메소드, 인터페이스)만 알면 이를 사용할 수 있다. 여기서 몰라도 되는 것을 숨겨진 속성이나 숨겨진 구현으로 표시했는데, 좀 더 적극적인 의미로는 외부 즉 Human 객체에서 접근이 불가능해야 좋은 객체다.

캡슐화만 설명하면 캡슐화의 중요성이 잘 이해되지 않을 수도 있겠다. 캡슐화가 돼 있지 않은 경우를 가정해보자.

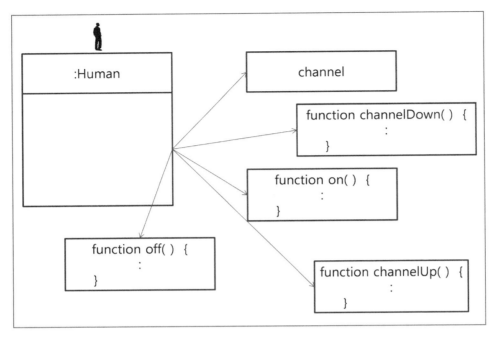

[도표] 캡슐화가 돼있지 않은 프로그래밍 환경

그림만 봐도 캡슐화를 해야겠다는 생각이 들지 않는가? 캡슐화의 반대는 객체의 속성^{data field}과 행위^{메소드, method}가 여기저기 흩어져 있고, 실제 구현 내용이 모두 외부에 노출돼있는 것이다. 멀리 갈 필요도 없다. C 프로그래밍이 그랬다. 지금이야 끔찍하게 생각하지만 한때는 다 캡슐화 없이 프로그래밍을 했다. 그리고 이제 당분간은 객체지향 프로그래밍의 시대이다. 캡슐화를 충분히 적용하자.

> **여기서 잠깐** **정보 은닉**
>
> 정보 은닉이란 캡슐화의 하위 성질 정도라고 일단 알아두자. 상태를 유지하기 위해 속성을 데이터의 형태로 저장해야 하는데 이를 외부에 노출하지 않는 것이 정보 은닉이다.

클래스, 변수, 메소드

객체 클래스, 객체 참조자

프로그래밍의 세계에서는 객체를 어떻게 생성할까? 틀^{Template}을 이용해 객체를 찍어 낸다. 마치 붕어빵 틀과 붕어빵의 관계와 유사하다. 붕어빵 틀은 클래스고, 붕어빵은 객체다.

붕어빵 틀 : 클래스 → 붕어빵 : 객체

[도표] 객체와 클래스의 관계

일반적으로 코드는 다음과 같은 형태로 클래스를 사용해 객체를 생성한다.

```
MyClass myObject = new MyClass();
```

여기서 MyClass는 클래스이고 myObject는 객체를 참조하는 객체 참조자이다. 그리고 new MyClass()를 통해 객체가 생성된다.

여기서 주의해야 할 점은 myObject는 객체가 아니라 객체 참조자라는 점이다. myObject라는 객체 참조 변수에는 주소 값이 들어있으며, 이 주소 값을 따라가 보면 MyClass로 생성된 객체가 있다.

2장에서 소개했던 참조형 변수가 여기서도 적용된다. 5장에서 다뤘던 배열도 결국 참조형 변수가 배열을 가리키는 것이었는데, 여기서는 참조형 변수가 객체를 가리킨다. 2장에서 소개했던 그림을 통해 다시 설명하면 다음과 같다.

[도표] 객체 참조자와 객체의 관계 개념도

컴퓨터 상의 메모리를 사용해 그림을 그리면 다음과 같다.

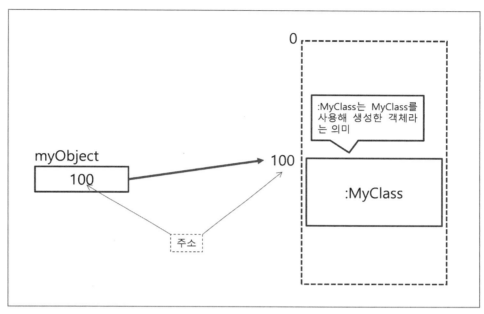

[도표] 객체 참조자와 객체의 관계

객체의 표현법에는 다음과 같은 방식이 있다.

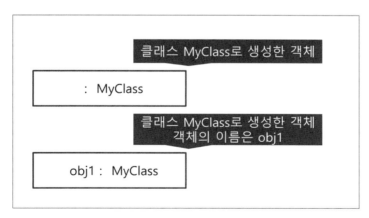

[도표] 객체 표현법

UML^{Unified Modeling Language}이라는 모델링 표기법에 따르면 클래스 이름 앞에 :을 표시함으로써 해당 클래스로 작성한 객체임을 나타낸다. 그리고 : 앞의 obj1은 객체의 이름이다. 이제 클래스를 선언하는 방법에 대해 알아본다.

자바 10에서의 지역 변수 타입 추론

자바 9까지는 다음과 같이 참조 변수의 타입을 명시해야 했다.

```
HashMap<String,Integer> x = new HashMap<String,Integer> ();
```

그러나 자바 10에서는 지역 변수의 타입 추론 기능이 강화돼서 지역 변수의 타입을 기술하지 않아도 된다. 형태는 다음과 같다.

```
var x = new HashMap<String,Integer>();
```

사실 이런 타입 추론은 이전 버전부터 계속 확장돼왔다. 그런데 자바 10에 들어서 지역 변수의 타입을 RHS^{Right Hand Side}를 통해 추론하는 기능을 추가했다. 코딩의 번거로움을 덜 목적으로 추가한 기능인데 개발자들의 호응을 받을지 흥미로운 부분이다. 이 책에서는 자바 10을 많이 다루지 않는다. 자바 입문자들이 알아야 될 내용이 별로 없기 때문이다. 그러나 본 내용은 워낙 파급효과가 클 것으로 예상되기 때문에 언급했다.

클래스 선언

붕어빵을 만들려면 붕어빵 틀이 있어야 한다. 유사하게 객체를 생성하려면 클래스를 먼저 선언해야 한다. 클래스는 기본적으로 다음과 같이 선언한다.

```java
public class MyClass  {

}
```

앞의 예에서 클래스의 이름은 MyClass이다. 그런데 클래스 이름을 정하는 데 별도의 규칙이 있는 것은 아니다. 일반적인 개발자 작성 식별자 규칙을 따르면 된다.

- 첫 문자는 문자나 '_', '$'의 특수 문자로 시작돼야 한다. 숫자로 시작할 수 없다. 여기서의 문자는 한글도 포함된다.
- 첫 문자가 아니라면, 문자나 '_', '$'의 특수 문자 그리고 숫자로 구성될 수 있다.
- 자바의 예약어는 식별자로 사용할 수 없다.
- 자바의 식별자는 대소문자를 구분한다.
- 식별자 길이는 제한이 없고 공백은 포함할 수 없다.

이는 자바 컴파일러가 강제하는 규칙이다. 이를 따르지 않으면 진행되지 않는다. 이밖에도 컴파일러가 강제하지는 않지만 관습적으로 따르면 좋은 규칙이 있다.

- 클래스 이름은 대문자의 명사로 시작한다.

기본적으로 자바에서는 파일 이름을 주요 클래스의 이름과 동일하게 정의해야 한다. MyClass라는 클래스를 담고있는 파일 이름은 MyClass.java로 정의해야 한다.

클래스를 선언할 때 public class MyClass라고 했는데 여기서 public을 접근 제한자라고 한다. 여기서는 대략적인 윤곽만 알아두자. 접근 제한자는 다른 외부의 클래스에서 해당 요소에 접근할 때 어느 정도 접근을 허용할 것인지에 대한 기술자이다. 폭넓게 외부에 개방할 수도 있고, 아주 좁게 해당 클래스 내부에서만 사용하도록 접근을 막을 수도 있다.

파일 하나에 클래스 하나만 들어가는 것은 아니다. 파일에는 주요 클래스를 포함해서 그 밖의 부가 클래스도 들어갈 수 있다. 여기서는 파일 이름과 동일한 클래스를 일반 클래스라고 하고, 파일 내에 그 밖의 다른 클래스도 들어갈 수 있다는 정도만 알아두자. 이 부분에 대해서는 후에 내부 클래스 부분에서 다시 다룬다.

객체는 상태와 동작을 모두 가진다고 했다. 그래서 클래스는 상태를 나타내는 속성 즉 데이터 부분과 동작을 나타내는 메소드를 모두 담고 있다. 이건 좀 더 뒤에서 알아본다. 앞에서 이미 클래스를 사용해 여러 예제를 작성했다. 7장에서는 앞에서 모르고 사용했던 클래스에 대해 개념을 명확히 했다.

✎ 여기서 잠깐 **선언과 정의**

C 프로그래밍 등에서는 선언과 정의의 의미가 다르다. 선언^{Declaration}은 컴파일러에게 어떤 대상의 이름을 알려주는 행위다. 반면 정의^{Definition}는 컴파일러에게 어떤 대상의 실제 내용을 알려주는 행위다.

위는 개념 수준의 설명이고, 구체적으로 코딩 수준에서는 다음과 같이 설명될 수 있다. 선언과 정의를 구분하는 기준 중의 하나는 메모리 주소 할당 유무다. 즉, 어떤 대상의 이름에 대해 그에 대응하는 메모리 상의 주소가 정해진다면 정의며, 그렇지 않고 이름만 알려준다면 선언이다. 그러나 자바에서는 좀 더 모호해진다. 오라클의 자바 문서에는 대부분 선언^{Declaration}이라는 단어가 사용되며, 간혹 정의^{Definition}라는 단어가 나오지만 내용을 보면 선언이라는 단어를 혼용해서 사용한다.

클래스 사용

클래스를 사용하는 가장 일반적인 형태는 클래스를 사용해 객체를 만드는 것이다. 클래스를 인스턴스화한다고 표현하기도 한다. 그런데 프로그램의 진입점은 무엇일까? 프로그램을 시작해야 클래스를 사용해 객체를 생성할 것 아닌가?

자바 프로그램의 시작점은 모두 main 함수이다. JVM 상에서 어떤 자바 프로그램이 기동된다는 것은 하나의 main 함수로부터 프로그램이 시작한다는 의미다.

```
public class MyClassDemo {

    public static void main(String[] args) {

    }
}
```

그리고 커맨드 창 혹은 이클립스(개발 환경) 등에서 java MyClassDemo라고 실행하면 java는 MyClassDemo의 main() 메소드를 실행한다. 바로 이곳 main 함수를 출발점으로 해 프로그램이 시작된다.

이곳에서 클래스를 객체화할 수 있다. main 함수는 모든 클래스에 다 위치할 수 있다. 앞의 static이라는 단어에 주의하자. 후에 더 다루겠지만 static에는 중요한 의미가 있다. static이 붙으면 객체화하지 않고도 사용할 수 있다. 즉 new하기 전에 사용할 수 있다. 그렇기 때문에 MyClassDemo라는 클래스를 new를 사용해 객체화하지 않고도 main() 메소드가 실행될 수 있다.

MyClassDemo라는 클래스를 객체화하지 않고도 main 함수를 사용할 수 있는 이유는 main 함수가 static으로 선언됐기 때문이다. main()에서 MyClassDemo 클래스를 객체화한다면 다음과 같은 형태가 될 것이다.

MyClassDemo.java

```
public class MyClassDemo {

    public static void main(String[] args) {
        MyClassDemo myClassDemo = new MyClassDemo();
    }
}
```

앞의 코드에서는 main()을 담고있는 클래스를 new를 사용해 객체화했는데, 별도의 다른 클래스를 객체화할 수도 있다. 예를 들면 다른 자바 파일에 들어있는

YourClass를 객체화할 수도 있다.

MyClassDemo.java

```java
public class MyClassDemo {

    public static void main(String[] args) {
        YourClass yourClass = new YourClass();
    }
}
```

대개의 경우 YourClass는 YourClass.java라는 별도의 자바 파일로 작성돼있을 것이다.

YourClass.java

```java
public class YourClass {

}
```

---

main 함수는 모든 클래스에 다 포함될 수 있다. main 함수에서 다른 클래스를 객체화할 수 있으며, main 함수를 포함하고 있는 자신의 클래스를 객체화할 수도 있다. 그리고 클래스를 사용한 객체화는 main() 함수뿐 아니라 다른 메소드에서도 가능하다. 처음 출발은 시작점인 main()이지만, 그것을 기점으로 다른 메소드에서도 수많은 객체화, 클래스를 사용한 new가 발생할 것이다.

사실 위에 적은 시나리오는 일반적인 경우이고 "new 클래스" 구문으로 객체를 생성하는 동작은 명령어가 올 수 있는 곳이라면 어디든 가능하다.

처음으로 2개의 클래스(MyClassDemo, YourClass)를 사용하는 경우가 나왔다. 이때 주의해야 할 점은 해당 자바 파일을 같은 디렉터리에 놓거나 import문을 통해 사용하고 싶은 클래스를 명시해야 한다는 것이다. 그렇지 않으면 컴파일 에러가 발생할 것이다. 이에 대해서는 package와 import 부분에서 다시 다룬다. 그때까지는 이런 형태로 프로그램을 작성하지 말자.

main() 함수가 포함된 클래스가 여러 개라면 자바는 어떻게 진입점을 인식하는가? 실은 main() 함수가 1개라 하더라도 자바는 이를 자동으로 인식하지는 않는다. 혹시 1장에서 자바 클래스를 실행하던 문장이 기억날지 모르겠다. "java HelloWorld" 즉 "java 클래스명"으로 HellowWorld 프로그램을 시작했다.

java [main( ) 메소드가 들어가 있는 클래스 이름]

main() 함수가 있는 클래스가 여러 개라면 실행하고 싶은 클래스의 이름을 명령 창에서 java 뒤에 기술하면 된다. 이클립스를 통해 실행할 때는 실행하려는 자바 클래스를 마우스 오른쪽 버튼으로 클릭한 후 Run As → Java Application을 선택했는데 이렇게 하면 이클립스가 내부적으로 java [main( ) 메소드가 들어있는 클래스 이름]을 실행한 것이다.

다시 정리해보자. 선언한 클래스를 사용하려면 일단 선언한 클래스를 사용해 객체로 만들어야 한다(단 static으로 선언하면 new를 하지 않아도 사용할 수 있다. 뒤에서 알아본다).

그 객체로 만드는 명령어가 바로 new이다. 이때 new를 하면 생성된 객체의 주소가 반환되는데 이를 참조 변수를 사용해 보관한다. 이후 이 참조 변수를 사용해 객체에 접근한다.

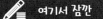 **여기서 잠깐** **메모리 영역 – 코드 영역, 데이터 영역, 스택 영역, 힙 영역**

이제 메모리에 대해 좀 알아보자. 여기서는 자바의 구성 요소와 사용하는 메모리 영역의 종류와 연관해 설명하고자 한다.

코드 영역

실제 프로그램 코드 자체가 적재되는 영역을 말한다. JAVA로 작성된 프로그램은 JVM이 이해할 수 있도록 .class 파일 형태로 컴파일돼 파일에 저장되는데, 실제 이 파일 내의 프로그램에 대한 전체적인 코드 자체가 올라가는 영역이다.

데이터 영역

프로그램이 실행되는 동안 항상 접근 가능한 변수가 저장되는 영역이다. 즉 정적 변수 Static Variables를 위한 할당 공간이다. 정적 변수에 대해서는 아직 배우지 않았는데 일단은 프로그램이 구동되는 동안 항상 접근 가능한 변수라는 정도만 이해하고 넘어가자.

스택 영역

메소드 내에 정의된 지역 변수 Local Variables가 저장되는 메모리 영역이다. 스택이라고 부르는 이유는 다음과 같다. 예전에는 메소드가 아니라 주로 함수라고 표현했는데, 함수는 다른 함수를 호출하고, 그 함수는 또 다른 함수를 호출한다. 처리가 완료되면 그 결과를 다시 자신을 호출한 함수에게 반환한다. 함수의 호출은 자료 구조 중의 하나인 스택 구조 형태로 차곡차곡 메모리에 적재되고, 처리가 끝나면 메모리에서 해제되는 규칙을 가진다. 가장 마지막에 들어간 것이 먼저 나오는 구조인 LIFO Last In, First Out 동작 방식을 가진 자료 구조 즉 스택이 이러한 함수 호출 구조에 적합하다. 함수 하나가 실행되면 해당 함수에서 사용되는 지역 변수의 메모리가 스택 영역에 쌓이고, 함수가 끝나면 해당 지역 변수는 더 이상 사용되지 않으므로 메모리에서 해제된다.

요약하면 함수의 호출을 위한 메모리 관리가 자료 구조의 스택 동작 방식과 유사하기 때문에 함수, 자바에서는 메소드 호출을 위한 데이터가 적재되는 영역을 스택이라고 부른다.

힙 영역

힙 영역은 동적 할당을 위한 영역이다. 힙 영역은 위의 다른 영역을 모두 할당하고 남은 공간이다. 자바나 C++ 등에서 'new'를 통해 생성하는 객체를 위한 공간이며, C에서 'malloc', 'calloc' 등을 통해 동적으로 할당되는 메모리 공간이다.

코드, 데이터, 스택 영역은 컴파일러가 미리 공간을 예측하고 할당할 수 있지만, 동적 할당은 어느 시점에 어느 정도의 공간으로 할당될지 정확하게 예측할 수 없기 때문에 프로그램 실행 중 Runtime에 결정된다.

코드 영역은 클래스를 위한 바이트 코드를 담고있으며, 스택 영역은 지역 변수를 주로 담고 있다. 힙은 객체를 담고있으며, 데이터 영역은 정적^{static} 데이터를 관리한다. 기본형 변수는 그 자체가 데이터이다. 그러나 참조 변수에는 주소만 들어있으며 객체는 별도로 있다. 기본형 변수와 참조 변수가 데이터 영역 혹은 스택 영역에 저장되더라도, 객체는 힙 영역에 저장된다. 기본형 데이터와 객체에 대해서는 배웠지만, 정적^{static} 변수 등에 대해서는 배우지 않았기 때문에 전체가 이해되지는 않을 것이다. 그렇지만 메모리 영역이 크게 4가지로 나눠질 수 있으며, 기본적으로 객체는 힙에 저장된다는 것 정도는 알아두자.

클래스 구성 요소

클래스가 가지고 있는 요소를 멤버라고 표현하기도 한다. 그래서 메소드를 멤버 함수, 속성을 멤버 변수라고도 한다. 객체의 상태에 대응되는 클래스 구성 요소의 개념으로 속성, 데이터, 필드, 멤버 변수, 인스턴스 변수라는 단어를 사용한다.

또한 객체의 행위에 대응되는 클래스 구성 요소의 개념으로 동작, 메소드, 멤버 함수라는 단어를 사용하기도 한다. 이 밖에도 접근 제한자와 생성자가 있다. 접근 제한자는 해당 클래스에 대한 접근을 얼마나 허용할 것인지에 대한 기술이며, 생성자는 클래스를 통해 객체가 생성될 때 호출되는 특별한 메소드다. 접근자에 대해서는 뒤에서 다시 다룬다.

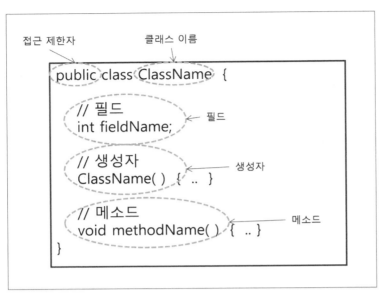

```
            접근 제한자              클래스 이름

       public class ClassName  {

            // 필드
            int fieldName;          필드

            // 생성자
            ClassName( )  { .. }    생성자

            // 메소드
            void methodName( )  { .. }    메소드
       }
```

[도표] 클래스 구성

부치가 객체를 무엇이라고 표현했는지 기억나는가? 객체는 상태와 동작을 가진다고 표현했다. 객체가 상태와 동작을 가지기 때문에 객체를 생성하기 위한 틀인 클래스는 상태를 보관하기 위한 필드와 동작을 수행하기 위한 메소드를 가진다. 이 밖에도 부가적으로 객체 생성 시 초기화 역할을 담당하는 생성자를 가지며, 해당 클래스가 다른 외부 클래스에 얼마나 자신을 노출할 것인지를 결정하는 접근 제한자가 있다. 먼저 필드에 대해 알아본다.

필드

회사의 직원 연봉을 계산하는 프로그램을 전제로 생각해보자. 처음 입사할 때 연봉이 정해져 있으며, 매년 10%씩 증가한다고 가정해보자. 그러면 직원 클래스에 어떤 정보를 필드(멤버 변수)로 관리해야 할까? 최소한 입사 연도와 이름 그리고 사번은 관리해야 할 것이다. 쉬운 예제를 통해 입사 연도와 사번을 int로 관리해보자.

필드 선언

비즈니스 로직을 검토했을 때, 최소한 입사 연도와 사번 그리고 이름을 필드로 정의
해야 한다. String을 사용해 문자열을 나타내자. 기본형인 char는 문자 하나만 나타
낸다. 그러나 이름과 같은 경우는 문자 하나로 나타낼 수 없다. 이름은 문자가 아닌
문자열로 나타낼 수 있다. 자바는 문자열을 위해 내장 클래스인 String을 지원한다.
자바의 JDK가 제공하는 기본 클래스인 String을 사용해 이름을 나타내보자.

```
public class Employee {
    int joinYear;          // 입사 연도
    int employeeId;        // 사번
    String name;           // 이름
}
```

필드 선언은 중괄호{ } 안의 어디서든지 할 수 있다. 메소드 선언 다음에 다시 필드
선언을 해도 된다.

```
public class Employee {
    int joinYear;               // 입사 연도
    public void method( )  {
    }
    int employeeId;          // 사번
    String name;             // 이름
}
```

다만 생성자나 메소드 내에서는 필드 선언이 안 된다. 만약 생성자나 메소드 내에서
변수를 선언하면 이는 클래스의 필드가 아니라 지역 변수가 될 것이다.

메소드 내에서의 변수 선언은 필드가 아니라 지역 변수가 됨을 주의하자. 메소드가
시작되면서 해당 변수에 접근 가능하며, 메소드를 빠져나가면 해당 변수에 접근할
수가 없다. 메소드를 벗어나면 해당 변수를 사용할 수 없기 때문에 객체에 따른 데이

터를 보관하기에 부적절하다. 객체가 유지되는 동안 객체의 상태를 저장하려면 객체의 필드에 정보를 저장해야 한다.

필드를 초기화하지 않으면 초기 값은 어떻게 될까? 기본적으로 필드는 자동 초기화가 이뤄진다. 즉 초기화를 수행하지 않으면 디폴트 값이 적용된다.

[도표] 필드 초기화 디폴트 값

자료형	디폴트 값
boolean	false
char	\u0000
int, short, byte	0
long	0L
float	0.0f
double	0.0d
객체 참조자	null

앞의 도표에서 객체 참조자의 디폴트 값이 null인데, null은 웹뿐만 아니라 애플리케이션, 데이터베이스 등 대부분의 개발에서 중요하게 맞닥뜨리는 개념이다. null은 아무것도 없음을 의미하는 단어로, 0이나 공백과 같은 화이트 스페이스와는 다르다.

클래스의 필드는 별도의 초기화 작업을 하지 않으면 자동으로 디폴트 값을 사용해 초기화가 수행된다. 이와 반대되는 동작으로 로컬 변수의 경우에는 초기화를 하지 않으면 자동으로 초기화가 되지 않으며 결과적으로 컴파일 자체가 되지 않는다. 로컬 변수는 메소드 내에서 지역적으로 선언된 변수를 말하는데, 메소드 내에서만 사용 가능하며 메소드를 빠져나가면 더 이상 사용이 불가능하다.

필드 사용

객체에 데이터 값을 저장하려면 일단 객체를 생성해야 한다. 예를 들어 사원 이현우가 있고, 입사 연도는 1999년, 사번은 1이라고 하자. 먼저 객체를 생성해야 하고, 그후 필드에 값을 저장해야 한다. 객체에 값을 저장하고 조회하는 문법은 다음과 같다.

[객체 참조자].[필드] = …   // 객체의 필드에 값을 저장

… = [객체 참조자].[필드]   // 객체의 필드에서 값을 조회
[객체 참조자].[필드]   // 객체의 필드에서 값을 조회

이 직원 클래스를 사용하기 위한 시작점인 main()을 Employee 자체 내에 두자. 사실 이런 식으로 프로그래밍을 하지는 않지만 아직 Package와 import문을 배우지 않았기 때문에 여러 클래스가 협업해 하나의 프로그램을 구성하는 예제를 작성하는 것은 무리이다.

다음은 Employee라는 클래스에 입사연도, 사번, 이름이라는 필드를 두고, 이 클래스를 사용해 객체를 생성하고 생성한 객체에 값을 설정한다. 그리고 이러한 작업을 한 번 더 반복한다.

[예제] Employee.java

```
01 public class Employee {
02     int joinYear;       // 입사 연도
03     int employeeId;     // 사번
04     String name;        // 이름
05
06     public static void main(String[] args) {
07         Employee one = new Employee();
08         one.joinYear = 1999;
09         one.employeeId = 1;
10         one.name = "lee hyun woo";
```

```
11
12          Employee two  = new Employee();
13          two.joinYear = 2000;
14          two.employeeId = 2;
15          two.name = "kim ji hoon";
16
17          int joinYear = one.joinYear;
18          int employeeId = one.employeeId;
19          String name = one.name;
20
21          System.out.println(joinYear + " " + employeeId + " "+name);
22          System.out.println(two.joinYear + " " + two.employeeId + " "+two.name);
23      }
24 }
```

7행에서 Employee라는 클래스를 사용해 객체를 생성한 후 one이라는 참조 변수가 가리키도록 한다. new를 하면 객체의 주소 값이 반환되는데 이 주소 값을 one이 보관하는 것이다. 단 주소 값을 명시적으로 출력할 수 있는 방법은 없다. 이 참조 변수를 사용해 객체의 필드에 접근하거나 메소드를 수행할 수 있을 뿐이다. 8~9행은 객체의 필드, 멤버 변수라고도 하는데 이 필드에 값을 설정한다. 12~15행에서 또 객체를 생성하고 객체의 필드에 값을 설정한다.

17~19행에서 첫 번째 생성한 객체의 필드 값을 조회해 새로운 변수에 대입하고, 21행에서 이 변수를 출력한다. 22행에서는 12행에서 생성한 객체의 필드 값을 사용해 출력한다. 결과 값은 다음과 같다.

```
1999 1 lee hyun woo
2000 2 kim ji hoon
```

객체 내의 필드에 접근할 때는 점(.)을 사용하면 된다. 객체를 대입 연산자(=)의 왼쪽에 두면 값을 필드에 저장하겠다는 것이며, 대입 연산자의 오른쪽에 두거나 대입 연산자 없이 사용하면 필드에서 값을 조회하겠다는 의미다.

10행, 15행이 좀 특이하다. employee 객체의 name 필드에 각각 "lee hyun woo", "kim ji hoon"이라는 문자열을 대입했다. 그런데 자바에서 "lee hyun woo"라는 문자열을 사용하면 이는 자동으로 String 클래스로 변환된다. "lee hyun woo"라는 문자열을 사용한다 하더라도 내부적으로는 "lee hyun woo"라는 문자열을 가지고 있는 스트링^{String} 객체로 변환된다. 마치 new String("lee hyun woo")이 실행되는 것과 유사하다. name 필드는 String 클래스다. 그렇기 때문에 employee.name은 String 클래스의 참조자가 되며, 이 객체 참조자에 "lee hyun woo"라는 문자열을 가지고있는 String 객체를 대입하는 것이다.

Employee 객체 내에 String 객체가 있는 개념인데, 실제 구현은 Employee 객체 내에 String 객체의 주소 값이 있는 형태다. 참조 변수는 객체의 주소이고, 실제 객체는 별도로 있는데 Employee의 name도 결국 스트링 객체를 가리키는 참조 변수이기 때문이다. 엄밀히 말하면 객체 내의 객체라기보다는 객체 내의 객체를 가리키는 참조 변수 정도다.

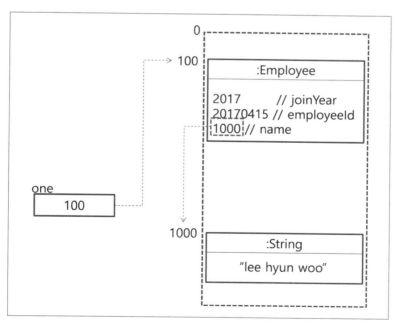

[**도표**] 객체 내의 객체

참조 변수(혹은 객체 참조자) employee는 힙 영역에 생성된 Employee 객체를 가리킨다. 해당 객체 내에 기본형$^{Primitive Type}$ int를 타입으로 하는 joinYear와 employeeId가 있다. 그런데 name은 또 String이라는 객체를 가리키는 참조 변수다. 이 참조 변수는 다른 힙 영역에 있는 String 객체를 가리킨다. 다시 한 번 이야기하지만 프로그램에 "lee hyun woo"라는 리터럴을 적을 때 컴파일러는 자동으로 String 객체로 변환한다.

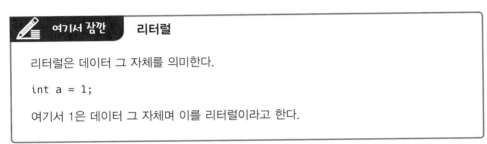

여기서 잠깐 **리터럴**

리터럴은 데이터 그 자체를 의미한다.

int a = 1;

여기서 1은 데이터 그 자체며 이를 리터럴이라고 한다.

메소드

어떤 객체에 작업을 시키고 싶을 때 메소드를 사용한다. 다음은 2개의 파라미터를 전달하면 덧셈을 한 후 결과를 반환하는 메소드다. 입력 파라미터는 정수형(int)이고, 출력 값도 정수형이다.

```
int add(int a, int b) {
    int r = a + b;
    return r;
}
```

메소드의 입력 변수를 파라미터라고도 하는데 이에 대한 타입을 정해야 하며, 출력 값을 리턴 값이라고도 하는데 이를 위한 리턴 타입(반환형)을 정해야 한다.

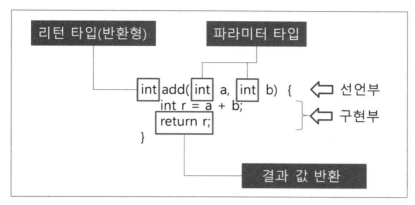

[도표] 덧셈 메소드

선언부의 리턴 타입에 맞춰서 결과 값을 반환해야 한다. 만약 리턴 타입은 정수형 (int)인데 실제 리턴 값이 실수형이라면 실행하기도 전에 컴파일 에러가 발생할 것이다.

```
// 다음은 실행하기도 전에 컴파일 에러가 발생한다.

int add(int a, int b)  {
    double r = 1.0d;
    return r;
}
```

일반적으로 파라미터 타입이나 리턴 타입 모두 2장에서 배운 타입에서 벗어나지 않는다. 한 가지 특이한 점은 이는 리턴 타입에서 void를 사용할 수 있다는 것이다. void는 다음과 같다.

void

void의 영어 뜻 중 하나는 "~이 없는"이다. 메소드의 선언부에서 리턴 타입으로 void가 오면 리턴 값이 없다는 의미다. 이럴 때 메소드의 형태는 다음과 같을 것이다.

```
void myPrint(String name)  {
    System.out.println("name : "+name);
}
```

선언부의 리턴 타입이 void일지라도 return문을 사용할 수 있다. 다만 리턴 값이 없는 return문을 사용해야 한다. 다음은 점수가 음수이면 바로 반환하는 리턴문의 예다.

```
void printScore(int score)  {
    if(score < 0)  {
        return;          반환값 없는 return문
    }

    System.out.println("score : "+score);
}
```

[도표] 반환값 없는 return문

한 가지 더 주의해야 할 사항이 있다. 메소드가 반환 값이 있다면 모든 실행흐름에서 반환문이 있어야 한다. 다음의 메소드는 컴파일 에러가 발생한다. 다음의 코드 스니펫은 모든 수를 양수로 만들고자 하는 코드다. 그런데 실수로 다음과 같이 작성한다면 컴파일 에러가 발생한다.

```
int controlFlow(int p)  {
    if(p < 0)  {
        return -p;
    }
}
```

앞의 코드는 p가 양수일 경우 어떠한 return문도 만나지 않기 때문에 컴파일 오류가 발생한다. 이를 정상적으로 수정하면 다음과 같다.

```
int controlFlow(int p) {
    if(p < 0) {
        return -p;
    }else {
        return p;
    }
}
```

이제는 어떠한 경우에도 정수형을 반환하는 return문을 만나기 때문에 앞에서와 같은 컴파일 오류는 발생하지 않는다.

메소드 오버로딩

이름이 같다고 해서 같은 메소드가 아니다. 입력받는 파라미터의 개수나 타입이 다르면 다른 메소드로 인식된다. 이때 메소드의 본체는 상관하지 않는다. 선언부가 같은 메소드인지 아닌지만 상관이 있다.

메소드 오버로딩에 의해 다른 메소드로 인식. 정상적으로 컴파일됨	

`int add(int a, int b) {`
`    ..`
`}`
	`long add(long a, long b) {`
	`    ..`
	`}`

다만 주의할 것은 반환형은 메소드 오버로딩^{Overloading}의 적용을 받지 않는다는 점이다. 다음의 경우 2개의 메소드가 하나의 메소드로 간주돼 컴파일 에러가 발생한다.

메소드 오버로딩이 아님. 같은 메소드가 중복 선언된 것으로 간주해 컴파일 에러가 발생	

`int add(int a, int b) {`
`    ..`
`}`
	`long add(int a, int b) {`
	`    ..`
	`}`

생성자

클래스를 가지고 객체를 생성할 때 반드시 하고 싶은 작업이 있을 수 있다. 이럴 때 생성자를 사용하면 유용하다. 생성자는 객체가 생성될 때 실행되는 메소드다. 다만 생성자는 이름이 클래스명과 같아야 하며, 반환 타입이 없어야 한다. 생성자의 성격은 다음과 같다.

- 생성자는 반환값이 없는 메소드다.
- 객체 생성 시 실행된다.
- 생성자 이름은 클래스 이름과 동일하다.
- 오버로딩을 사용한 복수의 선언이 가능하다.
- 생성자를 작성하지 않으면 디폴트 생성자가 암묵적으로 생성된다.
- 생성자를 작성하면 디폴트 생성자는 생성되지 않는다.

이제 차근차근 알아보자. 생성자를 사용한 예제는 다음과 같다.

[예제] 생성자 예제 – MyClass.java

```java
public class MyClass {
    MyClass()  {
        System.out.println("No Param");
    }

    MyClass(int p)  {
        System.out.println("int : "+p);
    }

    MyClass(String p)  {
        System.out.println("String : "+p);
    }

    public static void main(String[] args) {
        MyClass obj1 = new MyClass();

        MyClass obj2 = new MyClass(1);
```

```
        MyClass obj3 = new MyClass("exam");
    }
}
```

앞의 예제에서 생성자를 오버라이딩했다. 대응되는 생성자 선언과 객체 생성은 다음과 같다.

```
    MyClass() {              ◄────────    new MyClass();
        System.out.println("No Param");
    }

    MyClass(int p) {         ◄────────    new MyClass(1);
        System.out.println("int : "+p);
    }

    MyClass(String p) {      ◄────────    new MyClass("exam");
        System.out.println("String : "+p);
    }
```

[도표] 생성자 선언과 대응되는 객체 생성문

출력 결과는 다음과 같다.

```
No Param
int : 1
String : exam
```

다음으로는 클래스를 분류하고 분류된 클래스를 사용하는 방법에 대해 알아본다.

패키지

많은 파일을 하나의 폴더에 둔다면 관리하기 힘들 것이다. 클래스 역시 그렇다. 클래스가 많아지면 폴더 개념으로 정리할 수 있는데 이를 패키지^{package}라고 한다. 패키지의 구조는 자바 파일(*.java)이 위치한 디렉터리의 구조 그리고 클래스 파일(*.class)이 위치한 디렉터리 구조와 동일하다.

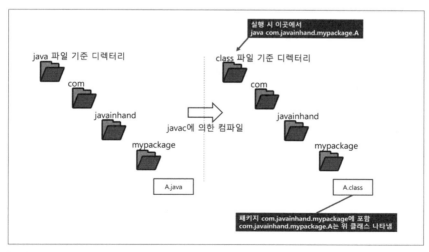

[도표] 패키지와 디렉터리

앞의 3개 구조는 동일하게 가져가야 한다. 즉 java 파일이 위치한 디렉터리 구조, class 파일이 위치한 디렉터리 구조, 그리고 패키지 구조는 모두 동일해야 한다. 만약 java 파일은 com 디렉터리 아래에 두었는데 패키지는 com.javainhand.mypackage 라면 컴파일 에러가 발생한다. 개발자가 할 일은 자바 파일의 위치, 즉 디렉터리 구조와 패키지를 일치시키는 것이다. 클래스 파일의 디렉터리 구조는 개발 환경(javac, 이클립스)이 자동으로 조정한다. 그리고 특정 패키지에 포함된 자바 클래스는 프로그램 상단에 package 문장을 기술해야 한다. 이클립스로 자바를 작성하면 자동으로 채워진다.

```
package com.javainhand.mypackage;

public class A {

}
```

이클립스로 패키지를 생성하는 화면은 다음과 같다.

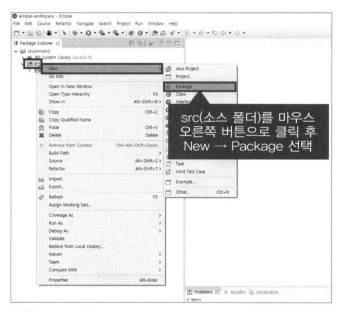

[도표] Package 생성

이클립스에서 디폴트 java 파일 기준 디렉터리는 [프로젝트].src이다. 앞에서와 같이 패키지를 작성하면 다음의 디렉터리가 생성된다.

\JavaInHand\src\com\javainhand\mypackage

필자가 사용한 프로젝트는 JavaInHand였다. 그러기 때문에 이클립스 환경에서는 JavaInHand\src 아래에 패키지 구조와 대응되는 디렉터리가 생성된다. 이제 이렇게 생성된 패키지에 클래스를 추가해보자. 패키지를 마우스 오른쪽 버튼으로 클릭한 후 New → Class를 선택한다.

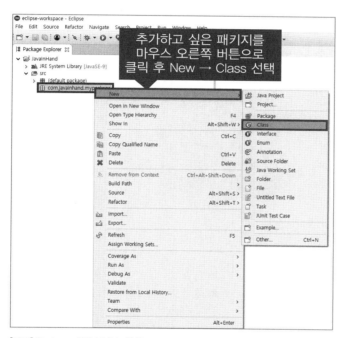

[도표] Package 하에 클래스 생성

클래스 이름 등을 입력할 수 있는 창이 열리면 필요한 값을 입력한다.

[도표] Package 하에 클래스 생성

이제 이클립스 화면은 다음과 같이 보일 것이다.

[도표] 이클립스에서 패키지 아래의 클래스 표현

운영체제 상의 파일 디렉터리를 보면 패키지와 대등되는 디렉터리 아래에 A.java가 생성된 것을 확인할 수 있다. 즉 a.b.c 패키지의 A 클래스는 ~/a/b/c/A.java로 구성된다.

```
\JavaInHand\src\com\javainhand\mypackage\A.java
```

임포트(import)

같은 패키지 즉 같은 디렉터리에 있는 클래스끼리는 특별한 문장이 없더라도 상대방 클래스를 사용할 수 있다. 그러나 패키지가 다르면 특정 문장을 넣어줘야 하는데 바로 import 문장이다. 끌어오고 싶은 클래스가 있을 때 import [패키지].[클래스] 문장을 package 다음에 넣는다. 클래스를 일일이 기술하기 싫으면 import [패키지].* 를 사용한다.

만약 com.javainhand.yourpackage 아래의 B 클래스를 사용하고 싶다면 다음과 같은 import문을 패키지 문장 다음에 사용한다.

```
import com.javainhand.yourpackage.B;
```

만약 com.javainhand.yourpackage 아래의 모든 클래스를 사용하고 싶다면 다음과 같은 import문을 패키지 문장 다음에 사용한다.

```
import com.javainhand.yourpackage.*;
```

좀 특이한 패키지가 있다. java.lang 패키지는 가장 많이 사용되는 패키지로서 자바 프로그램 내에 import문을 사용하지 않아도 자동으로 포함된다. 이 패키지에는 다양한 클래스가 있으며 굳이 외울 필요는 없다. 그냥 import하지 않아도 사용할 수 있는 패키지가 있다는 정도만 알아두자.

다음으로는 객체지향의 핵심 개념 중 하나인 상속 등에 대해 알아본다.

상속과 오버라이딩 그리고 다형성

상속의 개념

먼저 실제 세계를 대상으로 생각하고 이를 프로그래밍의 세계로 옮겨 생각해보자. 노동자와 학생은 모두 사람이다. 사람은 놀아야 하며 나이라는 속성이 있다. 노동자는 일을 한다. 그런데 노동자도 사람이다. 그러기 때문에 노동자도 나이라는 속성이 있으며 놀아야 한다. 학생을 생각해보자. 학생은 공부를 해야 한다. 그런데 학생도 사람이다. 그러기 때문에 학생도 나이라는 속성이 있으며 놀아야 한다.

이를 객체지향 프로그래밍의 단어로 설명하면 사람은 상위 객체 혹은 부모 객체라고 표현하며, 노동자와 학생은 하위 객체 또는 자식 객체라고 표현한다. 일반적으로는 객체의 틀Template인 클래스라는 단어를 사용해서 상위/부모 클래스, 하위/자식 클래스라고도 많이 표현한다.

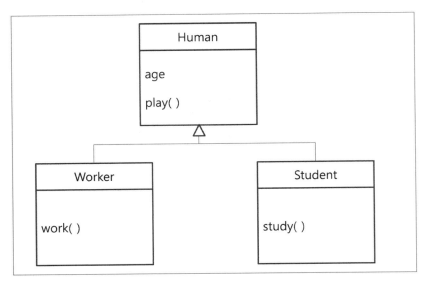

[도표] 상속(extends)

상세히 들어가면 복잡해지지만 일단 기본적으로는 Worker 객체에서 Human 객체의 age와 play에 접근 가능하다. 즉 Worker와 Student 객체는 Human 객체의 age라는 속성과 play라는 메소드를 사용할 수 있다.

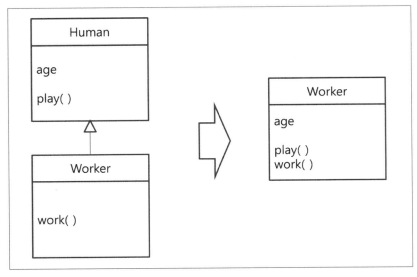

[도표] 제약 조건이 없을 때의 상속 효과

뒤에서 다룰 제어자^{modifier}를 사용해 제약을 두지 않는 이상, 자식은 부모의 속성이나 메소드를 가진다.

상속의 장점을 설명할 때 재사용성이 종종 언급된다. 맞는 말이다. 상위 객체를 상속 받음으로써 상위 객체의 속성과 메소드를 사용할 수 있으니 재사용성이 높아진다. 재사용성이 높아지는 방식이 인간이 세계를 바라보는 접근 방식과 유사하니 객체지향 프로그래밍이 우수한 것이다. 다만 상속에서도 여러 가지 복잡한 문제가 발생하니 만능은 아니라는 것을 알아두자.

상속

상속을 위한 문법은 다음과 같다.

```
public class 자식 클래스 extens 부모 클래스 {

}
```

앞 절에서 설명한 상속 개념을 프로그램으로 구현해 보자. Human 클래스를 다음과 같이 작성할 수 있을 것이다.

```
public class Human {
    int age;

    void play() {
        System.out.println("play at "+age);
    }
}
```

이제 Human 클래스를 상속받은 Worker와 Student 클래스를 작성해보자.

```
public class Worker extends Human {
    void work()  {
        System.out.println("work at "+age);
    }
}
```

```
public class Student extends Human {
    void study()  {
        System.out.println("study at "+age);
    }
}
```

Worker와 Human에는 age라는 필드가 정의돼있지 않다. 그럼에도 불구하고 Human 클래스를 상속extends 받았기 때문에 부모 클래스의 필드인 age가 자식 클래스에서 선언된 것처럼 사용할 수 있다.

이제 Worker 클래스를 객체화해 진짜로 age라는 필드와 play()라는 메소드를 Worker 객체에서도 사용할 수 있는지 확인해보자.

```
01    public static void main(String[] args) {
02        Worker worker = new Worker();
03
04        worker.age = 10;
05        worker.play();
06        worker.work();
07    }
```

4행에서 age 필드, 5행에서 play() 메소드를 사용하는데 이들은 Worker에 정의돼 있지 않다. 이들은 Worker의 부모 클래스인 Human 클래스에 정의돼있다. 또한 6행의 work() 메소드에서는 age라는 필드를 사용하는데 이 역시 자식 클래스가 아닌 부모 클래스에 정의돼있다.

이제 클래스 전체 프로그램의 모습을 보자. 앞의 main() 메소드는 Human, Worker, Student 어디에 둬도 실행은 가능하다. 우리는 Worker 객체에 두자.

[예제] 상속 기본 예제 – Worker.java

```java
public class Worker extends Human {
    void work()  {
        System.out.println("work at "+age);
    }

    public static void main(String[] args) {
        Worker worker = new Worker();

        worker.age = 10;
        worker.play();
        worker.work();
    }
}
```

Human 클래스는 앞에서 소개한 코드 스니펫과 동일하다. 실행한 결과 값은 다음과 같이 출력된다.

```
play at 10
work at 10
```

부모 클래스에 선언된 멤버 변수와 멤버 함수(필드와 메소드)를 마치 자식 클래스에 선언된 것처럼 사용할 수 있다. 늘 이런 것은 아니다. 뒤에서 다룰 제어자^{modifier}를 조정하면 사용에 제약을 둘 수 있다. 이러한 제약에 대해서는 10장 "제어자"에서 다룬다. 요점은 부모의 자원을 자식의 자원처럼 사용할 수 있다는 것이다.

자바의 중요한 특징 중 하나는 하나의 부모만 상속이 가능하다는 점이다. extends 다음에 클래스가 하나밖에 올 수 없다. 이를 다중상속을 지원하지 않는다고 표현한다. 다중상속을 지원하면 프로그램이 굉장히 복잡해진다. 만약 다중상속을 허용하면 자바의 특징 중 하나인 배우기 쉽다는 특징은 성립하지 않을 것이다.

오버라이딩

오버라이딩Overriding이라고 하면 무슨 의미인지 직관적이지 않고 앞에서 다뤘던 오버로딩Overloading과 혼동하기 쉽다. 오버라이딩은 메소드 재정의이다. 부모 클래스에서 정의한 메소드를 자식 클래스에서 재정의하는 것이다.

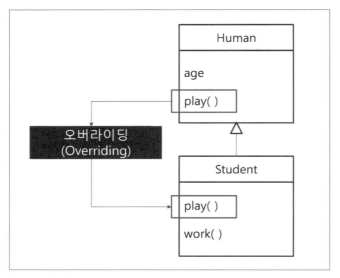

[도표] 오버라이딩

앞에서 다뤘던 Human 클래스의 play() 메소드를 Student에서 재정의해보자.

```
01 public class Student extends Human {
02     @Override
03     void play() {
04         System.out.println("not play at "+age);
```

```
05    }
06
07    void study()  {
08        System.out.println("study at "+ age);
09    }
10 }
```

3~5행에서 Human에서 정의한 play()를 오버라이딩했다. 이제 Student 객체의 play()를 실행하면 Human의 play()가 아니라 Student()의 play()가 실행된다.

2행에 @Override가 있는데 이는 어노테이션의 한 종류이다. JDK가 기본으로 제공하는 어노테이션인데 이는 프로그램이 인식할 수 있는 주석 정도로 이해하면 된다. @Override 어노테이션을 달면 그 다음에 나오는 메소드는 오버라이딩한 메소드라는 표시이다. 그런데 부모 클래스에 play()가 없다면 어떻게 될까? 즉 재정의한 메소드가 아닌데 @Override를 달면 어떻게 될까? 이때는 컴파일 오류가 발생한다.

테스트를 위한 코드를 Student의 main() 메소드에 작성해보자.

[예제] 오버라이딩 기본 예제 – Student.java

```
01 public class Student extends Human {
02    @Override
03    void play()  {
04        System.out.println("not play at "+age);
05    }
06
07    void study()  {
08        System.out.println("study at "+ age);
09    }
10
11    public static void main(String[] args) {
12        Student student = new Student();
13
14        student.age = 10;
15        student.play();
```

```
16          student.study();
17      }
18 }
```

출력 결과는 다음과 같다.

```
not play at 10
study at 10
```

super와 this 키워드에 대해 알아보자. 부모 클래스를 super를 사용해 나타내고, 자신을 this로 나타낸다.

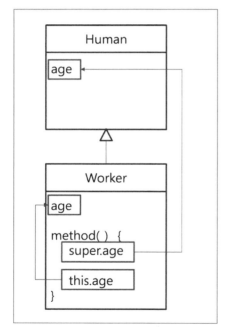

[도표] super와 this

super를 사용해 명시적으로 부모 자원임을 나타낼 수 있고, this를 사용해 자기 자신의 자원임을 명시적으로 나타낼 수 있다. 아무 표시도 하지 않으면 일반적으로 this에서 먼저 찾는다.

다형성

독수리와 펭귄은 모두 새이다. 새는 이동할 수 있다. 그런데 독수리와 펭귄의 이동은 내부 동작 방식이 다르다. 독수리의 이동은 힘차게 날아오르고, 펭귄의 이동은 앙증맞게 아장댄다. 이 개념을 프로그래밍의 세계로 옮겨 생각하면 각 객체의 세부 구현이 달라져야 한다는 것을 알 수 있다.

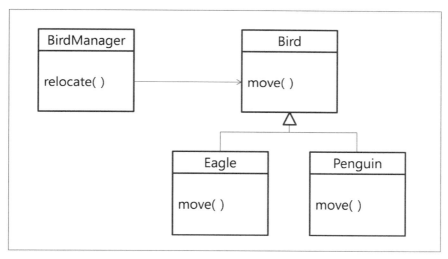

[도표] 다형성

외부 객체인 새 관리자^{BirdManager}가 관리하고 있는 새들(독수리, 펭귄)에게 이동하라는 메시지를 전송하면, 메시지를 요청받는 새 객체는 이동을 한다. 이때 독수리나 펭귄이냐에 따라 이동 방식이 달라진다. 요청, 즉 메소드, 객체에 대한 전송 메시지는 동일하지만 그 요청을 받는 구현 클래스에 따라 동작 방식이 달라진다. 이를 다형성 ^{Polymorphism}이라 한다.

자바에서는 이를 한 타입의 참조 변수로 여러 타입의 객체를 참조할 수 있도록 해 다형성을 구현한다. 다음과 같은 코드 형태를 사용해 부모 타입의 참조 변수로 자식 객체를 가리키도록 하는 것이 다형성을 위한 기본 장치다.

```
Bird bird = new Bird ();

Bird bird = new Eagle();

Bird bird = new Penguin();
```

이제 이런 성질을 이용한 장점이 무엇인지 알아보자. 먼저 간략하게 예제를 작성하기 위해 각 객체의 이동^{move}이라는 동작을 각각 Bird면 "Bird Move", 독수리면 "Eagle Move" 그리고 펭귄이면 "Penguin Move"를 출력한다고 가정하자. BirdManager의 relocate()를 호출하면 파라미터로 전달한 객체의 종류에 따라 각각 "Bird Move", "Eagle Move", "Penguin Move"를 출력한다. 만약 다형성을 사용하지 않는다면, 혹은 상속을 사용하지 않는다면 다음과 같은 형태로 프로그래밍이 될 것이다. 다음은 정확한 자바 코드는 아니고 유사 코드 정도로 이해하자.

```
BirdManager  {

    void relocate(타입[] arrays)  {

        for(타입 item : arrays)  {
            if(item.종류 == "독수리")  {
                System.out.println("Eagle Move");
            }else if(item.종류 == "펭귄"  {
                System.out.println("Penguin Move");
            } else if(item.종류 == "새"  {
                System.out.println("Bird Move");
            }
        }
    }
}
```

그리고 새로운 타입의 새가 추가된다면 relocate() 함수는 if문이 복잡해지는 변경이 필요해질 것이다.

이제 다형성을 사용해 프로그램을 개선해보자. 먼저 새, 독수리, 펭귄을 상속을 이용해 클래스를 작성하자.

[예제] 다형성 예제 – Bird.java

```java
public class Bird {

    void move()  {
        System.out.println("Bird Move");
    }
}
```

[예제] 다형성 예제 – Eagle.java

```java
public class Eagle extends Bird{
    @Override
    void move()  {
        System.out.println("Eagle Move");
    }
}
```

[예제] 다형성 예제 – Penguin.java

```java
public class Penguin extends Bird {
    @Override
    void move()  {
        System.out.println("Penguin Move");
    }
}
```

다음은 BirdManager의 relocate를 작성하자. 그리고 이 모든 것을 테스트할 수 있는 코드를 BirdManager의 main()에 작성하자.

```
01 public class BirdManager {
02
03     // 원래는 List를 사용하는 것이 바람직하나 아직 배우지 않아 배열을 사용
04     void relocate(Bird[] birds) {
05         for(Bird bird : birds) {
06             bird.move();
07         }
08     }
09
10     public static void main(String[] args) {
11         Bird[] birds = new Bird[3];
12
13         birds[0] = new Eagle();
14         birds[1] = new Penguin();
15         birds[2] = new Eagle();
16
17         BirdManager birdManager = new BirdManager();
18         birdManager.relocate(birds);
19     }
20 }
```

4~8행이 relocate() 메소드다. 다형성을 사용하지 않을 때의 코드에 비해 많이 간결해졌다. 또한 새로운 종류의 새가 추가된다 하더라도 relocate() 메소드는 변경이 없다. 그리고 relocate() 메소드의 파라미터로 배열을 사용했는데, 이보다는 뒤에서 다룰 List를 활용하는 것이 더 바람직하다. 아직 List를 배우지 않아 일단 배열을 사용했다.

11~18행은 BirdManager의 relocate()를 테스트하기 위한 준비 코드다. 11행에서 Bird의 배열 객체에 대한 참조자 birds가 배열 객체를 가리키도록 했다. 그리고 13~15행에서 각 배열의 요소는 객체를 가리키도록 했다. 이를 그림으로 표현하면 다음과 같다.

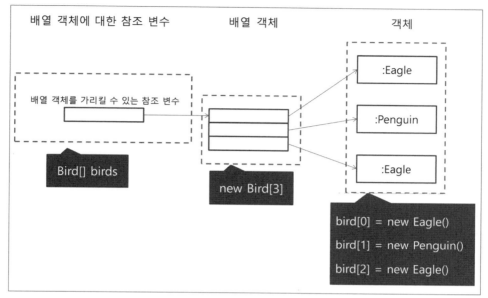

[도표] 배열 객체 참조자, 배열 객체, 객체

위 그림과 같은 구조에서 배열 객체를 가리킬 수 있는 참조 변수 birds를 relocate( )의 파라미터로 전달하면 relocate( )에서는 각 배열 객체가 가리키는 객체의 move( )를 반복문 내에서 호출한다.

자바 프로그램에서 권장되는 코딩 습관 중 하나는 가능하다면 new할 때만 필요한 객체를 사용하는 것과 참조 변수는 가능한 부모 클래스(혹은 나중에 배울 인터페이스) 타입을 사용하는 것이다.

```
Eagle eagle = new Eagle();
```
(△) 안 되는 것은 아니다.

```
Bird bird = new Eagle();
```
(○) 가급적 이 형태를 사용한다.

위와 같이 코드를 작성하면 혹시 발생할지 모르는 변경사항에 유연하게 대처할 수 있다. 혹시 객체가 바뀐다 하더라도 new를 사용해 객체를 생성하는 부분만 바꾸는 것이 가능해진다.

상속과 생성자

부모 클래스와 자식 클래스 그리고 생성자간의 규칙은 다음과 같다.

- 객체가 생성될 때 반드시 생성자가 호출된다.
- 명시적으로 생성자를 작성하지 않으면 디폴트 생성자가 묵시적으로 포함된다.
- 명시적으로 생성자를 작성하면 디폴트 생성자는 묵시적으로 포함되지 않는다.
- 모든 클래스의 최상위 부모 클래스는 `Object`이다.
- 아무런 클래스도 상속받지 않은 클래스는 묵시적으로 `extends Object`로 동작한다.
- 자식 클래스의 생성자에서 부모 클래스의 생성자를 호출해야 한다.
- 자식 클래스의 생성자에서 부모 클래스의 생성자 호출은 맨 첫줄에서 해야 한다.
- 생성자를 별도로 호출하지 않으면 디폴트 부모 생성자가 묵시적으로 호출된다.

명시적으로 아무런 클래스를 생성하지 않더라도 자바는 묵시적으로 Object 클래스를 상속한다. 결과적으로 모든 클래스의 최상위 부모 클래스는 Object이다.

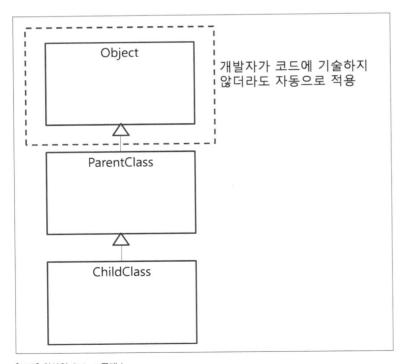

[도표] 최상위 Object 클래스

명시적으로 생성자를 작성하지 않으면 디폴트 생성자가 묵시적으로 포함된다. 그리고 명시적으로 생성자를 호출하지 않으면 묵시적으로 디폴트 생성자가 호출된다. 디폴트 생성자는 파라미터 없는 생성자이다.

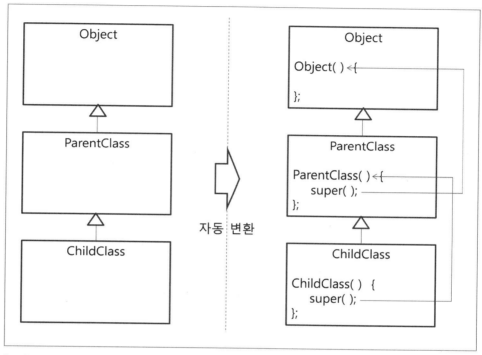

[도표] new ChildClass( ) 시 묵시적 디폴트 생성자 호출

클래스에 명시적으로 생성자를 기술하면 디폴트 생성자는 자동으로 추가되지 않는다. 따라서 이런 경우에 파라미터 없는 객체 new를 하면 컴파일 에러가 발생한다.

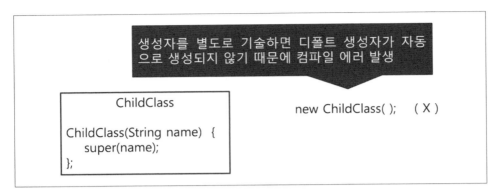

[도표] 디폴트 생성자 호출 시 컴파일 에러

자식 생성자에서 부모 생성자를 명시적으로 호출할 경우, 부모 생성자 호출을 첫줄에 위치시켜야 한다. 그렇지 않으면 컴파일 에러가 발생한다. 부모 생성자가 첫행에 오기 때문에 부모 객체가 먼저 생성 완료된 후 자식 객체가 생성된다.

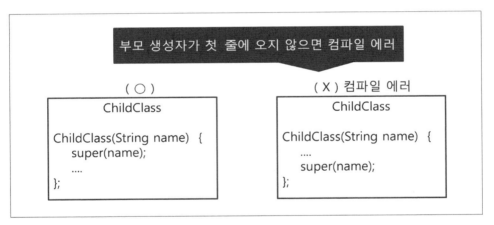

[도표] 부모 생성자 호출의 위치

당연한 이야기겠지만 명시적 생성자 호출과 묵시적 생성자 호출은 같이 혼합해 발생할 수 있다. 다음 그림과 같은 상속 구조에서 new ChildClass(String)를 하면, 자동으로 부모 생성자 호출이 삽입된다.

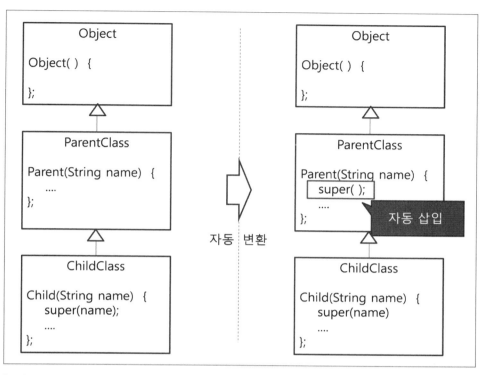

[도표] 명시적 생성자 호출과 묵시적 생성자 호출의 혼합

상속관계에서의 메소드 호출 순서

상속관계에서 부모 클래스와 자식 클래스에 동일한 메소드가 있는 경우 자식 클래스에서 먼저 찾은 다음에 부모 클래스에서 찾는다.

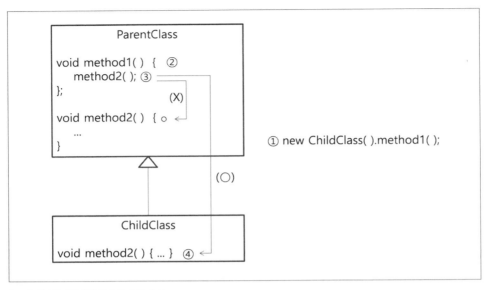

[도표] 상속관계에서의 메소드 호출 순서

위의 그림을 보면 자식 클래스를 객체화한 후 method1()을 호출했다. 그런데 자식 클래스에 method1()이 없기 때문에 부모 클래스의 method1()이 수행된다. 그리고 부모 클래스의 method1()에서 method2()를 호출하는데 method2()는 자식 클래스에 있는 것을 호출할까? 아니면 부모 클래스에 있는 메소드를 호출할까?

여기에도 "자식 클래스에서 먼저 찾고 그 다음에 부모 클래스에서 찾는다"는 원칙이 적용된다. 이 원칙에 의해 ParentClass의 method2()가 아니라 ChildClass의 method2()가 호출된다.

기본적으로 일반 클래스는 상속을 위한 장치가 아니다. 문법적으로는 가능하지만 일반 클래스를 상속에 사용하지 않도록 한다. 상속은 뒤에서 다룰 추상 클래스 장치를 사용해 주의 깊게 설계해야 한다.

다음은 클래스의 여러 구성 요소에 부가적인 의미를 부여할 수 있는 접근 제어자에 대해 알아보자.

제어자

접근 제어자

클래스나 메소드 혹은 멤버 변수 등을 선언할 때 특정 성격을 추가로 부여하고자 자바가 제공하는 키워드를 붙이기도 하는데 이를 제어자라고 한다. 다양한 제어자가 있는데 여기서는 접근 제어자, static 제어자, final에 대해서만 설명한다. 이 밖에도 syncrhonized 등이 있지만 이들은 스레드 등의 해당 키워드와 연관이 있는 각 장에서 설명하는 것이 나을 것이다.

접근의 범위를 제어하는 것이 접근 제어자^{modifier}이다. private → (default) → protected → public 순으로 보다 많은 접근을 허용한다. (default)는 이런 키워드의 접근 제어자가 별도로 있는 것은 아니고 접근 제어자를 기술하지 않았을 때 적용되는 접근 제어자를 의미한다.

private

private를 기술하면 기술된 요소는 동일 클래스 내에서만 접근 가능하다. 다음과 같이 클래스가 선언돼있다고 하자.

```
01 public class Private {
02     private int num;
03
04     public void setNum(int num)  {
05         this.num = num;
06     }
07
08     public int getNum()  {
09         return num;
10     }
11 }
```

2행의 멤버 변수 num은 private로 선언돼있다. 5행과 6행에서 num을 사용하는데 private로 선언돼있을지라도 동일 클래스 내에서 접근하는 것이기 때문에 가능하다. 이제 다른 별도의 파일로 다른 클래스가 선언됐고, 그 별도의 클래스에서 Private의 클래스 선언, 멤버 변수, 멤버 함수에 접근해보자.

[예제] private 예제 – TryPrivateDemo.java

```
01 public class TryPrivateDemo  {
02
03     public static void main(String[] args) {
04         Private pObject = new Private();
05
06         pObject.setNum(3);
07         System.out.println(pObject.getNum());
08
09         // num이 private로 선언돼 있기 때문에 접근이 불가하다.
10         // System.out.println(pObject.num);
11     }
12 }
```

TryPrivateDemo라는 별도 클래스를 작성한 후, TryPrivateDemo에서 Private 클래스에 접근해 보자. TryPrivateDemo 객체에서 Private 객체로 3번 접근 시도했다. 첫째는 클래스, 둘째는 멤버 함수, 셋째는 멤버 변수이다. 첫째, 4행에서 Private 클래스로의 접근은 성공했다. 이는 public class Private {…라고 클래스 선언이 public으로 돼 있기 때문에 외부 클래스에서 해당 클래스를 사용해 new가 가능하다. 둘째, 6, 7행에서 Private 객체의 멤버 함수에 접근했는데 이 역시 성공했다. 해당 멤버 함수는 public으로 선언돼 있기 때문에 접근이 가능했다. 셋째, 10행에서 Private 객체의 멤버 변수에 접근했는데 이는 컴파일 오류가 발생한다. num은 private로 선언돼 있어 외부에서의 접근을 불허하기 때문이다.

private로 선언하면 동일 클래스에서 접근하는 것이 아닐 경우 접근이 불허돼 컴파일 오류가 발생한다. 특이한 점은 클래스만 동일하면 다른 객체라 하더라도 private에 접근 가능하다는 점이다.

```
class Private {
    :
    void accessPrivate(Private t)  {
        System.out.println(t.num);
    }
}
```

그림으로 표현하면 다음과 같다.

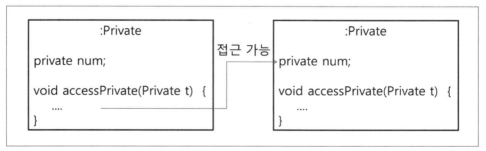

[도표] 같은 클래스이면서 다른 객체의 private 접근

(default)

접근 제어자를 기술하지 않으면 디폴트 접근 제어자가 적용된다. 디폴트 접근 제어자는 동일 클래스와 동일 패키지에서 접근이 가능하다.

[예제] 디폴트 예제 – Default.java

```
01 class Default {
02     int num;
03
04     public void setNum(int num)  {
05         this.num = num;
06     }
07
08     public int getNum()  {
09         return num;
10     }
11 }
```

앞의 private 예제와 유사하니 차이점만 알아보자. 2행에서 num의 접근 제어자가 기술되지 않았다. 그러면 디폴트 접근 제어자가 적용된다. 다음의 DefaultDemo 클래스는 Default 클래스의 디폴트 접근자에 접근 가능하다.

[예제] 디폴트 예제 – DefaultDemo.java

```
01 public class DefaultDemo  {
02
03
04     public static void main(String[] args) {
05         Default defaultInstance = new DefaultDemo();
06
07         defaultInstance.setNum(3);
08         System.out.println(defaultInstance.getNum());
09
10         // 접근 제어자가 디폴트이기 때문에 동일 패키지 내에서는 접근 가능
```

```
11          System.out.println(defaultInstance.num);
12      }
13 }
```

11행에 주목하자. TryPrivateDemo 예제에서는 private 멤버 변수에 접근하고자 했기 때문에 컴파일 오류가 발생했지만, 여기서는 동일 패키지 내의 디폴트 멤버 변수에 접근하는 것이기 때문에 정상 동작한다.

protected

protected는 동일 클래스, 동일 패키지 그리고 자식 클래스에서 접근이 가능하다. 자식 클래스에서 부모 클래스의 멤버 변수로의 접근을 예제로 작성하면 다음과 같다. 상속을 위해 설계된 클래스에서 주로 사용되는 접근 제어자다.

[예제] protected 예제 – ProtectedParent.java

```
package com.javainhand.ch10;
    :
public class ProtectedParent {
    // 만약 (default)로 하면 다른 패키지에 있는 ProtectedChild에서는 접근이 불가
    // int num;

    // 본 클래스를 상속받은 자식 클래스는 다른 패키지에 있더라도 protected 접근 가능
    protected int num;
}
```

이제 앞의 클래스를 상속받은 클래스를 부모 클래스가 있는 패키지와는 다른 패키지에 작성해보자.

[예제] protected 예제 – ProtectedChild.java

```
01 package com.javainhand.ch10.other;
02
```

```
03 import com.javainhand.ch10.ProtectedParent;
04
05 public class ProtectedChild extends ProtectedParent {
06
07     void setNum(int num)  {
08         super.num = num;
09     }
10
11     int getNum( ) {
12         return super.num;
13     }
14 }
```

protected로 기술하며 다른 패키지에 있더라도 자식 클래스에서 접근 가능하다는 것을 증명하기 위해 부모 클래스와 자식 클래스를 다른 패키지에 작성했다. 하위 패키지일지라도 다른 패키지로 인식한다. 8행, 12행에서 부모 클래스의 num에 접근한다. super.num에서 super는 부모 클래스를 나타내는 자바 키워드다. 여기서는 자식 클래스에서 동일한 이름의 멤버 변수가 없어서 super라는 키워드를 굳이 기술하지 않아도 무방하다.

public

접근 제어자를 public으로 하면 모든 클래스에서 접근 가능하다.

접근 제어자에 대해 요약하면 다음과 같다.

[도표] 접근 제어자 요약

접근 제어자	동일 클래스	동일 패키지	자식 클래스	모든 클래스
private	○	×	×	×
(default)	○	○	×	×
protected	○	○	○	×
public	○	○	○	○

프로그래밍 가이드 – 접근 제어자의 엄격한 적용

좋은 설계의 여러 요소 중 하나는 한 모듈이 다른 모듈에 내부 데이터와 그에 따른 상세 구현을 숨기는 것이다. 잘 설계된 모듈은 내부 데이터와 상세 구현을 숨기기 때문에 잘 정의된 API를 제공해야 한다. 해당 모듈을 사용하는 사람은 모듈이 노출하는 API만 파악하면 되고 내부 자료 구조나 알고리즘은 몰라도 된다. 이러한 개념을 정보 은닉 혹은 캡슐화라고 하며 소프트웨어 설계의 기본 철학 중 하나이다. 엄밀히 말해 정보 은닉과 캡슐화는 정확히 같지는 않으며 정보 은닉이 돼야 캡슐화로 확장이 가능하다.

정보 은닉은 여러 가지 이유로 중요한 개념인데 그 중 하나는 정보 은닉을 통해 시스템의 모듈들이 상호 모듈 간에 분리돼 접근할 수 있는 기반이 마련된다는 점이다. 모듈 간에 분리돼 접근할 수 있기 때문에 개발, 시험, 최적화, 사용, 분석, 수정 등 여러 분야에서 타 모듈과 상관없이 독립적으로 작업을 수행할 수 있다.

예를 들면 좋은 설계를 통해 모듈 간의 독립성이 강화되면 동시에 여러 개발자가 모듈을 개발할 수 있기 때문에 시스템의 개발 속도가 증가한다. 또한 유지보수 분야에서도 다른 모듈을 손상시키지 않고 해당 모듈을 수정할 수 있기 때문에 유지보수성도 증가한다.

정보 은닉을 통한 모듈 간 독립성 증대는 성능에도 긍정적인 효과를 미친다. 직접적인 연관은 약하지만 효율적인 성능 최적화를 가능하게 하는 기반을 마련한다. 프로파일링에 의해 어느 모듈이 성능상 병목 구간인지 파악되면, 다른 모듈에 영향을 미치지 않고 해당 모듈을 비교적 쉽게 수정할 수 있기 때문이다.

또한 정보 은닉은 소프트웨어의 재사용성을 증가시키기도 하는데, 정보 은닉으로 모듈 간의 독립성이 증가되고 이로 인해 필요한 모듈만 선택해 다른 시스템으로 가져가기 쉽기 때문이다.

대규모 시스템을 개발할 때도 기능의 정확성이 저하될 위험을 줄여준다. 하나의 단일 프로그램이라면 시험Test이 더욱 어려워진다. 그러나 잘 설계된 시스템은 모듈이 서로 분리돼있기 때문에 모듈 간 단위 시험이 용이하다. 그리고 이렇게 검증된 모듈들을 통합함으로써 시스템의 기능 정합성을 보장한다. 이렇게 독립적인 모듈들이 상호 동작해 시스템을 구성할 때 느슨하게 결합된 모듈이라고 표현하기도 한다.

자바는 정보 은닉을 지원하는 여러 장치를 제공한다. 그중 하나가 접근 제어자 메커니즘인데 클래스, 인터페이스, 멤버 변수, 멤버 함수 등에 대해 제공한다. 여기에는 private, protected, public, (default)가 있다. 어떤 접근 제어자를 사용할 것인지가 정보 은닉을 위한 중요 설계 요소 중 하나인데 최대한 엄격한 지정자를 사용하라는 것이 기본 가이드다.

일반적으로 클래스와 인터페이스 선언 자체의 경우에는 두 가지 접근 제어자가 주로 사용되는데 (default)와 public이다. 접근 제어자를 설정하지 않으면 디폴트 동작으로 동일 패키지의 클래스에서만 접근 가능하다. 이를 package-private라고 표현하기도 한다.

클래스나 인터페이스를 설계할 때 접근 제어자의 기본 가이드에 따라 가능하다면 (default) 즉 package-private로 선언한다. package-private로 하면 해당 클래스나 인터페이스는 노출되는 API에 나타날 수 없으며 내부 구현 방식의 요소로만 작동한다.

package-private인 클래스나 인터페이스는 기존 사용자에게 미치는 영향을 크게 고민하지 않고도 해당 클래스나 인터페이스를 수정, 대체, 제거할 수 있다. 또한 자신이 작성하고 자신이 사용하는 환경에서도 동일한 장점이 존재하는데, 타 패키지에 미치는 영향을 고려하지 않고 해당 package-private 클래스나 인터페이스를 수정할 수 있다는 점이다.

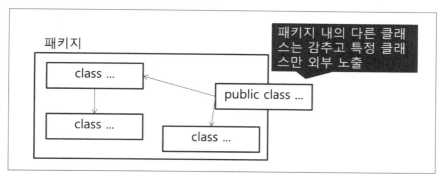

[도표] (default) 접근 제어자 장점

어떤 클래스나 인터페이스가 딱 하나의 다른 클래스에서만 사용되는 특수한 경우라면 클래스나 인터페이스를 다른 클래스의 내부^{Nested} 클래스나 인터페이스로 만드는 것을 고민해보자. 그렇게 함으로써 하나의 클래스에서의 접근으로 접근 범위를 더 좁힐 수 있다. 즉 클래스나 인터페이스의 접근 제어자를 private로 할 수 있다. 사실 이런 구조는 굳이 별도의 클래스나 인터페이스로 도출하지 않아도 되는데 가독성을 높이기 위해 클래스로 분리하는 경우이다. 그런데 이를 외부에 노출이 발생하는 별도의 클래스로 분리하면 정보 은닉이 감소될 위험이 있다. 이를 완벽하게 감추기 위해 내부 클래스로 두고 private로 함으로써 같은 패키지 내의 다른 클래스로부터도 클래스를 감추는 것이다.

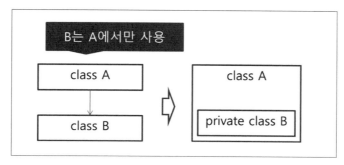

[도표] private 내부 클래스로 만드는 경우

멤버 변수, 멤버 메소드, 내부 클래스, 내부 인터페이스 등 외부 클래스^{Top Level Class}나

외부 인터페이스^Top Level Interface^를 제외한 다른 요소에는 4가지 제어자가 모두 가능하다. 기본적으로 모두 private로 지정하고, 혹 패키지 내의 다른 클래스에서 접근이 필요할 때는 private를 제거해 (default) 즉 package-private로 한다.

package-private와 protected도 차이가 크다. protected는 외부에 노출되는 API의 성격이 강하다. protected로 다른 개발자에게 공개되면 계속해서 이를 유지보수해야 한다. 다른 개발자에게 공개되는 protected 항목은 공개적인 약속이 돼 이를 마음대로 변경하면 문제가 발생한다. protected로 하면 다른 개발자가 이를 상속해 사용할 수 있으므로 외부에 노출된다.

클래스를 상속할 때 메소드 관련 규칙으로 상위 클래스 메소드의 접근 제어자보다 하위 클래스의 접근 제어자를 더 엄격하게 지정할 수 없다. 예를 들면 상위 클래스에서 특정 메소드가 public을 가지는데 하위 클래스에서 private로 할 수는 없다. 이는 상위 클래스의 객체가 나오는 위치에 하위 클래스의 객체가 위치할 수 있다는 객체지향의 기본 개념을 충족하기 위해 어쩔 수 없이 지켜야 하는 규칙이다. 이 규칙을 무시하면 컴파일 에러가 발생한다.

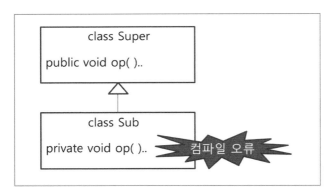

[도표] 상속 시 메소드 접근 제어자 규칙

테스팅을 원활히 수행하기 위해 접근 제어자를 좀 더 느슨하게 설정하고 싶은 생각이 들 것이다. 이를 위해 public 클래스의 private 멤버를 (default)package-private로 하는 것은 허용된다. 그러나 그 이상은 허용하면 안 된다.

특히 인스턴스 변수Instance Variable는 절대 public으로 하지 말아야 한다. 만약 public으로 한다면 이는 해당 변수에 대한 통제를 완전히 포기하는 것이다. 인스턴스 변수를 public으로 하면 정보 은닉도 실패하며, 다른 모듈에서 언제라도 해당 변수를 수정할 수 있기 때문에 스레드-세이프Thread-safe도 불가능해진다. 다만 정적 변수Static Variable의 경우에는 한 가지 예외가 있는데, 상수를 위해 public static final을 사용할 수 있다. 이때 네이밍 관습으로 변수의 이름을 대문자 및 _로 구성한다.

프리미티브Primitive 타입이나 불변 객체Immutable Object를 가리키는 참조 변수를 public static final로 한 경우에는 특별한 문제가 발생하지 않는다. 그러나 가변 객체를 가리키는 참조 변수를 public static final로 할 때는 특별한 고려사항이 발생한다. 이는 객체를 가리키는 참조 변수는 final로 선언돼 변하지 않지만 객체 내부의 내용은 변경될 수 있기 때문이다.

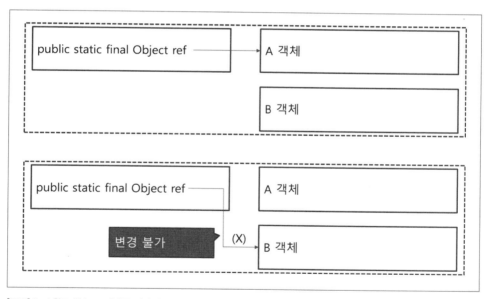

[도표] final 참조 변수 – 객체를 가리키는 참조 값 변경 불가

참조 변수가 final이더라도 객체 자체는 불변 객체Immutable Object가 아니라면 변경 가능하다.

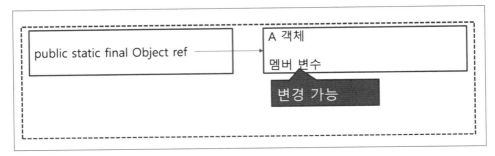

[도표] final 참조 변수 – 객체 변경 가능

배열 역시 비슷한 문제가 발생한다. 배열을 가리키는 참조 변수는 final로 하면 변경되지 않지만 배열 자체는 변경 가능하기 때문이다. 요약하면 배열은 가변 객체와 유사하다고 생각하면 된다.

```
public class StaticFinalArray {
    public static final String[] VALUES = { "a", "b" };
}
```

final로 했기 때문에 VALUES라는 참조 변수의 참조 값은 변경할 수 없다. 즉 다른 배열을 가리키게 변경할 수 없다. 그러나 배열에 들어있는 값은 변경 가능하다.

```
StaticFinalArray.VALUES[1] = "c";
```

그러면 배열을 상수처럼 사용하고 싶은 경우는 어떻게 해야 할까? 배열에는 가변 객체와 유사한 제약사항이 있기 때문에 배열 자체를 노출해서는 해결이 어렵다. 다음과 같이 변형해 해결할 수 있다.

[예제] public static final 배열 – StaticFinalArray.java

```
public class StaticFinalArray {
    private static final String[] VALUES = { "a", "b" };
    public static final List<String> VALUES_LIST = Collections.
```

```
                        unmodifiableList(Arrays.asList(VALUES));
}
```

다시 본론으로 돌아오자. 가능한 접근 제어자를 엄격하게 적용해 공개 범위를 좁히고, API를 사용해 외부로 노출시키는 부분은 최소한으로 한다. 이를 위해 클래스, 인터페이스, 멤버가 API의 구성 요소가 되는 것은 최대한 억제한다. 멤버 변수는 public static final을 제외하고는 public으로 하면 안 되며 public static final이 가리키는 것은 프리미티브^{Primitive} 타입이거나 불변 객체^{Immutable Object}여야 한다.

프로그래밍 가이드 – 멤버 변수에 대한 직접 접근을 막아라

다음과 같이 클래스를 만들면 정보 은닉과 캡슐화가 되지 않는다.

```
public class Point {
    public int x;
    public int y;
}
```

public 클래스의 멤버 변수를 public으로 하는 것은 금지된다. 당연한 이야기겠지만 다음과 같이 게터^{getter}와 세터^{setter}를 사용해 코드를 정리한다.

[예제] 게터(getter)와 세터(setter) – Point.java

```
public class Point {
    private int x;
    private int y;

    public int getX() {
        return x;
    }
```

```java
    public void setX(int x) {
        this.x = x;
    }
    public int getY() {
        return y;
    }
    public void setY(int y) {
        this.y = y;
    }
}
```

멤버 변수는 앞에서와 같이 private로 해야 하지만 예외를 적용할 수 있는 경우도 있다. (default)package-private와 private 클래스의 멤버 변수는 간혹 public으로 노출되기도 한다. package-private 클래스는 패키지 내로 영향이 제한되기 때문이고, private 내부 클래스는 이를 포함하고 있는 외부 클래스로 영향이 제한되기 때문이다. 이 두 가지 접근 제어자 클래스는 간혹 코드를 간결하게 하기 위해서 멤버 변수를 public으로 할 수도 있다. 그렇다고 권장된다는 이야기는 아니다. public 클래스의 멤버 변수를 public으로 노출하는 것보다는 부작용이 적다는 정도로 받아들이자. 다음은 package-private 클래스의 멤버 변수를 public으로 노출한 경우이다.

```java
class PackagePrivatePoint {
    public int x;
    public int y;
}
```

앞에서와 같이 클래스는 (default)로, 멤버 변수는 public으로 하면 어떻게 될까? 해당 클래스를 패키지 바깥에서는 사용할 수 없다. 그러면서 멤버 변수는 public이기 때문에 패키지 내에서는 멤버 변수에 자유롭게 접근 가능해진다. 내부 클래스를 private로, 멤버 변수는 public으로 한 경우도 이와 비슷하다. 해당 내부 클래스를 감싸고 있는 클래스에서만 내부 클래스의 멤버 변수에 접근이 가능해질 것이다.

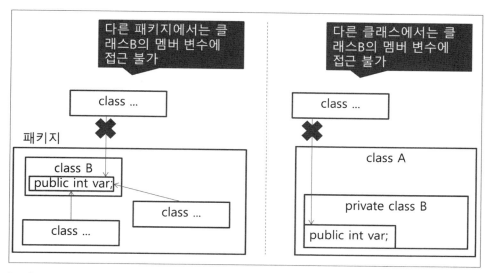

[도표] public 멤버 변수가 부분적으로 허용되는 경우

멤버 변수를 public으로 고려해볼 수 있는 유사한 경우가 또 있다. final로 지정돼있으면서 프리미티브^{Primitive} 타입이거나 불변 객체에 대한 참조 변수의 경우이다. 이는 public static final이건 public final이건 동일하게 적용된다. 이 경우도 권장한다기보다는 부작용이 적다는 정도로 이해하자.

[예제] public final 노출 – PackagePrivatePoint.java

```java
public class PublicFinalPoint {
    public final int x;
    public final int y;

    public PublicFinalPoint(int x, int y)  {
        this.x = x;
        this.y = y;
    }
}
```

final로 하면 프리미티브^{Primitive} 타입의 데이터나 불변 객체 모두 변경할 수 없다는 공통점이 있다.

static 제어자

객체를 생성하지 않고도 필드를 사용할 수 있을까? 답은 그렇다. 다만 객체의 데이터가 아니라 클래스의 데이터, 클래스의 필드를 사용할 수 있다. 이때 객체의 필드가 아니라 클래스의 필드를 사용하려면 static이라는 예약어를 사용해 필드가 정적 변수임을 나타내야 한다. 즉 클래스를 new하지 않고도 메소드나 변수를 사용할 수 있다는 의미다.

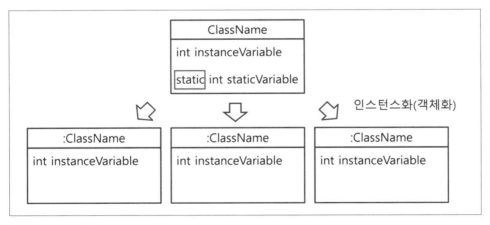

[도표] 정적 필드 개념도

보통은 클래스를 객체화한 후에 필드를 사용할 수 있다. 그러나 필드에 static이라는 예약어를 추가하면 이는 정적 변수로 동작하는데 객체를 생성하기 전에 클래스 수준에서 사용할 수 있다. 즉 클래스를 객체화하지 않고도 해당 필드를 사용할 수 있다. 다만 이때 객체마다 메모리 공간이 있는 것이 아니라, 클래스 수준에서 하나의 메모리 공간만 있다. 클래스 수준의 필드이기 때문에 사용법도 객체 참조자가 아닌 클래스 이름을 기반으로 한다.

```
[클래스].[필드] = …        // 클래스의 필드에 값을 저장

… = [클래스].[필드]        // 클래스의 필드에서 값을 조회
[클래스].[필드]           // 클래스의 필드에서 값을 조회
```

멤버 변수를 정적 변수로 유지하는 경우의 프로그램 형태는 다음과 같다.

MyClass.java

```
public class MyClass {
    static int staticVariable;
}
```

멤버 필드를 정적 변수로 선언했기 때문에 인스턴스화(객체화)하지 않고도 해당 필드를 사용할 수 있다. MyClass에서 생성된 모든 객체는 MyClass의 정적 멤버 변수를 공유한다.

MyClassDemo.java

```
public class MyClassDemo {

    public static void main(String[] args) {
        MyClass.staticVariable = 3;

        System.out.println("정적 멤버 변수:"+ MyClass.staticVariable);
    }
}
```

정적 변수, 정적 메소드와 반대되는 개념으로 인스턴스 변수, 인스턴스 메소드라는 단어를 사용한다. 정적 변수와 정적 메소드는 static이라는 키워드를 사용해 new 없이 사용 가능하다. 반면 인스턴스 변수, 인스턴스 메소드는 new를 한 후 객체의 멤

버 변수와 멤버 메소드를 사용할 수 있다.

정적 메소드의 재정의 불가

정적^{static} 메소드는 부모 클래스와 하위 클래스에 각각 동일한 메소드 시그니처로 정적 메소드를 정의할 수 있지만 이는 재정의가 아니고 그냥 별개로 각각 정의돼있는 것이다.

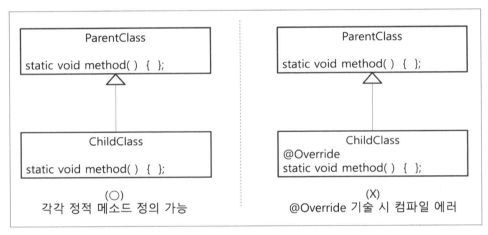

[도표] 정적(static) 메소드 재정의 불가

Override라는 어노테이션을 자식 클래스의 메소드에 기술하는 순간 컴파일 에러가 발생한다. 이는 정적 메소드는 재정의^{Override}가 불가하기 때문이다. 각각 정적 메소드를 선언하는 것은 가능하기 때문에 Override 어노테이션을 기술하지 않으면 컴파일 에러는 발생하지 않으며, 각각 ParentClass.method()와 ChildClass.method() 형태로 호출한다. 그런데 정적 메소드 호출에 약간 특이한 사항이 있다. [클래스명].[메소드명]으로 호출하는 것이 일반적이지만 [객체].[메소드명]의 형태도 가능하다. 그런데 [객체].[메소드명]으로 정적 메소드를 호출할 때는 [객체]의 타입에 속해있는 정적 메소드가 실행된다.

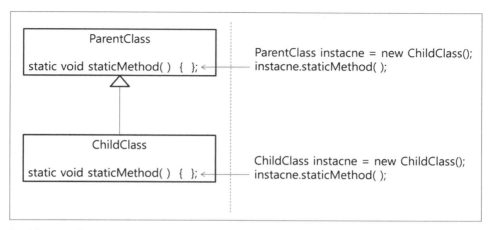

[도표] [참조 변수].[정적 메소드명] 호출 시 실행 메소드

앞의 그림을 좀 더 살펴보자. 만약 참조 변수 instance의 형이 부모 클래스이면 부모 클래스의 정적 메소드가 실행된다. 그러나 만약 참조 변수의 형이 자식 클래스이면 자식 클래스의 정적 메소드가 실행된다.

final 제어자

final 제어자의 단순한 사용 용도는 변수의 변경을 막는 것이다.

```
final int val = 0;
val = 1;   // 컴파일 에러
```

다른 주요 사용처는 메소드 재정의를 막는 것이다. 상속은 신중히 해야 한다. 아예 상속을 못하게 막을 수도 있는데 이때 사용하는 키워드가 final이다.

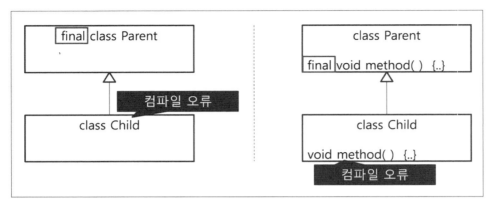

[도표] final을 사용한 상속 금지

클래스 선언에서 final을 붙이면 해당 클래스를 대상으로 일체의 상속이 불허된다. 메소드 선언에서 final을 기술하면 해당 메소드의 상속만 불허된다.

추상 클래스와 인터페이스

추상 클래스

9장의 '다형성'절에서 Bird를 일반 클래스로 정의했다. 그러나 Bird는 실제 객체가 아니라 Eagle과 Penguin 등의 실제 객체로부터 도출된 추상화한 클래스로 설계할 수도 있다. 즉 Eagle이나 Penguin이라는 객체는 있지만 Bird는 추상적인 개념이며 실제 객체는 없다고 설계하는 것이다. 이런 경우 new Bird()는 안 될 것이다. Bird를 추상적인 개념으로만 정의한다면 굳이 move()에 대해 메소드 본체를 정의할 필요가 없다. 이러한 요구를 충족하는 것이 추상 클래스^{Abstract Class}이다.

추상 클래스의 형태는 다음과 같다.

```
abstract class 클래스명 {
    // 일반적인 멤버 변수가 올 수 있다.
    // 일반적인 멤버 함수가 올 수 있다.

    abstract 리턴 타입 메소드명( );   // 최소 1개 이상의 abstract 메소드 존재

}
```

메소드명에 abstract가 붙어있는 것을 추상 메소드라 하는데 이 메소드는 본체가 없이 선언부만 있다. 이러한 abstract 메소드가 적어도 하나 이상 있으면, 클래스도 앞에 abstract가 붙으면서 추상 클래스가 된다.

추상 클래스의 특성을 정리하면 다음과 같다.

- 추상 메소드는 본체가 없고 선언부만 존재한다.
- 추상 메소드가 하나 이상 포함되면 반드시 추상 클래스로 선언돼야 한다.
- 추상 클래스를 상속하는 자식 클래스에서 부모가 가진 추상 메소드를 반드시 모두 오버라이딩 (Overriding)해야 한다.
- 추상 클래스는 추상 메소드가 아닌 일반 메소드를 포함할 수 있다.

이제 Bird 클래스를 추상 클래스로 작성하면 다음과 같다.

```
public abstract class Bird {

    abstract void move();

}
```

다음의 추상 클래스 구조로 예제를 작성해보자. 앞에서 사용했던 Bird에 약간 변형을 줘서 부모 클래스인 Bird에 moves()라는 실체 메소드[concrete method]를 두어보자. moves()에서는 move()를 3번 반복해서 호출한다고 하자.

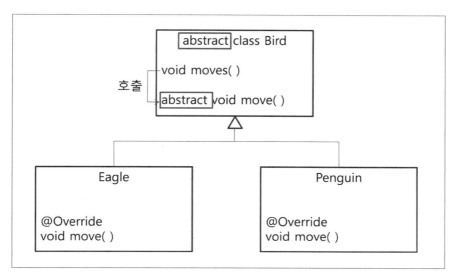

[도표] 예제 프로그램 추상 클래스 구조

메소드 본체가 있는 실체 메소드^{concrete method}가 본체가 없는 추상 메소드를 호출할 수 있다. 위 구조를 적용한 예제 프로그램은 다음과 같다.

[예제] 추상 클래스 예제 – Bird.java

```java
public abstract class Bird {
    void moves()  {
        for(int i=0;  i<3;  i++)  {
            move();
        }
    }

    abstract void move();
}
```

[예제] 추상 클래스 예제 – Eagle.java

```java
public class Eagle extends Bird {
    @Override
```

```
    void move()  {
        System.out.println("Eagle Move");
    }
}
```

```
public class Penguin extends Bird {
    @Override
    void move()  {
        System.out.println("Penguin Move");
    }
}
```

추상 클래스 Bird는 new가 불가하다. abstract 추상 메소드를 모두 재정의한 자식 클래스만 객체화가 가능하다. Eagle과 Penguin에 moves()를 호출하면 부모 클래스인 Bird의 moves()가 호출되고 또 이 moves() 내부에서는 각각 자식 클래스인 Eagle과 Penguin의 move()를 호출한다. 테스트 프로그램은 다음과 같다.

```
public class BirdsTestDemo {

    public static void main(String[] args) {
        new Eagle().moves();
        new Penguin().moves();
    }
}
```

결과 값은 다음과 같다.

```
Eagle Move
Eagle Move
```

```
Eagle Move
Penguin Move
Penguin Move
Penguin Move
```

클래스를 설계할 때 일반 클래스를 상속받는 경우는 거의 없다. 상속을 위해서는 여기서 소개한 추상 클래스나 다음 절에서 소개하는 인터페이스를 사용한다.

인터페이스

인터페이스^{interface}는 메소드의 본체가 정의돼있지 않다. 본체가 정의돼있지 않은 메소드 선언부와 필드의 집합이 인터페이스다.

```
interface 인터페이스명 [extends 상속받을 클래스나 인터페이스명, …, …] {

    상수 선언;

    본문이 없는 메소드 선언;

}
```

인터페이스를 사용해 선언하는 클래스는 인터페이스를 구현한다고 표현하며, 문법은 다음과 같다.

```
class 클래스명 implements 인터페이스명, 인터페이스명, … {

    인터페이스에 기술된 메소드   { 본문 구현 };

}
```

extends는 뒤에 하나의 클래스명만 올 수 있는 반면 implements에는 여러 인터페이스가 올 수 있다.

인터페이스의 특징은 다음과 같다.

- 인터페이스 내에 존재하는 메소드는 무조건 `public abstract`로 동작한다.
- 인터페이스 내에 존재하는 변수는 무조건 `public static final`로 동작한다.

추상 클래스는 일반 메소드와 추상 메소드를 모두 가질 수 있는 반면, 인터페이스는 오로지 추상 메소드만 가진다. 또한 인터페이스는 일반 변수는 가지지 못하며 public static final로 동작하는 상수만 가질 수 있다.

```
public interface MyInterface {
    int MAX_SIZE = 3;
    void method();
}
```

앞에서와 같이 선언해도 필드 a는 마치 public static final로 선언된 것과 같은 효과를 본다. private와 같이 상반되는 제어자를 붙이면 컴파일 에러가 발생한다.

method() 역시 마찬가지로 public abstract가 붙은 것처럼 동작한다. 만약 private를 붙이면 컴파일 에러가 발생한다. 혼돈이 없게 하기 위해 아예 처음부터 public static final와 public abstract를 명시적으로 기술할 것을 권장한다. 앞의 코드 스니펫은 다음과 같다.

```
public interface MyInterface {
    public static final int MAX_SIZE = 3;
    public abstract void method();
}
```

예제 프로그램을 위해 다음 구조의 인터페이스와 클래스를 가정하자.

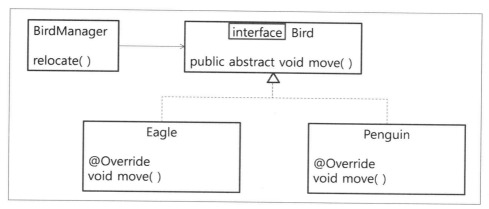

[도표] 예제 프로그램 인터페이스 구조

9장 '상속과 오버라이딩 그리고 다형성'의 '다형성' 절에서 다룬 구조를 인터페이스를 사용해 변형했다. 예제 프로그램을 작성하면 다음과 같다.

[예제] 인터페이스 예제 – Bird.java

```
public interface Bird {

    public abstract void move();

}
```

군이 추상 클래스 버전의 Bird의 메소드 move()와 차이점을 따지자면 앞에 public 이 붙어있다. 인터페이스의 메소드는 강제적이고 묵시적으로 public abstract로 선언되는데 이를 명시적으로 표현한 것이다. 추상 클래스의 추상 메소드는 public, protected 모두 적용 가능하다. 인터페이스 Bird를 구현[implements]한 클래스는 다음과 같다.

[예제] 인터페이스 예제 – Eagle.java

```
public class Eagle implements Bird{
    @Override
```

```
    public void move() {
        System.out.println("Eagle Move");
    }
}
```

이와 유사하게 Penguin도 인터페이스 Bird를 구현^{implements}한다. 일반 클래스나 추상 클래스의 상속과 다른 문법적 주요 차이점은 extends가 아니라 implements를 사용한다는 점이다. BirdManager는 일반 클래스, 추상 클래스를 사용할 때의 BirdManager와 동일하다.

[예제] 인터페이스 예제 – BirdManager.java

```
public class BirdManager {

    // List를 사용하는 것이 바람직하나 아직 배우지 않아 배열을 사용
    void relocate(Bird[] birds) {
        for(Bird bird : birds) {
            bird.move();
        }
    }

    public static void main(String[] args) {
        Bird[] birds = new Bird[3];

        birds[0] = new Eagle();
        birds[1] = new Penguin();
        birds[2] = new Eagle();

        BirdManager birdManager = new BirdManager();
        birdManager.relocate(birds);
    }
}
```

클래스, 추상 클래스, 인터페이스에 대해 정리하면 다음과 같다.

[도표] 클래스 vs 추상 클래스 vs 인터페이스

클래스	추상 클래스	인터페이스
	– 본체가 없는 메소드가 하나 이상 있어야 한다.	– 메소드 선언 및 상수의 집합이다. – 단 JAVA 8 이후 예외 추가
	– new가 불가하다.	
– extends를 사용한다.		– implements를 사용한다.
– 하나만 extends할 수 있다.		– 여러 개를 implements할 수 있다.
– 하나의 클래스/추상 클래스를 extends하면서 여러 인터페이스를 implements할 수 있다.		

인터페이스를 사용한 다중상속

자바는 여러 클래스를 상속하는 다중상속을 지원하지 않는다. 대신 하나의 클래스/
추상 클래스를 extends하면서 여러 인터페이스를 implement할 수 있다. 이를 인터
페이스를 사용한 다중상속이라고 표현하기도 한다.

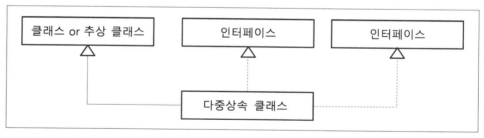

[도표] 인터페이스를 사용한 다중상속

앞의 그림에서 클래스도 표현했는데, 실제 코드에서는 일반 클래스를 상속해서 사용
하는 경우는 거의 없다. 코드 형태는 다음과 같다.

```
public class [클래스명] extends [클래스/추상 클래스 implements [인터페이스, 인터페이스] {
    // 추상 클래스의 추상 메소드 정의
    // 인터페이스 추상 메소드 정의
}
```

자바의 JDK에 기본으로 내장돼 있는 클래스 중 ArrayList가 있는데 이 클래스가 앞에서 설명한 인터페이스를 사용한 다중상속 형태다.

```
public class ArrayList extends AbstractList
        implements List, RandomAccess, Cloneable, java.io.Serializable
```

ArrayList는 추상 클래스 AbstractList를 extends하며, 인터페이스 List, RandomAccess, Cloneable, java.io.Serializable을 구현한다. ArrayList 클래스에는 추상 클래스와 인터페이스의 추상 메소드가 모두 정의돼있어야 한다.

자바 8 이후의 인터페이스 변화

자바 7까지는 인터페이스가 추상 메소드와 상수의 집합이었다. 그러나 자바 8(JDK 1.8)부터 인터페이스에 큰 변화가 생겼다. 그냥 문법이 조금 바뀌는 수준이 아니라, 그 동안 자바 인터페이스의 핵심 개념이라고 생각했던 것 자체가 깨진 것이다. 더 이상 이전에 알던 인터페이스가 아니었다.

인터페이스는 추상 메소드 즉 본체가 없는 선언부와 상수의 집합이라고 배웠는데 갑자기 자바 8부터 인터페이스도 함수 본체를 가질 수 있게 됐다. 자바 8 이후 추가되는 모든 메소드가 메소드 본체를 가진다.

인터페이스 요소	버전
추상 메소드	~ 자바 7
상수	
디폴트 메소드(default method)	자바 8 이후
정적 메소드(static method)	
private 메소드(private method)	자바 9 이후
private 정적 메소드(private static method)	

자바 7까지는 인터페이스가 추상 메소드와 상수로만 구성됐다. 그러나 자바 8 이후 부터는 디폴트 메소드와 정적 메소드가 추가됐으며, 자바 9 이후로는 private 메소드 와 private 정적 메소드가 추가됐다. 자바 8, 9 이후 추가된 인터페이스 장치에 대해 알아보자.

인터페이스 디폴트(default) 메소드

default라는 키워드를 사용해 함수 본체를 선언할 수 있다.

다음은 예전부터 사용되던 자바의 인터페이스 형태다. public abstract는 생략할 수 있다. 생략하더라도 있는 것처럼 동작한다.

```
public interface MyInterface {
    public abstract void defaultPrint(String str);
}
```

이제 method()에 abstract 대신 default 키워드를 사용해 본체를 선언해보자.

```
public interface MyInterface {
    public default void defaultPrint(String str)  {
        ....
```

```
    };
}
```

인터페이스에서 public과 abstract는 생략해도 의미가 달라지지 않는다고 했는데, 여기서도 마찬가지로 public을 생략할 수 있다. 이제 이 인터페이스를 구현하는 클래스는 defaultPrint()를 구현하지 않더라도 해당 메소드를 사용할 수 있다.

```
public class MyInterfaceImpl implements MyInterface { }
```

MyInterfaceImpl은 MyInterface를 구현한다. 이전에는 반드시 인터페이스에 기술돼 있는 메소드를 구현해야 했지만 이제는 별도의 구현을 하지 않더라도 인터페이스가 제공하는 디폴트 구현(메소드 본체)을 사용할 수 있다. 당연한 이야기겠지만 MyInterfaceImpl에서 default 메소드를 재정의하는 것도 가능하다.

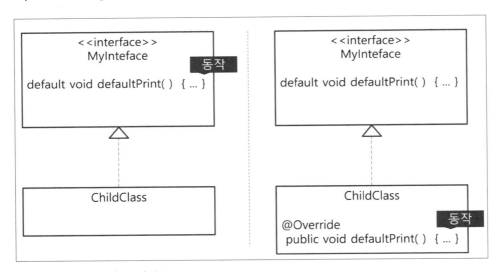

[도표] 인터페이스 디폴트(default) 메소드

인터페이스 정적(static) 메소드

자바 8에서는 public static의 제어자를 사용해 메소드 본체를 선언하는 것이 가능하다. public은 생략 가능한데 생략해도 여전히 public처럼 동작한다.

```
public interface MyInterface {
        :
    public static void staticPrint(String str) {
        ...
    }

}
```

정적 인터페이스 메소드를 사용하는 방식 역시 정적 메소드 사용 방식과 동일하다. 정적 메소드 인터페이스가 정의된 인터페이스에서는 해당 메소드 이름으로 사용할 수 있고, 외부에서는 [인터페이스].[메소드]로 사용 가능하다.

다음은 인터페이스 내에서 정적 메소드를 메소드명만으로 호출하는 코드 스니펫이다.

```
public interface MyInterface {

    public default void defaultPrint(String str) {
        staticPrint(str);
    }

    public static void staticPrint(String str) {
        System.out.println("MyInterface.staticPrint : "+str);
    }
}
```

만약 인터페이스 바깥에서 해당 정적 메소드를 호출하고 싶다면 클래스의 정적 메소드 호출과 동일한 방식으로 호출 가능하다.

```
MyInterface.staticPrint("try");
```

클래스에 들어있는 정적 메소드와 유사하게 구현 클래스와 인터페이스에 메소드 시그니처가 동일한 정적^{static} 메소드를 본체까지 각각 선언하는 것은 가능하지만, 재정의^{Override}로 동작하지 않는다는 점을 주의하자.

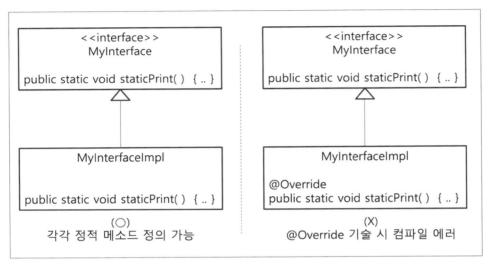

[도표] 인터페이스 정적(static) 메소드 재정의 불가

앞의 그림에서 왼쪽의 모습은 staticPrint()라는 정적 메소드를 각각 선언하는 것이 가능하다는 것을 의미한다. 그러나 오른쪽 그림에서는 @Override 어노테이션을 붙여서 메소드 재정의라는 것을 컴파일러에 알려주는 순간 컴파일 에러가 발생한다. 이는 정적 메소드 재정의가 불가함을 의미한다.

인터페이스 private 메소드와 인터페이스 private 정적 메소드

default 인터페이스 메소드와 정적^{static} 인터페이스 메소드를 사용하다 보면 메소드 본체 안의 코드를 재사용하기 위해 별도의 private 메소드로 도출하고 싶어질 것이다. 그를 위한 장치가 바로 private 인터페이스 메소드와 private 정적 인터페이스 메소드다.

```
public interface MyInterface {
        :
    private void privatePrint(String str)  {
        ...
    }

    private static void privateStaticPrint(String str)  {
        ...
    }
}
```

private 인터페이스 메소드 규칙은 다음과 같다.

① private 메소드는 추상abstract 메소드가 될 수 없다.

② private 메소드는 인터페이스 내부에서만 사용된다.

③ private static 메소드는 다른 static 혹은 non-static 메소드에서 사용될 수 있다.

④ private non-static 메소드는 다른 private static 메소드에서 사용될 수 없다.

이 네 가지 규칙은 곰곰히 생각하면 당연한 말이다. ①번은 추상abstract 메소드를 외부 클래스에서 구현implements하기 위해서는 접근이 가능해야 하는데 private로 하면 접근 자체가 안 되고 결과적으로 추상 메소드를 구현할 방법이 없어질 것이다. ②~④번은 일반 클래스에서도 역시 적용되는 성격이다. 즉 인스턴스 메소드는 정적 메소드와 인스턴스 메소드 모두 접근 가능하지만, 정적 메소드에서는 정적 메소드만 접근 가능하다는 일반 규칙이 여기서도 적용된다. 정적 메소드와 관련된 특이사항이 있는데 일반 클래스에서의 정적 메소드는 [클래스명].[메소드명]으로 접근하는 것뿐 아니라 [객체].[메소드명]으로도 접근 가능하다는 점이다.

10장, '제어자'의 '정적 메소드의 재정의 불가' 절에서 소개했던 그림을 상기해보자.

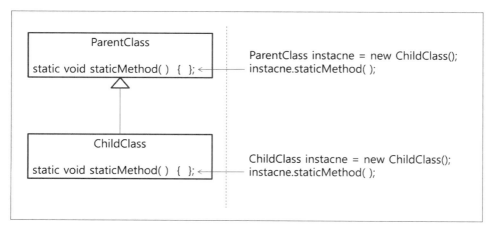

[도표] [참조 변수].[정적 메소드명] 호출 시 실행 메소드

참조 변수의 타입에 따라 어떤 정적 메소드인지 결정됐다. 인터페이스의 경우에는 어떨까? [인터페이스 타입 참조 변수].[정적 메소드명]을 하면 컴파일 에러가 발생한다.

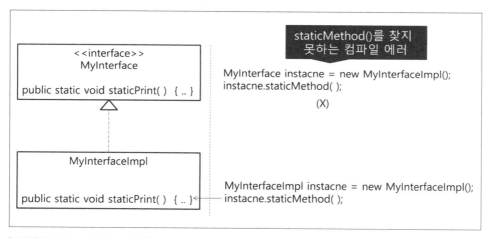

[도표] [인터페이스 타입 참조 변수].[정적 메소드명] 호출 시 컴파일 에러

지금까지 소개한 자바 8 이후의 본체 있는 메소드를 가지고 예제를 작성하면 다음과 같다.

```
public interface MyInterface {

    public default void defaultPrint(String str) {
        System.out.println("MyInterface.defaultPrint : "+str);
        staticPrint(str);
        privatePrint(str);
        privateStaticPrint(str);
    }

    public static void staticPrint(String str) {
        System.out.println("MyInterface.staticPrint : "+str);
        privateStaticPrint(str);
    }

    private void privatePrint(String str) {
        System.out.println("MyInterface.privatePrint : "+str);
        privateStaticPrint(str);
    }

    private static void privateStaticPrint(String str) {
        System.out.println("MyInterface.privateStaticPrint : "+str);
    }
}
```

앞의 인터페이스로 구현해 테스트한 클래스는 다음과 같다.

```
01 public class MyInterfaceImpl implements MyInterface {
02
03     // 아래 주석을 풀면 정적 메소드는 재정의가 안 되기 때문에 컴파일 에러가 발생
04     // @Override
05     public static void staticPrint(String str) {
06         System.out.println("MyInterfaceImpl.staticPrint "+str);
07     }
```

```
08
09      public static void main(String[] args) {
10          MyInterface myInterface = new MyInterfaceImpl();
11          myInterface.defaultPrint("try");
12
13          // 다음은 컴파일 에러
14          //myInterface.staticPrint("try");
15      }
16 }
```

4행의 어노테이션 Override의 주석을 해제하면, 메소드 staticPrint()를 재정의하려고 시도하며, 결과적으로 컴파일 에러가 발생한다. 정적 메소드는 재정의가 불가하기 때문이다. 또한 14행도 주석을 해제하면 컴파일 에러가 발생하는데 이는 일반 클래스의 정적 메소드와 차이가 있다.

출력 결과 값은 다음과 같다.

```
MyInterface.defaultPrint : try
MyInterface.staticPrint : try
MyInterface.privateStaticPrint : try
MyInterface.privatePrint : try
MyInterface.privateStaticPrint : try
MyInterface.privateStaticPrint : try
```

자바 8 이후의 인터페이스를 사용한 다중상속

자바 8에서 default 메소드는 메소드 본체를 선언할 수 있다. 그리고 인터페이스는 하나밖에 상속할 수 없는 클래스와 다르게 여러 개 상속할 수 있다. default 메소드와 자바 인터페이스의 다중상속이 합쳐져서 자바 8 이후는 진짜 다중상속이 가능해졌다.

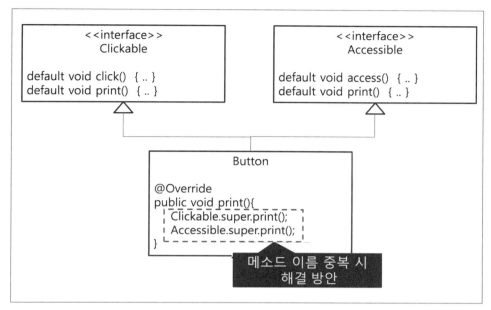

[도표] default 인터페이스 메소드를 사용한 다중상속

자바 8 이전에는 여러 인터페이스를 implements할 수 있기는 했지만, 메소드 본체가 없었기 때문에 진정한 의미의 다중상속은 아니었다. 그러나 자바 8 이후는 인터페이스에 default 인터페이스 메소드를 본체까지 선언할 수 있기 때문에 진정한 의미의 다중상속이 가능하다. 인터페이스 디폴트 메소드는 구현 클래스에서 해당 메소드를 재정의하면 해당 재정의 메소드를 사용하고, 없으면 인터페이스에 정의된 메소드 본체를 사용한다.

그리고 부모 인터페이스에서 이름이 충돌할 경우 앞의 도표에서와 같이 [인터페이스명].super.[메소드명]으로 해결한다. 앞의 다중상속을 나타내는 예제는 다음과 같다.

[예제] 인터페이스 디폴트 메소드를 사용한 다중상속 – Clickable.java

```
public interface Clickable {
    public default void click(){
```

```
        System.out.println("click");
    }

    public default void print(){
        System.out.println("Clickable Print");
    }
}
```

[예제] 인터페이스 디폴트 메소드를 사용한 다중상속 – Accessible.java

```
public interface Accessible {
    public default void access(){
        System.out.println("access");
    }

    public default void print(){
        System.out.println("Accessible Print");
    }
}
```

다음의 Button은 앞의 두 인터페이스를 다중상속받았다. 또한 테스트를 위해 main() 함수를 포함했다.

[예제] 인터페이스 디폴트 메소드를 사용한 다중상속 – Button.java

```
public class Button  implements Clickable, Accessible {
    @Override
    public void print(){
        Clickable.super.print();
        Accessible.super.print();
    }

    public static void main(String[] args) {
        Button button = new Button();
        button.click();
```

```
        button.access();
        button.print();
    }
}
```

출력 결과는 다음과 같다.

```
click
access
Clickable Print
Accessible Print
```

자바가 세상에 나왔을 때 빠르게 확산될 수 있었던 이유 중 하나는 다른 언어에서 허락되던 다중상속을 허용하지 않는다는 것이었다. 이제 세월이 지나면서 자바도 점점 복잡해지고 있다. 다중상속은 신중에 신중을 더해 고민하고 사용해야 한다.

자바 8 이후의 ::를 사용한 메소드 참조와 함수형 인터페이스

데이터 중에서도 객체는 참조 변수를 통해 참조가 가능했다(엄밀히 말하면 객체도 코드와 데이터의 혼합이기는 하다).

```
MyClass myObject = new MyClass();
MyClass sameObject = myObject;
```

new MyClass()를 통해 객체를 생성하고 해당 주소를 반환해 myObject라는 참조 변수에 저장한다. sameObject = myObject라는 코드를 통해 myObject에 있는 객체의 주소 값을 sameObject에 할당한다. 앞의 코드는 다음과 같은 모습을 가진다.

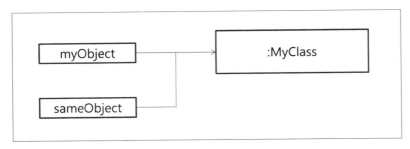

[도표] 객체 참조

여기서 객체라고 한 이유는 기본형 변수의 경우에는 =를 사용하면 데이터 자체가 복사되기 때문이다.

```
int i = 1;
int j = i;
```

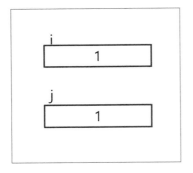

[도표] 변수 복사

자바 8부터는 ::를 사용해 메소드를 참조할 수 있다. 예를 들면 MyClass의 정적static 메소드가 staticMethod()라면 다음 방법으로 참조 가능하다.

```
MyClass::staticMethod;
```

::를 사용해 가리킬 수 있는 메소드 참조의 종류는 다음 4가지이다.

메소드 참조 종류	예
정적 메소드에 대한 참조	MyClass::staticMethod
특정 객체의 인스턴스 메소드에 대한 참조	myObject::instanceMethod
특정 타입의 모든 객체의 인스턴스 메소드에 대한 참조	람다식에서 사용
생성자에 대한 참조	MyClass::new

앞의 표에서 정적 메소드는 클래스에서 static이 붙은 메소드를 가리키며, 인스턴스 메소드는 new를 해야 사용할 수 있는 일반 메소드를 의미한다. 세 번째 "특정 타입의 모든 객체의 인스턴스 메소드에 대한 참조"는 람다와 밀접하게 연관이 있기 때문에 람다식을 소개하면서 다루도록 한다.

::를 사용해서 메소드 참조가 가능한데, 이 메소드 참조를 어디에 저장할 수 있을까? 이는 추상 메소드가 하나 있는 인터페이스로 가리킬 수 있는데 이를 함수형 인터페이스Functional Interface라고 한다.

함수형 인터페이스

추상 메소드가 한 개인 인터페이스를 함수형 인터페이스라고 한다. 함수형 언어가 확산됨에 따라 자바에서도 함수형 언어의 특징을 도입했다.

이를 위한 장치가 함수형 인터페이스인데 이 함수형 인터페이스를 가지고 메소드를 가리키도록 지정할 수 있다. 그리고 default 메소드나 정적 메소드를 가져도 한 개의 추상 메소드만 있으면 이 역시 함수형 인터페이스다.

함수형 인터페이스로 메소드를 참조하고 그 참조 변수를 사용해 메소드를 호출하는 예제를 작성해보자. 일단 참조하기 위한 메소드를 가진 클래스는 다음과 같다고 가정하자.

```
01 public class MethodReferenceDemo {
02
```

```
03    public static void staticMethod() {
04        System.out.println("staticMethod");
05    }
06
07    public void instanceMethod() {
08        System.out.println("instanceMethod");
09    }
10
11    public void instanceMethod(String param) {
12        System.out.println("instanceMethod "+param);
13    }
14 }
```

3~5행은 정적 메소드고, 7~9행은 인스턴스 메소드다. 11~13행은 파라미터를 가지는 인터페이스다. 이를 위한 함수형 인터페이스는 각각 다음과 같다.

가리키고자 하는 메소드의 시그니처를 동일하게 선언해야 한다. 즉 리턴과 파라미터를 가리키고자 하는 메소드와 동일하게 기술해야 한다. 3~5행의 메소드는 반환 값이 없고 파라미터가 없다. 그렇다면 이런 메소드를 가리키기 위한 함수형 인터페이스의 추상 메소드도 역시 이와 동일한 시그니처를 가져야 한다.

[예제] 메소드 레퍼런스 예제 – MyFunctionalInterface.java

```
public interface MyFunctionalInterface {
    public void call();
}
```

앞의 함수형 인터페이스는 3~5행의 정적 메소드뿐 아니라, 7~9행의 인스턴스 메소드의 시그니처와도 동일하다. 그래서 이 함수형 인터페이스는 7~9행의 메소드도 가리킬 수 있다. 11~13행의 메소드는 파라미터를 하나 가진다. 이를 위한 함수형 인터페이스는 다음과 같다.

[예제] 메소드 레퍼런스 예제 – MyFunctionalInterfaceWithParam.java

```
public interface MyFunctionalInterfaceWithParam {
    public void call(String str);
}
```

다음으로는 new를 가리키는 함수형 인터페이스를 작성해보자. 파라미터가 없는 생성자의 시그니처는 반환형이 MethodReferenceDemo이다.

[예제] 메소드 레퍼런스 예제 – MyFunctionalInterfaceForNew.java

```
@FunctionalInterface
public interface MyFunctionalInterfaceForNew {
    MethodReferenceDemo call();
}
```

첫줄 @FunctionalInterface를 어노테이션 Function alInterface라 한다. 어노테이션을 붙이든 안 붙이든 실행에는 차이가 없다. 다만 어노테이션을 붙이면 컴파일러에 해당 인터페이스는 함수형 인터페이스라는 정보를 전달하는 효과가 있다. 만약 해당 어노테이션이 붙어있는 인터페이스 선언이 함수형 인터페이스의 조건인 "한 개의 추상 메소드를 가진다"는 제약조건을 만족하지 않으면 컴파일러가 에러를 발생시킨다.

함수형 인터페이스로 메소드를 가리키게 하는 데 함수형 인터페이스의 이름이나 추상 메소드의 이름은 중요하지 않다. 오직 반환 값과 파라미터의 함수 시그니처만 의미를 가진다.

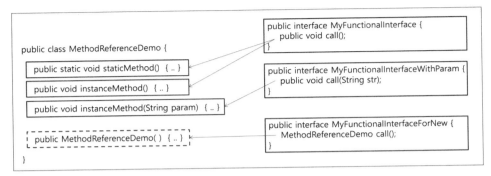

[도표] 함수형 인터페이스로 메소드 참조

이제 이렇게 작성된 함수형 인터페이스로 앞에서 작성한 MethodReferenceDemo의 정적 메소드, (파라미터가 없는) 인스턴스 메소드, (파라미터가 있는) 인스턴스 메소드, new를 가리키도록 하고 이 함수형 인터페이스를 사용해 호출해보자.

[예제] 메소드 레퍼런스 예제 – MethodReferenceDemo.java

```
01 public class MethodReferenceDemo {
02
03     public static void staticMethod()  {
04         System.out.println("staticMethod");
05     }
06
07     public void instanceMethod()  {
08         System.out.println("instanceMethod");
09     }
10
11     public void instanceMethod(String param)  {
12         System.out.println("instanceMethod "+param);
13     }
14
15     public static void main(String[] args) {
16         MyFunctionalInterface myInterface = null;
17         MyFunctionalInterfaceWithParam myInterfaceWithParam = null;
18         MyFunctionalInterfaceForNew myInterfaceForNew = null;
```

```
19
20          myInterface = MethodReferenceDemo::staticMethod;
21          myInterface.call();
22
23          MethodReferenceDemo myObject = new MethodReferenceDemo();
24          myInterface = myObject::instanceMethod;
25          myInterface.call();
26
27          myInterfaceWithParam = myObject::instanceMethod;
28          myInterfaceWithParam.call("parameter");
29
30          myInterfaceForNew = MethodReferenceDemo::new;
31          MethodReferenceDemo myObject2 = myInterfaceForNew.call();
32          System.out.println(myObject2.getClass().getName());
33      }
34 }
```

20행, 24행, 27행에서 메소드가 참조돼 참조형 변수에 저장되는데 이때 [객체]::[메소드]나 [클래스]::[메소드]만 사용되는 것이 아니다. 24행과 27행을 눈여겨보자. 24행과 27행 모두 동일하게 오른쪽에는 myObject::instanceMethod; 구문이 온다.

그런데 24행은 파라미터가 없는 메소드가 참조되고, 27행은 파라미터가 있는 메소드가 참조된다. 이것은 오른쪽에 있는 함수형 인터페이스가 가지고 있는 추상 함수의 시그니처에 달려 있다.

즉 ::만으로 참조하기 위한 메소드가 결정될 수는 없으며, 경우에 따라서는 메소드 참조를 저장하기 위한 참조 변수의 타입에 달려 있다.

빌트인 함수형 인터페이스

함수형 인터페이스는 함수형 인터페이스의 이름이나 그 내부의 추상 메소드와는 상관없고 메소드 시그니처(반환값, 파라미터 타입, 파라미터 개수)와 상관있다. 그러므로 자주 사용되는 형태의 함수형 인터페이스를 미리 JDK에 선언할 수 있는데 이를 빌트인 함수형 인터페이스^{Built-In Functional Interface}라 한다.

빌트인 함수형 인터페이스는 메소드나 람다식을 참조하는 데 사용된다. 람다식은 뒤에서 별도의 장으로 다룬다. 11장에서는 함수형 인터페이스의 기초 개념만 학습했다. 좀 더 복잡한 형태의 함수형 인터페이스는 람다식을 배울 때 다시 다루도록 하자.

중첩 클래스

중첩 클래스 사용 이유

지금까지 다룬 클래스를 최고 수준 클래스^{Top Level Class}라고 부른다. 그리고 그 내부에
있는 클래스를 중첩 클래스^{Nested Class}라고 하는데 이번 12장에서 다룰 것이다. 중첩
클래스를 사용하면 프로그램이 간결해진다. 한 클래스가 다른 한 클래스에서만 사용
된다면, 하나를 다른 하나에 포함시킴으로써 전체적으로 프로그램이 더 간결해진다.
또한 캡슐화^{Encapsulation}가 증가한다. 최고 수준 클래스 A, B가 있고 B가 A의 멤버 함
수/멤버 변수를 사용한다고 하자. 그러면 A의 멤버 함수/멤버 변수는 private로 선언
할 수 없을 것이다. 그런데 B 클래스를 A 클래스 내에 포함시키면 내부에 있는 B 클
래스에서는 private로 돼있는 A 클래스의 멤버 변수/멤버 함수에 접근 가능하다. 이
렇게 함으로써 캡슐화를 더 증가시킬 수 있다.

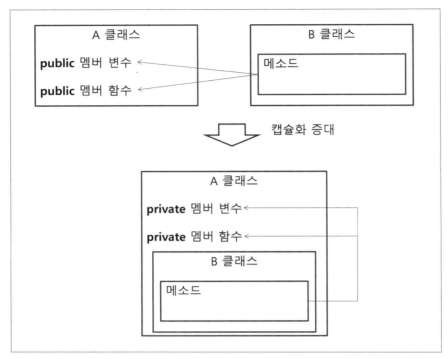

[도표] 중첩 클래스를 통한 캡슐화 증대

또한 가독성이 높아질 수 있다. 2개의 톱 레벨^{Top Level} 클래스 중 하나를 다른 하나의 내부에 포함함으로써, 사용하고자 하는 위치에 사용하려는 클래스가 있기 때문이다.

중첩 클래스 분류

보통은 자바 파일 하나에 클래스 하나씩 정의한다. 그러나 때로는 자바 파일 하나에 복수의 클래스를 정의하는 경우도 있다. 클래스 내에 클래스가 정의되는 형태라고 해 중첩 클래스^{Nested Class}라고 하며 다음과 같이 분류할 수 있다.

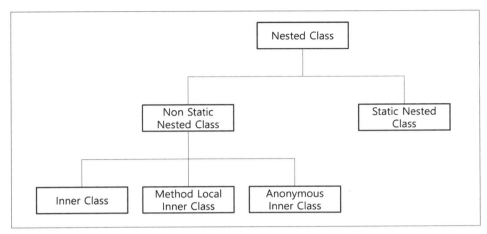

[도표] 중첩 클래스 분류

앞의 그림에서 Non Static Nested Class를 넓은 의미의 Inner Class라고도 한다.

내부 클래스

내부 클래스(Inner)의 구조는 다음과 같다.

[도표] 내부 클래스 구조

멤버 변수, 멤버 함수와 같은 레벨에 내부 클래스가 선언되며, 다뤄지는 방식도 유사하다. 일단 예제 하나를 먼저 보자. OuterClass의 메소드를 호출하면 OuterClass는 내부의 InnerClass를 호출하는 구조다. 그리고 OuterClass의 메소드와 InnerClass의 메소드는 전달받은 파라미터 및 접근 가능한 요소를 System.out.println()을 사용해 출력한다.

[예제] Inner 클래스 예제 – com.javainhand.ch12.inner.OuterClass.java

```java
01 public class OuterClass {
02     private int oNum;
03
04     class InnerClass {
05         private int iNum;
06
07         void innerMethod(int iP) {
08             iNum = iP;
09             System.out.println("This is an inner class "+iP + " "+oNum);
10         }
11     }
12
13     void outerMethod(int oP) {
14         oNum = oP;
15         InnerClass inner = new InnerClass();
16         inner.innerMethod(oP);
17
18         System.out.println("This is an outer class "+oP + " "+inner.iNum);
19     }
20
21     public static void main(String args[]) {
22         OuterClass outer = new OuterClass();
23         outer.outerMethod(3);
24
25         OuterClass.InnerClass newInner = outer.new InnerClass();
26         newInner.innerMethod(4);
27     }
28 }
```

각 행에 적용된 개념을 설명하면 다음과 같다.

● 22~25행

OuterClass 바깥에서 멤버 변수나 멤버 함수에 접근하려면 먼저 new를 사용해 객체화를 해야 하는데 내부 클래스 선언에 접근하기 위해서도 먼저 OuterClass가 new를 사용해 객체화돼야 한다. 그리고 나서 OuterClass 객체를 경유([객체].구성 요소)해 내부 클래스를 사용할 수 있다. 코드 스니펫은 다음과 같다. 특히 25행 outer. new InnerClass()가 특이하다. 사실 이런 구문은 문법적으로는 가능하지만 실제 프로그램에서는 거의 사용되지 않는다.

```
OuterClass outer = new OuterClass();
OuterClass.InnerClass newInner = outer.new InnerClass();
```

● 15행

OuterClass 내부에서 내부 클래스 선언에는 자유롭게 접근할 수 있다. OuterClass 의 멤버 함수/멤버 변수/내부 클래스가 동일한 수준으로 다루어지는데 멤버 함수에서 멤버 변수에 자유롭게 접근할 수 있는 것과 같다. OuterClass의 멤버 함수에서 다음과 같은 코드 스니펫을 기술할 수 있다.

```
InnerClass inner = new InnerClass();
```

OuterClass와 InnerClass 간 멤버 변수/멤버 함수 간의 참조는 어느 정도까지 가능할까? OuterClass 입장에서는 InnerClass도 멤버 변수나 멤버 함수와 같은 구성 요소의 하나이며 독립적인 클래스로 받아들여지지 않는다. 그러므로 상호간의 참조는 자유롭다.

● 15, 16, 18행

심지어 InnerClass 구성 요소의 접근 제어자를 private로 해도 OuterClass에서

InnerClass로의 접근은 가능하다. 15행에서 클래스 선언 접근, 16행에서 멤버 함수 접근, 18행에서 멤버 변수 접근을 했는데 본 예에서 따로 접근 지시자를 기술하지 않았지만, private로 기술한다 하더라도 OuterClasd에서 InnerClass로의 접근이 가능하다.

● 9행

그 반대로 InnerClass의 메소드에서 OuterClass의 멤버 변수/멤버 함수 사용도 가능하다. 본 예에서는 oNum 즉 OuterClass의 멤버 변수로의 접근이 가능하다.

● 16, 18행

OuterClass의 메소드에서 InnerClass의 멤버 변수/멤버 함수를 사용할 수 있었다. 다만 주의할 점은 OuterClass에서 InnerClass로 접근할 때 객체화가 있어야 한다는 점이다. (멤버 변수)/(멤버 함수)/(InnerClass 선언)이 같은 수준으로 다뤄지는 것이지, (멤버 변수)/(멤버 함수)/(InnerClass 객체)가 같은 수준으로 다뤄지는 것은 아니다. OuterClass의 멤버 함수에서 InnerClass의 멤버 함수/멤버 변수에 접근하려면 InnerClass를 new를 사용해 객체화한 후, [객체].[멤버 함수/멤버 변수] 형태로 사용할 수 있다. 접근 경로를 요약하면 다음과 같다.

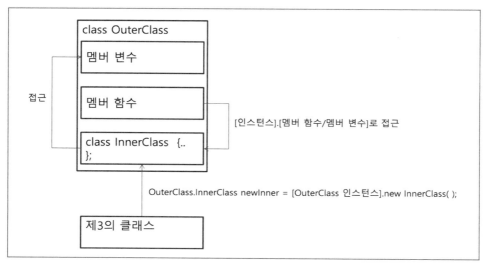

[도표] 내부 클래스 접근 경로 요약

InnerClass에서 OuterClass의 멤버에 접근할 때는 인스턴스를 기술할 필요가 없다. 굳이 OuterClass의 인스턴스를 기술하지 않더라도 자신을 감싸고 있는 OuterClass의 인스턴스를 특정할 수 있기 때문이다. 그러나 OuterClass에서 InnerClass의 멤버에 접근하고자 할 때는 InnerClass의 인스턴스를 특정해야 한다. 프로그램을 어떻게 작성하느냐에 따라 하나의 OuterClass 인스턴스는 여러 InnerClass 인스턴스를 가질 수 있기 때문이다.

정적 내부 클래스

정적 내부 클래스Static Inner Class는 앞에서 설명한 내부 클래스에서 클래스 선언에 static만 붙이면 된다.

```
class OuterClass

    멤버 변수

    멤버 함수

    static class InnerClass  {..
    };
```

[도표] 정적 내부 클래스 구조

정적 멤버 변수, 정적 멤버 함수와 같은 레벨에 정적 내부 클래스가 선언되며, 다뤄지는 방식도 유사하다. 앞에서 소개한 것과 동일한 내용을 정적 내부 클래스로 구현하면 다음과 같다.

```
01 public class OuterClass {
02     static private int oNum;
03
04     static class InnerClass {
05         private int iNum;
06
07         void innerMethod(int iP) {
08             iNum = iP;
09             System.out.println("This is an inner class "+iP + " "+oNum);
10         }
11     }
12
13     void outerMethod(int oP) {
14         oNum = oP;
15         InnerClass inner = new InnerClass();
16         inner.innerMethod(oP);
17
18         System.out.println("This is an outer class "+oP + " "+inner.iNum);
19     }
20
21     public static void main(String args[]) {
22         OuterClass outer = new OuterClass();
23         outer.outerMethod(3);
24
25         OuterClass.InnerClass newInner = new OuterClass.InnerClass();
26         newInner.innerMethod(4);
27     }
28 }
```

내부 클래스 예제와 차이가 발생하는 부분만 설명하면 다음과 같다.

static 클래스에서 외부의 변수나 메소드에 접근할 때는 외부의 변수나 클래스도 static이어야 한다. 멤버 변수, 멤버 함수, 선언된 클래스 모두 동일한 수준인데 멤버 함수가 static이면 참조하는 변수도 static이어야 하는 것과 같다. 2행에서 static으로 선언한 이유는 정적^{static} InnerClass의 메소드 innerMethod( )에서 oNum에 접근하기 때문이다. 만약 정적 클래스 내에서 접근하지 않는다면 oNum을 굳이 static으로 선언할 필요는 없을 것이다.

정적 클래스로 InnerClass를 선언했지만, InnerClass의 멤버 변수/멤버 함수는 정적 ^{static}으로 선언되지 않았음에 주목하자. 클래스를 정적으로 선언했다고 해서 클래스 내의 멤버 변수/멤버 함수까지 정적으로 선언되는 것은 아니다. 즉 InnerClass.iNum 과 같은 사용은 불가하다. InnerClass.iNum을 사용하려면 클래스 선언이 static이 아니라 iNum이 static으로 선언돼야 한다. 프로젝트를 진행하다 보면 제일 와 닿는 부분은 25행이다. 클래스 선언이 정적으로 돼있기 때문에 new [외부 클래스].[내부 클래스()]의 사용이 가능하다. 즉 OuterClass를 객체화하지 않고도 내부 클래스 사용이 가능(new)하다. 그렇지 않다면 앞의 예에서와 같이 [외부 클래스 인스턴스].new [내부 클래스()]와 같이 객체화하고 나서 내부 클래스를 사용해야 한다.

접근 경로를 요약하면 다음과 같다.

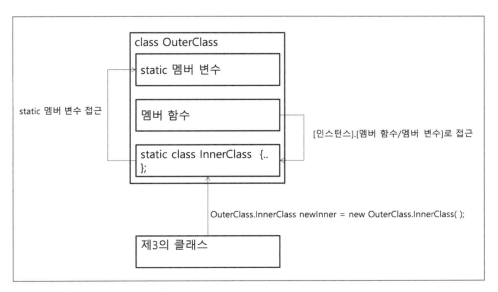

[도표] 정적 내부 클래스 접근 경로 요약

메소드 로컬 내부 클래스

메소드 로컬 내부 클래스^{Method Local Inner Class}는 앞에서 설명한 내부 클래스에서 클래스 선언을 메소드 내부로 옮기면 된다.

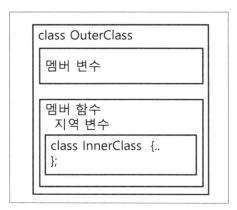

[도표] 메소드 로컬 내부 클래스 구조

메소드 로컬 내부 클래스는 메소드 내의 변수와 유사한 위치에 있다. 앞에서 소개한 것과 동일한 내용을 메소드 로컬 내부 클래스로 구현하면 다음과 같다.

[예제] 메소드 로컬 내부 클래스 예제 – com.javainhand.ch12.localinner.OuterClass.java

```
01 public class OuterClass {
02     int oNum;
03
04     void outerMethod(int oP) {
05         int localV = 0;
06         class InnerClass {
07             int iNum;
08
09             void innerMethod(int iP) {
10                 iNum = iP;
11                 // JDK 8 이후로 외부 메소드의 파라미터 사용 가능, oP
12                 System.out.println("This is an inner class "+iP + ""
                                        +oNum + " "+oP+ " "+localV);
```

```
13                  oNum = 1;
14                  // localV = 1;
15              }
16          }
17
18          oNum = oP;
19          InnerClass inner = new InnerClass();
20          inner.innerMethod(oP);
21
22          System.out.println("This is an outer class "+oP + " "+inner.iNum);
23      }
24
25      public static void main(String args[]) {
26          OuterClass outer = new OuterClass();
27          outer.outerMethod(3);
28      }
29 }
```

내부 클래스 예제와 차이가 발생하는 부분만 설명하면 다음과 같다.

클래스 선언의 유효 범위가 메소드 내로 국한된다. 해당 메소드 바깥에서는 내부 클래스를 사용할 방법이 없다. 그리고 JDK 8 이후로는 InnerClass에서 OuterClass 메소드의 파라미터에 직접 접근이 가능하다. 12행의 oP는 해당 클래스 선언을 둘러싸고 있는 메소드의 파라미터이다.

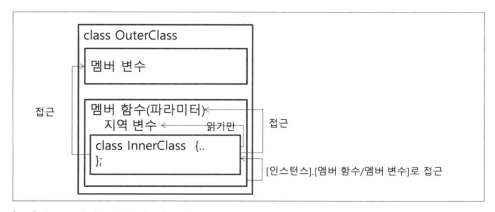

[도표] 메소드 로컬 내부 클래스 접근 경로 요약

특이한 부분이 있는데 바로 로컬 변수로의 접근이다. 메소드 로컬 내부 클래스의 멤버 함수에서 바깥 함수의 로컬 변수에 읽기는 가능하지만 쓰기는 컴파일 오류가 발생한다. 12행을 보면 localV에 접근이 가능했다. 그러나 14행을 보면 쓰기에 대해 주석으로 막아놓았는데 이를 풀면 컴파일 오류가 발생한다.

익명 내부 클래스

객체를 생성할 때 이름이 있는 클래스로 생성하는 것이 아니다. 인터페이스나 추상 클래스를 사용해 객체를 직접 생성할 수 있는데 이때 사용되는 클래스의 이름이 없어 익명 클래스라고 한다. 그런데 클래스 내부에 있으니 익명 내부 클래스^{Anonymous Inner Class}라고 부른다.

[도표] 익명 클래스

익명 클래스는 메소드 내에 올 수도 있고(메소드 로컬 내부 클래스), 멤버 변수의 위치(내부 클래스)에 올 수도 있다. 다음은 추상 클래스를 사용한 익명 내부 클래스 예제다.

```
01 public class OuterClass {
02     int oNum;
03
04     abstract class InnerClass {
05         int iNum;
06         abstract void innerMethod(int iP);
07     }
08
09     InnerClass inner = new InnerClass() {
10
11         void innerMethod(int iP) {
12             iNum = iP;
13             System.out.println("This is an inner class "+iP + " "+oNum);
14         }
15     };
16
17     void outerMethod(int oP) {
18         oNum = oP;
19
20         inner.innerMethod(oP);
21
22         System.out.println("This is an outer class "+oP + " "+inner.iNum);
23     }
24
25     public static void main(String args[]) {
26         OuterClass outer = new OuterClass();
27         outer.outerMethod(3);
28     }
29 }
```

내부^{inner} 클래스와 다를 바 없다. 다만 내부 객체를 생성하기 위해 사용하는 클래스의 이름이 구체적으로 정해져 있지 않다. 9행을 보면서 혹시 내부 클래스의 이름이 InnerClass가 아니냐고 물을 수도 있겠다. 아니다. new InnerClass() {…}라는 문장을 통해 이름이 없는 클래스가 선언되고 그 이름 없는 클래스로 객체가 생성됐다. 그런데 이는 추상 클래스 InnerClass를 재정의한 익명 클래스이기 때문에 추상 클래스 InnerClass로 참조가 가능했던 것뿐이다.

예제에서는 추상 클래스를 사용했지만, 인터페이스는 물론이고 심지어 일반 클래스를 확장할 수도 있다.

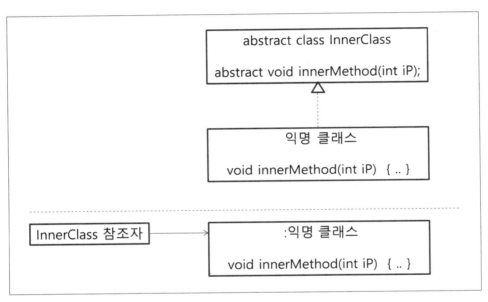

[도표] 익명 내부 클래스를 사용해 생성한 객체 참조

유사 중첩 클래스

유사 중첩 클래스라는 말은 결국 중첩[Nested]이 아니라는 의미다. 하나의 파일 안에 여러 개의 클래스를 둘 수 있다. 이 중 클래스 이름이 파일 이름과 같은 클래스 하나만 public이 가능하고, 나머지는 (default)로 둔다.

```
PublicClass.java

class DefaultAClass  { ... }

class DefaultBClass  { ... }

public class PublicClass  { ... }
```

[도표] 유사 중첩 클래스

클래스 안에 클래스가 있는 것은 아니기 때문에 이를 중첩 클래스로 분류하지는 않는다. 중첩 클래스와의 가장 큰 차이점은 중첩 클래스에서는 InnerClass가 OuterClass의 구성 요소인 것과는 다르게, 유사 중첩 클래스는 각각 별개의 클래스라는 것이다. 유사 중첩 클래스는 그냥 물리적 파일만 하나로 합친 것이다.

오류 처리

오류 처리 소개

프로그램 수행 중에 오류가 발생할 수 있다. JVM이 프로그램을 실행하다가 오류가 발생하면 심각성에 따라 에러^{Error}나 예외^{Exception}을 발생시킨다. 에러의 예로는 JVM이 사용할 수 있는 메모리가 부족한 경우를 들 수 있다. 이때 JVM은 OutOfMemoryError를 발생시킨다. 예외의 예로는 0으로 나눌 때를 들 수 있다. 산수에서 0으로 나누는 것은 금지된 경우가 많은데 자바에서도 0으로 나누면 오류라고 보아 예외를 발생시킨다. 이때 JVM은 예외 중에서도 ArithmeticException을 발생시킨다. 먼저 예외가 발생하는 간단한 코드를 보자.

```
01  public class ArithmeticExceptionExample {
02      public static void main(String[] args) {
03          int intNum;
04          Scanner scanner = new Scanner(System.in);
05          intNum = scanner.nextInt();
06          int result = 1000/intNum;
07          System.out.println("Result: "+result);
08          scanner.close();
```

```
09      }
10  }
```

5행에서 사용자가 0을 입력하면 6행에서 1000을 0으로 나눈다. 이때 JVM은 예외를 발생시킨다. 프로그램의 실행 결과는 다음과 같다.

```
Exception in thread "main" java.lang.ArithmeticException: / by zero
        at com.mayflower.exception.ArithmeticExceptionExample.
        main(ArithmeticExceptionExample.java:~)
```

오류 메시지를 보면 예외^{ArithmeticException}가 발생했음을 알 수 있다. 여기서 중요한 동작 방식이 있는데 예외가 발생하면 그 이후의 행은 실행되지 않는다. 제어 흐름^{Control Flow}이 마치 반환문^{return}을 만난 것처럼 동작한다. 다른 점은 return문이 있는 정해진 위치에서 제어 흐름이 자신을 호출한 메소드로 반환된다면, 에러^{Error}나 예외^{Exception}는 어떤 문장에서든 발생할 수 있으며 자신을 호출한 메소드로 반환된다는 것이다. 또한 전달되는 정보는 모두 Exception을 상속받은 클래스다. 예외가 발생했을 때의 제어 흐름은 다음과 같다.

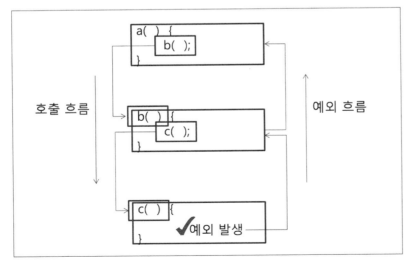

[도표] 예외가 발생했을 때의 제어 흐름

a() → b() → c()의 순으로 실행되다가 c()에서 오류가 발생하면 그 다음 문장은 실행되지 않고 자신을 호출한 메소드로 제어 흐름이 이전된다. 마치 함수 호출의 반환과 비슷하게 동작한다. 다음으로는 오류 정보를 관리하는 자바의 클래스 구조에 대해 알아보자. 앞의 예에서 0으로 나누는 동작은 오류다. 오류 중에서도 예외인데 JVM이 이 오류를 만났을 때 침묵하는 것이 아니고 해당 정보를 클래스에 담아 발생시킨다. 이러한 오류 정보를 담는 클래스에는 일정한 규칙이 있는데 이는 다음과 같다.

오류 클래스 구조 및 기본 동작 방식

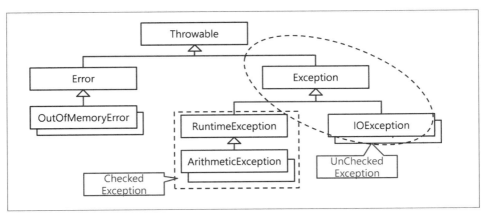

[도표] 오류 정보 클래스 구조

오류는 에러Error와 예외Exception로 분류된다고 했는데 에러는 메모리 부족이나 스택 오버플로우와 같이 발생하면 복구할 수 없는 시스템 수준의 오류이고, 예외는 발생하더라도 그 파급력이 응용 프로그램 수준에만 미쳐 수습이 어느 정도 가능한 오류다.

이 예외는 프로그래머가 적절히 코드를 작성하면 막을 수 있다. 예외는 크게 Checked 예외와 Unchecked 예외로 구분할 수 있는데 Checked 예외는 발생할 수 있는 예외에 대해 반드시 어떠한 처리를 해야 한다. 말로는 잘 이해되지 않을 테니 다음 프로그램을 보자.

```java
import java.io.FileReader;

public class CheckedExceptionTryExample {
    public static void main(String[] args) {

        FileReader file = new FileReader("a");

    }
}
```

컴파일 오류가 발생한다

[도표] Checked 예외 컴파일 에러

FileReader는 이름을 보면 알 수 있듯이 파일을 읽기 위해 사용하는, 자바가 기본으로 제공하는 클래스다. FileReader("a")에서 "a"는 파일 이름이다. 이 단계에서는 컴파일 오류가 생겼다는 점에 주목하자. new FileReader라는 문장은 Checked 예외를 발생시킬 수 있기 때문에 이에 대한 처리를 반드시 해야 한다. 반드시 뭔가 처리를 해야 한다고 해서 Checked 예외라고 할 수도 있겠다.

Checked 예외를 처리하는 방법은 두 가지이다. 하나는 try~catch문으로 발생하는 Checked 예외를 발생 메소드에서 처리하는 방안이고, 둘째는 그냥 자신을 호출한 메소드 혹은 JVM으로 Checked 예외를 던지겠다고 명시하는 방안이다.

void method( ) {
　try {
 	
　　　예외 발생 가능 문장
 	
　}catch(~Exception e) {
　　예외 처리
　}
}
	void method( ) throws ~Exception
	{
	
	　예외 발생 가능 문장
	}

[도표] Checked 예외 프로그래밍 방안

왼쪽이 예외가 발생한 장소에서 해당 예외 처리를 하는 방안이고, 오른쪽이 자신을 호출한 메소드로 발생 예외를 던지겠다고 명시하는 방안이다. 그럼 어떤 Checked 예외가 new FileReader("a") 문장에서 발생할 가능성이 있는 것일까? API 문서를 보면 알 수 있지만 너무 번거롭다. IDE(이클립스)의 기능을 사용하자. 해당 컴파일 오류가 떨어지는 문장에 마우스를 가져가면 어떤 Checked 예외가 발생하는지 알려준다. 다음과 같다.

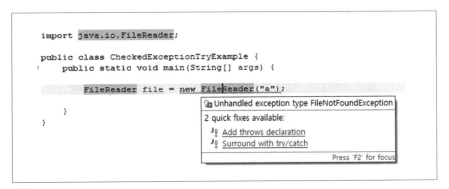

[도표] Checked 예외 컴파일 에러 가이드

Unhandled exception type FileNotFoundException이라는 문장이 보인다. FileNotFoundException은 Checked 예외다. 이 예외를 반드시 처리해야 한다는 의미다. 즉 new FileReader(~)라는 문장은 FileNotFoundException을 발생시킬 수도 있으니 이에 대한 처리를 반드시 하라는 의미다.

앞의 그림을 보면 IDE는 Add throws declaration과 Surrond with try/catch라는 두 가지 가이드를 제시하는데 이것이 앞서 이야기한 두 가지 방법이다.

먼저 Surround with try/cath 즉 try~catch문을 사용한 Checked 예외 처리부터 알아보자. Surround with try/catch를 클릭하면 다음과 같이 자동으로 try~catch 문장이 생성된다.

```
01 import java.io.FileNotFoundException;
02 import java.io.FileReader;
```

```
03
04 public class CheckedExceptionTryExample {
05     public static void main(String[] args) {
06
07             try {
08                 FileReader file = new FileReader("a");
09             } catch (FileNotFoundException e) {
10                 e.printStackTrace();
11             }
12     }
13 }
```

IDE의 기능을 사용한 것인데, 당연한 말이지만 수작업으로 try~catch문을 입력해도 된다. 앞의 코드는 try~catch 사이의 문장에서 발생할지도 모르는 FileNotFoundException 예외를 catch, 즉 잡겠다는 의미다. 그리고 9행을 통해 그렇게 캐치한 예외 객체의 이름이 e라는 것을 알 수 있다. 이제 예외를 잡았으니 해당 처리를 하면 된다. 10행이 실행되면 에러에 대한 정보를 출력한다. 그리고 11~13행이 실행된다.

앞의 코드 스니펫은 예외 객체의 메소드 printStackTrace()를 호출하는 것으로 발생한 예외에 대한 처리를 해주었다. 참고로 이야기하면 샘플로 제시되는 예외 처리이며, 프로젝트에서 널리 사용되는 예외 처리는 아니다. 프로그램을 실행하면 다음 결과가 출력된다.

```
java.io.FileNotFoundException: a (지정된 파일을 찾을 수 없습니다)
at java.io.FileInputStream.open0(Native Method)
at java.io.FileInputStream.open(FileInputStream.java:195)
at java.io.FileInputStream.<init>(FileInputStream.java:138)
at java.io.FileInputStream.<init>(FileInputStream.java:93)
at java.io.FileReader.<init>(FileReader.java:58)
at com.mayflower.exception.CheckedExceptionTryExample.main
                        (CheckedExceptionTryExample.java:10)
```

new FileReader("a")는 "a"라는 파일을 읽기 위해 객체를 생성한다는 문장인데, 우리는 "a"라는 파일을 만들지 않았다. 그 결과 앞과 같은 오류 메시지를 만나게 된다. 요약하면 발생할 수도 있는 Checked 예외에 대해 try~catch문을 사용해 예외 처리를 한다는 것이다. 예외가 발생할지 모르는 문장이 있는 곳에서 예외 처리를 하는 방식이다.

두 번째 Checked 예외 처리 방안은 그냥 자신을 호출한 메소드로 발생한 예외를 던져^{throws} 버리겠다고 명시하는 방안이다. 문장 구조는 다음과 같다.

```
01 import java.io.FileNotFoundException;
02 import java.io.FileReader;
03
04 public class CheckedExceptionTryExample {
05     public static void main(String[] args) throws FileNotFoundException {
06
07         FileReader file = new FileReader("a");
08
09     }
10 }
```

5행을 보면 throws FileNotFoundException이라는 문장을 확인할 수 있는데 이는 자신을 호출한 호출자로 예외를 던져버리겠다고 명시적으로 선언하는 방안이다. main() 함수에서 throws를 하면 이는 main() 함수를 호출한 JVM으로 예외를 던지겠다는 의미이고, JVM은 해당 예외를 받은 후 예외에 대한 정보를 다음과 같이 출력한다.

```
Exception in thread "main" java.io.FileNotFoundException: a (지정된 파일을 찾을 수 없
                                                              습니다)
at java.io.FileInputStream.open0(Native Method)
at java.io.FileInputStream.open(FileInputStream.java:195)
at java.io.FileInputStream.<init>(FileInputStream.java:138)
at java.io.FileInputStream.<init>(FileInputStream.java:93)
```

```
    at java.io.FileReader.<init>(FileReader.java:58)
    at com.mayflower.exception.CheckedExceptionTryExample.main
                              (CheckedExceptionTryExample.java:9)
```

Checked 예외는 반드시 예외 처리를 하거나, 자신을 호출한 메소드(혹은 JVM)로 Checked 예외를 던져야 했다.

그럼 Unchecked 예외는 어떨까? 앞에서 설명한 두 가지 방식으로 예외를 다루든 아무 처리도 하지 않든 프로그래머 마음이다. 명시적으로 예외 처리를 해도 되고 하지 않아도 된다. 아무 처리도 하지 않으면 자신을 호출한 호출자로 발생한 예외를 자동으로 던져^{throw}버린다. 마치 메소드에 throws~Exeption이 기술돼 있는 것처럼 동작한다.

Unckecked 예외든 Checked 예외든 기본적인 동작 방식은 다르지 않다. 차이점은 Unchecked 예외는 처리를 명시하지 않으면 자동으로 예외를 호출자로 전파한다는 점에서 Checked 예외와 다르며 나머지 동작 방식은 동일하다는 것이다.

그밖에도 예외에 대한 기본적인 동작 방식은 다음과 같다. 일단 캐치^{catch}한 예외를 다시 던질^{throw} 수도 있다. 이럴 때 문장 구조는 다음과 같을 것이다.

```
    :
}catch( ~Exception e) {
    예외 처리
    throw e;
}
```

예외를 인위적으로 생성해 던질 수도 있다. 만약 RuntimeException을 인위적으로 생성해 던지고자 한다면 다음과 같은 코드를 사용한다.

```
throw new RuntimeException ();
throw new RuntimeException ("msg");     // 파라미터가 있는 생성자
```

앞의 2개를 혼합한 다음의 구조도 가능하다. 즉 예외를 캐치 후, 새로운 예외를 발생시키는 것도 가능하다.

```
     :
}catch( AException e)  {
    예외 처리
    throw new BException(e);
}
```

BException 예외를 생성해 던졌는데[throw] 이때 AException(혹은 AException을 상속받은 예외)을 생성자의 파라미터로 전달했다. 이렇게 되면 상위로 전달되는 BException 예외에는 AException 예외 정보까지 포함되고 있어서 발생한 모든 예외에 대한 충분한 정보가 상위로 전달된다.

앞의 코드에서 throw new BException()이라고 하므로 이전에 발생한 AException 예외에 대한 정보는 상위로 전달되지 못한다. 발생한 예외에 대해 불완전한 정보가 호출자로 전달되는 것이다. 이렇게 하는 경우도 있지만 가능하면 이전에 발생한 예외 정보를 유지하는 것이 디버깅에 유리하다.

예외 캐치 처리 순서

여러 종류의 예외가 발생할 수 있는데 이들에 대한 try~catch문의 구조는 다음과 같다.

```
try  {

    예외 발생 가능 문장들

}catch (AException e1)←{────── 1순위 검사
    예외처리A
}catch (BException e2)←{────── 2순위 검사
    예외처리B
}
```

[도표] 예외 캐치 순서

try~catch 사이에서 발생하는 예외를 잡는^{catch} 문장이다. 이때 여러 종류의 예외에 대해 예외 처리를 달리 할 수 있다. 그리고 앞에 있는 catch부터 검사를 수행한다. 앞의 예에서 예외가 발생하면 먼저 AException인지를 검사하고 아니라면 다시 BException인지를 검사한다. 여러 개의 catch문을 연속해서 배치할 수 있다.

여기서 한발 더 나아가 고민해볼 문제가 있다. 앞의 문장에서 AException을 상속받은 예외가 발생했다면 1순위 검사에서 캐치될까? 답은 "Yes"다. 기술하는 예외 클래스와 정확하게 같지 않더라도 기술한 예외의 자식 클래스가 발생했다면 그 예외^{Exception}도 캐치된다. 그러므로 다음의 예외 구조는 문법적인 에러를 발생시키지는 않지만 의미적으로 심각한 오류다.

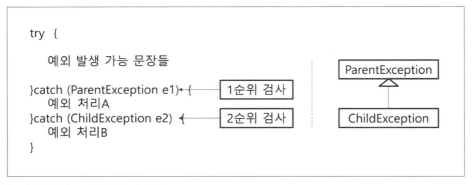

[도표] 상속관계를 무시한 예외 캐치 순서

클래스 간의 부모 자식 관계가 있는 예외를 앞에서와 같이 배치했다고 가정하자. 그러면 영원히 2순위 검사를 통한 예외 처리B는 실행되지 않는다. ChildException이 발생했다 하더라도 1순위 검사에서 캐치되기 때문에 예외 처리A가 실행된다. 컴파일 오류도 런타임 오류도 발생하지 않지만 의미적으로 우리가 의도한 코드와는 다르게 동작한다.

비즈니스 예외

예외^{Exception}를 확장하면 응용 프로그램의 return 값 대행과 비슷하게 사용될 수 있다. 예를 들어 이체를 하는 메소드를 작성한다고 가정하자. 이체 금액과 상대방 계좌를 파라미터로 입력 받았는데 잔고가 부족하다면 어떻게 처리해야 할까? 해당 함수의 return 값을 -1로 하면 호출자에서는 이를 잔고 부족으로 인식하도록 규칙을 정하는 방법이 있을 것이다. C에서는 주로 이런 방법으로 처리했다. 그런데 자바에는 다른 옵션이 있는데 바로 비즈니스 예외(혹은 애플리케이션 예외)를 사용하는 방안이다.

실제 자바를 기반으로 한 금융권 프로젝트에서 다양한 비즈니스 예외를 적용하고, 비즈니스 규칙을 위반한 동작이 발생하는 경우 이렇게 생성한 비즈니스 예외(혹은 애플리케이션 예외)를 인위적으로 발생시킨다.

실제 프로젝트에서 많이 사용하는 예외 처리 방안

대부분의 이론서에서는 예외별로 예외 처리를 작성해야 한다고 안내한다. 그런데 현실적으로 대부분의 SI 프로젝트에서 예외가 발생했을 때 할 수 있는 일은 로그 출력이다. 이러한 경우는 Checked 예외를 Unchecked 예외(예를 들면

RuntimeException)로 감싸서 호출자로 던지고[throw], 최상위 호출자에서 발생한 예외를 캐치[catch]한 후 로그를 출력하는 방안을 적용할 수 있다.

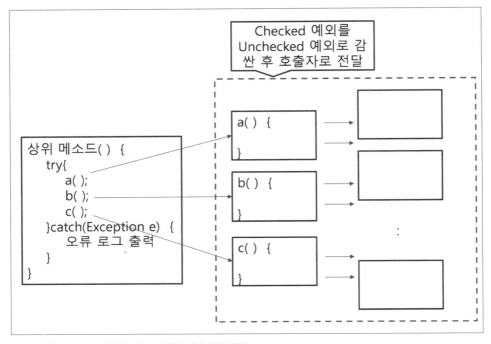

[도표] 예외 처리로 로그 출력만 있는 경우의 예외 처리 방안

이때 박스 안의 코드에서 예외 처리 구문은 다음과 같은 형태가 될 것이다.

```
    :
}catch(CheckedException1 e1) {
    throw new RuntimeException(e1);
}catch(CheckedException2 e2) {
    throw new RuntimeException(e2);
}
```

e1과 e2는 Checked 예외다. 굳이 Unchecked 예외를 catch할 필요는 없다. 왜냐하면 어차피 예외를 로그로 출력하는 예외 처리라면 맨 상위에서 일괄로 처리하면 되

기 때문이다.

JDK 1.7 이상에서는 다음과 같이 줄일 수 있다.

```
    :
}catch(CheckedException1 | CheckedException2 e) {
    throw new RuntimeException(e);
}
```

JDK 1.7 이상에서는 발생하는 예외를 | 으로 구분해 연달아 기술할 수 있다.

예외 처리를 위해 앞에서 소개한 것과 같은 전략을 취하면 예외 처리를 책임지는 특정 상위 메소드를 제외한 모든 메소드의 예외 처리를 동일한 패턴으로 가져갈 수 있다. Checked 예외가 발생하면 RuntimeException과 같은 Unchecked 예외로 감싸서 호출자로 던져버린다. Unchecked 예외이기 때문에 특별한 처리를 하지 않아도 상위로 계속 전달된다. 특정 상위 호출자에서 모든 Exception을 캐치catch한 후 로그를 출력한다.

위 예에서는 특정 상위 호출자라고 했는데 이는 실제 프로젝트에서 어디가 될까? 예제 프로그램에서는 main()에서 처리를 해도 되고, JVM으로 던져도 어차피 JVM에서 에러를 출력한다. 실제 프로젝트는 프로젝트 환경마다 다른데 스프링 프레임워크에서는 응용 개발자들이 작성한 프로그램이 모두 실행된 후 프레임워크 수준에서 공통 예외 처리 로직을 호출한다.

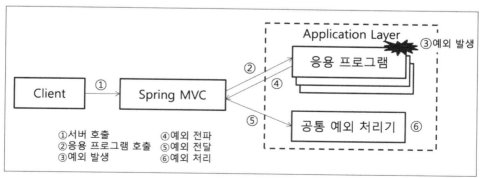

[도표] 스프링 프레임워크에서의 예외 처리 흐름

finally 문장

자주 사용하는 문장으로 finally가 있다. 특정 자원을 try 블록에서 사용하고 이 try
블록을 빠져나올 때 자원을 해제해야 한다고 하자. 그러면 자원 해제 문장을 어디에
넣으면 될까? try 블록의 마지막에 넣자니, 예외가 발생하면 해당 자원 해제 문장이
실행되지 않는다. 그렇다고 catch의 예외 처리 블록에 넣자니 정상 실행 시 자원 해
제가 되지 않는다. 이런 경우 사용하는 것이 finally 문장이다.

```
try {
    ..
}catch(~Exception e) {
    ..
}finally {
    ..
}
```
try 문장의 정상 실행,
예외 발생 모든 경우에
실행되는 문장

[도표] finally 문장

try~catch문을 빠져나오면서 예외가 발생하든 발생하지 않든 마지막으로 실행되는
블록이 finally 블록이다. 좀 특수한 상황을 고민해보자. 예외가 전달되고 있는 상황
에서 또 다시 예외가 발생하면 어떻게 될까? 그때는 뒤에 발생한 예외가 최종적으로
throw된다.

```
01      try {
02          int i = 1;
03          int j = 0;
```

```
04              int mul = i/j;
05          }catch(Exception e)  {
06              throw e;
07          }finally  {
08              예외가 발생될 수 있는 문장들;
09          }
```

앞의 코드 스니펫에서 4행에서 0으로 나누는 예외가 발생한다. 그러면 5, 6행이 실
행되고 마지막으로 finally 블록이 실행된다. 이때 또 예외가 발생하면 최종적으로는
8행의 예외가 전파된다. 대부분의 경우에 이건 바람직하지 않은 상황이다. try 블록
에서 발생한 예외가 훨씬 더 의미 있는 경우가 많기 때문이다. 그래서 특별한 사유가
없는 한 finally 블록에서는 예외가 발생하더라도 이를 전파시키지 않는 것이 더 디버
깅에 효율적인 경우가 많다. catch 블록에서 예외가 발생한 경우도 마찬가지이다.

간단한 예제를 작성해보자. 파일을 읽어들이는 자바의 기본 클래스 FileReader를 사
용해 파일로부터 하나의 문자를 읽어들이는 코드다.

[예제] 자원 해제 예제 – FinallyBasicDemo.java

```
01 public class FinallyBasicDemo {
02
03     public static void main(String[] args) {
04         FileReader fReader = null;
05         try  {
06             fReader = new FileReader("a");
07             fReader.read();
08         }catch(IOException e)  {
09             throw new RuntimeException(e);
10         }finally  {
11             try{ fReader.close();  }catch(Exception e)  {};
12         }
13     }
14 }
```

4행에서 FileReader 객체를 가리킬 수 있는 참조 변수를 선언했다. try 블록 안에서 이 참조 변수를 선언한다면 finally 블록에서는 참조 변수를 사용할 수 없다. 블록문이 달라지면서 가용한 범위가 서로 달라 try 블록에서 선언한 변수를 catch 블록이나 finally 블록에서 사용할 수 없기 때문이다. 그러므로 try 블록과 finally 블록에서 모두 참조할 수 있도록 그 둘을 둘러싼 바깥쪽에서 FileReader를 가리킬 수 있는 참조 변수를 선언했다.

6행에서 "a"라는 파일을 오픈하고, 7행에서 하나의 문자를 파일로 읽어들이고자 시도한다. 그런데 "a"라는 파일을 준비해놓지 않는다면 예외가 발생한다. 그래서 8행으로 점프하고 9행에서 예외 처리를 한다. 여기서는 UnChecked 예외로 전환후 다시 전송하는 처리를 했는데, 그냥 에러 메시지를 출력하는 형태로 해도 무방할 것이다.

8행을 보면 IOException으로 캐치를 했다. 6행에서는 Unchecked 예외인 FileNotFoundException을, 7행은 Unchecked 예외인 IOException을 발생시킨다. IOException은 FileNotFoundException의 부모 클래스이기 때문에 IOException을 캐치하도록 하는 8행의 문장은 IOException뿐 아니라 FileNotFoundException까지 캐치가 가능하다.

10행이 여기서 다루고자 하는 핵심이다. try~catch 블록을 빠져나가기 전에 반드시 finally 블록이 실행된다. 우리는 여기서 FileReader 객체의 close()를 호출함으로써 파일을 읽는 데 사용한 내부 자원을 명시적으로 해제했다. 11행에서 finally 블록이 실행되는데 이때 예외가 발생하더라도 아무 처리가 없이 그냥 예외를 먹어(?)버렸다. 이렇게 한 이유는 앞에서 설명했듯이 try 블록에서 발생한 예외와 finallly 블록에서 발생한 예외 중 전자의 예외가 디버깅에 더 효율적인 경우가 많기 때문에 finally 블록에서 발생한 예외를 쓰로우throw하지 않기 위해서다.

그렇다 하더라도 11행에서 e.printStackTrace() 정도는 할 수 있는데 하지 않은 것은 필자의 취향이다. 자원을 close()하다가 예외가 발생하면 따로 뭔가 처리할 수 있는 경우가 없어 코드 간결화를 위해 이렇게 처리했다.

try-with-resources 문장

JDK 7 이후로 try-with-resources 문장이 추가됐는데 문장 형태는 다음과 같다.

```
try(자원 생성) {
    ...
```

try(…) 안에 자원을 생성하는데 이 안에서 생성된 자원은 try 블록을 빠져나가게 되면 자동으로 해제된다. 단 try(…) 안에서 생성한 자원은 AutoCloseable이라는 인터페이스를 구현해야 한다. AutoCloseable 인터페이스는 추상 메소드 close( )가 선언돼있는데 자바는 이 try 블록을 빠져나오면서 해당 인터페이스를 사용해 close( )를 호출한다.

앞의 자원 해제 예제를 try-with-resources 문장을 사용해 개선하면 다음과 같다.

[예제] 자원 자동 해제 예제 – TryWithDemo.java

```java
public class TryWithDemo {

    public static void main(String[] args) {
        try(FileReader fReader = new FileReader("a")) {

            fReader.read();
        }
        catch(IOException e) {
            throw new RuntimeException(e);
        }
    }
}
```

try(…) 안에서 생성된 FileReader는 AutoCloseable 인터페이스를 구현하고 있다. AutoCloseable 인터페이스를 구현하지 않은 객체를 try(…) 안에서 생성하려고 하면 컴파일 에러가 발생할 것이다.

인터페이스나 추상 클래스에서의 예외 쓰로우 선언

인터페이스 메소드 선언에서 Checked Exception을 발생시킬 것을 미리 정의하고 싶다면 어떻게 인터페이스를 선언해야 할까? 앞에서 다뤘던 Bird 인터페이스의 move()가 생각나는가? move() 메소드가 IOException이라는 Checked Exception을 발생시키기로 약속한다면 어떻게 선언해야 할까? 다음과 같다.

```java
public interface Bird {

    public abstract void move( ) throws IOException;

}
```

해당 move()를 구현하는 실제 메소드는 해당 예외를 던져도 되고 안 던져도 된다. 구현 클래스에서 해당 예외를 던지도록 구현하는 경우는 이해가 된다. 인터페이스에 그렇게 선언돼있기 때문이다. 그런데 왜 예외를 던지지 않아도 될까? 인터페이스를 구현하거나 상속할 때 제약을 덜어내는 것은 가능하고, 제약을 더 부과하는 것은 허용하지 않기 때문이다. 예를 들면 부모 클래스의 메소드가 private인데 자식 클래스의 메소드가 public인 것은 허용하지만 그 반대는 허용하지 않는 것과 같다. 인터페이스 클래스의 추상 메소드에 예외를 던지는 것이 선언돼있지 않다면, 구현 클래스에서도 예외를 던지도록 선언하면 안 된다는 의미다. 제약을 더 부과하는 것은 허용되지 않기 때문이다.

Object 클래스

14장에서는 자바의 JDK가 제공하는 API 중 많이 사용하는 것 위주로 살펴볼 것이다. 자바에서 모든 클래스는 java.lang.Object 클래스를 상속받는다. Object 클래스를 직접 사용해 프로그래밍을 하는 경우는 없지만, 모든 클래스의 부모 클래스라는 특징 때문에 Object에 대한 기본사항은 알아두면 도움이 된다. Object 클래스 중 유명한 메소드는 다음과 같다.

[도표] 자주 사용되는 Object의 메소드

protected Object clone()	객체의 복사본을 생성해 반환한다.
boolean equals(Object obj)	동일한 객체인지 판별한다.
String toString()	해당 객체의 스트링 값을 반환한다.

"자주 사용되는 메소드"가 아니라 "유명한 메소드"라는 표현을 사용한 데는 이유가 있다. 프로그램을 보다 보면 위 메소드 이름이 종종 등장한다. 하지만 프로그램을 보다가 등장하는 메소드는 이름만 같을 뿐 앞에서 소개한 Object의 메소드가 실행되

는 것은 아니다.

MyValue라는 클래스를 생성하고 name, uniqueId를 속성으로 하자.

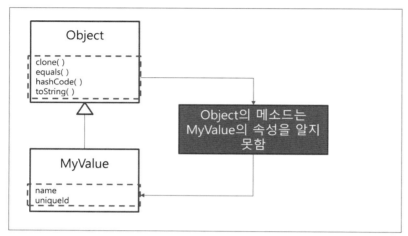

[도표] Object를 상속받은 클래스

toString()

Object 클래스에 있는 equal, toString 등의 메소드는 MyValue에 있는 속성인
name, uniqueId를 알지 못한다. MyValue의 toString()을 실행하면 Object에 있는
메소드 toString()이 실행될 것인데 Object의 클래스는 MyValue의 속성을 모르기
때문에 정상적으로 실행되지 않는다. 실습으로 증명해보자.

[예제] toString() 사례 – com.javainhand.ch14.tostring.bad.MyValue.java

```java
public class MyValue {
    private String name;
    private String uniqueId;

    public static void main(String[] args) {
        MyValue myValue = new MyValue();
        myValue.name = "kim";
```

```
        myValue.uniqueId = "123";

        System.out.println(myValue.toString());
    }
}
```

출력 결과 값은 다음과 같다.

com.javainhand.ch14.bad.MyValueDemo@424c0bc4

컴파일 에러나 실행 중에 오류는 발생하지 않았지만 앞의 결과 값이 원하는 값은 아닐 것이다. MyValue의 toString()을 재정의해서 원하는 결과 값을 얻을 수 있도록 해야 한다.

[예제] toString() 사례 – com.javainhand.ch14.tostring.good.MyValue.java

```
01 public class MyValue {
02     private String name;
03     private String uniqueId;
04
05     @Override
06     public String toString()  {
07         return "MyValue [name=" + name + ", uniqueId=" + uniqueId + "]";
08     }
09
10     public static void main(String[] args) {
11         MyValue myValue = new MyValue();
12         myValue.name = "kim";
13         myValue.uniqueId = "123";
14
15         System.out.println(myValue.toString());
16     }
17 }
```

5~8행까지 Object에 있는 toString() 메소드를 재정의했다. toString()을 통해 반환하는 값이 의미가 있도록 이름과 유니크 아이디를 조합해 반환했다. 이제 다시 실행하면 다음과 같은 결과 값을 얻을 수 있다.

```
MyValue [name=kim, uniqueId=123]
```

---

equals()도 마찬가지이다. 함수를 재정의하지 않으면 문법적인 오류는 나지 않겠지만 의미적으로 우리가 원하는 대로 동작하지는 않는다.

참고로 한 가지 더 살펴보자. 5행에서 @Override라는 어노테이션을 기술했는데, 이 어노테이션을 빼더라도 동작이 달라지지는 않는다. 이 어노테이션은 상위 메소드를 재정의한다는 것을 강조하는 의미일 뿐이다. 실수로 toStringg()이라고 하면 @Override가 있는 경우에는 컴파일 오류가 떨어지므로 개발자의 실수를 줄일 수 있다.

equals()

비슷한 예로 equals()에 대해서도 알아보자. equals()는 동일한지 여부를 판단하기 위해 사용된다. 다음의 예를 보자.

[예제] equals() 사례 - com.javainhand.ch14.equals.bad.MyValue.java

```
01 public class MyValue {
02     private String name;
03     private String uniqueId;
04
05     public static void main(String[] args) {
06         MyValue myValue1 = new MyValue();
07         myValue1.name = "kim";
08         myValue1.uniqueId = "123";
09
10         MyValue myValue2 = new MyValue();
11         myValue2.name = "kim";
```

```
12          myValue2.uniqueId = "123";
13
14          if(myValue1.equals(myValue2)) {
15              System.out.println("equlas");
16          }else {
17              System.out.println("not equlas");
18          }
19      }
20 }
```

앞의 예를 실행하면 "not equals"가 출력된다. 컴퓨터 입장에서는 myValue1 객체와 myValue2 객체가 다른 것이 당연하다. 하지만 실제 세계를 반영한 업무 프로그램에서는 uniqueId와 name이 같으면 같은 사람으로 봐야 한다. 이는 14행의 equals가 Object에서 정의된 메소드이며, MyValue의 속성을 고려하지 않기 때문이다.

이제 equals가 MyValue의 속성을 고려하도록 MyValue.java에 equals()를 재정의해보자.

[예제] equals() 사례 - com.javainhand.ch14.equals.good.MyValue.java

```
01 public class MyValue {
02      private String name;
03      private String uniqueId;
04
05      @Override
06      public boolean equals(Object o) {
07          MyValue value = (MyValue)o;
08          if(value.name.equals(name) &&
09              value.uniqueId.equals(uniqueId)) {
10              return true;
11          }else {
12              return false;
13          }
14      }
```

```
15
16    public static void main(String[] args) {
17        MyValue myValue1 = new MyValue();
18        myValue1.name = "kim";
19        myValue1.uniqueId = "123";
20
21        MyValue myValue2 = new MyValue();
22        myValue2.name = "kim";
23        myValue2.uniqueId = "123";
24
25        if(myValue1.equals(myValue2)) {
26            System.out.println("equlas");
27        }else {
28            System.out.println("not equlas");
29        }
30    }
31 }
```

5~14행에서 uniqueId와 name이 같으면 true를 반환하도록 Object의 equals()를 MyValue에서 재정의했다. 이렇게 하면 myValue1과 myValue2가 동일하다고 나타낼 것이다.

clone()

clone()은 객체를 복사하기 위해 사용한다. Object에 정의된 clone()은 protected로 선언돼있기 때문에 앞에서 설명한 toString(), equals()와 같이 하위 클래스에서 재정의하지 않고 사용할 위험은 없다.

clone()을 사용해 객체를 복사하면 new 없이 동일한 객체가 생성되기 때문에 생성자가 별도로 실행되지 않는다. 앞에서 설명한 toString(), equals()와는 다르게 native 메소드를 사용해 메모리를 복사하기 때문에 Object의 clone() 메소드는 자식 클래스의 멤버까지 모두 복사를 실행한다.

단순한 객체의 클로닝은 간단하다.

① Cloneable 인터페이스를 implements하겠다고 기술한다.

② clone() 메소드를 재정의한다.

③ 재정의한 clone() 메소드에서는 super.clone() 메소드를 호출해 Object의
  clone() 메소드를 호출한다.

MyValue에 clone()을 재정의해보자.

[예제] clone() 사례 – com.javainhand.ch14.clone.MyValue.java

```java
01 public class MyValue implements Cloneable {
02     private String name;
03     private String uniqueId;
04
05     @Override
06     public Object clone() throws CloneNotSupportedException  {
07         Object o = super.clone();
08         return o;
09     }
10
11     public static void main(String[] args) throws CloneNotSupportedException {
12         MyValue myValue1 = new MyValue();
13         myValue1.name = "kim";
14         myValue1.uniqueId = "123";
15
16         MyValue myValue2 = (MyValue)myValue1.clone();
17
18         System.out.println(myValue1.name + " " + myValue1.uniqueId);
19         System.out.println(myValue2.name + " " + myValue2.uniqueId);
20     }
21 }
```

1행에서 Cloneable를 구현^{implements}하겠다고 명시했다. 5~9행에서 clone()을 재
정의했으며, 7행에서 부모 클래스의 clone()을 호출했다. Object의 clone()은

checked 예외인 CloneNotSupportedException을 발생시킬 수 있기 때문에 이에 대한 처리를 했다.

그러나 문제점이 있는데 바로 객체의 멤버 변수가 가변 객체에 대한 객체 참조자인 경우이다. Object의 clone()은 원본 객체를 복사하긴 하지만 원본 객체가 객체 참조자를 멤버 변수로 담고있는 경우 객체 참조자만 복사하며 그 객체 참조자가 가리키는 객체까지 복사하지는 않는다.

다음은 문제가 없는 clone()의 경우이다. int, char와 같은 기본 타입을 가지고 있는 경우는 얕은 복사도 문제가 없다.

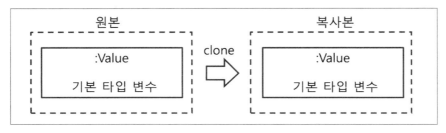

[도표] clone() 시 문제가 없는 경우-기본 타입

다음은 문제가 발생할 가능성이 있는 clone()의 경우이다. 원본을 고쳤다고 해서 복사본이 변경되면 안 된다. 그 역도 그렇다. 그러나 얕은 복사가 발생하기 때문에 참조하고 있는 객체가 변경될 경우에는 상대방에게 영향을 미친다.

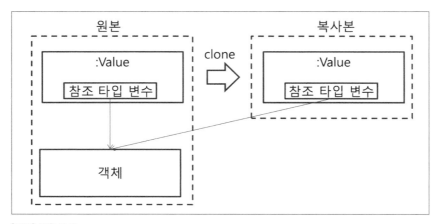

[도표] 얕은 복사

다만 clone() 대상의 객체가 다른 객체를 참고하고 있을지라도 그 참조하고 있는 객체가 String과 같은 불변 객체라면, 즉 변하지 않는 객체라면 문제를 일으키지 않는다. String의 객체가 불변 객체라는 것이 의아할 수도 있는데, 여기에 대해서는 다음 절인 "String 클래스"에서 다룬다.

clone() 시 문제가 없으려면 다음과 같이 깊은 복사가 돼야 한다.

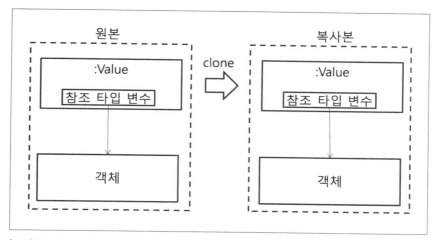

[도표] 깊은 복사

이 얕은 복사 문제는 장을 달리해 다른 방법과 비교해 설명하도록 하겠다.

설명이 길어졌다. Obejct에 나와 있는 toString(), clone(), equals() 등은 많이 알려진 이름이긴 하지만 그대로 사용할 만한 것은 별로 없다는 점을 기억하자. 대부분 Object를 상속 받은 클래스에서 재정의해서 사용해야 한다.

프로그래밍 가이드 – Object의 toString()을 재정의하라

디버깅을 위해 메소드 toString()을 재정의^{Override}하는 것이 바람직하다.

자바에서 최상위 클래스인 Object에는 toString() 메소드가 있다. 클래스를 작성한 후에 메소드 toString()을 재정의하지 않으면 Object 클래스의 toString() 메소드가

호출된다. 그러나 Object 클래스의 toString() 메소드는 해당 객체의 정보를 충분히
표현하지 못한다.

```java
public class Student {
    private String name;
    private String phone;
    private String address;
    // get, set 메소드
        :
}
```

만약 앞 클래스의 객체에 대해 toString 메소드를 실행하면 다음 형태의 스트링이 반
환된다.

```
com.mayflower.bad.Student@15db9742
```

유용한 정보가 아니다. toString 메소드를 재정의[Override]해 의미 있는 정보를 반환하
도록 하자. 특히 클래스의 작성자와 사용자가 다른 경우에 더욱 그렇다. toString()
메소드를 작성하는 수고를 덜어주기 위해 이클립스에서는 자동화 기능을 제공한다.

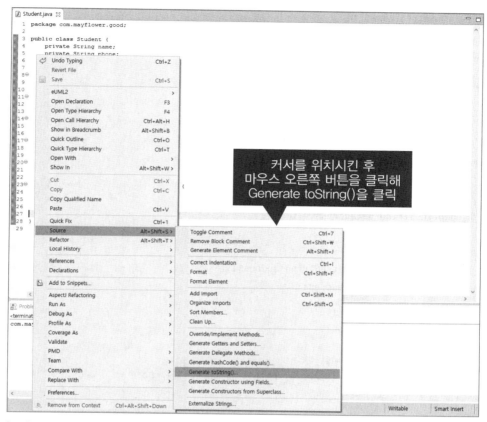

[도표] 이클립스를 이용한 toString 자동 생성

이제 Object 클래스의 toString() 메소드는 Student의 toString() 메소드로 재정의
돼 전체 소스가 다음과 같이 나타날 것이다.

[예제] toString() 재정의 - com.javainhand.ch14.tostring.Student.java

```java
public class Student {
    private String name;
    private String phone;
    private String address;

    public String getName() {
```

```java
        return name;
    }
    public void setName(String name) {
        this.name = name;
    }
    public String getPhone() {
        return phone;
    }
    public void setPhone(String phone) {
        this.phone = phone;
    }
    public String getAddress() {
        return address;
    }
    public void setAddress(String address) {
        this.address = address;
    }

    @Override
    public String toString() {
        return "Student [name=" + name + ", phone=" + phone + ", address=" +
                    address + "]";
    }
```

당연한 이야기지만 이클립스의 자동화 도구를 사용할 수도 있고, 수작업으로 toString()을 재정의할 수도 있다. 클래스를 직접 작성하고 사용하는 경우나, 모든 소스가 오픈돼있는 SI 프로젝트에서는 그렇게 중요하지 않은 가이드일 수도 있다. 하지만 작성자와 사용자가 다르거나, jar 형태로 제공되는 경우에는 이 가이드가 중요한 의미를 갖는다.

String 클래스

다음과 같이 "abc"라는 문자열을 기술하면, 자바는 자동으로 String 클래스를 생성하고 그 스트링 클래스의 내부 자료로 "abc"라는 문자열을 참조한다.

```java
String aStr =  "abc";
```

앞의 스니펫을 위한 상세 개념도는 다음과 같다.

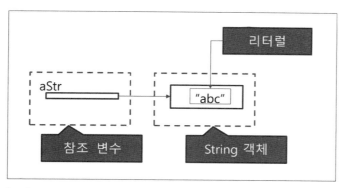

[도표] String 상세 구조

"abc"를 리터럴이라고 부르는데 이 리터럴 자체에 직접 접근해서 바꿀 수 있는 방법은 없다. 리터럴은 문자열이든 숫자든 직접 수정은 불가능하다. 리터럴을 가리키고 있는 변수를 다른 리터럴을 가리키도록 변경할 수 있을 뿐이다. 마찬가지로 String 객체 역시 수정이 불가능한 클래스다(Immutable Class라고도 함). 참조 변수가 가리키고 있는 스트링 객체를 다른 스트링 객체로 변경하는 것은 가능하지만, 스트링 객체 자체를 바꾸는 것은 불가능하다.

그리고 aStr은 엄밀히 이야기하면 String 객체가 아니라 String 객체를 가리키는 참조 변수이다. 다음으로는 String의 주요 메소드를 살펴보자.

[**도표**] String의 주요 메소드

char charAt(int index)	해당 인덱스의 문자를 반환
int compareTo(String anotherString)	문자열을 비교
boolean endsWith(String suffix)	suffix로 끝나는지 여부를 검사
boolean equals(Object anObject)	동일한 문자열인지 비교. Object의 equals()를 재정의하고 있음
static String format(String format, Object... args)	문자 포맷을 조정
int indexOf(String str)	해당 문자열이 포함돼있다면 해당 위치 반환, 없으면 −1 반환
int length()	길이 반환
boolean matches(String regex)	정규 표현식이 해당하는 문자열이면 true 반환
String replace(CharSequence target, CharSequence replacement)	문자열 중 targer을 찾아서 replacement로 대체
String[] split(String regex)	문자열을 분리. 이때 정규 표현식에 의해 구분자 인식
String substring(int beginIndex, int endIndex)	beginIndex부터 endIndex까지의 문자열 반환
String toLowerCase()	소문자로 변환
String trim()	

앞의 api에 대해 설명하는 것보다는 예제를 보는 것이 더 이해가 빠를 것이다. 다음 예제에서 //에는 출력 결과 값을 기술했으니 참조하기 바란다. 그리고 앞서 기술했듯이 "012345"라고 하면 자동으로 String 객체가 생성된다.

[**예제**] String API 예제 – StringAPIDemo.java

```java
public class StringAPIDemo {

    public static void main(String[] args) {

        char c = "012345".charAt(1);
        System.out.println("charAt "+c);
        // charAt 1

        int compareTo = "012345".compareTo("112345");
```

```java
System.out.println("compareTo "+compareTo);
// compareTo -1


boolean endsWith = "012345".endsWith("45");
System.out.println("endsWith "+endsWith);
// endsWith true


boolean equals = "012345".equals("012345");
System.out.println("equals "+equals);
// equals true


String format = String.format("%s like %s ", "kim", "son");
System.out.println("format "+format);
// format kim like son


int indexOf = "012345".indexOf("34");
System.out.println("indexOf "+indexOf);
// indexOf 3


int length = "012345".length();
System.out.println("length "+length);
// length 6



String reqularExpression = "^[0-9]*A$";  // A로 끝나는 숫자를 가리키는 정규식
boolean matches = "0123A".matches(reqularExpression);
System.out.println("matches "+matches);
// matches true


String replace = "012345".replace("34", "89");
System.out.println("replace "+replace);
// replace 012895


String[] split = "012:34:5".split(":");
for(String item : split) {
    System.out.println("split "+item);
}
```

```
        // split 012
        // split 34
        // split 5

        String substring = "012345".substring(1,3);
        System.out.println("substring "+substring);
        // substring 12

        String toLowerCase = "Abcde".toLowerCase();
        System.out.println("toLowerCase "+toLowerCase);
        // toLowerCase abcde

        String trim = " 012345".trim();
        System.out.println("trim ["+trim+"]");
        // trim 012345
    }
}
```

split()의 경우에는 파라미터로 정규식을 받지만 실제 프로젝트에서는 대부분 특정 문자를 구분자로 사용한다.

matches()의 경우도 정규식을 파라미터로 입력받는데 앞의 예에서는 "^[0-9]＊A$" 를 정규식으로 사용했다. ^는 맨 앞을 의미한다. [0-9]는 0부터 9까지의 숫자가 와야 함을 의미한다. ＊는 앞의 요소(여기서는 [0-9])가 0~다수의 반복임을 의미한다. A는 알파벳 문자이며 $는 맨 끝을 의미한다. 요약하면 맨 처음에 숫자가 반복되다가 (혹은 아예 없거나) 끝에 A가 오는 문자열을 가리키는 식이다.

String 객체를 생성하는 방법은 다음의 두 가지이다.

```
String str = "스트링";

String str = new String("스트링");
```

어떤 방법을 사용해야 할까? 다음의 코드 스니펫을 실행해보자.

```
01 System.out.println("foo"=="foo");

02 System.out.println(new String("foo")==new String("foo"));
```

1행에서 true가 출력되고 2행에서 false가 출력된다. 객체 간의 == 비교는 주소 값을 비교한다. 주소 값은 원칙적으로는 알 수 없지만 비교할 수는 있다. 1행에서 true가 나온 이유는 앞의 foo와 뒤의 foo가 주소 값이 같기 때문이다. 2행에서 false가 나온 이유는 앞의 foo와 뒤의 foo가 주소 값이 다르다는 의미다. 즉 첫 번째 방법은 스트링을 재사용해 자원을 절약하지만, 두 번째 방법은 매번 새로 스트링을 생성한다. 첫 번째 방법을 사용하기를 권장한다. 스트링 객체는 변경이 불가한 이뮤터블^{Immutable} 객체다.

```
String str = "kim";
str = "Lee";
```

위 코드를 보면 스트링도 변경 가능한 것으로 보일 수도 있겠다. 그러나 이는 str이라는 스트링 참조 객체가 "Kim"을 바라보다가 "Lee"를 바라보도록 변경된 것이지 스트링 객체가 변경된 것은 아니다.

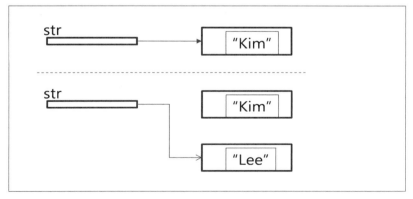

[도표] 스트링 객체의 이뮤터블(Immutable)

StringBuffer 클래스

자주 사용하는 메소드는 다음과 같다.

[도표] StringBuffer의 주요 메소드

StringBuffer append(CharSequence s)	파라미터로 받은 문자열을 내부 데이터에 추가
String toString()	String으로 변환

예제를 보는 것이 이해가 더 빠를 것이다. 다음 예제를 보자.

[예제] StringBuffer API 예제 – StringBufferDemo.java

```
01      public static void main(String[] args) {
02          String temp = "";
03          temp += "my";
04          temp += " ";
05          temp += "name";
06          temp += " ";
07          temp += "is";
08          temp += " ";
09          temp += "sky";
10          System.out.println(temp);
11
12          StringBuffer sb = new StringBuffer();
13          sb.append("my");
14          sb.append(" ");
15          sb.append("name");
16          sb.append(" ");
17          sb.append("is");
18          sb.append(" ");
19          sb.append("sky");
20          System.out.println(sb.toString());
21      }
```

결과 값은 다음과 같다. 2행부터 10행까지 String을 사용한 부분과 12행부터 20행까지 StringBuffer를 사용한 부분은 결국 동일한 일을 수행한다. 결과는 다음과 같다.

```
my name is sky
my name is sky
```

String을 사용한 문자열 추가 연산과 StringBuffer를 사용한 문자열 추가 연산은 무엇이 다를까? 시스템 자원의 효율성 측면에서 StringBuffer가 유리하다.

String 객체는 변경이 불가능한^{Immutable} 객체다. 그러한 사유로 문자열의 값이 변경돼야 하는 경우 새롭게 String 객체가 생성된다. 즉 temp += "name" 문장이 실행될 때 기존의 String 객체에 "name"이 붙는 것이 아니라 새로운 String 객체가 생성되는 것이다.

하지만 StringBuffer의 경우는 String과는 다르게 변경 가능^{Mutable}한 객체다. 값의 변경이 필요한 경우 새로운 객체를 만들 필요 없이 내부의 문자열을 변경할 수 있다. sb.append("name")이 실행될 때 새롭게 StringBuffer 객체를 만드는 것이 아니고 기존 StringBuffer 객체가 "~~~name"을 가리키도록 변경된다.

비슷한 클래스로는 StringBuilder가 있는데 StringBuffer와 StringBuilder의 큰 차이는 메소드가 동기화를 지원하는지 여부이다. StringBuffer의 append 함수 정의는 다음과 같이 synchronized가 기술돼있어 동기화를 지원함을 알 수 있다. 그러나 StringBuilder는 동기화를 지원하지 않는다.

```
public synchronized StringBuffer append(String str) {
    toStringCache = null;
    super.append(str);
```

동기화 지원이 필요 없는 곳에서 동기화를 지원하는 StringBuffer를 사용하면 불필요하게 동기화 처리가 돼 StringBuilder를 사용할 때보다 성능이 저하될 가능성이 있다.

동기화 지원 여부는 동시에 객체에 접근해 사용하고자 할 때도 정상 동작하는지에 대한 여부이다. 이는 스레드Thread를 다루는 장에서 알아보자.

JDK1.5 이상에서는 String + 연산을 컴파일하면 바이트 코드가 자동으로 StringBuilder로 바뀌기도 하지만, 반복문 내에서 String + 연산이 있는 경우 최적화가 되지 않는 등 매끄럽게 변환되지 않기 때문에 아예 처음부터 명시적으로 String + 연산은 가급적 StringBuffer나 StringBuilder를 사용할 것을 권장한다. 특히 몇 개 안 되는 + 연산이라면 별 차이가 없겠지만 반복문 내의 스트링 +는 가급적 바꾸도록 하자.

Math 클래스

abs()는 절댓값을 반환하며, max는 둘 중 큰 값을 반환한다. min()은 당연히 둘 중 작은 값을 반환할 것이다.

[도표] Math의 주요 메소드

static int abs(int a)	파라미터로 받은 문자열을 내부 데이터에 추가
static int max(int a, int b)	String으로 변환

래퍼 클래스

래퍼 클래스는 특정 클래스를 의미하는 것이 아니다. 자바는 클래스를 기반으로 한 객체 외에, 객체가 아닌 기초 타입을 가지는데 이 기초 타입에 대응되는 클래스가 래퍼 클래스다. 기초 타입의 데이터를 감싼다고 해서 래퍼Wrapper 클래스라고 한다.

[도표] 기초 타입 및 그에 대응하는 래퍼 클래스

기본 타입	래퍼 클래스
byte	Byte
short	Short
int	Integer
long	Long
float	Float
double	Double
char	Character
boolean	Boolean
void	Void

기본 타입에서 래퍼 클래스로 가는 것을 박싱[Boxing]이라고 하며, 그 반대를 언박싱 [Unboxing]이라고 한다. 다음은 박싱과 언박싱의 예다.

```
Integer intNum = new Integer(1);  // Boxing
int i = intNum.intValue();        // Unboxing
```

JDK1.5부터 Boxing과 Unboxing이 자동으로 되는데 이를 AutoBoxing이라고 부른다.

```
Integer intNum = 1;   // AutoBoxing
int i = intNum;       // AutoUnboxing
```

Random 클래스

랜덤 숫자를 얻고자 할 때 사용하는 클래스다.

```
    Random random = new Random();
    int randomNum = random.nextInt(10);
```

nextInt(10)를 하면 0~9까지의 범위에서 임의의 수를 반환한다. nextLong(),nextFload(),nextBoolean() 등 다양한 변형이 있다.

java.util.regex 패키지

어떤 문장에서 전화번호를 추출하고 싶다면 regx 패키지의 클래스를 사용한다. 일단 전화번호를 의미하는 정규식을 만들어야 한다. 예제에서는 전화번호의 규칙을 숫자와 -으로 이뤄진 문자열이라고 가정하자. 이때 전화번호 정규식은 "[0-9//-]+"이된다. 0-9는 0~9까지의 숫자이고 //는 /를 의미한다. 문자열에서 /는 특수 문자이기 때문에 이스케이스 문자인 /를 표현하고자 하는 문자 / 앞에 붙인 것이다. 그리고 +는 앞의 요소가 한 번~다수 번 나옴을 의미한다.

[예제] 정규식 예제 - ReqularExpressionDemo.java

```
01 public class ReqularExpressionDemo {
02
03     public static void main(String[] args) {
04         String REGEX = "[0-9//-]+";
05         String INPUT = "hello, my number is 018-2990-0123, your number is
                          015-101-0099!!!";
06
07         Pattern p = Pattern.compile(REGEX);
08         Matcher m = p.matcher(INPUT);   // get a matcher object
09
10         while(m.find()) {
11             System.out.println(INPUT.substring(m.start(), m.end()));
12         }
```

```
13    }
14 }
```

일단 결과 값을 보자.

```
018-2990-0123
015-101-0099
```

4행에서 전화번호를 위한 약식 정규식을 정의했고, 5행에서 검사하고자 하는 스트링을 정의했다. 7행을 통해 정규식을 컴파일해 패턴^Pattern을 생성한 후, 8행에서 패턴에 스트링을 입력으로 해 매처^Matcher 객체를 생성한다.

매처의 find()는 입력 스트링에서 정규식에 맞는 문자열을 찾는다. 매처의 start()는 찾은 문자열 중 첫 번째 문자가 입력 스트링 중에서 몇 번째에 위치하는지를 반환한다. 마찬가지로 end()는 찾은 문자열 중 마지막 문자가 입력 스트링 중에서 몇 번째에 위치하는지를 반환한다.

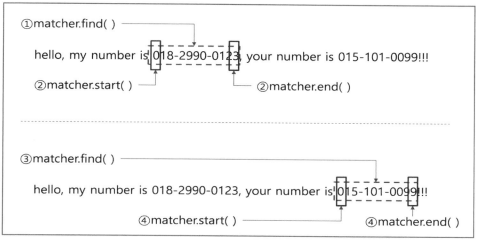

[도표] Matcher 동작

정규식의 그룹 개념에 대해 알아보자. 일단 예제 프로그램을 보자.

[예제] 정규식 예제 – ReqularExpressionGroupDemo.java

```
01 public class ReqularExpressionGroupDemo {
02
03     public static void main(String[] args) {
04            String REGEX = "(Kim)(Sky)";
05            String INPUT = "KimSky is my daughter";
06
07            Pattern p = Pattern.compile(REGEX);
08            Matcher m = p.matcher(INPUT);    // get a matcher object
09
10            while(m.find()) {
11                System.out.println("group(0): " + m.group(0));
12                System.out.println("group(1): " + m.group(1));
13                System.out.println("group(2): " + m.group(2));
14            }
15     }
16 }
```

정규식에서의 그룹은 다음과 같다.

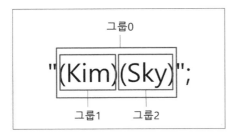

[도표] 정규식에서의 그룹

정규식을 표현할 때 그룹을 적용하려면 ()를 사용해 그룹을 나타낸다. 결과 값은 다음과 같다.

```
group(0): KimSky
group(1): Kim
group(2): Sky
```

BigInteger

자바에서 정수형을 가리키는 기본형에는 int와 long이 있는데 이중 큰 long은 9223372036854775807까지 가리킬 수 있다. 이 수보다 더 큰 정수가 필요할 때는 BigInteger를 사용하는데 거의 무한대에 가까운 수를 나타낼 수 있다. 사실 정수만 따지면 long으로도 대부분 처리할 수 있으므로 잘 사용하지 않는다. 그러나 다음의 BigDecimal은 자주 사용되니 잘 알아두자.

BigDecimal

실수형에는 float와 double이 있다. double의 범위는 $4.94065645841246544E-324 \sim 1.79769313486231570E+308$이다. 값이 충분히 크기 때문에 문제가 되지 않는다. 문제가 되는 것은 정밀도이다. 0.3d라고 표현해도 정확하게 우리가 아는 0.3d가 아니다. 이를 파악할 수 있는 간단한 스니펫을 실행해보자.

```
01    double doubleValue = 0.3d;
02    BigDecimal bigDecimal = new BigDecimal(doubleValue);
03    System.out.println(bigDecimal);
```

1행에서 0.3을 double로 정의했는데, 2~3행은 double이 내부적으로 정확히 어떤 값으로 저장되는지를 보여주는 코드다. 0.3이 출력될 것을 기대하겠지만 실제로는 다음과 같이 출력된다.

0.299999999999999988897769753748434595763683319091796875

즉 0.3d라고 표현했지만 double은 0.3을 표현할 수 있는 정확도를 보장하지 않는다. 정확도를 보장하기 위해 BigDecimal을 사용한다. 0.3의 정확도를 보장하는 코드를 알아보자.

```
BigDecimal bigDecimal = new BigDecimal("0.3");
System.out.println(bigDecimal);
```

혹은 다음과 같이 BigDecimal.valueOf(double)이라는 정적 메소드를 사용해도 된다.

```
BigDecimal bigDecimal = BigDecimal.valueOf(0.3d);
System.out.println(bigDecimal);
```

앞의 코드 스니펫들은 정확히 0.3을 출력한다. 간단한 곱셈과 덧셈의 예제는 다음과 같다.

[예제] BigDecimal 예제 - BigDecimalDemo.java

```
01 public class BigDecimalDemo {
02
03     public static void main(String[] args) {
04         BigDecimal bigDecimal = new BigDecimal("0.3");
05         bigDecimal = bigDecimal.multiply(new BigDecimal("0.2"));
06         System.out.println(bigDecimal);
07         bigDecimal = bigDecimal.add(new BigDecimal("0.1"));
08         System.out.println(bigDecimal);
09     }
10 }
```

결과 값은 다음과 같다.

```
0.06
0.16
```

4행에서 "0.3"으로 BigDecimal 객체를 생성하고, 5행에서는 여기에 "0.2"로 만든 BigDecimal을 곱했다. 6행의 출력 값은 0.06이다. 7행에서는 "0.1"로 만든 BigDecimal을 더했다.

주의할 점은 기본형 데이터에 대한 연산과 다르게 클래스의 메소드를 통해 사칙연산이 돼야 한다는 것이며, 0.3을 파라미터로 BigDecimal을 생성하는 것이 아니라 "0.3"을 파라미터로 BigDecimal을 생성해야 한다는 것이다. 0.3이라고 할 때 이는 사람의 눈에만 0.3이며 내부적으로는 이미 불완전한 형태로 보관되기 때문이다.

```
new BigDeciaml(0.3);      // (X)
new BigDeciaml("0.3");    // (○)
```

Calendar와 Date 그리고 DateFormat

날짜 관련한 연산에서 자주 사용되는 클래스가 Calendar와 Date 그리고 DateFormat 이다.

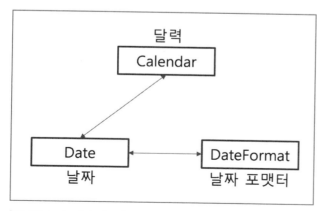

[도표] Calendar, Date, DateFormat

일단 현재 날짜와 시간을 구하는 예제를 보자.

[예제] Calendar 예제 – com.javainhand.ch14.calendar.CurrentDateDemo.java

```
01 public class CurrentDateDemo {
02
03     public static void main(String[] args) {
04         TimeZone timeZone = TimeZone.getTimeZone("Asia/Seoul");
05         Calendar cal = Calendar.getInstance(timeZone);
06         Date date = cal.getTime();
07         DateFormat dateFormat = new SimpleDateFormat("yyyy/MM/dd HH:mm:ss");
08         String formattedDate = dateFormat.format(date);
09         System.out.println(formattedDate);
10     }
11 }
```

4행에서 타임존을 가져온 후, 5행에서 타임존을 설정했다. 만약 디폴트 타임존을 그대로 사용하고 싶다면 4~5행을 다음과 같이 변경하면 된다. 디폴트 타임존은 OS에서 제공하는 정보를 사용해 "Asia/Seoul"을 사용하게 될 것이다.

```
    Calendar cal = Calendar.getInstance();
```

5행과 같이 Calendar.getInstance()를 통해 Calendar 객체를 얻는다. 그리고 6행을 통해 현재 날짜와 시간을 가져오는데 이때의 타입이 java.util.Date이다. 이제 이 현재 날짜를 알맞은 포맷으로 변환해야 하는데 이때 사용되는 클래스가 SimpleDateFormat이다. "yyyy/MM/dd HH:mm:ss"는 직관적으로 이해될 것인데 년/월/일 시간:분:초의 형태다. 포맷을 정한 후 8행의 dateFormat.format(date)를 통해 date를 원하는 포맷의 스트링으로 변환한다.

사용할 수 있는 타임존에 어떤 것이 있는지 알고 싶으면 다음 스니펫을 실행한다.

```
    String[] ids = TimeZone.getAvailableIDs();
```

```
    for (String id : ids) {
        System.out.println(id);
    }
```

이제 현재 날짜가 아닌 특정 날짜로 Date 객체를 생성해보자.

[예제] Calendar 예제 – com.javainhand.ch14.calendar.SpecificDateDemo.java

```
01 public class SpecificDateDemo {
02
03    public static void main(String[] args) {
04        Calendar cal = Calendar.getInstance();
05        cal.set(Calendar.YEAR, 2017);
06        cal.set(Calendar.MONTH, 0);      // 0~11까지로 1월부터 12월
07        cal.set(Calendar.DAY_OF_MONTH, 22);
08        cal.set(Calendar.HOUR_OF_DAY, 13);
09        cal.set(Calendar.MINUTE, 22);
10
11        Date date = cal.getTime();
12        DateFormat dateFormat = new SimpleDateFormat("yyyy/MM/dd HH:mm:ss");
13        String formattedDate = dateFormat.format(date);
14        System.out.println(formattedDate);
15    }
16 }
```

6행에서 월을 설정하는데 0이 1월이다. 그리고 초는 따로 설정하지 않았는데 이렇게 따로 설정하지 않은 경우에는 실제 현재의 초가 설정된다. 즉 따로 명시하지 않으면 년/월/일/시/분/초가 현재를 기준으로 설정된다. 결과는 다음과 같다.

2017/01/22 13:22:04

다음으로는 특정 일에 며칠을 더했을 때의 날짜를 구하는 예제를 보자. 2017년 1월 22일에 10일을 더한 날을 알고 싶다면 다음과 같이 하면 된다.

```
01 public class AddDateDemo {
02
03     public static void main(String[] args) {
04         Calendar cal = Calendar.getInstance();
05         cal.set(Calendar.YEAR, 2017);
06         cal.set(Calendar.MONTH, 0);
07         cal.set(Calendar.DAY_OF_MONTH, 22);
08
09         cal.add(Calendar.DAY_OF_MONTH, 10);
10
11         Date date = cal.getTime();
12         DateFormat dateFormat = new SimpleDateFormat("yyyy/MM/dd");
13         String formattedDate = dateFormat.format(date);
14         System.out.println(formattedDate);
15     }
16 }
```

특정 날짜에 며칠을 더하는 것은 달력^{Calendar} 객체를 이용하면 된다. 9행에서 날짜를 더하는데 10일을 더하고 있다. 이때 Calendar.DAY_OF_MONTH 대신 달이나 연을 의미하는 값을 전달하고, 양수 대신 음수를 전달하는 등 이를 응용하면 달을 더하는 것, 연을 더하는 것, 빼는 것 등 다양한 변형을 할 수 있다.

요일을 구하는 예제는 다음과 같다.

```
01 public class DayOfWeekDemo {
02     public static void main(String[] args) {
03         Calendar cal = Calendar.getInstance();
04         cal.set(Calendar.YEAR, 2017);
05         cal.set(Calendar.MONTH, 0);
06         cal.set(Calendar.DAY_OF_MONTH, 22);
07         // 1-일
08         // 2-월
```

```
09          // 7-토
10          int dayOfWeek = cal.get(Calendar.DAY_OF_WEEK);
11          System.out.println(dayOfWeek);
12      }
13 }
```

10행의 dayOfWeek가 요일을 나타내는데 1이 일요일, 2가 월요일로 이어져서 마지막 7이 토요일을 나타낸다.

자바 8부터 지원하는 새로운 날짜 지원 API

기존의 날짜 관련 자바 API에는 다음 세 가지 단점이 있다.

첫째, 스레드 세이프하지 않는다.

java.util.Date는 스레드 세이프하지 않는다. 그래서 개발자가 date를 사용할 때는 동시성 문제를 고려해야 했다. 자바 8에서 새롭게 도입된 날짜date-time api는 불변 객체Immutable이므로 set 메소드가 없다.

둘째, 날짜 관련 API 설계가 세련되지 못하다.

월은 1부터 시작하고 날짜는 0부터 시작하는 등 일관성이 없다. 날짜 관련 연산을 위한 메소드 사용이 불편하다.

셋째, 타임존 처리가 복잡하다.

타임존 이슈를 처리하기 위해 개발자가 별도의 노력을 많이 들여야 한다. 예를 들면 서머타임 제도는 하절기에 표준시를 원래 시간보다 한 시간 앞당기는 것을 말하는데, 국가별로 서머타임 제도의 적용 여부가 달라서 이에 대한 처리를 별도로 해야 한다.

이런 단점을 해결하기 위해 자바 8은 새로운 API를 지원한다.

날짜 API에서 로컬^{Local}이 붙은 것은 운영체제가 파악하고 있는 지역 타임존을 기준으로 한다. 이와 대비해 존^{Zone}이 있는데 이에 대한 클래스는 1개로 ZonedDateTime이며 해외 기준 날짜 및 시간을 계산할 때 사용한다.

[도표] 자바 8부터 지원되는 날짜 관련 클래스

분류	클래스 이름	설명
날짜, 시간	LocalDate	날짜 관련 클래스
	LocalTime	시간 관련 클래스
	LocalDateTime	날짜 및 시간 관련 클래스
	ZonedDateTime	지역 기준이 아니라 타임존을 달리해 사용할 수 있는 날짜 및 시간 관련 클래스
포맷터	DateTimeFormatter	날짜 및 시간을 원하는 포맷으로 출력하기 위한 클래스 Local 및 Zone에 모두 사용 가능함
날짜 계산 유틸 클래스	TemporalAdjusters	자주 사용되는 날짜 연산 로직을 모아놓은 유틸 클래스 (예: 이번 달의 첫 번째 월요일)
날짜 기반 차이	Period	날짜 기반 차이 계산을 위한 클래스 LocalDate를 기본 대상으로 사용
초, 나노초 기반 차이	Duration	초, 나노초 기반 차이 계산을 위한 클래스 LocalDateTime, ZonedDateTime, LocalTime을 기본 대상으로 사용

LocalDate와 LocalTime 그리고 LocalDateTime은 유사한 클래스들이다. 다만 LocalDateTime은 날짜와 시간을, LocalDate는 날짜만을, LocalTime은 시간만을 다룬다. 여기서는 LocalDateTime만 대표로 설명할 것인데 LocalDate와 LocalTime의 기능은 LocalDateTime 기능의 서브셋으로 이해하면 된다. 차이점이 발생하는 부분에 대해서는 중간중간 명시할 것이다.

날짜 및 시간 알아내기

현재 날짜와 시간, 그리고 특정 날짜와 시간으로 LocalDateTime을 생성하는 API는 다음과 같다.

```
LocalDateTime currentDateTime = LocalDateTime.now();
LocalDateTime targetDateTime = LocalDateTime.of(int year,
                                                int month,          // 1~12
                                                int dayOfMonth,     // 1~31
                                                int hour,           // 0~23
                                                int minute,         // 0~59
                                                int second,         // 0~59
                                                int nanoOfSecond);  // 0~999,
                                                                    999,999
```

LocalDateTime의 now() 메소드는 운영체제가 설치된 지역 시간을 기준으로 현재 날짜와 시간을 나노초 단위까지 반환한다. LocalDateTime의 of() 메소드는 원하는 날짜와 시간의 객체를 생성한다. 초^{second}와 나노초^{nanoOfSecond}가 없는 메소드도 오버라이딩돼 정의돼있다.

날짜 및 시간 객체에서 정보 조회하기

LocalDateTime 객체에서 정보를 조회하는 메소드는 다음과 같다. 반환 타입 중 Month는 1월···12월을 가리키는 열거형이다.

```
LocalDateTime currentDateTime = LocalDateTime.now();
int year = currentDateTime.getYear();
Month month = currentDateTime.getMonth();
int dayOfMonth = currentDateTime.getDayOfMonth();
int dayOfYear = currentDateTime.getDayOfYear();
DayOfWeek dayOfWeek = currentDateTime.getDayOfWeek();
int hour = currentDateTime.getHour();
```

```
int minute = currentDateTime.getMinute();
int second = currentDateTime.getSecond();
int nano = currentDateTime.getNano();
```

열거형은 클래스의 형태를 가지는 상수라고 보면 된다. 예를 들어 1월을 나타내고 싶으면 Month.JANUARY라고 하면 된다. 다음과 같이 사용할 수 있다.

```
int dayOfMonth = currentDateTime.getDayOfMonth();
if(Month.JANUARY == month)  {
    :
};
```

DayOfWeek도 요일을 나타내는 열거형인데 일요일은 DayOfWeek.SUNDAY로 표현된다. SUNDAY의 타입도 DayOfWeek이다. 열거형은 다른 장에서 다시 다루도록 한다.

날짜와 시간 더하거나 빼기

날짜와 시간 등을 더하거나 빼는 API는 다음과 같다.

```
LocalDateTime localDateTimePlus = localDateTime
                                .plusYears(long)
                                .plusMonths(long)
                                .plusDays(long)
                                .plusHours(long)
                                .plusMinutes(long)
                                .plusSeconds(long)
                                .plusNanos(long);

LocalDateTime localDateTimeMinus = localDateTime
                                .minusYears(long)
                                .minusMonths(long)
                                .minusDays(long)
                                .minusHours(long)
```

```
                              .minusMinutes(long)
                              .minusSeconds(long)
                              .minusNanos(long);
```

LocalDateTime, LocalDate, LocalTime은 불변 객체^{Immutable}이다. plus나 minus를
해도 자신의 객체가 변경되는 것은 아니며 대신에 계산된 새로운 객체를 반환한다.

조금 더 생각해볼 문제가 있다. 만약 2018년 1월 29일에 한 달을 더하면, 혹은
2018년 1월 30일에 한 달을 더하면, 혹은 2018년 1월 31일에 한 달을 더하면 어
떻게 될까?

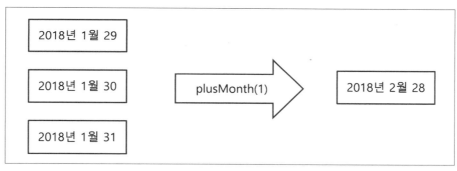

[도표] 특정일에 한 달 더하기

비슷한 문제가 2018년 3월 29일에서 한 달을 뺄 때도 발생한다. 이때도 같은 논리로
2018년 2월 28일로 계산된다.

날짜와 시간 변경하기

이번에는 특정 항목을 바꿔보자. 이때는 withYear(int)의 형태의 메소드를 사용한다.

```
LocalDateTime localDateTime = LocalDateTime.of(2018, 1, 22, 12, 30);
LocalDateTime targetDateTime = localDateTime.withYear(2017)
                                    .withMonth(2)
```

```
            .withHour(9)
            .withMinute(10);
```

2018년 1월 22일 12시 30분이라는 객체에 with 메소드를 적용해 2017년 2월 22일 9시 10분이라는 객체를 만들어낸다. 엄밀히 말하면 객체의 상태를 바꾸는 것이 아니라 객체의 복사본을 만든 후 필요한 멤버 변수만 바꿔 반환한다. 자바 8에서 새롭게 소개된 클래스는 불변 객체라는 점에 유의하자.

[도표] with로 날짜 LocalDateTime 객체 만들기

특정 날짜 계산하기

자주 사용되는 날짜 연산 로직을 모아놓은 유틸 클래스가 있는데 TemporalAdjusters 이다. 예를 들면 이번 달의 첫 번째 월요일을 구하는 등의 날짜 계산을 위한 기능을 제공한다.

예를 들어 2018년 2월 22일을 기준으로 그 달의 첫 번째 월요일을 구하고 싶으면 TemporalAdjusters. firstInMonth(DayOfWeek.MONDAY)를 LocalDateTime 의 with() 메소드에 전달한다.

[예제] TemporalAdjustersDemo 예제 – com.javainhand.ch14.newdate.TemporalAdjustersDemo.java

```
public class TemporalAdjustersDemo {
```

```
public static void main(String[] args) {
    LocalDateTime localDateTime = LocalDateTime.of(2018, 2, 22, 12, 30);

    LocalDateTime targetDateTime = localDateTime.with(TemporalAdjusters.
                                 firstInMonth(DayOfWeek.MONDAY));

    System.out.println(targetDateTime);
}
}
```

targetDateTime은 2018-02-05T12:30인데 이는 그 달의 첫 번째 월요일^{Monday}이
다. 이밖에도 TemporalAdjusters는 다음 기능을 제공한다. 사용법은 앞의 예제에서
사용한 방법과 동일하다.

[도표] TemporalAdjusters의 메소드

메소드	설명
firstDayOfYear()	이번 연도의 첫 번째 일
lastDayOfYear()	이번 연도의 마지막 일
firstDayOfNextYear()	다음 연도의 첫 번째 일
firstDayOfMonth()	이번 달의 첫 번째 일
lastDayOfMonth()	이번 달의 마지막 일
firstDayOfNextMonth()	다음 달의 첫 번째 일
firstInMonth(DayOfWeek dayOfWeek)	이번 달의 첫 번째 dayOfWeek요일
lastInMonth(DayOfWeek dayOfWeek)	이번 달의 마지막 dayOfWeek요일
next(DayOfWeek dayOfWeek)	다음 주 dayOfWeek요일
nextOrSame(DayOfWeek dayOfWeek)	다음 주 dayOfWeek요일(오늘 포함)
previous(DayOfWeek dayOfWeek)	지난주 dayOfWeek요일
previousOrSame(DayOfWeek.FRIDAY)	지난주 dayOfWeek요일(오늘 포함)

날짜 및 시간 비교

날짜 및 시간을 비교하는 예제는 다음과 같다.

[예제] 비교 예제 - com.javainhand.ch14.newdate.DateTimeCompareDemo.java

```java
public class DateTimeCompareDemo {

    public static void main(String[] args) {
        LocalDateTime startDateTime = LocalDateTime.of(2018, 1, 22, 12, 30);
        LocalDateTime endDateTime = LocalDateTime.of(2017, 12, 31, 11, 15);

        boolean flag = false;

        // startDateTime이 endDateTime보다 이전 날짜인지 비교
        flag = startDateTime.isBefore(endDateTime);
        System.out.println("startDateTime.isBefore(endDateTime) : " + flag);

        // 동일 날짜인지 비교
        flag = startDateTime.isEqual(endDateTime);
        System.out.println("startDateTime.isEqual(endDateTime) : " + flag);

        // startDateTime이 endDateTime보다 이후 날짜인지 비교
        flag = startDateTime.isAfter(endDateTime);
        System.out.println("startDateTime. isAfter(endDateTime) : " + flag);
    }
}
```

결과는 다음과 같다.

```
startDateTime.isBefore(endDateTime) : false
startDateTime.isEqual(endDateTime) : false
startDateTime.isAfter(endDateTime) : true
```

혹시나 해서 하는 말이지만 예제를 LocalDateTime으로 들었을 뿐, LocalDate,

LocalTime에도 isBefore(), isEqual(), isAfter() 메소드가 있다. 다만 LocalDateTime와 LocalDate 혹은 LocalTime을 비교할 수는 없다. 즉 서로 다른 클래스 간의 비교는 불가하며 같은 클래스 간에서만 비교가 가능하다.

날짜 및 시간 차이 계산

다음으로는 특정 날짜 및 시간 간의 차이를 계산해보자. until() 메소드를 사용한다.

[예제] 차이 예제 – com.javainhand.ch14.newdate.DateTimeUntilDemo.java

```java
public class DateTimeUntilDemo {

    public static void main(String[] args) {
        LocalDateTime startDateTime = LocalDateTime.of(2016, 12, 30, 11, 15);
        LocalDateTime endDateTime = LocalDateTime.of(2018, 12, 30, 11, 14);

        long gapMinute = startDateTime.until(endDateTime, ChronoUnit.MINUTES);
        long gapHour = startDateTime.until(endDateTime, ChronoUnit.HOURS);
        long gapDay = startDateTime.until(endDateTime, ChronoUnit.DAYS);
        long gapMonth = startDateTime.until(endDateTime, ChronoUnit.MONTHS);
        long gapYear = startDateTime.until(endDateTime, ChronoUnit.YEARS);

        System.out.println("gapMinute : "+gapMinute);
        System.out.println("gapHour : "+gapHour);
        System.out.println("gapDay : "+gapDay);
        System.out.println("gapMonth : "+gapMonth);
        System.out.println("gapYear : "+gapYear);
    }
}
```

결과는 다음과 같다.

```
gapMinute : 1051199
gapHour : 17519
```

```
gapDay : 729
gapMonth : 23
gapYear : 1
```

차이를 위해 계산되는 날짜가 더 작다면 음수로 표현된다.

예시로 LocalDateTime을 들었지만 동일한 방법으로 LocalDate와 LocalTime을 사용할 수 있다. 다만 LocalDate에는 시, 분, 초 단위의 until() 메소드는 지원되지 않는다. 컴파일은 되지만 실행하면 에러가 발생할 것이다. LocalTime 역시 시와 분 단위 until() 메소드가 의미를 가진다.

Period를 사용한 날짜 기반 차이

LocalDate는 차이를 계산하는 데 추가적인 사용법을 하나 더 지원한다. 즉 날짜만 계산하고자 한다면 Period라는 클래스를 사용할 수도 있다. 예제는 다음과 같다. Period는 기간을 나타내므로 시분 개념은 제외하고 날짜 기반으로 동작한다.

[예제] 차이 예제 - com.javainhand.ch14.newdate.PeriodDemo.java

```
01 public class PeriodDemo {
02
03     public static void main(String[] args) {
04         LocalDate startDate = LocalDate.of(2016, 10, 30);
05         LocalDate endDate = LocalDate.of(2018, 12, 31);
06
07         Period period = Period.between(startDate, endDate);
08         System.out.println("period.getDays() : "+period.getDays());
09         System.out.println("period.getMonths() : "+period.getMonths());
10         System.out.println("period.getYears() : "+period.getYears());
11
12         period = startDate.until(endDate);
13         System.out.println("period.getDays() : "+period.getDays());
14         System.out.println("period.getMonths() : "+period.getMonths());
15         System.out.println("period.getYears() : "+period.getYears());
```

```
16    }
17 }
```

7행과 12행은 동일한 효과를 가진다. 즉 날짜의 차이를 계산해 Period에 저장한다.
결과는 다음과 같다.

```
period.getDays( ) : 1
period.getMonths( ) : 2
period.getYears( ) : 2
period.getDays( ) : 1
period.getMonths( ) : 2
period.getYears( ) : 2
```

2016년 10월 30일부터 2018년 12월 31일까지의 차이는 2년 2개월 1일임을 나타
낸다.

Duration을 사용한 초, 나노초 기반 차이

Period가 날짜 기반으로 동작하듯이 초, 나노초 기반으로 차이를 계산하는 클래스가
있는데 Duration이다.

[예제] 차이 예제 – com.javainhand.ch14.newdate.DurationDemo.java

```
public class DurationDemo {

    public static void main(String[] args) {
        LocalDateTime startDateTime = LocalDateTime.of(2016, 12, 30, 11, 15);
        LocalDateTime endDateTime = LocalDateTime.of(2018, 12, 30, 11, 14);

        Duration duration = Duration.between(startDateTime, endDateTime);
        System.out.println("duration.getSeconds() : "+duration.getSeconds());
        System.out.println("duration.toMinutes() : "+duration.toMinutes());
        System.out.println("duration.toHours() : "+duration.toHours());
```

```
        System.out.println("duration.toDays() : "+duration.toDays());
    }
}
```

결과는 다음과 같다.

```
duration.getSeconds() : 63071940
duration.toMinutes() : 1051199
duration.toHours() : 17519
duration.toDays() : 729
```

Duration은 초와 나노초 기반이므로 최소한 분 단위 개념은 있는 단위에 적용된다.
즉 LocalDateTime, ZonedDateTime과 LocalTime 클래스를 주요 대상으로 한다.

날짜 포맷팅

다음은 포맷팅에 대해 알아보자. 포맷팅을 위해 DateTimeFormatter를 사용한다.
일단 예제를 보자.

[예제] 포맷팅 예제 – com.javainhand.ch14.newdate.FormattingDemo.java

```
public class FormattingDemo {

    public static void main(String[] args) {
        LocalDateTime localDateTime = LocalDateTime.of(2018, 1, 22, 13, 30, 15);
        DateTimeFormatter dateTimeFormatter = DateTimeFormatter.ofPattern("y년
                                    M월 d일 E요일 a h시 m분 s초 ");
        String dateTimeStr = localDateTime.format(dateTimeFormatter);
        System.out.println(dateTimeStr);
    }
}
```

출력 결과는 다음과 같다.

2018년 1월 2일 월요일 오후 1시 30분 15초

포맷팅을 위해 많이 사용하는 심볼은 다음과 같다.

[도표] 날짜 포맷팅을 위한 주요 심볼

2018년 1월 22일 13시 30분 15초		
심볼	의미	출력 결과
y	년	2018
yy	년	18
M	월	1
MM	월	01
d	일	2
dd	일	02
E	요일	화
H	시	13
HH시	시	13 (1이면 01로 표기)
a	오전/오후	오후
h	시	1
hh	시	01
m	분	30
mm	분	30 (1이면 01로 표기)
s	초	15
ss	초	15 (1이면 01로 표기)

이밖에도 미리 JDK에 정의돼있는 포맷터를 사용할 수도 있다. 기정의된 포맷터를 사용하기 위한 스니펫은 다음과 같다.

```
DateTimeFormatter prebuiltFormatter = DateTimeFormatter.ISO_DATE_TIME;
```

ISO_DATE_TIME말고도 기정의된 다양한 포맷터가 있다. 그러나 대부분 영어권을 위한 포맷터여서 활용도는 떨어진다.

ZonedDateTime으로 세계시 다루기

방콕 기준 현재 날짜와 시간을 구하는 스니펫은 다음과 같다.

```
ZonedDateTime zonedDateTime = ZonedDateTime.now(ZoneId.of("Asia/Bangkok"));
```

포맷터를 사용하지 않고 zonedDateTime.toString()을 출력하면 다음과 같은 형태로 나타날 것이다.

```
2018-02-23T15:34:47.767149300+07:00[Asia/Bangkok]
```

이는 2018년 2월 23일 15시 34분 47초 767149300나노초를 의미하며 +07:00은 협정세계시와의 시차를 나타낸다. 협정세계시는 UTC라고도 하는데 1972년 1월 1일부터 시행된 국제 표준시이다.

국제시에서 제일 많이 사용되는 것은 특정 날짜와 시간이 특정 지역 기준으로 어떻게 되는지이다. 개념도는 다음과 같다.

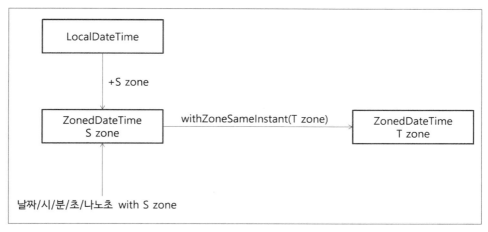

[도표] 타임존이 다른 시간 구하기

일단 소스 ZonedDateTime을 생성해야 한다. 날짜/시/분/초/나노초 정보에서 직접 ZonedDateTime을 구하는 방법이 있고 LocalDateTime을 활용하는 방법이 있다. 다음의 예는 LocalDateTime에서 ZonedDateTime을 구하는 방식이다.

[예제] 타임존이 다른 시간 구하기 예제 – com.javainhand.ch14.newdate.ZonedDateTimeDemo.java

```
01 public class ZonedDateTimeDemo {
02
03     public static void main(String[] args) {
04
05         LocalDateTime localDateTime = LocalDateTime.of(2016, 12, 30, 11, 15);
06
07         ZonedDateTime seoulDateTime = ZonedDateTime.of(localDateTime,
                                         ZoneId.of("Asia/Seoul"));
08         ZonedDateTime bangkokDateTime = seoulDateTime.withZoneSameInstant
                                         (ZoneId.of("Asia/Bangkok"));
09
10         System.out.println(bangkokDateTime);
11     }
12 }
```

5행에서 LocalDateTime을 만들고 7행에서 서울 기반의 ZonedDateTime을 생성했다. 이후 8행에서 withZoneSameInstant(방콕)을 적용해 방콕 기준의 세계시 ZonedDateTime을 생성했다.

실제 프로젝트에서는 자바 API만으로는 날짜를 다루기에 충분하지 않다. 때로는 데이터베이스에 휴일 정보 테이블을 따로 두기도 한다. 그래도 자바의 기본 날짜를 다루는 API를 알고 있어야 매뉴얼하게 코딩을 하는 일이 줄어들 것이다.

들어가면서

앞의 예제에서 제네릭^{Geneics}을 이미 사용해봤다. 15장에서는 제네릭에 대해 좀 더 이론적으로 알아보자. 제네릭은 안 되던 기능을 되도록 하거나 더 쉽게 기능을 구현할 수 있게 하는 장치가 아니다. 프로그램의 안정성을 위한 장치다. 그런 사유로 필자가 접했던 프로젝트에서 제네릭을 활발히 사용해 프로그램을 개발한 프로젝트는 없었다. 다만 JDK 즉 자바가 제공하는 기본 클래스들은 일반 개발자들이 안정적으로 프로그램을 작성해야 하니까 제네릭이 풍부하게 적용돼있다. 공통함수를 작성하거나 라이브러리 성격의 프로그램을 작성한다면 제네릭을 적극적으로 사용해 프로그램을 작성하자.

제네릭의 필요성

제네릭의 필요성을 설명하기 위해 아주 간단한 예제를 들어보자. 하나의 파일로 예제를 작성하기 위해 정적 내부 클래스를 사용한다.

```
01 public class NonGenericDemo {
02
03     static class MyHolder {
04         Object item;
05
06         void set(Object obj)  {
07             item = obj;
08         }
09
10         Object get()  {
11             return item;
12         }
13     }
14
15     static MyHolder myHolder = new MyHolder();
16
17     static void produce()  {
18         // myHolder.set(6);
19         myHolder.set("6");
20     }
21
22     static void consume()  {
23         System.out.println((Integer)myHolder.get()/2);
24     }
25
26     public static void main(String[] args) {
27         produce();
28         consume();
29     }
30 }
```

3~13행에서는 정보를 담기 위한 정적 내부 클래스로 MyHolder 클래스를 선언한다. 그리고 15행에서 이 MyHolder 클래스를 객체화해 멤버 변수로 관리한다. produce() 메소드에서는 멤버 변수 myHolder 객체에 숫자를 저장하고,

consume() 메소드에서는 멤버 변수 myHolder 객체에서 숫자를 꺼내 2로 나눈다.

18행에서처럼 myHolder.set(6)을 하면 오토박싱이 돼 6은 Integer 객체 6으로 저장된다. 그런데 개발자가 실수로 19행과 같이 스트링 "6"을 넣으면 어떻게 될까? 만약 18행 대신 19행과 같은 실수를 한다면 런타임 때 즉 프로그램을 실행하면 다음과 같은 예외를 만날 것이다.

```
Exception in thread "main" java.lang.ClassCastException: java.base/java.lang.
                    String cannot be cast to java.base/java.lang.Integer
at com.javainhand.ch15.NonGenericDemo.consume(NonGenericDemo.java:23)
at com.javainhand.ch15.NonGenericDemo.main(NonGenericDemo.java:28)
```

왜 이런 예외가 발생할까? 23행에서 get()을 사용해 객체를 꺼내와 이를 Integer로 변환했다. 그런데 MyHolder 객체에는 Integer 객체가 아니라 스트링 객체가 들어 있기 때문에 ClassCastException 예외가 발생했다. 이를 타입 안정성이 훼손됐다라고 표현한다.

프로그램을 실행해야만 뭔가 잘못됐다는 것을 알 수 있었다. 그런데 컴파일 타임 때 알 수는 없을까? 이를 위해 제네릭이 나타났다.

제네릭을 이용한 첫 번째 클래스 작성하기

앞의 예제를 제네릭을 사용해 다시 선언하면 다음과 같다.

[예제] 제네릭 기본 예제 - GenericDemo.java

```
01 public class GenericDemo {
02
03     static class MyHolder<T> {
04         T item;
```

```
05
06          void set(T obj)  {
07              item = obj;
08          }
09
10          T get()  {
11              return item;
12          }
13      }
14
15      static MyHolder<Integer> myHolder = new MyHolder<Integer>();
16
17      static void produce()  {
18          // myHolder.set(6);
19          myHolder.set("6");
20      }
21
22      static void consume()  {
23          System.out.println(myHolder.get()/2);
24      }
25
26      public static void main(String[] args) {
27          produce();
28          consume();
29      }
30 }
```

19행에서 MyHolder 객체에 스트링^{String}을 저장하려고 시도하는데 이때 컴파일 에러가 발생한다. 즉 프로그램을 실행하기 전에 잘못됐다는 것을 알 수 있다. 19행을 주석 처리하고 18행을 포함시키면 정상 동작한다.

제네릭의 부수적인 효과로 23행에서와 같이 코드가 간편해진다. 제네릭을 사용하지 않을 때는 (Integer)myHolder.get()/2과 같이 타입 캐스팅이 발생했으나, 제네릭을 사용하니 myHolder.get()/2과 같이 타입 캐스팅이 사라진다.

제네릭의 장점은 첫째, 타입 안정성을 제공한다. 의도하지 않은 타입의 객체 저장을 방지하고 저장된 객체를 조회할 때 원래의 타입과 다른 형변환을 컴파일 타임에서 방지해 런타임에 발생할 수 있는 오류를 사전에 방지한다. 둘째, 부수적인 효과로 형변환을 생략하기 때문에 코드가 간결해진다.

MyHolder 제네릭 전환을 요약하면 다음과 같다.

```
class MyHolder {                        class MyHolder<T> {
    Object item;                            T item;

    void set(Object obj) {                  void set(T obj) {
        item = obj;                             item = obj;
    }                                       }

    Object get() {                          T get() {
        return item;                            return item;
    }                                       }
}                                       }


MyHolder myHolder =                     MyHolder<Integer> myHolder =
new MyHolder();                         new MyHolder<Integer>();
```

[도표] MyHolder 제네릭 전환

용어를 정리하면 다음과 같다.

[도표] 타입 종류 요약

용어	예
제네릭 타입(Generic type)	List〈E〉
파라미터화된 타입(Parameterized type)	List〈String〉
원천 타입(Raw type)	List

제네릭 타입에서 제네릭을 구체화한 것이 파라미터화된 타입이다. 제네릭 타입은 선언에서 사용되고, 파라미터화된 타입은 선언된 타입을 사용하고자 할 때 대응된다.

제네릭 동작 방식

형식 타입(T)은 컴파일 타임 때 실제 타입(Integer, String 등)으로 치환돼 타입에 대한 검증을 수행할 뿐 실행 타임에는 실제 타입 정보를 유지하지 않는다. 자바의 List, ArrayList는 제네릭이 적용돼있는데 이에 대한 간단한 예제 ListDemo.java를 작성후, ListDemo.class 파일을 다시 디컴파일해 원래 소스와 비교해봤다.

자바 소스	디컴파일한 소스

List<BigDecimal> list = new ArrayList<BigDecimal>();
 	
list.add(BigDecimal.valueOf(1));
list.add(BigDecimal.valueOf(2));
 	
BigDecimal sum = new BigDecimal(0);
sum = sum.add(list.get(0));
sum = sum.add(list.get(1));
 	
System.out.println(sum);
	ArrayList list = new ArrayList();
	
	list.add(BigDecimal.valueOf(1L));
	list.add(BigDecimal.valueOf(2L));
	
	BigDecimal sum = new BigDecimal(0);
	sum = sum.add((**BigDecimal**) list.get(0));
	sum = sum.add((**BigDecimal**) list.get(1));
	
	System.out.println(sum);

[도표] 제네릭 디컴파일 비교

디컴파일된 소스에는 자바 소스의 BigDecimal과 같은 실제 타입 정보가 남아있지 않다. 실행 타임에는 모든 객체의 부모 객체인 Object를 기준으로 처리돼있다.

제네릭 기본 문법

제네릭 클래스의 문법을 요약하면 다음과 같다.

[도표] 제네릭 클래스 문법

〈〉 안에 전달하고자 하는 타입 정보의 개수는 복수여도 된다. 또한 T로 해도 되고 A 라고 해도 된다. 즉 특정 문자의 제약이 없다. 이러한 제네릭 클래스를 new할 때는 구체적으로 타입을 기술해야 한다. 〈〉 안에 int 등의 기본 타입은 올 수 없다.

MyHolder〈Integer〉와 같이 구체적인 클래스를 기술하는 것을 제네릭 클래스의 구체화라 한다.

제네릭 클래스의 new 불가

제네릭 타입의 객체 생성은 불가능하다. 즉 제네릭 클래스를 선언할 때 다음과 같은 코드는 컴파일 오류를 발생시킨다.

```java
class MyHolder<T> {
    T item;

    void make()  {
        item = new T();     // 컴파일 오류 발생
    }
    :
}
```

제네릭 타입 구체화 시 배열 불가

MyHolder⟨Integer⟩와 같은 구체화된 제네릭 클래스는 배열로 선언이 불가능하다.

```
01 MyHolder[] myHolder = new MyHolder[10];    // 정상 컴파일

02 MyHolder<Integer>[] myHolder = new MyHolder<Integer>[10];    // 컴파일 오류 발생
```

이는 런타임 즉 실행 시간에는 실타입 즉 Integer에 대한 정보가 남아있지 않기 때문이다. 앞의 스니펫에서 2행이 가능하다고 해보자. 그러면 해당 배열에 실제 객체가 할당되는 런타임 때는 이미 실타입에 대한 정보가 남아있지 않다. 이렇게 되면 타입 체크가 불가능해지고 myHolder에 스트링이 들어있는 MyHolder 객체를 할당할 수 있게 된다. 이럴바에는 아예 구체화된 제네릭 클래스의 배열을 불허하는 것이다. 단 MyHolder가 제네릭 클래스로 선언이 돼있다 할지라도 구체화만 하지 않으면 1행과 같은 선언이 가능하다.

제네릭 클래스 선언에서 제네릭 배열은 가능하다.

```
class MyHolder<T> {
    T[] item;
        :
}
```

구체화 타입의 자식 타입 사용 가능

구체화 시 기술한 타입의 자식 타입까지 사용 가능하다. 이는 부모 객체가 오는 자리에는 자식 객체가 올 수도 있다는 상속의 기본 개념에 비춰 생각하더라도 당연하다. 부모 객체 대신에 자식 객체가 온다 하더라도 타입 안정성이 깨지지 않는다고 보고 다음의 문장을 허용하는 것이다.

```
MyHolder<ParentClass> myHolder = new MyHolder<ParentClass>();
myHolder.set(new ChildClass());
```

그렇지만 다음 문장은 컴파일러가 허용하지 않는다.

```
MyHolder<ParentClass> myHolder = new MyHolder<ChildClass>();    // 컴파일 오류
```

정적 요소에 제네릭 타입 사용 불가

클래스에 선언된 제네릭 타입은 정적^{static} 문장에 사용할 수 없다. 즉 다음 문장은 컴파일 오류가 발생한다.

```
class MyHolder<T> {
    static T item;    // 컴파일 오류 발생
        :
}
```

제네릭 타입 T는 참조 변수를 선언하거나 new를 사용해 객체를 만드는 문장에서 구체화돼 실타입이 정해진다. 그런데 static이 들어간 요소는 이러한 시점보다 전에 사용할 수 있다. 이렇게 되면 타입 안정성을 보장할 수 없다. 그래서 자바는 이런 문장을 불허한다.

MyHolder.item = ~~~

실타입이 정해지기 전에
할당 가능

:

MyHolder<Integer> myHolder = new MyHolder<Integer>();

[도표] 제네릭 타입을 정적(static) 요소에 사용할 수 없는 이유

제네릭 타입에 제약 조건 두기

T와 같은 타입 파라미터를 특정 클래스로 제약 조건을 두고 싶은 경우도 있을 것이다. 그럴 때는 다음 문장을 사용해 특정 클래스나 인터페이스의 하위 클래스로 제약 조건을 둘 수 있다.

```
<T extends 클래스>
<T extends 인터페이스>
```

주의할 것은 인터페이스라 하더라도 extends를 사용한다는 점이다.

```java
public class GenericExtendsDemo {
    static class MyHolder<T extends ParentClass> {
        T item;

        void set(T obj) {
            item = obj;
        }

        T get() {
            return item;
        }
    }

    MyHolder<ParentClass> myHolder1 = new MyHolder<ParentClass>();
    MyHolder<ChildClass> myHolder2 = new MyHolder<ChildClass>();
    // 다음은 컴파일 오류
    // MyHolder<Integer> myHolder3 = new MyHolder<Integer>();
}
```

[도표] extends를 사용한 제네릭 타입 제약

제네릭을 구체화하는 실타입은 ParentClass 혹은 그 자식 클래스만 올 수 있다. 그래서 MyHolder〈Integer〉는 컴파일 에러가 발생한다.

또한 AND 조건도 허용한다. 예를 들면 제네릭 구체화에 사용하는 클래스를 클래스 A와 인터페이스 B를 모두 만족하는 클래스로 적용하고 싶다면 다음과 같이 선언한다. 클래스 2개는 올 수 없다. 2개의 클래스를 extends하는 것은 자바 문법상 불가하다. 한 개의 클래스를 extends하고 여러 인터페이스를 implements할 수 있는 자바의 성질을 염두에 두면 될 듯하다.

<T extends 클래스A & 인터페이스B & 인터페이스C >

제네릭 인터페이스

인터페이스 역시 제네릭 타입을 사용해 정의하고 이를 구현하는 클래스를 작성할 수 있다. 기본적인 규칙은 다음과 같다.

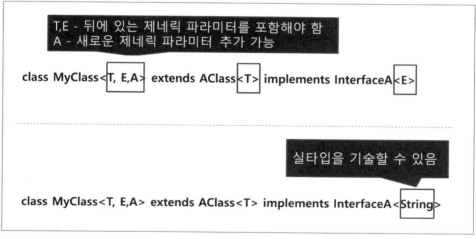

[도표] 제네릭 인터페이스 구현이나 제네릭 클래스 상속 시 규칙

다음과 같은 인터페이스가 있다고 하자.

```
interface IMyHolder<T> {  ..  }
```

그럴 때 앞에서 소개한 기본 규칙을 적용해 구현 가능한 클래스는 다음과 같다.

```
class MyHolder1<T> implements IMyHolder<T> { ... }

class MyHolder2<T, E> implements IMyHolder<T> { ... }

class MyHolder3 implements IMyHolder<String> { ... }

class MyHolder4<T> implements IMyHolder<String> { ... }
```

예제 프로그램은 다음과 같다. 로직의 의미는 없고 문법적으로 가능 여부를 점검하는 차원에서 작성했다.

[예제] 제네릭 인터페이스 예제 - GenericInterfaceDemo.java

```java
public class GenericInterfaceDemo {

    static interface IMyHolder<T> {
        void set(T item);
        T get();
    }

    static class MyHolder1<T> implements IMyHolder<T> {
        T item;

        @Override
        public void set(T item) {
            this.item = item;
        }

        @Override
        public T get() {
            return item;
        }
    }
```

```java
static class MyHolder2<T, E> implements IMyHolder<T>  {
    T item;

    @Override
    public void set(T item) {
        this.item = item;
    }

    @Override
    public T get() {
        return item;
    }

    public void print(E item)  {
        System.out.println(item);
    }
}

static class MyHolder3 implements IMyHolder<String>  {
    String item;

    @Override
    public void set(String item) {
        this.item = item;
    }

    @Override
    public String get() {
        return item;
    }
}

static class MyHolder4<T> implements IMyHolder<String>  {
    String item;

    @Override
    public void set(String item) {
```

```
            this.item = item;
        }


        @Override
        public String get() {
            return item;
        }

        public void print(T item)  {
            System.out.println(item);
        }
    }

    public static void main(String[] args) {
        IMyHolder<String> myHolder1 = new MyHolder1<String>();
        IMyHolder<String> myHolder2 = new MyHolder2<String, Integer>();
        IMyHolder<String> myHolder3 = new MyHolder3();
        IMyHolder<String> myHolder4 = new MyHolder4<Integer>();
    }
}
```

제네릭 인터페이스에서도 앞에서 소개한 제네릭 기본 문법은 여전히 동작한다.

제네릭 메소드

제네릭 타입 파라미터를 클래스 수준에서 줄 수도 있지만, 메소드 내에서만 의미를
가지게 할 수도 있다. 이렇게 메소드 내에서만 제네릭 타입 파라미터가 의미를 가지
는 장치가 제네릭 메소드다.

제네릭 메소드의 선언은 다음과 같다.

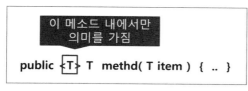

[**도표**] 제네릭 메소드 선언

제네릭 메소드의 사용법은 다음과 같다.

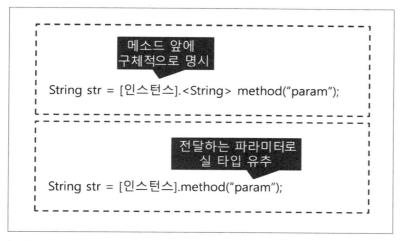

[**도표**] 제네릭 메소드 사용

메소드 사용 시 메소드 앞 〈〉에 구체적으로 타입을 명시하는 방법이 있고, 타입 명시를 생략할 수도 있다. 타입 명시를 생략하면 전달하는 파라미터로 타입을 유추하게 된다.

인스턴스 메소드를 가정해 기술했는데, 제네릭 메소드는 인스턴스 메소드뿐 아니라 정적^{static} 메소드도 가능하다. 실제로는 정적 메소드에 제네릭 메소드가 더 많이 사용된다. 정적 메소드는 객체의 상태 없이 정적 메소드만으로 기능이 동작하는 유틸클래스 성격이 많은데 이것이 메소드 내에서만 제네릭 타입이 영향을 미치는 제네릭 메소드와 대응되기 때문이다.

만약 클래스 수준에서 정의한 제네릭 타입 파라미터와 제네릭 메소드에서 정의한 제네릭 타입이 같은 문자를 사용한다면 어떻게 될까? 이는 T라는 문자만 같을 뿐 다른 T이며, 메소드 내에서는 메소드 제네릭의 T가 우선해 동작한다.

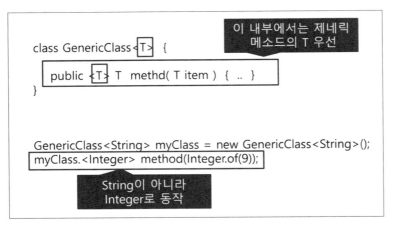

[도표] 제네릭 클래스와 제네릭 메소드의 제네릭 타입 파라미터 일치

GenericClass〈String〉으로 선언했다고 하더라도 method()가 실행될 때는 메소드 제네릭의 T가 우선해 동작하기 때문에 method() 내에서는 Integer가 실타입으로 동작한다. 다음은 제네릭 메소드 예제다. Util 클래스의 정적 메소드 boxing(param)을 호출하면 param을 MyHolder에 저장해 MyHolder를 반환한다.

[예제] 제네릭 메소드 예제 – GenericMethodDemo.java

```
01 public class GenericMethodDemo {
02     static class MyHolder<T> {
03         T item;
04
05         void set(T obj) {
06             item = obj;
07         }
08
09         T get() {
10             return item;
11         }
```

```
12      }
13
14      static class Util  {
15
16          static public <T> MyHolder<T> boxing(T item)  {
17              MyHolder<T> myHolder = new MyHolder<T>( );
18              myHolder.set(item);
19              return myHolder;
20          }
21      }
22
23      public static void main(String[] args) {
24          MyHolder<Integer> myHolder = Util.boxing(Integer.valueOf(1));
25      }
26 }
```

16~20행에서 제네릭 메소드가 선언됐다. Util.boxing(Integer.valueOf(1))을
하면 다음과 같이 제네릭 메소드의 T가 Integer로 대응돼 타입이 체크된다.

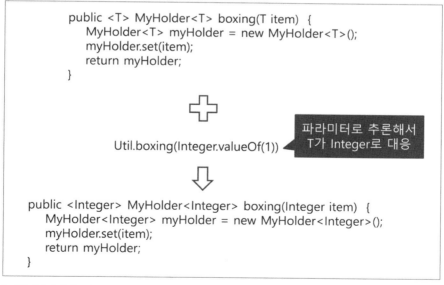

[도표] 제네릭 클래스와 제네릭 메소드의 제네릭 타입 파라미터 일치

컴파일 타임에서 MyHolder 제네릭 클래스와 연동해서 타입 체크를 하는 데 사용된다. 컴파일된 클래스를 다시 디컴파일해서 보면 이것 역시 제네릭 관련 정보는 아무것도 보이지 않는다.

제네릭 와일드카드

?는 제네릭 타입 분야에서 와일드카드라고 하는데 정해지지 않은 타입을 의미한다. 와일드카드는 파라미터, 멤버 변수, 지역 변수, 반환 타입 등에 사용된다.

좀 더 상세히 설명하면 제네릭 타입을 구체화해 생성되는 객체를 가리키기 위한 파라미터, 멤버 변수, 지역 변수, 반환 타입을 선언할 때 사용된다.

다음은 와일드카드가 어떻게 사용되는지 문법적으로 보여주는 예제다.

[예제] 와일드카드 예제 – WildcardDemo.java

```
01 public class WildcardDemo {
02     static class MyHolder<T> {
03         T item;
04
05         void set(T obj) {
06             item = obj;
07         }
08
09         T get() {
10             return item;
11         }
12
13         void setList(List<?> list) {}
14     }
15
16     void method(MyHolder<?> param) {
```

```
17          param.get();
18          // 다음은 컴파일 에러
19          // param.set(new Object());
20          Object o = param.get();
21      }
22
23      MyHolder<?> field;
24
25      public static void main(String[] args) {
26          MyHolder<?> myHolder = new MyHolder<String>();
27      }
28 }
```

23행을 보자. 만약 MyHolder 객체를 멤버 변수로 보관할 것인데, 안에 들어가는 실타입은 모든 타입이 가능하다고 하면 멤버 변수 즉 필드를 어떻게 선언하면 될까? MyHolder〈Object〉라고 생각할 수도 있지만 아니다. 앞에서 소개한 제네릭 기본 문법 절에서 언급한 다음의 사실이 기억나는가?

```
MyHolder<ParentClass> myHolder = new MyHolder<ChildClass>();     // 컴파일 오류
```

마찬가지로 다음 문장도 컴파일을 허용하지 않는다.

```
MyHolder<Object> myHolder = new MyHolder<ChildClass>();     // 컴파일 오류
```

이때 23행처럼 MyHolder〈?〉 field라고 하면 된다. 즉 제네릭 클래스를 위한 객체 참조 변수를 만들고자 하는데 실타입이 정해지지 않았을 때 와일드카드를 사용한다.

그런데 와일드카드를 사용하면서 아무 제약도 주지 않으면 타입 안정성을 해치게 된다. 제네릭 클래스를 만든 이유는 타입 안정성을 위해서다.

타입을 엄격하게 체크하기 위해 제네릭을 만들었다. 그런데 와일드카드를 쓰고 아무

런 제약 조건도 두지 않으면 아무 객체나 다 들어갈 수 있다는 의미가 돼서 원래 의도인 타입 안정성을 해치게 된다.

```
MyHolder<?> myHolder = ...
myHolder.set(..);     // 컴파일 타임부터 불허
```

〈?〉이니 모든 타입을 다 허용한다고 해서 set(…) 메소드를 허용하면 타입 안정성을 해친다.

그래서 컴파일러는 제네릭 타입이 파라미터로 노출되는 메소드의 실행은 컴파일 단계부터 불허한다.

단 다음과 같이 제네릭 타입이 반환형으로 나오는 것은 허용한다.

```
MyHolder<?> myHolder = ...
.. myHolder.getet();  // 허용
```

위 예제에 와일드카드가 적용된 분야를 표시하면 다음과 같다.

```
public class WildcardDemo {
    static class MyHolder<T> {
        T item;


        void set(T obj) {
            item = obj;
        }

        T get() {
            return item;
        }
                                    파라미터
        void setList(List<?> list)  { }
    }
      반환 타입                 파라미터
    MyHolder<?> method(MyHolder<?> param) {
        return null;
    }            필드
    MyHolder<?> field;

                  지역 변수
    public static void main(String[] args) {
        MyHolder<?> myHolder = new MyHolder<String>();
    }
}
```

[도표] 와일드카드가 적용된 분야

반면 제네릭 메소드를 호출하거나 제네릭 클래스를 new하는 데 사용할 수는 없다. 또한 제네릭 클래스 자체를 선언하는 데도 사용되지 않는다.

```
Util.<?>boxing(..);      // X
new MyHolder<?>();       // X
class MyHolder<?> { };   // X
```

착각하기 쉬운 것은 앞의 예의 13행이다. 와일드카드를 사용했지만 이는 List라는 제네릭 클래스 타입의 파라미터를 나타내기 위한 것이지, MyHolder 제네릭 클래스 자체를 정의하기 위해 사용되는 것은 아니다.

와일드카드로는 다음의 세 가지 형태가 모두 올 수 있다.

```
<?>: Unbounded Wildcards(제한 없음)
<? extends 상위 타입>: Upper Bounded Wildcards(상위 클래스 제한)
<? super 하위 타입>: Lower Bounded Wildcards(하위 클래스 제한)
```

ChildClass가 ParentClass를 상속받았다고 하면 와일드카드에 따른 제약 조건은 다음과 같다.

[도표] 와일드카드의 변형

좀 더 복잡한 제네릭 메소드와 와일드카드의 예

좀 더 복잡한 예를 살펴보자. 뒤에 컬렉션 프레임워크를 배울 것인데 그 컬렉션 프레임워크에서 제네릭 메소드와 와일드카드가 혼용돼 나와서 API 해석이 어려워진다. 이번 절에서 컬렉션 프레임워크의 제네릭 부분에 대해 알아보자. 다음 API를 보자.

파라미터에 와일드카드가 없는 경우

```
Collections:
public static <T extends Comparable<? super T>> void sort(List<T> list)
```

sort(A param)의 파라미터의 타입이 T에 대응되는 실타입이 된다(A라고 가정하자). 그리고 다음 조건을 만족해야 컴파일 에러가 발생하지 않는다.

```
A 타입은 Comparable을 extends 해야 함
Comparable의 <>에 적용되는 실타입은 A 혹은 A의 부모 타입이어야 함
```

이 제약 조건을 충족하지 않으면 컴파일 오류가 발생한다. 사용 예를 보자.

```
List<BigInteger> list = new ArrayList<BigInteger>();
list.add(BigInteger.valueOf(3));
list.add(BigInteger.valueOf(2));

Collections.sort(list);
```

위 제약 조건에 실타입 BigInteger를 대입하면 다음과 같다.

```
BigInteger는 Comparable을 extends해야 함
Comparable의 <>에 적용되는 실타입은 BigInteger 혹은 BigInteger의 부모 타입이어야 함
```

BigInteger는 다음과 같이 선언돼 있어 제약 조건을 충족함을 알 수 있다.

```
public class BigInteger extends Number implements Comparable<BigInteger>
```

파라미터에 와일드카드가 한 개 있는 경우

파라미터에 와일드카드가 한 개 있는 경우를 보자. 다음은 T의 하위 타입이 요소인

컬렉션을 받아서 그 중 가장 큰 요소를 반환하는 메소드다. 이때 가장 크다는 것은 Comparable에 의해 결정된다.

```
Collections:
public static <T extends Object & Comparable<? super T>> T max(Collection<?
extends T> coll)
```

컬렉션의 요소는 T나 T의 하위가 들어있는데, 반환은 T 타입으로 기술했다. 참조 변수 T는 T 객체는 물론이고 그 하위 객체도 모두 가리킬 수 있기 때문이다. 엄격하게 타입을 체크하는 것은 〈〉 안에 들어가는 제네릭 타입이지 일반적으로는 부모 객체가 올 수 있는 자리에는 자식 객체도 올 수 있다.

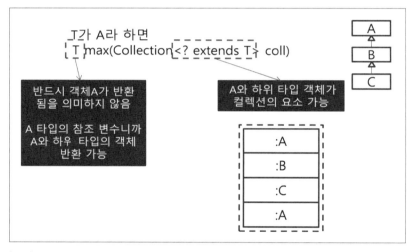

[도표] 제네릭 메소드와 와일드카드

사용 예를 보자.

```
List<BigInteger> list = new ArrayList<BigInteger>();
    :
BigInteger bigInteger = Collections.max(list);
```

Collection⟨? extends T⟩가 max()의 파라미터의 타입인데 앞의 사용 예처럼 Collection⟨BigInteger⟩를 사용하면 T가 무엇이 될까? 이때는 BigInteger를 T로 보고 컴파일러가 체크한다. 그렇게 되면 메소드는 다음과 같이 해석된다.

```
public static <BigInteger extends Object & Comparable<? super BigInteger>>
            BigInteger max(Collection<? extends BigInteger> coll)
```

이때 컴파일러가 충족해야 하는 제약 조건은 다음과 같다.

```
BigInteger은 Comparable을 extends 해야 함
Comparable의 <>에 적용되는 실타입은 BigInteger 혹은 BigInteger의 부모 타입이어야 함
BigInteger는 BigInteger를 extends해야 함
```

앞의 sort() 예와 유사한데 마지막 제약 조건이 하나 더 추가됐다. 의미없는 말이긴 하지만 틀린 말은 아니다. 제약 조건에서 extends와 super는 모두 자기자신을 포함한다. 위 제약 조건 중 하나라도 충족하지 않을 경우 컴파일러는 오류를 발생시킨다.

[도표] 파라미터에 혼합된 와일드카드가 한 개 있는 경우의 T 추론 방식

파라미터에 와일드카드가 두 개 있는 경우

제네릭 메소드의 파라미터에 와일드카드가 2개 있는 경우를 보자. 다음은 src에서 객체를 복사해 dest에 넣는 메소드다.

Collections:

```
public static <T> void copy(List<? super T> dest, List<? extends T> src)
```

src는 더 많은 데이터를 담을 수 있는 하위 클래스 허용이고, dest는 담을 수 있는 데이터가 줄어들 수 있는 상위 클래스 허용이다. 이는 데이터 복사 시 dest의 빈 여백을 허용하지 않겠다는 copy 정책을 반영한 것이다.

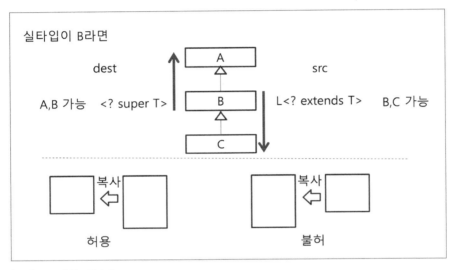

[도표] copy의 목표와 소스

이제 제네릭 메소드에서 T의 타입이 어떻게 추론되는지 보자. 사용 예가 다음과 같다고 하자.

```
class MyBigInteger extends BigInteger { … }

List<MyBigInteger> src = new ArrayList<MyBigInteger>();
    :
List<BigInteger> dest = new ArrayList<BigInteger>(src.size());

Collections.<BigInteger>copy(dest, src);
```

제네릭과 혼합된 와일드카드가 파라미터에 2개 있다. 이때 dest를 기준으로 하면 T는 BigInteger로 추론된다. 만약 src를 기준으로 하면 T는 MyBigInteger로 추론된다.

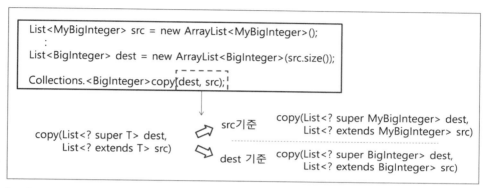

[도표] 제네릭과 혼합된 와일드카드가 2개인 경우 컴파일러 체크 시 T 추론 방식

그런데 무엇을 기준으로 삼든지 제약 조건을 충족한다. src를 기준으로 T가 추론됐을 경우는 다음 조건이 충족된다.

```
BigInteger super MyBigInteger
MyBigInteger extends MyBigInteger
```

dest를 기준으로 T가 추론이 됐을 경우는 다음 조건이 충족된다.

```
BigInteger super BigInteger
MyBigInteger extends BigInteger
```

결국 어떤 경우에도 제약 조건을 충족하기 때문에 컴파일러는 오류를 발생시키지 않는다. 위 예에서는 모든 경우에 컴파일러의 제약 조건을 충족했지만 때로는 한 경우만 충족하는 경우도 있다. 다음 예를 보자.

```
01 public class WhatTypeDemo {
02
03     static class MyBigInteger extends BigInteger  {
04         public MyBigInteger(String arg0) {
05             super(arg0);
06         }
07     }
08
09     static class Test  {
10         public static <T> T test(Collection<? extends T> coll1, Collection<?
                                     extends T> coll2) {
11             return coll2.iterator().next();
12         }
13     }
14
15     public static void main(String[] args) {
16         List<BigInteger> list1 = new ArrayList<BigInteger>();
17         List<MyBigInteger> list2 = new ArrayList<MyBigInteger>();
18
19         Test.<BigInteger>test(list1, list2);
20         //Test.<MyBigInteger>test(list1, list2);
21
22         Test.test(list1, list2);
23     }
24 }
```

19행에서 파라미터화 타입을 list1의 BigInteger로 지정했을 때 정상 컴파일된다. 그러나 20행에서처럼 파라미터화 타입을 MyBigInteger로 주면 컴파일 오류가 발생한다. Test⟨? extends T⟩ coll2에 의한 BigInteger extends MyBigInteger는 성립하지 않기 때문이다.

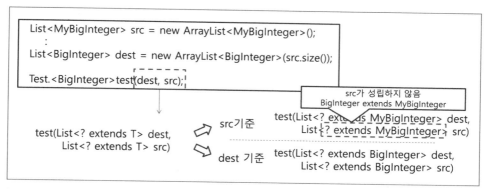

[도표] 제네릭과 혼합된 와일드카드가 2개인 경우 컴파일러 체크 시 T 추론 방식–계속

22행은 실타입을 명시하고 파라미터에 의한 추론을 시도하고 있으며, 정상 컴파일되는 문장이다. 즉 컴파일러가 제네릭 타입의 실타입을 추론해서 한 가지라도 성공하는 실타입이 있으면 컴파일러는 에러를 발생시키지 않는다.

다이아몬드 연산자

자바 7 이전에는 제네릭의 사용 패턴이 다음과 같았다.

```
방안 1: List<Integer> list = new ArrayList();                // 컴파일 Warning 발생
방안 2: List<Integer> list = new ArrayList<Integer> ();
```

그런데 자바 7 이후 하나가 더 포함됐다.

```
방안 3: List<Integer> list = new ArrayList<>();
```

방안 3은 참조 변수의 제네릭 타입을 보고 객체 생성 시의 제네릭 타입을 유추하는 기능이다. 개념적으로 객체 생성 시 제네릭 타입을 주지 않았다는 것인데, 어차

피 객체는 참조 변수를 통해 접근하므로 대부분의 경우에 기능상 차이점은 발견하기 어렵다.

JDK를 사용할 때는 가능한 파라미터화된^{Parameterized} 타입을 사용하자. 그리고 클래스를 정의할 때도 제네릭을 사용해 정의하자. 다만 JDK 1.5부터 제네릭 타입을 제공하니 그로부터 파생되는 기능인 파라미터화된 타입도 그 이전 JDK에서는 사용할 수 없다. 이전 버전의 JDK를 사용할 때는 어쩔 수 없이 원천 타입을 사용한다.

컬렉션 프레임워크

컬렉션 프레임워크는 다른 값을 담는 그릇, 즉 컨테이너를 의미한다. 컨테이너는 한 종류만 있는 것이 아니다. 성격에 따라 다양한 컨테이너가 있다. 그리고 이 다양한 컨테이너와 이를 위한 유틸 클래스를 포함해 컬렉션 프레임워크라 한다.

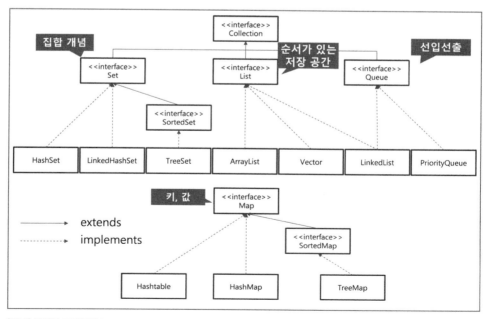

[도표] 컬렉션 프레임워크

앞의 그림에 있는 클래스 외에도 컨테이너 클래스가 더 있다. 많이 사용되는 것 위주로 알아보자.

HashSet

Set을 상속받았기 때문에 집합 개념의 컨테이너임을 알 수 있다. 집합은 원소의 모임이다.

[예제] HashSet 예제 – HashSetDemo.java

```
01 public class HashSetDemo {
02
03     public static void main(String[] args) {
04         Set<String> hashSet = new HashSet<String>();
05
06         hashSet.add("Human");
07         hashSet.add("Dog");
08         hashSet.add("Fish");
09         hashSet.add("Monkey");
10         hashSet.add("Bird");
11
12         hashSet.add("Human");
13         hashSet.add(null);
14
15         System.out.println(hashSet.toString());
16
17         boolean isExist = hashSet.contains("Human");
18         System.out.println(isExist);
19
20         hashSet.remove("Human");
21         System.out.println(hashSet.toString());
22     }
23 }
```

4행에서 HashSet〈String〉 hashSet 대신 Set〈String〉 hashSet을 사용했다. 구체적인 클래스보다는 인터페이스를 적는 것이 좀 더 유연하다. 나중에 HashSet이 아닌 다른 XXSet으로 대체될 때 해당 부분만 바꾸면 되기 때문이다. 그리고 4행의 Set〈String〉 hashSet에서 String은 집합 내에서 String 객체를 보관하겠다는 의미다.

집합 개념이기 때문에 add()한 순서는 의미가 없고 6행, 12행에 Human을 두 번 add()했지만 집합 개념이기 때문에 한 번 한 것과 동일한 의미다. 그리고 null을 add()했는데 이 역시도 컨테이너에 정상적으로 포함된다. 15행의 결과는 다음과 같다.

```
[Human, null, Bird, Monkey, Fish, Dog]
```

해당 값이 집합에 포함돼있는지 알려면 17행에서와 같이 contains(Object o) 메소드를 사용한다. 18행의 결과는 다음과 같다.

```
true
```

20행, 21행을 통해 집합에서 특정 값을 제거함을 알 수 있다. remove("Human")을 통해 Human 객체를 집합에서 제거했다. 이때도 전달하는 파라미터와 컨테이너가 담고있는 객체가 동일한지 여부는 해당 객체의 equals() 메소드에 의해 검사된다.

```
[null, Bird, Monkey, Fish, Dog]
```

집합^{Set}에 들어있는 값을 꺼내오고 싶다면 Iterator와 Enumeration을 사용한다. 이는 단순히 Set에만 국한된 방법이 아니라 Collection에 일관되게 적용할 수 있는 방식이기 때문에 뒤에서 다시 다루도록 한다.

ArrayList

ArrayList는 순서가 있다. 집합 개념의 Set에서는 add()의 순서가 의미가 없었지만 ArrayList에서는 add()하는 순서가 데이터 순서로서의 의미가 있다. 또한 같은 데이터를 중복 add()하는 것도 의미가 있다. 집합에서는 같은 객체를 중복 add()하는 것이 의미가 없었지만 이 클래스는 다르다.

또한 remove(int index), remove(Object obj)를 모두 지원하기 때문에 인덱스에 의한 삭제도 가능하며 객체를 파라미터로 한 삭제도 가능하다.

[예제] ArrayList 예제 – ArrayListDemo.java

```
01 public class ArrayListDemo {
02
03     public static void main(String[] args) {
04         List<String> list = new ArrayList<String>();
05
06         list.add("Human");
07         list.add("Human");
08         list.add("Dog");
09         list.add("Fish");
10         list.add(null);
11         System.out.println(list.toString());
12
13         list.add(0, "Monkey");
14         list.add(1, "Bird");
15         System.out.println(list);
16
17         list.remove("Human");
18         System.out.println(list);
19
20         list.remove(1);
21         System.out.println(list);
22
23         String strValue = list.get(2);
```

```
24          System.out.println(strValue);
25      }
26 }
```

4행에서 ArrayList⟨String⟩ 대신 List⟨String⟩을 사용했다. 이 역시 구체적인 클래스를 사용하는 것보다는 인터페이스를 사용하는 것이 유연하다는 가이드에 따라 관습적으로 앞과 같이 기술한 것이다.

ArrayList는 순서가 있기 때문에 add()의 순서가 의미가 있고, 중복되는 객체의 add()도 의미가 있다. 11행의 출력은 다음과 같다.

```
[Human, Human, Dog, Fish, null]
```

add()한 순서와 출력 순서가 일치함을 확인할 수 있다. 또한 ArrayList는 인덱스를 사용해 원하는 위치에 add()할 수도 있다. 13행, 14행을 통해 첫 번째와 두 번째에 각각 "Monkey"와 "Bird"를 추가했다. 15행을 통해 결과를 확인할 수 있다.

```
[Monkey, Bird, Human, Human, Dog, Fish, null]
```

객체를 파라미터로 하는 삭제가 가능한데 remove(Object obj)의 메소드를 사용하면 된다. 그러면 내부적으로 앞에서부터 해당 객체의 equals() 메소드를 사용해 검사하다가 equals()에서 true가 되면 해당 객체를 삭제한다. equals()가 true인 객체가 ArrayList 안에 2개이더라도 한 번의 remove는 하나의 객체만 제거한다. 18행의 출력을 통해 이를 확인할 수 있다. remove(Object obj)라고 하더라도 참조 변수가 Object라는 의미이지, 전달되는 실제 객체가 Object라는 의미가 아니다. 이 예에서는 스트링 객체를 전달하기 때문에 String 클래스의 equals()가 실행된다.

```
[Monkey, Bird, Human, Dog, Fish, null]
```

remove(int index)를 사용해 원하는 위치의 객체를 삭제할 수도 있다. 21행의 출력을 통해 이를 확인할 수 있다.

```
[Monkey, Human, Dog, Fish, null]
```

23행에서 해당 ArrayList 객체로부터 값을 가져오는 것을 알 수 있다. List 인터페이스의 get(int index) 함수를 사용한다. 24행의 출력은 다음과 같다.

```
Dog
```

JDK 1.5부터 이전 방식과 다른 for문을 지원하는데 이는 배열이나 Iterable 인터페이스를 구현한 객체를 대상으로 한다. 이러한 형태를 foreach문이라고도 한다.

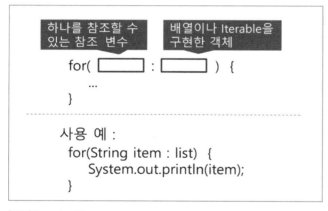

[도표] foreach 구문

예제 프로그램은 다음과 같다.

[예제] ForEachDemo 예제 – ForEachDemo.java

```
01 public class ForEachDemo {
02
03     public static void main(String[] args) {
```

```
04          String[] arr = {"apple", "banana", "grape"};
05
06          for(String item : arr)  {
07              System.out.println(item);
08          }
09
10          List<String> list = new ArrayList<String>(Arrays.asList(arr));
11          for(String item : list)  {
12              System.out.println(item);
13          }
14      }
15 }
```

6~8행은 배열을 대상으로 하는 foreach문이다. 10행에서는 배열을 ArrayList로 전환했다. 그리고 11~13행은 ArrayList를 대상으로 foreach를 수행한다. ArrayList는 Iterable 인터페이스를 구현했기 때문에 foreach가 가능하다.

Vector

자바에서 Vector는 약간 구식의 클래스다. 혹자는 Legacy한 메소드를 제공한다고 표현하기도 한다. 특징은 크게 다음의 세 가지다. 첫째, 동기화를 지원한다. 너무 강력하게 지원하다 보니 쓸데없이 성능을 저하시킨다는 평이 있다. 둘째, 가변 길이를 지원하는 1차원 배열이다. 자바의 배열은 고정 길이를 사용한다. 즉, 배열이 한 번 생성되면 배열의 길이를 증가하거나 감소할 수 없다. 그러나 Vector의 경우에는 동적으로 변경된다.

ArrayList와 비교해 보니 동기화 부분만 빼고는 비슷하다. Vector 사용을 고려할 만큼 동기화가 강하게 지원해야 하는 환경은 드물다. 예를 들면 특정 인덱스의 값을 가져오는 함수로 Vector에는 get(int index)이 있는데 이것조차 synchronized가 붙어있다.

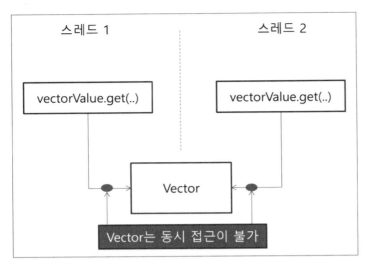

[도표] Vector 동기화

멀티스레드에서 동일 Vevtor 객체에 접근하는 경우가 아니라면 모든 메소드에 synchronized가 붙어있는 Vector는 비효율적이다. 더욱이 get과 get이 동시에 수행되는 것을 막는 것에는 별다른 의미가 없다. 멀티스레드에서 동일 배열에 접근하는 일이 있다 하더라도 해당 배열을 위해 ArrayList를 사용하면서 접근하는 호출자 수준에서 선택적으로 동기화 처리를 하는 것이 더 효율적이다.

HashMap과 Hashtable

먼저 HashMap을 알아보자. HashMap은 키, 값으로 이뤄진 컨테이너이다. 값을 저장할 때 키와 같이 저장하며, 키를 주면 빠르게 값을 찾을 수 있다. 즉 특정 키로 값을 찾고자 할 때 사용한다.

[예제] HashMap 예제 – HashMapDemo.java

```
01 public class HashMapDemo {
```

```
02
03      public static void main(String[] args) {
04          Map<String, String> map = new HashMap<String, String>();
05
06          map.put("key1", "Orange");
07          map.put("key2", "Apple");
08          System.out.println(map.toString());
09
10          map.put("key1", "Banana");
11          System.out.println(map.toString());
12
13          String strValue = map.get("key2");
14          System.out.println(strValue);
15      }
16  }
```

put(키, 값)을 사용해 (키, 값)을 저장한다. 6~8행을 통해 이를 확인할 수 있다.

```
{key1=Orange, key2=Apple}
```

같은 키로 동일하게 put()을 하면 이전 저장된 값 위에 새로운 값이 덮어씌워진다. 10~11행을 통해 이를 확인할 수 있다. put()의 순서가 의미 없다는 점을 알아두자. 결과가 put한 순서대로 출력된 것 같지만 이는 우연이다.

```
{key1=Banana, key2=Apple}
```

값 = get(키)를 통해 키를 주었을 때 해당 값을 가져온다. 13행, 14행을 통해 이를 확인할 수 있다.

```
Apple
```

HashSet에서 값의 목록을 알고 싶은 경우가 있을 텐데, 이와 유사하게 키의 목록을 알고 싶을 때가 있을 것이다. 두 경우 모두 Iterator와 Enumeration을 사용하면 된다.

지금까지 소개한 컬렉션 클래스의 공통 특성은 추가하는 순서에 의미 없는 HashSet과 HashMap은 인덱스(int형)를 파라미터로 하는 조회 메소드가 없다. 추가하는 순서에 의미가 있는 ArrayList는 인덱스(int형)를 파라미터로 하는 조회 함수가 있다.

Hashtable은 HashMap과 유사하며 주요 차이점은 다음과 같다. 첫째, Hashtable은 동기화를 지원한다. 즉 대부분의 메소드가 synchronized로 돼있다. 둘째, Hashtable은 null 값을 키나 데이터로 가질 수 없다. 실행 시에 NullPointerException이 떨어진다. 반면 HashMap은 메소드에 synchronized가 없으며 null을 키나 데이터로 해도 에러가 나지는 않는다(에러가 나지 않는다는 것이지 일반 데이터처럼 저장된다는 것은 아니다).

Iterator

Iterator를 사용해 값을 저장하지는 않는다. Iterator는 인터페이스인데 이를 사용해 컨테이너로부터 값을 조회하고자 할 때 종종 사용된다.

Iterator는 자바 컬렉션들이 담고있는 객체에 대한 표준적인 접근을 제공한다. 앞에서 설명한 ArrayList, HashSet, HashMap 모두 Iterator를 제공한다. 다음은 컨테이너로부터 Iterator를 얻는 스니펫이다.

```
01   ArrayList<String> list = new ArrayList<String>();
02   Iterator<String> listIterator = list.iterator();
03
04   HashSet<String> set = new HashSet<String>();
05   Iterator<String> setIterator = set.iterator();
```

```
06
07    Map<String, String> map = new HashMap<String, String>();
08    Set<String> keySet = map.keySet();
09    Iterator<String> keyIterator = keySet.iterator();
```

눈에 띄는 것은 7~9행의 Map 객체에서 Iterator를 얻는 방식이다. Map은 키와 값이 한 쌍으로 있는 데이터이다. 이 묶음 단위를 가리키는 클래스는 없다. 키, 값의 묶음을 가리키는 단위가 있다면 Iterator가 이 묶음 단위를 가리키면 되겠지만 키, 값의 묶음 단위가 없기 때문에 불가능하다. 대신 먼저 키의 집합을 얻은 후 그 키 집합에서 Iterator를 얻는 것은 가능하다.

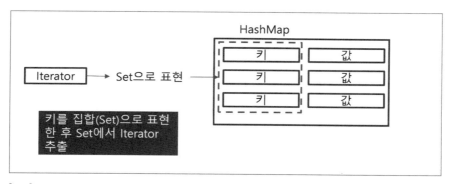

[도표] HashMap에서 Iterator 추출

이제 Iterator를 사용해 값에 접근하면 된다. Iterator에 대한 사용 패턴은 다음과 같다.

```
while(iterator.hasNext()) {
    String data = iterator.next();
        :
}
```

일반적으로 ArrayList는 List의 함수인 get()을 사용하면 되니까 Iterator를 List에서 파생되는 객체에 사용할 일은 거의 없다. 그러나 Set이나 HashMap의 경우는 해당 컨테이너가 담고있는 값의 목록을 도출하고 싶은 경우에 Iterator를 종종 사용한다. HashMap의 경우를 보자. HashMap에 들어있는 데이터를 사용하고 싶은 경우 일단 키에 대한 집합^{Set}을 얻은 후 그 집합^{Set}으로부터 Iterator를 얻는다. 이 Iterator로부터 얻어낸 키를 사용해 값을 조회한다.

[예제] Iterator 예제 – IteratorDemo.java

```
01 public class IteratorDemo {
02
03     public static void main(String[] args) {
04         Map<String, String> map = new HashMap<String, String>();
05         map.put("key1", "Orange");
06         map.put("key2", "Apple");
07
08         Set<String> keySet = map.keySet();
09         Iterator<String> iterator = keySet.iterator();
10         while(iterator.hasNext())  {
11             String key = iterator.next();
12             String value = map.get(key);
13             System.out.println("["+key+","+value+"]");
14         }
15     }
16 }
```

앞의 예제에서 8~14행이 Map에 들어있는 키와 값을 확인하는 코드다. 8행의 맵^{Map}에서 키에 대한 집합^{Set}을 얻고, 9행에서 키 집합으로부터 Iterator를 얻는다. 해당 Iterator로부터 데이터를 얻는데 이 데이터의 의미는 Map의 키이다. 이 키로 12행의 Map에서 값을 조회한다. 결과는 다음과 같다.

```
[key1, Orange]
[key2, Apple]
```

Interator와 비슷한 역할을 하는 클래스로 Enumeration이 있다. 그러나

Enumeration은 Vector, HashTable, Stack과 같이 사용할 수 있는 컬렉션에 제약이 있다. 또한 Interator는 remove()를 지원하지만 Enumeration은 remove()를 지원하지 않는다. 실제 프로젝트에서도 사용빈도가 극히 낮고 앞으로도 그 사용빈도가 증가할 가능성은 없다고 판단돼 굳이 Enumeration에 대해서는 더 다루지 않는다.

리스트 대 배열

리스트^{List}를 배열^{Array}로 바꾸는 방법은 다음과 같다.

```
01    List<String> list = new ArrayList<String>();
02    list.add("Apple");
03    list.add("Mango");
04
05    String[] arr = new String[list.size()];
06    list.toArray(arr);
```

5~6행이 리스트를 배열로 바꾸는 방법이다. 비슷하게 배열을 리스트로 바꿀 수도 있다.

```
String[] arr = { "Apple", "Grape" };
List<String> list = new ArrayList<String>(Arrays.asList(arr));
```

두 번째 줄에서 new ArrayList〈String〉(Arrays.asList(arr)) 대신 Arrays.asList(arr)만 해도 될 것 같지 않은가? 된다. 다만 그렇게 해서 생성된 리스트에는 add()를 실행하는 순간 UnsupportedOperationException 예외가 발생한다.

대부분의 경우에는 배열보다는 리스트를 사용할 것을 권장한다. 리스트가 지원하는 메소드도 많고, 개발이 더 편리하다. 예를 들면 중간에 엘리먼트를 하나 추가한다고 할 때 add(index, element)를 하면 되지만 배열은 코드가 더 늘어난다.

Collections 클래스를 사용해 배열을 리스트로 바꾸는 방법은 다음과 같다.

```java
String[] arr = { "Apple", "Mango" };
List<String> list = new ArrayList<String>();
Collections.addAll(list, arr);
```

Comparator를 사용한 목록 정렬하기

리스트와 같은 목록 안의 요소를 정렬해야 할 때가 종종 있다. 예제를 통해 설명해보자. 다음과 같이 MyValue라는 ValueObject가 있다고 하자.

[예제] Comparator 예제 – MyValue.java

```java
public class MyValue {
    private String name;
    private String uniqueId;

    public String getName() {
        return name;
    }
    public void setName(String name) {
        this.name = name;
    }
    public String getUniqueId() {
        return uniqueId;
    }
    public void setUniqueId(String uniqueId) {
        this.uniqueId = uniqueId;
    }

    @Override
    public String toString() {
        return "MyValue [name=" + name + ", uniqueId=" + uniqueId + "]";
```

```
        }
}
```

디버깅용으로 출력하고자 할 때 상세 데이터를 보기 위해 toString()을 재정의했다. 이제 List에 이 MyValue 객체가 다수 들어 있는 상황을 가정하자. 이때 List를 정렬하고 싶다면 어떻게 해야 하는가? 이때 사용할 수 있는 것이 List의 sort(Comparator comparator) 메소드다.

List의 sort(Comparator comparator) 메소드에서 Comparator가 하는 역할은 무엇일까? 정렬을 하려면 결국 비교를 해서 큰 것을 앞으로 혹은 뒤로 보내야 한다. 이때 어느 컬럼을 사용해서 비교할지, 어떤 방식으로 비교할지를 Comparator에 기술한다.

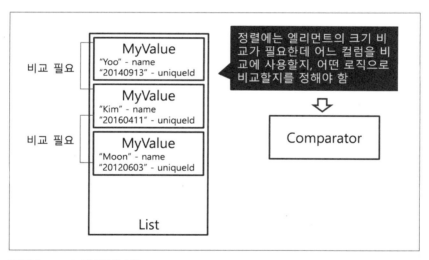

[도표] Comparator가 필요한 이유

이제 MyValue 객체를 비교할 수 있는 Comparator를 작성해보자. Comparator 인터페이스를 구현한다.

```java
public class MyComparator implements Comparator<MyValue> {

    @Override
    public int compare(MyValue o1, MyValue o2) {
        int compare = o1.getName().compareTo(o2.getName());
        return compare;
    }
}
```

앞의 MyComparator를 보면 어떤 속성을 가지고 어떻게 비교하겠다는 것이 기술돼 있다. name 속성을 가지고 비교하겠다는 것과 name(String 타입)의 compareTo() 를 사용해 비교하겠다는 것을 알 수 있다. 이 모두를 묶는 테스트 프로그램은 다음과 같다.

[예제] Comparator 예제 – ComparatorMain.java

```java
public class ComparatorMain {

    public static void main(String[] args) {
        MyValue value1 = new MyValue();
        value1.setName("Yoo");
        value1.setUniqueId("20140913");

        MyValue value2 = new MyValue();
        value2.setName("Kim");
        value2.setUniqueId("20160411");

        MyValue value3 = new MyValue();
        value3.setName("Moon");
        value3.setUniqueId("20120603");

        List<MyValue> list = new ArrayList<MyValue>();
        list.add(value1);
        list.add(value2);
```

```
        list.add(value3);
        System.out.println(list);

        list.sort(new MyComparator());
        System.out.println(list);
    }
}
```

결과는 다음과 같다.

```
[MyValue [name=Yoo, uniqueId=20140913], MyValue [name=Kim, uniqueId=20160411],
        MyValue [name=Moon, uniqueId=20120603]]
[MyValue [name=Kim, uniqueId=20160411], MyValue [name=Moon, uniqueId=20120603],
        MyValue [name=Yoo, uniqueId=20140913]]
```

첫 번째 출력은 add()한 순서로 출력됐다. 그러나 두 번째 출력은 name에 의해 정렬된 순서로 출력됐다.

목록에 요소 추가 및 삭제하기

반복문을 통해 요소를 순환하면서 목록에 요소를 추가하거나 삭제하고자 할 때는 주의를 요한다.

foreach문에서의 추가 및 삭제 시 예외 발생

foreach 반복문에서 객체를 추가하거나 삭제하면 예외가 발생한다. foreach의 대상은 iterable을 구현한 클래스나 배열인데, 간혹 개발자들은 iterable을 구현한 집합 클래스에 객체를 추가하거나 삭제를 시도한다. 그러나 이는 허용되지 않는 동작이다.

[도표] 리스트 순환하면서 요소 추가/삭제 시 예외가 발생하는 경우

foreach 반복문 내에서 목록에 객체를 추가하거나 삭제를 하면 Concurrent ModificationException 예외가 발생한다. 예외를 발생시키는 예제를 보자.

[예제] 리스트 삭제 예외 예제 – ListRemoveExceptionDemo.java

```
01 public class ListRemoveExceptionDemo {
02
03     public static void main(String[] args) {
04         String[] arr = {"apple","mango","banana"};
05         List<String> list = new ArrayList<String>();
06         Collections.addAll(list, arr);
07
08         for(String item : list) {
09             if("apple".equals(item)) {
10                 list.remove(item);
11             }
12         }
13     }
14 }
```

4~6행은 컬렉션의 일종인 List를 준비하기 위한 코드다. apple을 삭제하는 로직을 작성했다. 그런데 10행이 수행될 때 다음의 예외가 발생한다. list.add(객체)를 사용해 추가를 시도해도 역시 동일한 예외가 발생한다.

```
Exception in thread "main" java.util.ConcurrentModificationException
at java.base/java.util.ArrayList$Itr.checkForComodification(ArrayList.java:939)
at java.base/java.util.ArrayList$Itr.next(ArrayList.java:893)
at com.javainhand.ch16.ListAddExceptionDemo.main(ListAddExceptionDemo.java:..)
```

인덱스를 사용한 for문에서의 삭제 시 정합성 문제

foreach가 아닌 인덱스를 사용한 반복문 형태는 예외를 발생시키지는 않지만 정합성 문제가 발생할 수 있으니 신중해야 한다.

```
List list = ..          정합성 문제 발생

for(int i=0;  i<list.size();  i++) {
        :
    list.remove(i)
        :
}
```

[도표] 리스트 순환하면서 요소 삭제 시 정합성 문제가 발생하는 경우

앞의 정합성 문제 발생 패턴의 예제를 보자.

[예제] 리스트 삭제 정합성 문제 예제 – ListRemoveBadDemo.java

```java
public class ListRemoveBadDemo {

    public static void main(String[] args) {
        String[] arr = {"apple","apple", "mango","banana"};
        List<String> list = new ArrayList<String>();
        Collections.addAll(list, arr);


        for(int i=0;  i<list.size();  i++) {
            if("apple".equals(list.get(i))) {
                list.remove(i);
```

```
            }
        }
        System.out.println(list);
    }
}
```

의도하는 바는 apple을 목록에서 모두 지우려는 것이다. 그러나 결과는 다음과 같다.

```
[apple, mango, banana]
```

정합성 문제가 발생하는 이유는 다음과 같다.

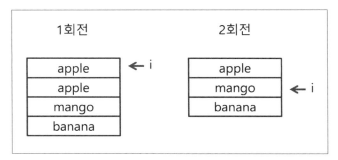

[도표] 정합성 문제 발생 이유

반복문이 1회전 시 첫 번째 apple이 삭제된다. 그러면서 원래는 두 번째 들어있던 apple이 0번째 인덱스가 된다. 그런데 반복문이 2회전 시 첫 번째 인덱스를 조사하기 때문에 0번째로 이동한 두 번째 apple은 삭제하지 않는다.

다음은 객체의 집합에 요소를 추가하거나 삭제하고자 할 때 가능한 방법에 대해 설명하고자 한다.

Iterator를 사용한 요소 삭제

forearch문의 대상은 Iterable을 구현하는데 이를 이용해 Iterator를 사용하면 삭제가 가능하다.

```
01 public class ListRemoveDemo {
02
03     public static void main(String[] args) {
04         String[] arr = {"apple","apple", "mango","banana"};
05         List<String> list = new ArrayList<String>();
06         Collections.addAll(list, arr);
07
08         Iterator<String> iter = list.iterator();
09         while(iter.hasNext())  {
10             String item = iter.next();
11             if("apple".equals(item))  {
12                 iter.remove();
13             }
14         }
15         System.out.println(list);
16     }
17 }
```

4~6행은 테스트를 위해 데이터를 준비하는 코드다. 8행에서 List 객체로부터 Iterator를 얻는다. 그리고 이를 이용해 순환하다가 12행에서 "apple" 객체를 삭제한다. 결과는 다음과 같다.

```
[mango, banana]
```

인덱스를 사용한 요소 삭제 및 추가

앞에서 인덱스를 사용한 반복문에서 객체를 삭제하면 정합성이 깨지는 예를 살펴봤다. 그런데 인덱스를 적당히 조정하면 프로그램이 정상 동작한다. ListRemoveBadDemo.java를 수정해보자.

```
01 for(int i=0;  i<list.size();  i++) {
02     if("apple".equals(list.get(i))) {
03         list.remove(i);
04         i--;
05     }
06 }
```

4행에서 인덱스를 조정함으로써 정상적인 결과를 얻을 수 있다. 요소를 추가하는 경우도 마찬가지이다. 삭제만큼은 아니지만 인덱스를 사용한 반복문에서 요소를 추가할 때도 간혹 정합성 문제를 발생시키는 경우가 있다. 이때도 적정히 방어 코드를 넣으면 정상 동작하도록 프로그램을 작성할 수 있다.

foreach문에서 요소를 추가/삭제하는 것은 문법적으로 자바가 예외^{Exception}을 발생시키는 것이지만, 인덱스를 사용한 반복문 내에서 요소 추가 및 삭제는 프로그램 로직의 문제이다.

열거형(Enum 타입)

들어가면서

요일을 저장하는 속성이 있다고 하자. 열거형이 지원되지 않던 JDK 1.5 이전에는 다음과 같은 패턴으로 종종 사용했다.

```java
public interface DayOfWeek {
    public static final int SUNDAY = 0;
    public static final int MONDAY = 1;
            :
}
```

앞에서와 같이 별도의 파일에 각 요일을 상수로 저장하고, 다음과 같이 이를 변수에 할당하는 방식으로 요일 정보를 지정했다.

```java
int dayOfWeek = DayOfWeek.MONDAY;
```

어설프기는 하지만 dayOfWeek = 1로 하는 것보다는 여러모로 유용하다. 필자가 소스 검토를 수행한 프로젝트도 대부분 이런 방식이었다. 그러나 JDK 1.5부터 열거형

enum이 제공돼 좀 더 세련되게 프로그래밍을 할 수 있게 됐다.

처음 만나는 열거형

일단 간단한 예제를 먼저 보자.

[예제] 열거형 기본 예제 – BasicEnumDemo.java

```
01 public class BasicEnumDemo {
02
03     enum DayOfWeek  {
04         MONDAY, TUESDAY, WEDNESDAY, THURSDAY, FRIDAY, SATURDAY, SUNDAY
05     }
06
07     public static void main(String[] args) {
08         DayOfWeek dayOfWeek = DayOfWeek.SUNDAY;
09         System.out.println(dayOfWeek);
10     }
11 }
```

3~5행에서 enum이라는 키워드를 마치 class라는 키워드처럼 사용해 열거형 DayOfWeek를 정의했다. 그리고 8행에서 앞에서 정의한 열거형 DayOfWeek 타입을 사용해 dayOfWeek라는 변수를 선언했으며 동시에 DayOfWeek.SUNDAY라는 값을 할당했다.

결국 열거형을 정의한다는 것은 타입을 정의한다는 것이며, 동시에 상수를 정의한다는 것을 알 수 있다. DayOfWeek dayOfWeek 문장에서 DayOfWeek는 타입으로 사용됐고, DayOfWeek.SUNDAY 문장에서는 마치 static한 상수를 가지고 있는 타입처럼 사용됐다. 또한 MONDAY의 타입은 DayOfWeek로 간주할 수 있다.

열거형에 데이터 연결하기

열거형에는 데이터를 연결할 수 있는 장치가 있다. 이때 데이터의 타입은 개발자가 임의로 정할 수 있다. 다음과 같은 패턴으로 열거형을 정의하면 된다.

```
enum DayOfWeek  {
    MONDAY([데이터]), TUESDAY([데이터]), ..  ;

    private final [데이터 타입] data;

    private DayOfWeek([데이터 타입] data) {
        this.data = data;
    }

    public [데이터 타입] [메소드명] ( ) {
        return data;
    }
}
```

[도표] 열거형에 데이터 연결하기 패턴

앞의 요일 열거형을 가지고 설명하겠다. enum 키워드를 마치 class 키워드처럼 사용하는데 내부적으로 열거형 타입도 결국 클래스와 유사하게 동작한다. MONDAY~SUNDAY가 각각 DayOfWeek 타입으로 이뤄진다. MONDAY([데이터])라는 문장은 DayOfWeek 타입으로 MONDAY를 생성하는데, 생성자로 DayOfWeek([데이터 타입] data)를 사용한다. 생성자를 통해 연결한 데이터를 가져오기 위해 public으로 연결 데이터를 가져오는 메소드를 별도로 생성한다. 예제는 다음과 같다.

[예제] 열거형에 데이터 연결 예제 – DetailedEnumDemo.java

```
01 public class DetailedEnumDemo {
02
03     enum DayOfWeek  {
04         MONDAY("아주 힘드네"), TUESDAY("힘드네"), WEDNESDAY("버티자"), THURSDAY
            ("고지가 저기"), FRIDAY("좋다"), SATURDAY("휴식"), SUNDAY("이럴수가");
05
06         final String feeling;
```

```
07
08        private DayOfWeek(String feeling)  {
09            this.feeling = feeling;
10        }
11
12        public String getFeeling()  {
13            return feeling;
14        }
15    }
16
17    public static void main(String[] args) {
18        DayOfWeek dayOfWeek = DayOfWeek.SUNDAY;
19        System.out.println(dayOfWeek);
20        System.out.println(dayOfWeek.getFeeling());
21    }
22 }
```

요일별로 기분을 정했다. 예제에서는 스트링 데이터를 연결했는데 다른 타입의 데이터를 연결해도 된다. 6행에서 final로 했는데 이는 생성자 DayOfWeek$^{String\ feeling}$를 통해 생성 시 해당 값이 결정되면 다시는 바뀌지 않는다는 것을 명시하기 위해 final로 한 것이며, final로 하지 않아도 동작은 한다.

8행에서 생성자를 private로 선언했는데 이것은 enum 규칙이다. 이 생성자를 사용해서 MONDAY(…),TUESDAY(…) 등을 각각 생성한다. 실행 결과 값은 다음과 같다.

SUNDAY
이럴수가

여러 형태의 열거형 정의 방법

열거형의 정의 방법에는 여러 형태가 있다.

첫째, 별도의 자바 파일로 enum을 작성할 수 있다. 다음의 내용을 DayOfWeek.java 파일에 별도로 작성한다.

```
public enum DayOfWeek {
    MONDAY, TUESDAY, WEDNESDAY, THURSDAY, FRIDAY, SATURDAY, SUNDAY
}
```

둘째, 클래스 내에서 멤버 변수나 멤버 함수처럼 정의한다.

```
public class BasicEnumDemo {

    enum DayOfWeek  {
        MONDAY, TUESDAY, WEDNESDAY, THURSDAY, FRIDAY, SATURDAY, SUNDAY
    }
    :
}
```

셋째, 클래스 바깥에 정의한다. 하나의 파일에 클래스 하나, 열거형 하나가 정의돼 있는 모습이다. 다음은 BasicEnumMain.java 안에 클래스와 열거형이 정의된 모습이다.

```
enum DayOfWeek  {
    MONDAY, TUESDAY, WEDNESDAY, THURSDAY, FRIDAY, SATURDAY, SUNDAY
}

public class BasicEnumDemo {
    :

}
```

열거형에 관한 유용한 메소드

enum 키워드를 사용해 열거형을 정의하면 내부적으로 java.lang.Enum 클래스를 상속받아서 열거형 타입이 만들어진다. 그러다 보니 개발자가 별도로 메소드를 작성하지 않더라도 java.lang.Enum이 제공하는 메소드를 사용할 수 있다. 또한 컴파일러가 컴파일할 때 자동으로 메소드를 추가하는 게 몇 개 있다.

[도표] 열거형 관련 메소드

static 메소드 (클래스 메소드)	valueOf(String arg)	컴파일러에 의해 생성 열거형 데이터 반환
	values()	컴파일러에 의해 생성 열거형 데이터의 배열 반환
non static 메소드 (인스턴스 메소드)	name()	Enum에 정의돼 있음 열거형 데이터에 대응되는 스트링 반환
	ordinal()	Enum에 정의돼 있음 열거형 데이터의 정의 순서에 따른 순서 int형 반환 0부터 시작함
	compareTo(E o)	Enum에 정의돼 있음 ordinal에 의한 비교 값 반환
	equals(Object other)	Enum에 정의돼 있음 동일 여부 반환 == 과 동일

각 메소드를 사용한 예제는 다음과 같다.

[예제] 열거형 메소드 예제 – EnumMethodsDemo.java

```java
public class EnumMethodsDemo {
    enum DayOfWeek  {
        MONDAY, TUESDAY, WEDNESDAY, THURSDAY, FRIDAY, SATURDAY, SUNDAY
    }

    public static void main(String[] args) {
        DayOfWeek day = DayOfWeek.valueOf("TUESDAY");
```

```
System.out.println("day : "+day);

DayOfWeek[] days = DayOfWeek.values();
for(DayOfWeek item : days) {
    System.out.print(item + " ");
}
System.out.println("");

String name = day.name();
System.out.println("day.name() : "+name);

int ordinal = day.ordinal();
System.out.println("day.ordinal() : "+ordinal);

System.out.println("day.compareTo(DayOfWeek.SUNDAY) : "+day.
                    compareTo(DayOfWeek.SUNDAY));

boolean b = day.equals(DayOfWeek.SUNDAY);
System.out.println("day.equals(DayOfWeek.SUNDAY) : "+b);

System.out.println("day==DayOfWeek.TUESDAY : "+(day==DayOfWeek.
                    TUESDAY));
    }
}
```

결과 값은 다음과 같다.

```
day : TUESDAY
MONDAY TUESDAY WEDNESDAY THURSDAY FRIDAY SATURDAY SUNDAY
day.name() : TUESDAY
day.ordinal() : 1
day.compareTo(DayOfWeek.SUNDAY) : -5
day.equals(DayOfWeek.SUNDAY) : false
day==DayOfWeek.TUESDAY : true
```

어노테이션

들어가면서

어노테이션^{Annotation}은 프로그램이 사용할 수 있는 주석이다. 일종의 메타 정보로 생
각하면 된다. JDK 1.5부터 지원되는데 대부분의 경우에는 어노테이션을 읽을 줄만
알면 된다. 예전에는 공통 개발자의 경우 커스텀 어노테이션을 작성하기도 했지만,
최근에는 프레임워크의 기능이 많아지고, 사용할 수 있는 오픈소스가 많아져서 커스
텀 어노테이션을 직접 개발할 일이 거의 없어졌다. 이해를 돕기 위해 간단한 커스텀
어노테이션을 작성해보자.

어노테이션 맛보기

우리는 이미 이 책의 예제에서 어노테이션을 사용해왔다. 다음 예제를 보자.

[예제] 어노테이션 맛보기 예제 – MyValue.java

```
public class MyValue  {
```

```java
    private String nickName;
    private String uniqueId;

    public String getNickName() {
        return nickName;
    }
    public void setNickName(String nickName) {
        this.nickName = nickName;
    }
    public String getUniqueId() {
        return uniqueId;
    }
    public void setUniqueId(String uniqueId) {
        this.uniqueId = uniqueId;
    }


    @Override
    public boolean equals(Object obj) {
        MyValue target = (MyValue)obj;
        if(uniqueId.equals(target.uniqueId)) {
            return true;
        }
        else {
            return false;
        }
    }
}
```

@Override가 어노테이션이다. @Override을 생략해도 프로그램은 정상 동작한다. 이 어노테이션은 상위 클래스에서 정해진 메소드를 재정의한다는 신호인데, equals() 대신 실수로 equal()이라고 하면 어떻게 될까? @Override가 있기 때문에 컴파일 오류가 발생한다. 상위 Object 클래스에는 equal()이라는 메소드가 없기 때문이다. 이렇게 함으로써 컴파일 타임 때 실수를 줄일 수 있다. 이건 어노테이션의 한 예일 뿐이고 다양한 목적으로 사용된다.

어노테이션은 프로그램이 읽을 수 있는 주석인데, @Override 어노테이션의 경우에는 컴파일러가 이를 읽어들여서 재정의 메소드인지 확인한다.

어노테이션은 다양한 용도로 사용된다. 예를 들면 프레임워크에서 특정 어노테이션을 확인하면 특정 기능이 실행되거나, 특정 코드가 자동으로 생성되도록 하는 데 사용할 수 있다. 어노테이션 자체는 프로그램이 읽을 수 있는 메타정보일 뿐이지만 다른 기술들과 혼합돼 다양한 기능을 제공한다.

JDK가 제공하는 표준 어노테이션

JDK가 기본적으로 내장하는 표준 어노테이션이 있고, 개발자가 임의로 추가해 작성할 수도 있다. 다음은 JDK가 제공하는 표준 어노테이션이다.

[도표] JDK가 제공하는 기본 어노테이션

어노테이션	개요
@Override	컴파일러에게 재정의하는 메소드임을 알린다.
@Deprecated	지금까지는 사용했지만 앞으로는 사용하지 않을 것을 권장하는 대상에 붙인다.
@SuppressWarnings	컴파일러의 특정 경고 메시지가 나타나지 않도록 한다.
@SafeVarage	제네릭 타입의 가변인자에 사용한다(JDK 1.7 이후).
@FunctaionalInterface	함수형 인터페이스임을 알린다(JDK 1.8 이후).
@Native	native 메소드에서 참조되는 상수에 붙인다(JDK 1.8 이후).

표준 어노테이션 중에서 자주 사용하는 것들에 대해 알아보자. 자주 사용하는 @Override는 앞에서 알아봤기 때문에 별도로 설명하지 않는다.

@Deprecated는 JDK 버전이 올라감에 따라 더 이상 사용을 권장하지 않는 클래스나 메소드가 생긴 경우에 종종 만나게 된다. new Date(String)가 그런 경우다. 해당

소스에는 다음과 같이 @Deprecated 어노테이션이 붙어있다.

```
@Deprecated
public Date(String s) {
    this(parse(s));
}
```

이렇게 @Deprecated가 붙어있는 것을 사용하려고 하면 이클립스 환경에서는 new Date(String)에 줄을 침으로써 이상 신호를 알린다. 줄이 쳐진 부분에 마우스를 가져가면 다음과 같이 Depreated됐다는 상세 정보가 나타난다.

```
 1  package com.mayflower.annotation;
 2
 3  import java.util.Date;
 4
 5  public class Dummy {
 6
 7⊖     public static void main(String[] args) {
 8
 9         Date date = new Date("Sun,5 Dec 2017");
10
11     }
12
13  }
14
```

The constructor Date(String) is deprecated

2 quick fixes available:

@ Add @SuppressWarnings 'deprecation' to 'date'
@ Add @SuppressWarnings 'deprecation' to 'main()'

Press 'F2' for focus

[도표] Deprecated 정보를 보여주는 이클립스

이렇게 Deprecated된 장치는 사용하지 않는 것이 좋다. 그런데 굳이 사용하고 경고 Warning 정보를 보고 싶지 않다면 @SuppressWarnings 어노테이션을 사용한다.

```
@SuppressWarnings("deprecation")
Date date = new Date("Sun,5 Dec 2017");
```

이클립스 환경에서는 @SuppressWarnings를 붙였다고 해서 디프리케이트Deprecated 를 나타내는 new Date(String) 부분의 굵은 줄이 사라지지는 않는다. 다만 Warning

을 나타내는 노란 얇은 줄은 사라질 것이다. 복수의 경고를 끄고 싶다면 다음과 같이 {}으로 여러 개를 표현할 수 있다.

```
@SuppressWarnings({"deprecation", " unused, ..."})
```

앞에서 소개한 도표에서 Deprecated 정보를 보여주는 이클립스 화면을 자세히 보면 date 아래에도 노란 줄이 그려져 있다. 마우스를 가져가면 사용하지 않는 로컬 변수라는 경고가 나타난다.

[도표] 사용하지 않는 로컬 변수 경고

이때는 다음과 같이 "unused"도 붙이면 된다.

```
@SuppressWarnings({"deprecation", "unused"})
Date date = new Date("Sun,5 Dec 2017");
```

컴파일 경고가 발생한다고 무조건 경고를 끄는 것은 프로그램 안정성면에서 바람직하지 않다. @SuppressWarnings을 사용해 컴파일 경고를 끄기보다는 원인을 찾아보자. 요약하면 @SuppressWarnings를 통해 주석을 표시하면 컴파일러는 이를 읽고 경고^{Warning} 표시를 억제한다.

@FunctaionalInterface은 구현이 필요한 추상 메소드가 하나밖에 없는 인터페이스임을 알린다. 주로 람다식을 사용한 익명 함수가 참조하고자 하는 인터페이스에 사용된다. 의미적으로는 람다식을 다루는 장에서 보도록 하고 여기서는 문법적인 부분만 살펴보자. @FunctaionalInterface는 구현이 필요한 메소드가 하나밖에 없는 인터페이스이기 때문에 추가적인 구현이 필요 없는 default나 static은 더 있어도 된다.

```java
@FunctionalInterface
public interface FunctionalInterfaceTest {
    abstract public void method();
    // abstract public void secondMethod();

    public default void defaultMethod()  {}

    public static void staticMethod()  {}
}
```

앞의 스니펫은 정상적으로 컴파일된다. 그러나 주석된 부분을 풀어버리면 @FunctionalInterface의 제약 조건에 의해 컴파일 오류가 발생한다. 주석을 풀 경우 public void method()가 유일한 추상 메소드가 아니기 때문에 @FunctionalInterface로 인한 컴파일 오류가 발생한다.

커스텀 어노테이션 작성을 위한 기초 지식

커스텀 어노테이션을 작성하려고 하면 JDK가 제공하는 다음의 메타 어노테이션을 사용해야 한다. 어노테이션을 위한 어노테이션이라는 의미에서 메타 어노테이션이라고도 한다.

[도표] 커스텀 어노테이션 작성을 위한 메타 어노테이션

어노테이션	개요
@Target	어노테이션이 적용 가능한 대상을 지정하는 데 사용한다.
@Documented	어노테이션 정보가 javadoc로 작성된 문서에 포함하도록 한다.
@Inherited	어노테이션이 자식 클래스에 상속되도록 한다.
@Retention	어노테이션이 유지되는 범위를 지정한다.
@Repeatable	어노테이션을 반복해서 적용할 수 있도록 한다(JDK 1.8 이후)

일단 각각의 메타 어노테이션에 대해 알아보고, 그것들을 사용해 커스텀 어노테이션을 작성해보자.

@Target

어떤 대상에 어노테이션을 적용할지 기술한다. 적용 가능 대상은 다음과 같다.

[도표] Targer 가능 값

요소 타입	대상
CONSTRUCTOR	생성자
FIELD	멤버 변수
LOCAL_VARIABLE	지역 변수
METHOD	메소드
PACKAGE	패키지
PARAMETER	매개 변수
TYPE	클래스, 인터페이스, enum

@Retention

얼마나 오래 어노테이션 정보가 유지되는지 선언한다. 자바 소스에 개발자가 어노테이션을 기술하면 컴파일 타임 때까지만 유지되고 런타임 때는 사라지게 할 수도 있

고, 런타임 때까지 어노테이션이 유지되게 할 수도 있다.

[도표] Retention 가능 값

요소 타입	대상
SOURCE	어노테이션이 소스에만 있고, 컴파일이 시작되면서 사라진다.
CLASS	클래스 파일에 있는 어노테이션 정보가 컴파일러에 의해 참조 가능하지만 런타임에서는 사라진다.
RUNTIME	런타임 때도 참조 가능하다.

@Documented

해당 어노테이션에 대한 정보가 Javadoc 문서에 포함된다는 것을 선언한다. Javadoc는 사람이 손으로 작성하는 것이 아니다. 자바 소스에 특정 규칙에 따라 관련 정보를 기술하면 특정 도구를 사용해 Javadoc가 생성된다.

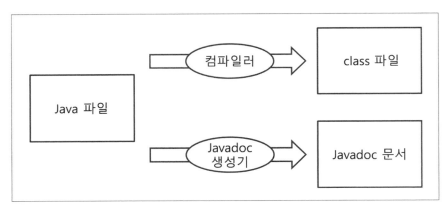

[도표] Javadoc 생성 흐름

@Inherited

자식 클래스가 부모 클래스의 어노테이션을 사용할 수 있다는 것을 선언한다. 기본 동작은 상속되지 않는다.

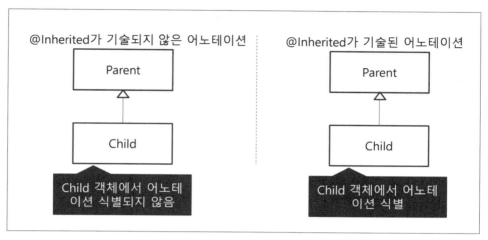

[도표] @Inherited 기술에 따른 어노테이션 상속 효과

앞의 동작을 나타내는 예제는 다음과 같다. 먼저 각각 @Inherited가 있는 어노테이션과 없는 어노테이션을 작성한다. 다음은 @Inherited가 있는 어노테이션이다.

[예제] @Inheritance 테스트 – InheritanceAnnotation.java

```
01 @Inherited
02 @Target(value = ElementType.TYPE)
03 @Retention(value = RetentionPolicy.RUNTIME)
04 public @interface InheritanceAnnotation { }
```

InheritanceAnnotation.java에 InheritanceAnnotation을 작성했다. 1행을 통해 해당 어노테이션은 상위 클래스에 어노테이션을 표기하면 하위 클래스에도 식별이 됨을 표시한다. 2행을 통해 타입(클래스)에 기술하는 어노테이션이라고 표기한다. 3행을 통해 런타임에도 식별 가능함을 나타낸다.

다음은 @Inherited가 없는 어노테이션이다.

```
@Target(value = ElementType.TYPE)
@Retention(value = RetentionPolicy.RUNTIME)
public @interface UnInheritaceAnnotation { }
```

@Inherited가 없기 때문에 해당 UnInheritaceAnnotation 어노테이션은 상위 클래스에서 기술한다고 해서 하위 클래스에서 식별이 되지 않는다.

각 어노테이션을 각 부모 클래스에 기술한 후, 각 하위 클래스에서 어노테이션이 확인되는지 확인하는 예제는 다음과 같다.

[예제] @Inheritance 테스트 – InheritanceTestDemo.java

```
01 public class InheritanceTestDemo {
02
03     public static void main(String[] args) {
04         new InheritanceTestMain().test();
05     }
06
07     private void test()  {
08         System.out.println(new AChild().getClass().getAnnotation(UnInheritac
                              eAnnotation.class));
09         System.out.println(new BChild().getClass().getAnnotation(InheritaceA
                              nnotation.class));
10     }
11
12     @UnInheritaceAnnotation
13     public class A  {}
14
15     public class AChild extends A  {}
16
17     @InheritaceAnnotation
18     public class B  {}
19
20     public class BChild extends B  {}
21 }
```

8행에서 부모 클래스에 기술된 어노테이션에는 @Inherited가 없었다. 부모 클래스에 기술한 어노테이션이 상속되지 않기 때문에 결과적으로 자식 클래스에서는 어노테이션이 보이지 않는다. 반대로 9행에서 부모 클래스에 기술한 어노테이션에는 @Inherited가 있다. 부모의 어노테이션이 상속되기 때문에 결과적으로 자식 클래스에서도 어노테이션이 확인된다.

```
null
@com.mayflower.annotation.InheritaceAnnotation()
```

@Repeatable

다음과 같이 어노테이션을 반복해서 붙이고 싶을 때가 있다. 이렇게 반복 가능한 어노테이션을 작성할 때 @Repeatable을 사용한다.

[예제] @Repeatable 예제 – RepeatableAnnotationTest.java

```
@Fruit(fruitName="Apple")
@Fruit(fruitName="Banana")
@Fruit(fruitName="Orange")
public class RepeatableAnnotationTest { }
```

앞에서와 같이 Fruit 어노테이션이 여러 개라는 것은 앞의 코드에서는 보이지 않지만 내부적으로 Fruit를 복수 개 가지고 있는 숨어있는 어노테이션으로 생각할 수 있다. 이 어노테이션의 이름은 임의로 작성해도 되는데 우리는 Fruits라고 하자. Fruits 어노테이션은 Fruit[]를 내부적으로 가지고 있는 어노테이션으로 작성한다.

[예제] @Repeatable 예제 – Fruit.java

```
@Repeatable(Fruits.class)
public @interface Fruit {
    String fruitName();
}
```

@Fruit(fruitName="Apple") 문장을 통해 파라미터 이름은 fruitName이고 타입은 String을 사용하고자 함을 알 수 있다. 이를 위해서 어노테이션 정의 안에 String fruitName()이라는 문장을 포함한다. 그리고 이 Fruit 어노테이션은 Fruits 어노테이션 내에서 반복된다는 것을 기술하기 위해 @Repeatable(value = Fruits.class)을 기술한다. 다음은 Fruit 어노테이션을 개념적으로 감싸고 있는 숨겨진 어노테이션 Fruits이다.

[예제] @Repeatable 예제 - Fruits.java

```
@Retention( RetentionPolicy.RUNTIME )
public @interface Fruits {
    Fruit[] value();
}
```

Fruits와 Fruit 그리고 테스트 코드의 관계는 다음과 같다.

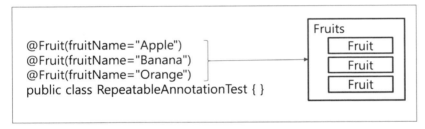

[도표] Fruits 내의 Fruit

이제 커스텀 어노테이션을 작성해보자.

커스텀 어노테이션 작성하기

특정 어노테이션이 있는 메소드의 경우 해당 메소드가 실행될 때 실행 로그를 남기라는 요구사항이 있는 어노테이션을 작성해보자. 추가적으로 어노테이션 파라미터를 통해 실행 시간^{duration}도 같이 로그를 남기라고 어노테이션을 정의해보자. 어노테이션 자체는 아무 동작도 하지 못한다는 점을 기억하자. 어노테이션은 프로그램이 읽을 수 있는 주석일 뿐이다.

다음은 로그를 남기라는 커스텀 어노테이션이다.

```
@Logging
public void methodA( )  {…
```

다음은 로그를 남길 때 실행 시간도 같이 남기라는 어노테이션이다.

```
@Logging(isTime=true)
    public void methodB( )  {…
```

앞과 같이 사용되는 @Logging이라는 어노테이션은 다음과 같이 작성할 수 있다.

[예제] 커스텀 어노테이션 – Logging.java

```
01 @Target(value = ElementType.METHOD)
02 @Retention(value = RetentionPolicy.RUNTIME)
03 public @interface Logging {
04     boolean isTime( ) default false;
05 }
```

1행을 통해 해당 어노테이션이 메소드에 적용됨을 알 수 있다. 2행을 통해 해당 어노테이션이 런타임 때까지 유지됨을 알 수 있다. 4행을 통해 어노테이션 파라미터의 이름은 isTime이고 타입은 boolean 그리고 디폴트 값은 false임을 알 수 있다.

사실 커스텀 어노테이션 작성은 이게 끝이다. 다만 이해를 돕기 위해 해당 어노테이션을 사용하는 테스트 예제를 작성해보자.

[예제] 커스텀 어노테이션 테스트 프로그램 – CustomAnnotationTestDemo.java

```
01 public class CustomAnnotationTestDemo {
02
03     public static void main(String[] args) throws Exception {
04         CustomAnnotationTestDemo testInstance = new CustomAnnotationTestDemo();
05         Method[] methods = testInstance.getClass().getMethods();
06
07         for (Method method : methods) {
08             Logging annos = method.getAnnotation(Logging.class);
09             if (annos != null) {
10                 if(annos.isTime())  {
11                     long start = System.currentTimeMillis();
12                     method.invoke(testInstance);
13                     long duration = System.currentTimeMillis() - start;
14                     System.out.println("Logging "+method.getName() + " "
                                          +duration);
15                 }else {
16                     method.invoke(testInstance);
17                     System.out.println("Logging "+method.getName());
18                 }
19             }
20         }
21     }
22
23     @Logging
24     public void methodA()  {
25         System.out.println("methodA");
26     }
27
28     @Logging(isTime=true)
29     public void methodB()  {
30         System.out.println("methodB");
```

```
31      }
32
33      public void methodC() {
34          System.out.println("methodC");
35      }
36 }
```

어노테이션을 기술한 메소드는 23~35행이다. 각각 실행 로그만 남기는 메소드, 시간과 함께 실행 로그를 남기는 메소드 그리고 아무것도 남기지 않는 메소드다.

이제 이 메소드를 어떻게 사용하는지 살펴보자. 별도의 클래스로 작성할 수도 있지만, 편의상 동일한 파일에 어노테이션 사용 로직을 3~21행에 담았다.

4행에서는 메소드를 추출할 객체를 생성했다. 5행에서는 생성된 객체로부터 메소드를 도출했고, 반복문(for)을 돌면서 해당 메소드에 대한 어노테이션 검사를 수행했다. 8행에서 메소드가 Logging 어노테이션이 있는지를 검사한다. 만약 있다면 다시 10행을 통해 어노테이션의 파라미터가 isTime이 true인지를 판별한다. 그리고 12행, 16행에서는 method.invoke() 메소드를 사용해 메소드를 실행한다.

다시 한 번 설명하지만 어노테이션은 프로그램이 읽을 수 있는 주석일 뿐이다. 위와 같이 어노테이션을 읽어들여 다른 작업을 하려면 별도의 프로그램이 필요하다. 이 프로그램은 아주 다양하다. 예를 들면 요즘 주로 사용되는 스프링 프레임워크의 경우 개발자가 프레임워크에서 정의한 어노테이션을 사용해 웹 프로그래밍을 하면 프레임워크가 해당 어노테이션을 읽어들여 작업을 한다. 또 어떤 경우에는 이클립스가 컴파일 타임에 해당 어노테이션을 참조해 작업하기도 한다.

프로그래밍 가이드
– 네이밍 규칙보다는 어노테이션을 사용해 식별하라

클래스나 메소드를 식별해서 특정 작업을 수행해야 할 때가 있다. 예를 들어 클래스 이름이 주어졌을 때 해당 클래스에서 특정 메소드를 실행하는 기능이 필요하다고 하자. 일반적인 SI 응용 프로그램에서는 이런 기능이 필요 없겠지만, 프레임워크나 라이브러리에서는 이와 유사한 형태의 기능이 수행된다.

앞에서 예시한 기능을 수행하려면 먼저 특정 메소드를 식별할 수 있는 장치가 있어야 한다. 가장 쉽게 떠오르는 방법은 이름을 이용하는 것이다. 예를 들면 메소드 이름을 'test'로 시작하게 함으로써 다른 메소드와 구분하는 것이다.

[예제] TestNameSample.java

```
01 public class TestNameSample {
02     public void testMethodA() {
03         System.out.println("exec methodA");
04     }
05
06     public void methodB() {
07         System.out.println("exec methodB");
08     }
09 }
```

2행에서 시작하는 메소드는 'test'로 시작하기 때문에 실행 시켜야 하며, 6행에서 시작하는 메소드는 'test'로 시작하지 않기 때문에 실행되지 말아야 한다. 클래스가 주어졌을 때 'test'로 시작하는 메소드를 실행하는 프로그램은 다음과 같이 작성할 수 있다.

[예제] TestNameSampleDemo.java

```
01 public class TestNameSampleDemo {
02
```

```
03      public static void main(String[] args) {
04          try {
05              Class testClass = Class.forName(TestNameSample.class.getName());
06              Object obj = testClass.newInstance();
07              for (Method m : testClass.getDeclaredMethods()) {
08                  if (m.getName().startsWith("test")) {
09                      m.invoke(obj);
10                  }
11              }
12          } catch (Exception e) {
13              e.printStackTrace();
14          }
15      }
16 }
```

7행에서 메소드를 m으로 가리키고 있고, 8행에서 메소드의 이름이 'test'로 시작하는지 검사한다. 9행에서는 m이 가리키는 메소드를 실행하는데 이때 객체가 있어야 실행할 수 있기 때문에 TestNameSample 객체를 파라미터로 전달한다.

그런데 이렇게 이름에 의해 클래스나 메소드를 구분하는 방안은 휴먼-에러^{Human-Error}를 방지하기 어렵다. 만약 'test'를 'tset'로 잘못 입력했다면 컴파일 타임 때 아무런 경고 메시지도 발생하지 않으며, 런타임 때도 특별한 에러 메시지가 출력되지 않는다. 즉 TestNameSample.java의 메소드 이름을 tsetMethodA라고 잘못 입력한다 하더라도 이를 인지하기 어렵다.

클래스나 메소드를 구분하고자 할 때 이름을 이용하는 것보다 더 나은 방안이 있다. 앞에서 다룬 어노테이션이 그것이다. 어노테이션을 기술함으로써 해당 메소드를 그렇지 않은 메소드와 구분한다. 먼저 어노테이션 클래스를 다음과 같이 작성한다.

[예제] TestAnnotation.java

```
import java.lang.annotation.Retention;
import java.lang.annotation.RetentionPolicy;
```

```
import java.lang.annotation.Target;
import java.lang.annotation.ElementType;;

@Retention(RetentionPolicy.RUNTIME)
@Target(ElementType.METHOD)

public @interface TestAnnotation {
}
```

앞의 어노테이션을 사용해 실행하고 싶은 메소드를 구분한다.

[예제] TestAnnotationSample.java

```
01 public class TestAnnotationSample {
02     @TestAnnotation public void methodA()  {
03         System.out.println("exec methodA");
04     }
05
06     public void methodB()  {
07         System.out.println("exec methodB");
08     }
09 }
```

2행을 보면 TestAnnotation 어노테이션이 기술돼있다. 2행의 TestAnnotation 어노
테이션에서 실수로 TsetAnnotation이라고 입력하면 바로 컴파일 에러가 발생한다.
즉 이름으로 구분할 때는 오타 발생 여부를 인지하기 어려웠지만, 어노테이션에 의한
방식을 이용하면 오타 발생 시 컴파일 타임에서 바로 알 수 있다. TestAnnotation 어
노테이션이 기술된 메소드를 실행 시키는 프로그램은 다음과 같다.

[예제] TestAnnotationSampleDemo.java

```
01 public class TestAnnotationSampleDemo {
02
03     public static void main(String[] args) {
```

```
04        try {
05            Class testClass = Class.forName(TestAnnotationSample.class.
                               getName());
06            Object obj = testClass.newInstance();
07
08            for (Method m : testClass.getDeclaredMethods()) {
09                if (m.isAnnotationPresent(TestAnnotation.class)) {
10                    m.invoke(obj);
11                }
12            }
13        } catch (Exception e) {
14            e.printStackTrace();
15        }
16    }
17 }
```

9행에서 TestAnnotation 어노테이션이 기술돼 있는지를 검사하고, 참이면 해당 메소드를 실행한다.

이밖에도 소스 코드 상에 정보를 주고 싶을 때는 일단 어노테이션을 활용하는 방안을 고민해보자.

람다식

들어가면서

자바는 객체지향 언어를 패러다임으로 하고 있다. 그런데 객체지향 언어 말고 최근에 각광을 받고 있는 언어 패러다임이 있으니 그것이 함수형 언어다. 함수형 언어의 대표 주자로 스칼라^{Scalar}가 있다. 자바에서도 함수형 언어의 특징을 받아들였으니 그것이 바로 람다식$^{Lambda\ Expression}$이다. 람다식은 2014년도에 배포된 JDK 1.8부터 포함됐다.

필자가 최근 수년 동안 소스 검사를 한 프로젝트가 수십여 개지만 람다식을 사용한 자바 코드는 거의 보지 못했다. 이는 국내 SI 프로젝트 특성상 JDK 버전은 느리게 업그레이드를 해서이기도 하고, 기존 소스를 참조해 개발하다 보니 이전 코드 형태가 많아서 그런 것으로 보인다.

이런 상황이니 자주 사용되는 람다 형태를 알 수는 없다. 그러므로 자주 사용하는 람다식이 아니라, 람다식의 기본 개념과 기초 예제를 소개하는 것으로 진행하고자 한다.

람다식 개념

람다식은 함수를 만드는 식이다. 특히 익명 함수, 즉 이름이 없는 함수를 만든다. 함수의 형태는 개념적으로 다음과 같다. 입력 값이 있다면 특정 연산을 거쳐 출력 값을 산출한다. 이때 입력 값에 의해서만 출력이 결정되며, 다른 정보의 영향을 받거나 영향을 주지 않는다. 입력 값뿐 아니라 다른 정보에 의해 출력 값이 결정되면 이는 엄밀한 의미의 함수가 아니다. 출력 값이 아니라 다른 형태로 함수 외부에 영향을 미쳐도 이 역시 엄격한 의미의 함수가 아니다. 이렇게 되면 입력에 의해서만 출력이 결정되기 때문에 프로그램의 가독성 및 유지보수성이 증가하며, 사이드 이펙트^{Side Effect}를 신경쓰지 않아도 된다.

> ✏️ **여기서 잠깐** | **사이드 이펙트**
>
> 여기서의 사이드 이펙트는 입력과 출력 이에외 다른 경로로 영향을 주거나 받는 것을 의미한다.

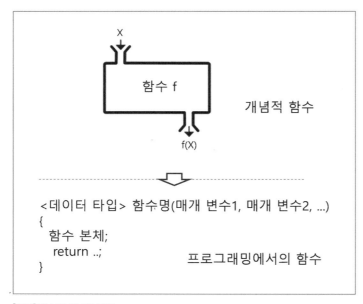

[도표] 함수의 개념적 구조

람다식이 만들어내는 함수는 익명 함수이기 때문에 이름이 없다. 그리고 반환되는 타입 역시 생략된다. 결국 (매개 변수…) { 함수 본체 }만 남는데 이를 람다식으로 표현하면 다음과 같다.

매개 변수	화살표	함수 본체
( )	->	문장
(…)		{ 문장들 }

[도표] 람다식 문법(Syntax)

람다식은 식을 가지고 함수를 만드는 것인데, 문법 구조는 앞과 같다. 그리고 식 expression이긴 하지만 함수 본체에는 문장만 올 수 있는 것이 아니라 {}로 감싸면 문장들이 올 수도 있다.

그럼 람다식으로 간단한 함수를 만들어보자. String을 매개 변수로 받아서 System. out.println()으로 출력하는 함수식은 다음과 같다.

```
(s)->System.out.println(s);
```

온전한 함수 구분이 아니라 간단한 식에 의해 함수가 만들어졌다. 이 익명 함수는 참조 변수에 의해 참조가 될 수 있다.

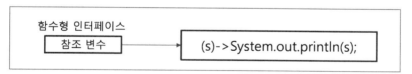

[도표] 참조 변수에 의한 람다식(익명 함수) 참조

참조 변수의 타입은 무엇을 써야 할까? 자바에서 함수 기반 패러다임을 받아들였다 하더라도 결국 기반은 자바다. 자바는 객체지향을 시작으로 개발됐기 때문에 익명 함수도 결국 내부적으로는 객체로 구현된다. 그리고 함수를 흉내내야 하니 이 객체는 메소드 하나밖에 가지지 못한다. 람다식을 가리킬 수 있는 참조 변수의 타입은 함

수를 하나만 가지는 인터페이스인데 이를 함수형 인터페이스라고 부른다. 인터페이스 장에서 다루었던 함수형 인터페이스^{Functional Interface}가 그것이다.

```
public interface FuntionalInterface {
    public abstract void print(String str);
}
                            한 개의 추상 메소드를 포함
```

[도표] 함수형 인터페이스의 예

함수형 인터페이스는 추상 메소드를 한 개만 포함한다. 추상 메소드가 2개면 이는 함수형 인터페이스가 아니다. 디폴트 메소드나 정적 메소드는 추상 메소드가 아니기 때문에 추가적으로 있다고 하더라도 함수형 인터페이스와는 무관하다. 함수형 인터페이스로 람다식을 참조하는 코드는 다음과 같다.

```
FuncationInterface funcInterface = (s)->System.out.println(s);
```

참조형 변수로 람다식을 가리킬 때 인터페이스 타입 이름(FuncationInterface)과 추상 메소드 이름(print)은 의미가 없다. 대신 추상 메소드의 파라미터 타입과 리턴 타입이 동일하면 해당 람다식을 가리킬 수 있다. 지금까지의 단편적인 정보를 이어서 하나의 완전한 예제로 만들어보자.

[예제] 람다식 기본 예제 – LambdaBasicDemo.java

```
01    public static void main(String[] args) {
02        FuncationInterface funcInterface = (s)->System.out.println(s);
03        funcInterface.print("My Name...");
04    }
05
06    @FunctionalInterface
07    public interface FuncationInterface  {
08        public void print(String str);
```

```
09      }
10 }
```

6~8행에서 람다식을 가리키기 위한 참조 변수의 타입을 정의했다. 익명 함수를 가리켜야 하니까 메소드가 하나만 있는 인터페이스, 소위 말하는 함수형 인터페이스를 선언한 것이다. 함수형 인터페이스라는 것을 강제하기 위해 @FunctionalInterface 어노테이션을 사용했다. 이 어노테이션이 없어도 동작은 하지만 이 어노테이션을 기술함으로써 함수형 인터페이스를 강제한다. 예를 들면 이 어노테이션을 기술한 상태에서 print() 외에 다른 추상 메소드를 기술하면 추상 메소드가 2개이므로 컴파일 에러가 발생한다.

2행에서 람다식을 사용해 익명 함수를 선언하고 6~8행에서 선언한 함수형 인터페이스를 사용해 해당 익명 함수를 참조하도록 했다.

3행에서 익명 함수를 실행하면 다음과 같이 결과가 출력된다.

```
My Name...
```

한 가지 개념만 더 알아두자. 앞의 예제에서 함수형 인터페이스를 FuncationInterface로 별도 선언했는데 JDK에서는 이러한 경우를 대비해 기정의build-in돼 있는 함수형 인터페이스를 제공한다. 기정의돼 있는 함수형 인터페이스가 수십 개이지만 4개만 알아보자.

[도표] 함수형 인터페이스(java.util.function 패키지 포함)

인터페이스	추상 메소드	설명
Consumer⟨T⟩	void accept(T t)	하나의 매개 변수를 받으며, 결과 값 반환 없음
Predicate⟨T⟩	boolean test(T t)	하나의 매개 변수를 받으며, boolean 결과 값 반환
Supplier⟨T⟩	T get()	매개 변수가 없으며, T 타입의 결과 값 반환
Function⟨T,R⟩	R apply(T t)	T타입의 매개 변수를 받아서, R 타입 결과 반환

굳이 함수형 인터페이스를 사용자가 정의해 사용할 필요는 없다. 소개한 것 말고도 다양한 빌트인 함수형 인터페이스가 있다. 빌트인된 함수형 인터페이스를 먼저 살펴보면 필요로 하는 것은 거의 대부분 기정의돼 있는 것을 발견할 수 있을 것이다.

앞의 예제에서 선언했던 함수형 인터페이스 FuncationInterface와 비슷한 것이 있다. 바로 Consumer이다. 이제 다음의 예제에서 함수형 인터페이스를 커스텀하게 정의하지 말고, 기정의돼 있는 함수형 인터페이스 Consumer를 사용하는 것으로 예제를 바꿔보자.

[예제] 람다식 기본 예제 – FunctionalInterfaceDemo.java

```
01 public class FunctionalInterfaceDemo {
02
03    public static void main(String[] args) {
04        Consumer<String> funcInterface = (s)->System.out.println(s);
05        funcInterface.accept("My Name...");
06    }
07 }
```

LambdaBasicDemo.java 예제에서는 매뉴얼하게 함수형 인터페이스를 선언해 람다식에 의한 익명 함수를 가리키게 했다면, 이번 예제는 기정의돼 있는 함수형 인터페이스 Consumer를 사용했다. Consumer의 주요 부분은 다음과 같다. 이런 사유로 5행에서 accept() 함수를 호출했다.

```
@FunctionalInterface
public interface Consumer<T> {
    void accept(T t);
}
```

핵심 개념을 정리하면 다음과 같다.

첫째, 람다식은 식을 가지고 익명 함수를 작성한다.

둘째, 익명 함수의 참조는 추상 메소드가 하나인 인터페이스로 할 수 있다. 이때 인터페이스의 형태는 함수형 인터페이스^{Funcational Interface}라고 해서 하나의 추상 메소드만 가진다.

람다식 활용 예

람다식을 활용한 예를 살펴보자. 람다식을 사용하지 않았을 때에 비해 람다식을 사용하면 얼마나 간편해지는지 알아본다. 다음은 Runnable 인터페이스를 사용한 익명 객체를 생성한 방식이 람다식을 사용했을 때 얼마나 간단해지는지 보여주는 예제다. Runnable도 추상 메소드가 하나밖에 없다.

[예제] 람다식 활용 예제 - RunnableLambdaDemo.java

```
01 public class RunnableLambdaDemo {
02
03     public static void main(String[] args) {
04         Runnable r1 = new Runnable(){
05             @Override
06             public void run(){
07                 System.out.println("Anonymous Runnable!");
08             }
09         };
10
11         Runnable r2 = () -> System.out.println("Lambda Runnable");
12
13         r1.run();
14         r2.run();
15     }
16 }
```

4~9행의 코드는 익명 객체를 사용한 기존 자바의 코딩 방식이다. 이 코드는 람다식

을 사용하면 11행처럼 한 줄로 줄일 수 있다.

일단 람다식을 사용하지 않은 4~9행의 코드에 대해 알아보자. new Runnable()을 통해 익명 객체를 생성한다. 익명 객체의 패턴은 다음과 같이 new XXX() 옆에 {}가 붙는다. new한 클래스는 무엇일까? XXX인가? 아니다. XXX를 그대로 생성하는 것이 아니고 XXX에 대한 변형이 일어나기 때문이다. 이 XXX에 변형이 일어난 클래스는 딱히 이름이 없다. 그래서 익명 클래스라고 하고, 익명 클래스에 의해 생성된 객체를 익명 객체라 한다. 여기서 XXX에는 클래스와 인터페이스 모두 올 수 있다.

```
new XXX()  {
          :
};
```

[도표] 기존 방식의 익명 객체 생성

앞의 예에서는 인터페이스 Runnable을 구현한 익명 클래스가 생성되고 그를 기반으로 익명 객체가 만들어졌다. 결과적으로 Runnable r1 = new Runnable(){…}는 Runnable 인터페이스를 구현한 익명 객체를 생성한 후 해당 익명 객체를 r1이 참조하도록 하는 문장이다.

다음으로는 람다식을 사용한 경우를 알아보자. 람다식은 식^{expression}의 형태로 함수를 만드는 개념이라고 했다. RunnableLambdaDemo.java의 11행에서 () -> System.out.println("Lambda Runnable")라는 람다식을 통해 익명 객체가 생성됐다. 그리고 익명 객체는 함수형 인터페이스에 의해 참조될 수 있다. 해당 람다식은 매개 변수와 리턴 값이 없기 때문에 해당 함수형 인터페이스도 역시 매개 변수와 리턴 값이 없어야 한다. 여기서는 Runnable은 인터페이스를 사용했는데 정의는 다음과 같다.

```
@FunctionalInterface
public interface Runnable {..
```

Runnable 인터페이스는 정의에 어노테이션 @FunctionalInterface가 있는 것으로 볼 때 함수형 인터페이스다. 그래서 람다식을 참조하는 것이 가능했다.

이제 13행, 14행을 통해 기존 방식으로 익명 객체를 생성해 System.out.println을 수행한 결과와 람다식을 사용한 익명 함수(내부적으로는 결국 익명 객체)를 사용한 결과가 동일하다는 것을 확인할 수 있다.

차이점은 전자의 경우 익명 객체를 인터페이스로 참조하는 것이므로 해당 익명 객체에는 여러 개의 추상 메소드가 있어도 된다는 점이다. 즉 이 인터페이스는 굳이 함수형 인터페이스일 필요가 없다. 그러나 람다식을 가리키는 인터페이스는 함수형 인터페이스여야만 한다. 만약 인터페이스에 선언된 추상 메소드가 2개라면 람다식을 어디에 매핑시킬지 혼란스러울 것이다.

또 다른 예를 하나 더 살펴보자.

앞서 소개한 컬렉션 프레임워크에서 List의 sort()에 사용된 Comparator에 대한 예제다. 익명 객체로 Comparator를 생성한 경우와 람다식을 사용한 익명 함수(내부적으로는 익명 객체)를 사용한 경우를 비교해 보자. 일단 MyValue라는 ValueObject를 16장 '컬렉션 프레임워크'와 동일하게 정의한다.

[예제] 람다식 활용 예제 – MyValue.java

```java
public class MyValue {
    private String name;
    private String uniqueId;

    public String getName() {
        return name;
    }
    public void setName(String name) {
        this.name = name;
    }
    public String getUniqueId() {
        return uniqueId;
    }
```

```
    }
    public void setUniqueId(String uniqueId) {
        this.uniqueId = uniqueId;
    }


    @Override
    public String toString() {
        return "MyValue [name=" + name + ", uniqueId=" + uniqueId + "]";
    }
}
```

다음으로는 MyValue를 사용해 객체들을 생성한 후 리스트^{List}에 넣고 sort()를 사용해 정렬한다. 이때 하나는 익명 객체를 사용한 비교자^{Comparator}를 사용하고, 나머지는 람다식을 사용한 비교자를 사용한다. 다음은 그 예다.

[예제] 람다식 활용 예제 – ComparatorLambdaDemo.java

```
01 public class ComparatorLambdaDemo {
02
03     public static void main(String[] args) {
04         MyValue value1 = new MyValue();
05         value1.setName("Yoo");
06         value1.setUniqueId("20140913");
07
08         MyValue value2 = new MyValue();
09         value2.setName("Kim");
10         value2.setUniqueId("20160411");
11
12         List<MyValue> list = new ArrayList<MyValue>();
13         list.add(value1);
14         list.add(value2);
15
16         System.out.println(list);
17
18         list.sort(new Comparator<MyValue>(){
```

```
19              @Override
20              public int compare(MyValue p1, MyValue p2){
21                  return p1.getName().compareTo(p2.getName());
22
23          });
24
25          System.out.println(list);
26
27          list.clear();
28          list.add(value1);
29          list.add(value2);
30
31          list.sort((MyValue p1, MyValue p2) -> p1.getName().compareTo(p2.
                    getName()));
32          System.out.println(list);
33      }
34 }
```

일단 결과 값은 다음과 같다.

```
[MyValue [name=Yoo, uniqueId=20140913], MyValue [name=Kim, uniqueId=20160411]]
[MyValue [name=Kim, uniqueId=20160411], MyValue [name=Yoo, uniqueId=20140913]]
[MyValue [name=Kim, uniqueId=20160411], MyValue [name=Yoo, uniqueId=20140913]]
```

18~22행은 익명 객체를 생성해 List의 sort() 메소드에 매개 변수로 전달했다. sort
는 Comparator 인터페이스를 매개 변수로 한다.

```
void sort(Comparator<? super E> c) {..
```

27행에서 리스트List를 clear() 메소드를 사용해 비우고 다시 ValueObject 객체를
채운다. 그리고 31행의 람다식을 통해 익명 함수(내부적으로는 익명 객체)를 생성해
sort()의 파라미터로 전달한다. 이때 한 가지 사실을 더 확인할 수 있는데 익명 함수
는 함수형 인터페이스로 참조될 수 있다는 점이다. sort()에 전달이 가능하다는 이야

기는 sort(Comparator〈? super E〉c)에서 Comparator가 함수형 인터페이스며, 그리고 그 파라미터와 리턴의 형태는 31행에서 생성한 람다식의 파라미터의 리턴과 동일하다는 의미다. 정말 그런지 Comarator의 정의를 살펴보자.

```java
@FunctionalInterface
public interface Comparator<T> {
    int compare(T o1, T o2);
    :
}
```

Comparator 인터페이스는 정의에 어노테이션 @FunctionalInterface가 있는 것을 볼 때 함수형 인터페이스다. 또한 int compare(T o1, T o2)는 31행의 람다식과 파라미터와 리턴 타입이 일치한다. 그렇기에 람다식을 참조하는 것이 가능했다.

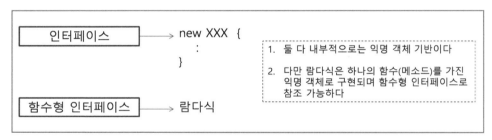

[도표] 익명 객체 vs 람다식

사실 앞에서 설명한 예제의 두 가지 방식을 익명 객체 vs 람다식이라고 표현하기는 했지만, 내부적으로는 모두 익명 객체를 기반으로 한다. 좁은 의미의 익명 객체와 람다식의 차이는 익명 객체는 굳이 내부에 추상 메소드 구현이 하나일 필요는 없다는 점이다. 아예 없어도 되고(일반 클래스 상속) 2개(추상 메소드 2개)여도 된다. 그러나 람다식은 추상 메소드가 한 개만 허용된다.

함수형 인터페이스

함수형 인터페이스[Functaional Interface]에 대해 좀 더 알아보자. 함수형 인터페이스는 그 안에 구현해야 할 추상 메소드가 한 개인 인터페이스다. 정적[static] 메소드나 디폴트[default] 메소드는 더 있어도 된다는 의미다.

[예제] 함수형 인터페이스 예제 - MyFunctionalInterface.java

```java
@FunctionalInterface
public interface MyFunctionalInterface {
    public void method();

    static void staticmethod(String s) {
        System.out.println(s);
    }

    default void defaultMethod(String s) {
        System.out.println(s);
    }
}
```

JAVA 8에는 인터페이스에 대해 두 가지 새로운 장치가 추가됐는데 하나는 디폴트[default] 메소드고 나머지는 정적[static]메소드다. 디폴트 메소드는 인터페이스에 메소드를 미리 구현해놓는 것이다. 만약 메소드를 구현한다면 구현한 메소드가 사용되고 아니면 디폴트 메소드가 사용된다. 정적 메소드는 인터페이스에 유틸성 기능을 추가하기 위한 장치다. 이 둘은 함수형 인터페이스의 구현해야 할 메소드 개수에 포함되지 않는다. 앞에서 다뤘기 때문에 환기하는 차원에서 언급했다.

이제 함수형 인터페이스 분야의 새로운 주제에 대해 알아보자.

람다 캡처링

함수식 내에서 인스턴스 변수와 정적 변수를 자유롭게 참조할 수 있는데 이를 캡처링이라 하며 람다에서 한다고 해서 람다 캡처링이라고 한다. 이미 12장 '중첩 클래스'에서 내부에 있는 클래스에서 외부의 자원에 접근하는 경우를 살펴봤다. 람다 캡처링도 이와 다르지 않다. 자신을 둘러싼 컨텍스트의 자원에 접근이 가능한 것이다.

다음은 12장에서 소개한 메소드 로컬 내부 클래스에서 외부 클래스의 자원 접근이 가능한 경로다.

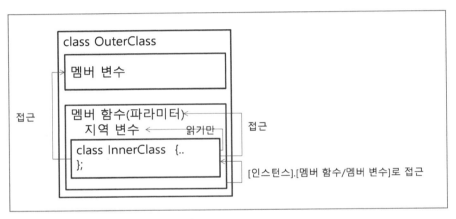

[도표] 메소드 로컬 내부 클래스 접근 경로 요약

멤버 변수와 지역 변수에 접근이 가능했다. 그리고 지역 변수로의 접근은 쓰기의 경우 컴파일 오류가 발생하고, 읽기만 가능했다. 그런데 람다식도 이와 동일하게 접근이 가능하다. 즉 람다식 내에서 멤버 변수, 정적 변수에는 자유롭게 읽기/쓰기가 가능하고, 지역 변수로의 접근은 쓰기에서는 컴파일 오류가 발생하고, 읽기만 가능하다.

이는 람다식이 함수형 언어를 모방하기는 하지만 순수한 함수는 아니라는 것을 말한다. 순수한 함수는 사이드 이펙트가 없어야 한다. 하지만 람다식은 함수를 표방하기는 하지만 근본이 객체를 기반으로 하기 때문에 중첩 클래스일 때와 동일하게 외부의 자원에 영향을 주기도 하고 영향을 받기도 한다.

람다식을 조합하기 위한 빌트인 함수형 인터페이스의 장치

함수는 조합해 사용할 수 있다. 예를 들어 1을 증가시키는 imcrement()라는 함수와 2를 곱하는 twoMul()이라는 함수가 있으면 이를 조합해 사용할 필요가 생길 것이다. 입력 값과 출력 값이 하나씩 있는 함수형 인터페이스를 default 메소도로 조합하는 예는 다음과 같다.

```
@FunctionalInterface
public interface Function<T, R> {
    R apply(T t);

    default <V> Function<V, R> compose(Function<? super V, ? extends T> before) {
        Objects.requireNonNull(before);
        return (V v) -> apply(before.apply(v));
    }

    default <V> Function<T, V> andThen(Function<? super R, ? extends V> after) {
        Objects.requireNonNull(after);
        return (T t) -> after.apply(apply(t));
    }
    :
}
```

default 인터페이스는 추상 메소드가 아니기 때문에 몇 개가 있든 함수형 인터페이스의 정의에 어긋나지 않는다.

compose()는 파라미터로 받은 함수형 인터페이스가 먼저 실행되고, 자신의 apply()가 나중에 실행된다. andThen()은 자신의 apply()가 먼저 실행되고 파라미터로 받은 함수형 인터페이스가 나중에 실행된다. 예제로 알아보자.

[예제] 함수형 인터페이스 조합 예제 – FunctionComposeAndThenDemo.java

```
01 public class FunctionComposeAndThenDemo {
02
```

```
03    public static void main(String[] args) {
04        Function<Integer, Integer> mul2 = (e) -> e * 2;
05        Function<Integer, Integer> add1= (e) -> e + 1;
06
07        System.out.println("mul2.andThen(add1).apply(3) : "+mul2.
                            andThen(add1).apply(3));
08        System.out.println("mul2.compose(add1).apply(3) : "+mul2.
                            compose(add1).apply(3));
09
10        System.out.println("add1.andThen(mul2).apply(3) : "+add1.
                            andThen(mul2).apply(3));
11        System.out.println("add1.compose(mul2).apply(3) : "+add1.
                            compose(mul2).apply(3));
12    }
13 }
```

7행에서 andThen(add1)이 사용됐는데 이는 add1을 나중에 적용하겠다는 의미다. 그렇다면 먼저 3에 2를 곱한 후 1을 더한다. 그러면 결과는 7이 나올 것이다. 8행에서 compose(add1)이 사용됐는데 이는 add1을 먼저 적용하겠다는 의미다. 그렇다면 먼저 3에 1를 더한 후 2를 곱한다. 그러면 결과는 8이 나올 것이다.

10행에서 andThen(mul2)이 사용됐는데 이는 mul2를 나중에 적용하겠다는 의미다. 그렇다면 먼저 3에 1를 더한 후 2을 곱한다. 그러면 결과는 8이 나올 것이다. 11행에서 compose(mul2)이 사용됐는데 이는 mul2를 먼저 적용하겠다는 의미다. 그렇다면 먼저 3에 2를 곱한 후 1를 더한다. 그러면 결과는 7이 나올 것이다.

결과는 다음과 같다.

```
mul2.andThen(add1).apply(3) : 7
mul2.compose(add1).apply(3) : 8
add1.andThen(mul2).apply(3) : 8
add1.compose(mul2).apply(3) : 7
```

빌트인 함수형 인터페이스에는 이렇게 인터페이스를 조합할 수 있는 기본 장치들을 제공하는데 이는 빌트인 함수형 인터페이스의 종류에 따라 다르다. 가급적 새로 함수형 인터페이스를 정의하기보다는 자바가 빌트인 하고 있는 함수형 인터페이스를 사용하는 것이 바람직하다. 마찬가지로 함수형 인터페이스를 조합하고자 할 때도 빌트인 돼 있는 디폴트 메소드를 사용하는 것이 바람직하다.

Function〈T, R〉에서는 조합을 위한 장치가 compose()와 andThen()였지만 이는 함수형 인터페이스별로 다르다.

SECTION

20

자바 8의 스트림

들어가면서

자바는 예전부터 InputStream, OutputStream을 제공한다. JAVA 8, JDK 1.8에서 스트림이 제공되는데 이 스트림은 기존의 InputStream, OutputStream과 이름이 비슷하지만 내용적으로는 다른 장치다. 20장에서 설명하는 것은 JAVA 8에서 소개된 스트림 Stream이다. JDK 1.8부터 제공되다 보니 필자가 경험한 프로젝트에서는 사용 예가 많지 않았고 빅데이터 프로젝트에서 간혹 볼 수 있었다. 사용빈도는 알 수 없으니 여기서는 Stream의 주요 개념과 사용 예 위주로 살펴보겠다.

스트림을 왜 사용하는가?

목록이나 집합 개념의 데이터, 즉 컬렉션이 있고 그 중에서 가장 큰 값을 찾아야 된다고 해보자. 이와 비슷한 유형의 요구사항은 아주 많다. 예를 들면 데이터를 정렬한다거나, 특정 조건에 맞는 데이터만 추출한다거나 하는 경우이다. 다음은 고전적인 방법으로 컬렉션으로부터 최댓값을 구하는 예제다.

```
public class ListMaxManualDemo {

    public static void main(String[] args) {
        List<Integer> list = new ArrayList<Integer>();
        list.add(Integer.valueOf(100));
        list.add(Integer.valueOf(101));
        list.add(Integer.valueOf(99));

        Integer max = Integer.MIN_VALUE;
        for(Integer item : list)  {
            if(item.compareTo(max)>0)  {
                max = item;
            }
        }

        System.out.println(max);
    }
}
```

컬렉션에 무언가 처리할 때의 코드 패턴은 반복문을 사용해 원하는 로직을 절차적으로 구현하는 것이다. 그러나 스트림을 사용하면 반복문 없이 무엇을 할 것인지에 대한 선언만으로 요구사항을 구현할 수 있다.

[예제] Stream을 사용한 max 구하기 – ListMaxStreamDemo.java

```
01 public class ListMaxStreamDemo {
02
03     public static void main(String[] args) {
04         List<Integer> list = new ArrayList<Integer>();
05         list.add(Integer.valueOf(100));
06         list.add(Integer.valueOf(101));
07         list.add(Integer.valueOf(99));
08
09         Stream<Integer> stream = list.stream();
```

```
10          Optional<Integer> optional = stream.max(Comparator.naturalOrder());
11
12          if(optional.isPresent()) {
13              System.out.println(optional.get());
14          }
15      }
16 }
```

반복문이 없어졌고 해당 부분이 한두 줄로 구현됐다. 10행에서 최댓값을 구하기 위해 max() 메소드를 사용한 것은 이해가 될 것이다. 그런데 안의 파라미터는 무엇인가? max()의 함수 시그니처는 다음과 같다.

```
Stream :
Optional<T>     max(Comparator<? super T> comparator)
```

최댓값을 구하려면 객체들을 비교해야 한다. 그 비교를 하는 것이 비교자 Comparator이다. Comparator.naturalOrder()는 디폴트 비교자를 반환한다. 디폴트 비교자는 다음의 로직을 담고 있다.

```
@Override
public int compare(Comparable<Object> c1, Comparable<Object> c2) {
    return c1.compareTo(c2);
}
```

앞의 코드 스니펫에서 Comparable을 사용하는 것을 보면 유추할 수 있듯이, 디폴트 비교자가 동작하려면 Comparable 인터페이스를 스트림 내의 객체가 구현해야 한다. Integer를 비롯해 JDK가 제공하는 데이터 관련 클래스는 Comparable 인터페이스를 구현한다.

10행의 Optional은 null 처리를 편리하게 해주는 클래스다. 만약 스트림 내의 객체가 Comparable 인터페이스를 구현하고 있지 않다면 디폴트 비교자를 사용할 수 없을 것이고 그럴 경우는 새로운 Comparator를 정의해서 사용해야 할 것이다.

두 프로그래밍 모델을 개념적으로 직관화하면 다음과 같다.

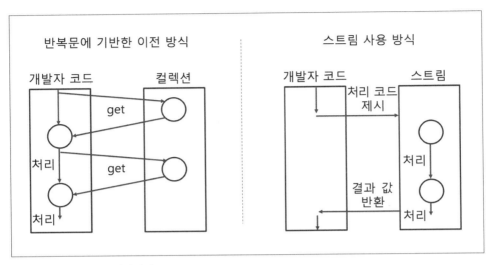

[도표] 반복문 방식과 스트림 방식 비교

스트림을 사용하면 코드가 훨씬 깔끔해진다. 비슷한 맥락에서 컬렉션 내의 데이터를 동시 처리하고자 할 때 스트림 기반은 훨씬 더 코드가 간결해진다. 동시 처리를 위한 장치를 스트림이 별도로 제공하기 때문이다. 즉 컬렉션에서 데이터를 꺼내 처리하는 것이 아니고, 스트림에 어떻게 처리할지를 알려주면 스트림이 해당 처리를 수행한다. 이런 방식으로 하면 앞의 예제에서 알 수 있듯이 코드가 간결해진다.

스트림 동작 방식

자바에서 제공하는 컬렉션이 구현^{implements}하는 Collection 인터페이스에는 stream( ) 메소드가 정의돼있다. 따라서 Collection 인터페이스를 구현한 모든 List와 Set 컬렉션 클래스에서도 stream( ) 메소드로 스트림을 생성할 수 있다.

스트림은 집합 연산을 지원하는 일련의 요소로 정의할 수 있다. 스트림^{Stream}의 원래 의미는 시내, 개울이다. 데이터가 시내, 개울처럼 일렬로 내려오는데 거기에 집합 연산을 적용할 수 있다. 집합 연산이란 말 그대로 집합을 대상으로 하는 연산이다.

다음 그림은 스트림이 동작하는 과정을 기술한다. 컬렉션으로부터 스트림 객체를 생성하고 그 다음 여러 메소드(filter, sorted, map, collect)를 연달아 사용해 Collection 의 객체들을 처리한다.

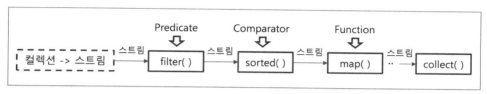

[도표] 스트림 동작 과정

앞의 그림에서는 filter(), sorted(), map()을 나열했는데 이는 한 예이며, 다른 종류의 메소드도 올 수 있고, 순서도 자유롭다. 다만 메소드가 중간 연산에 속하는지 최종 연산에 속하는지에 따라 중간에 올 수도 있고 최종에 올 수도 있다.

스트림에 적용할 수 있는 연산에는 중간에 적용 가능한 것이 있고, 마지막에 붙일 수 있는 연산이 있다. 이를 중간 연산, 최종 연산이라고 부르기도 한다. filter(), sorted(), map()은 중간 연산이고 collect()는 최종 연산이다.

코드 패턴은 다음과 같다. 좀 더 뒤에서 완전히 돌아가는 예제를 볼 것이며 여기서는 기본적인 동작 방식만 알아볼 것이다.

```
Stream<Score> stream = list.stream();
List<String> rList = stream.filter(score->score.getGender()==GENDER.MALE)
        .sorted()
        .map(score->score.getName())
            :
        .collect(Collectors.toList());
```

앞의 코드 스니펫에서처럼 람다식과 간단한 파라미터를 조합해 원하는 컬렉션으로 부터 원하는 데이터를 뽑아낼 수 있다.

list.stream()에서와 같이 컬렉션으로부터 스트림을 얻는다. stream()을 하는 순간 은 스트림이 컬렉션 요소의 복사본을 가지는 것이 아니다. 스트림은 컬렉션 내의 요 소에 대해 연산을 수행하기 위한 인터페이스를 제공하지만, 스트림이 별도로 요소를 저장하지는 않는다. 즉 Stream⟨Score⟩ stream = list.stream()했다고 해서 컬렉션 (list)으로부터 요소의 복사본을 생성해 stream이 가지지는 않는다.

스트림은 컬렉션이나 배열 혹은 I/O 리소스와 같은 데이터 제공 소스로부터 데이터 를 받아 사용^{consume}한다. 또한 스트림은 집합 연산을 위한 장치를 제공한다. 집합 연 산의 세부 동작을 기술하기 위해 filter(), map()과 같은 메소드에 람다식을 사용한 익명 함수를 파라미터로 전달한다. 코드 스니펫에 사용된 메소드에 대해 알아보자.

Stream의 인스턴스 메소드 filter()

Stream의 인스턴스 메소드 filter()의 선언부는 다음과 같다. filter()는 말 그대로 걸 러내는 기능을 제공한다. 필터는 참 혹은 거짓을 반환하는 함수를 받아서 이를 스트 림 내의 요소들에 시험한다. 만약 결과 값이 참이면 결과 스트림에 포함되고 거짓이 면 포함되지 않는다.

```
Stream :
Stream<T>        filter(Predicate<? super T> predicate)
```

Predicate는 함수형 인터페이스인데 다음과 같이 정의돼있다.

```
@FunctionalInterface
public interface Predicate<T> {
    boolean test(T t);
    :
```

score → score.getGender()==GENDER.MALE는 익명 함수며 이는 함수형 인터페이스 Predicate를 충족한다. 즉 구체화 타입인 Score를 입력으로 받아 boolean을 반환한다. 반환된 값이 true이면 반환하는 스트림에 포함된다.

또한 위와 같이 람다식을 사용한 익명 함수가 아니라 Predicate 인터페이스를 구현한 객체를 filter()에 전달해도 된다.

Stream의 인스턴스 메소드 sorted()

Stream의 인스턴스 메소드 sorted()는 요소를 정렬한다. 그런데 앞의 코드 스니펫에서는 아무런 비교자Comparator도 파라미터로 넘기지 않았다. 이는 Score 클래스 자체가 내부적으로 비교를 위한 기능을 지원한다는 의미이며, 다른 말로는 Comparable 인터페이스를 구현하고 있다는 것을 암시한다.

Score가 Comparable 인터페이스를 구현하고 있지 않다면 실행 시에 에러가 발생할 것이다. 이는 실행 시에 Comparable로 타입 캐스팅 후, Comparable 내의 compare() 메소드를 호출하는 방식으로 내부 로직이 돼있기 때문이다. 이렇게 스트림 내의 요소가 Comparable 인터페이스를 구현하지 않을 경우는 sorted(Comparator<? super T> comparator)를 사용해 별도의 비교자를 전달하면 된다. 역시 마찬가지로 람다식을 사용해 전달해도 되고, Comparator 인터페이스를 구현한 별도의 객체를 전달해도 된다.

Stream의 인스턴스 메소드 map()

Stream의 인스턴스 메소드 map()의 선언부는 다음과 같다. map()은 요소를 변환한다.

```
Stream :
<R> Stream<R>    map(Function<? super T,? extends R> mapper)
```

즉 map()이라는 함수는 T의 상위 타입을 요소로 하는 스트림을 받아 R의 하위 타입을 요소로 하는 스트림을 반환한다. 이때 요소의 변환을 위해 Function을 파라미터로 받는다.

Function은 함수형 인터페이스인데 다음과 같이 정의돼있다. T라는 타입의 요소를 받아서 R이라는 타입의 요소로 변환한다.

```
@FunctionalInterface
public interface Function<T, R> {
    R apply(T t);
    :
```

앞의 코드 스니펫에서는 map(score -〉 score.getName())에서 익명 함수 score -〉 score.getName()는 map() 메소드의 선언부를 충족한다. 내용적으로는 Score 타입의 객체를 받아 String 타입의 객체를 반환한다.

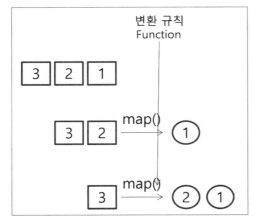

[도표] 스트림의 map() 기능

filter()나 sorted()는 요소의 집합에 대해 특정 요소를 선택하거나 요소의 순서를 변경하는 것이었다. 그러나 map()은 스트림의 요소를 아예 바꾼다. 그러다 보니 아예 새롭게 요소를 생성해 새로운 타입의 스트림을 출력할 수 있다.

Stream의 인스턴스 메소드 collect()

Stream의 인스턴스 메소드 collect()는 스트림의 요소를 담는 하나의 컬렉션 객체를 병렬처리로 만들고자 할 때 사용한다. collect() 메소드는 세 가지 인자를 받는다.

- **공급자** : 대상 객체의 새로운 인스턴스를 만든다.
- **누산자** : 요소를 대상에 추가한다.
- **결합자** : 두 객체를 하나로 병합한다.

앞의 세 가지 기능이 있어야 여러 요소를 병렬처리로 하나의 컬렉션 객체로 모으는 것이 가능할 것이다.

```
01 stream.collect(공급자, 누산자, 결합자)
02 stream.collect(ArrayList::new, ArrayList::add, ArrayList::addAll)
03 stream.collect(HashSet::new , HashSet::add, HashSet::addAll)
```

2행은 스트림의 요소를 ArrayList에 담는다. 마찬가지로 3행은 스트림의 요소를 HashSet에 담는다. collect()의 또 다른 형태도 있는데 다음과 같다.

```
<R, A> R collect(Collector<? super T, A, R> collector);
```

결국 Collector를 따라가보면 앞의 형태와 유사하게 공급자, 누산자, 결합자의 역할을 하는 추상 메소드가 선언돼있다.

```
public interface Collector<T, A, R> {

    Supplier<A> supplier();          // 공급자

    BiConsumer<A, T> accumulator();  // 누산자

    BinaryOperator<A> combiner();     // 결합자
              :
}
```

앞의 코드 스니펫을 Collectors로 요약하는 방식으로 프로그램을 작성하면 다음과 같이 간략화할 수 있다.

```
collect(Collectors.toList())
collect(Collectors.toSet())
```

즉 첫 번째는 ArrayList로 컬렉션을 만들어 요소를 담고, 두 번째는 HashSet로 컬렉션을 만들어 요소를 담는다.

앞에서 소개한 스트림^{Stream} 메소드 중 filter(), sorted(), map()을 중개 연산자라 하고 collect()와 같은 메소드를 최종 연산자라고 한다.

스트림 예제 분석하기

일단 어떤 코드 패턴을 가지는지 예제를 통해 이해해보자. 소개하는 예제의 줄거리는 다음과 같다. Score라는 클래스는 점수, 성별, 이름을 가진다. Score 객체를 요소로 가지는 컬렉션 중 남자를 선별해 점수순으로 정렬하고, 이름만 뽑아내 목록$^{List<String>}$을 만드는 예제다. 남자만 점수순으로 정렬해 이름을 알고 싶다는 이야기이다.

남자를 대상으로 한다고 했으니 filter()를 사용하면 된다. 그리고 점수순으로 정렬한다고 했으니 sorted()를 사용하면 되고 이름만으로 된 요소를 만들 테니 요소 타입의 변환이 일어날 것이므로 map()을 사용하면 된다.

[예제] 스트림 예제 – ScoresDemo.java

```
01 public class ScoresDemo {
02
03     public static void main(String[] args) {
```

```
04          List<Score> list = new ArrayList<Score>();
05          list.add(new Score(95, GENDER.MALE, "Lee"));
06          list.add(new Score(90, GENDER.FEMALE, "Kim"));
07          list.add(new Score(70, GENDER.MALE, "Park"));
08          list.add(new Score(100, GENDER.MALE, "Seo"));
09
10          Stream<Score> stream = list.stream();
11          List<String> rList = stream.filter(score->score.getGender()==GENDER.MALE)
12              .sorted()
13              .map(score->score.getName())
14              .collect(Collectors.toList());
15
16        System.out.println(list);
17        System.out.println(rList);
18      }
19
20      enum GENDER {
21          MALE, FEMALE
22      }
23
24      static public class Score implements Comparable<Score>  {
25          private int score;
26          private GENDER gender;
27          private String name;
28
29          Score(int score, GENDER gender, String name)  {
30              this.score = score;
31              this.gender = gender;
32              this.name = name;
33          }
34
35          public int getScore() {
36              return score;
37          }
38          public void setScore(int score) {
39              this.score = score;
40          }
```

```
41          public GENDER getGender() {
42              return gender;
43          }
44          public void setGender(GENDER gender) {
45              this.gender = gender;
46          }
47          public String getName() {
48              return name;
49          }
50          public void setName(String name) {
51              this.name = name;
52          }
53
54          @Override
55          public int compareTo(Score target) {
56              return score - target.score;
57          }
58
59          @Override
60          public String toString() {
61              return "Score [score=" + score + ", gender=" + gender + ", name="
                      + name + "]";
62          }
63      }
64 }
```

10행의 스트림은 컬렉션 프레임워크의 일종인 list에서 점수에 대한 목록을 stream() 메소드로 가져왔다. 이후 스트림에 대해 일련의 집합 연산을 수행한다. filter(), sorted(), map() 메소드를 사용해 관련된 데이터 처리를 수행했다. collect()를 제외한 모든 메소드는 스트림을 리턴하기 때문에 이들을 서로 연결해서 파이프행 형태로 처리할 수 있었다.

이 작업들은 collect()가 호출되기 전까지 실제로 실행되지 않는다. 최종 연산자가 실행되기 전까지는 중개 연산자가 실행되지 않기 때문이다. collect()는 파이프행에 연결된 집계 작업을 시작하고 완료되면 결과를 리턴한다.

11~14행의 스트림 메소드의 동작을 그림으로 표현하면 다음과 같다.

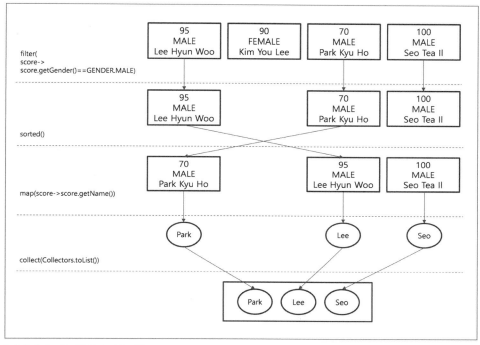

[도표] 예제 프로그램의 스트림 표현

이제 스트림의 내부 동작에 대해 좀 더 알아보자.

스트림 좀 더 알아보기

스트림^{Stream} 인터페이스는 java.util.stream.Stream에 정의돼있고 중개 연산자와 최종 연산자의 두 가지 종류로 분류할 수 있는 많은 메소드를 제공한다. 중개 연산자와 최종 연산자의 차이는 다음과 같다. 중개 연산자는 파이프행처럼 서로 연결할 수 있다. 최종 연산자는 파이프행을 종료시키고 결과를 반환한다. 최종 연산자가 호출되기 전까지는 중개 연산자가 실행되지 않는다. 이러한 이유로 중개 연산자를 지연^{Lazy} 연산한다고 표현하기도 한다. 중개 연산자는 스트림^{Stream}을 반환하지만 최종 연산자는 List, Integer, Void 등을 반환한다.

스트림 요소의 처리 순서를 알아보자. 중개 연산자가 연달아 있는 경우 첫 번째 중개 연산자가 컬렉션 내의 모든 요소에 대해 다 실행되고 나서 두 번째 중개 연산자가 요소에 실행되는 형태일까? 아니면 번갈아 실행되는 것일까?

```
stream.filter( .. )
     .map( .. )
     .collect( .. );
```

앞과 같은 형태로 2개의 중개 연산자와 최종 연산자를 구성해 테스트를 해보자. 요소가 처리되는 순서를 확인하기 위해 filter()와 map() 내부에서 로그를 출력하고, collect()를 위해 new, add, addAll을 가지는 커스텀 컬렉터를 사용한다. 그리고 커스텀 컬렉터 내의 add()와 addAll()에서 로그를 남겨 요소의 처리 순서를 확인한다.

[예제] Stream 요소 처리 순서 – StreamSequenceTestDemo.java

```
01 public class StreamSequenceTestDemo {
02
03     public static void main(String[] args) {
04         List<String> list = new ArrayList<String>();
05
06         list.add("1");
07         list.add("2");
08         list.add("3");
09
10         Stream<String> stream = list.stream();
11
12         MyList s = stream.filter(item->{System.out.println("filter "+item);
                       return true;})
13             .map(item->{System.out.println("map "+item); return item+"MAP";})
```

```
14          .collect(MyList::new, MyList::add, MyList::addAll);
15
16      System.out.println(s);
17    }
18
19  static public class MyList {
20      List<String> list = new ArrayList<String>();
21
22      public void add(String str)  {
23          System.out.println("add "+str);
24          list.add(str);
25      }
26
27      public void addAll(MyList collector)  {
28          System.out.println("addAll "+collector.list.toString());
29          list.addAll(collector.list);
30      }
31
32      @Override
33      public String toString() {
34          return "MyList [list=" + list + "]";
35      }
36    }
37 }
```

12행의 filter()는 의미가 없지만 문법적 테스트를 위해 넣어뒀다. 19~36행은 실행 시 로그를 남기는 커스텀 컬렉터인데 collect()의 실행 순서를 알아보기 위해 작성했다. main()이라는 static 메소드 내에서 클래스를 사용하기 위해 static class로 정의했다. collect()의 파라미터로 new, add, addAll이 제시되면 되기 때문에 메소드 3개를 포함시켰다. 실행 결과는 다음과 같다.

```
filter 1
map 1
add 1MAP
```

```
filter 2
map 2
add 2MAP
filter 3
map 3
add 3MAP
MyList [list=[1MAP, 2MAP, 3MAP]]
```

그림으로 표현하면 요소의 처리 순서는 다음과 같다.

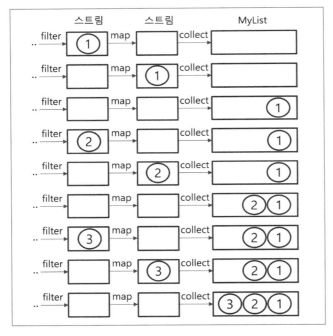

[도표] 요소 처리 순서

요소 1의 filter(), map(), collect()가 실행된 후에 요소 2의 filter(), map(), collect()가 실행됨을 알 수 있다. 즉 요소 1에 대한 모든 처리, 요소 2에 대한 모든 처리, 요소 3에 대한 모든 처리가 순차적으로 실행된다.

앞의 예제 10행에 list.stream()이라는 명령어가 있는데 이를 list.parallelStream()을 함으로써 병렬처리할 수 있다. 이럴 때는 앞의 도표 요소 처리 순서에서 나타난 것처럼 요소 1이 처리된 후에 2가 처리되는 것이 아니라 1, 2, 3이 각각 병렬로 처리된다. parallelStream()을 사용한 처리 결과 값은 다음과 같다. 스레드는 순서가 정해진 것이 아니기 때문에 1, 2, 3 중 어느 것이 먼저 실행될 것인지는 고정되지 않는다.

```
filter 2
filter 3
filter 1
map 3
map 2
add 2MAP
map 1
add 1MAP
add 3MAP
addAll [3MAP]
addAll [2MAP, 3MAP]
MyList [list=[1MAP, 2MAP, 3MAP]]
```

지금까지 스트림의 기본 동작에 대해 알아봤다. 스트림에는 이 외에도 집합 연산을 위한 다양한 메소드가 있다. 데이터 셋에 집합 연산이 필요한 경우에 사용할 수 있는 Stream 클래스의 메소드 API에 대해 살펴보도록 한다.

다양한 스트림 메소드

이제 이 다양한 스트림^{Stream} 메소드 중 개념적으로 대표되는 메소드를 소개하고자 한다. 이 책에서는 API를 모두 설명하지 않는다. 사용 예가 많은 경우에는 주요 사용 API를 소개하고, 사용 사례가 별로 없는 경우에는 개념을 이해하는 수준에서 설명한다. 스트림은 아직 한국의 SI 프로젝트에서는 많이 사용되지 않기 때문에 다른 특성을 가진 대표 스트림 메소드에 대해 설명한다. 여기 나온 API가 전부는 아니니 프로그램을 작성할 때는 자바 API를 참조하자.

Stream의 reduce() 메소드

앞에서 설명한 filter(), map(), sorted(), collect()의 경우에는 하나의 요소가 하나의 요소로 대응됐다. 그러나 합이나 최댓값을 구하는 경우에는 요소가 요소로 대응되는 방식으로는 불가능하다. 이러한 경우에는 2개의 요소를 한 개의 요소로 줄이는 방식으로 처리해야 한다.

1, 2, 3, 4를 더한다고 하자. 이때 reduce()를 사용한다.

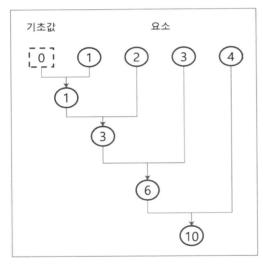

[도표] reduce를 사용한 요소들의 합

이를 위한 reduce() 메소드는 다음과 같이 선언돼있다.

```
T reduce(T identity, BinaryOperator<T> accumulator);
```

스트림 내 두 요소를 하나로 합치는 로직을 BinaryOperator에 담는다. 그리고 초기 기초 값을 위해 identity를 제공한다. BinaryOperator는 다음과 같이 선언돼있다.

```
@FunctionalInterface
public interface BinaryOperator<T> extends BiFunction<T,T,T> {.. }
```

이것만 봐서는 정확히 의미가 와닿지 않는다. BiFunction⟨T,T,T⟩를 따라가보자.

```
@FunctionalInterface
public interface BiFunction<T, U, R> {
    R apply(T t, U u);
}
```

결국 BinaryOperator는 2개의 T 타입의 객체를 받아 T 타입의 객체 하나를 반환하는 함수라는 의미다.

위에서 소개한 함수를 사용해 두 요소를 하나로 합치는 코드 스니펫은 다음과 같다.

```
Integer result = stream.reduce(0, (a, b)->a+b);
```

0은 기초 값이고 (a, b) -〉 a+b는 익명 함수이다. 이때 익명 함수는 재귀 함수와 유사하게 호출된다. 익명 함수는 맨 처음 호출될 때는 a가 기초 값 0을, b는 요소 1을 가지고 시작한다. 두 번째 익명 함수가 호출될 때는 a는 좀전에 계산됐던 익명 함수의 결과 값이 오고, b는 요소 2를 가지고 처리된다. 이런 식으로 요소가 점점 줄어들어 요소가 하나가 될 때까지 반복해 익명 함수가 호출된다.

전체 예제 프로그램은 다음과 같다.

[예제] reduce를 사용한 합 – ReduceSumDemo.java

```
01 public class ReduceSumDemo {
02
03     public static void main(String[] args) {
04         List<Integer> list = new ArrayList<Integer>();
05
```

```
06          list.add(1);
07          list.add(2);
08          list.add(3);
09          list.add(4);
10
11          Stream<Integer> stream = list.stream();
12          Integer result = stream.reduce(0, (a, b)->{System.out.println(a+ " "+b)
                             ;return a+b;});
13          System.out.println(result);
14      }
15 }
```

12행에서 익명 함수를 앞에서 소개한 코드 스니펫과 약간 다르게 작성했는데 이는 로그를 남기기 위해서다. 출력 결과는 다음과 같다.

```
0 1
1 2
3 3
6 4
10
```

병렬처리를 할 수도 있는데 이때도 역시 list.stream() 대신 list.parallelStream()을 사용하면 된다.

Stream의 mapToInt(), mapToLong(), mapToDouble() 메소드

사실은 합을 위해서 굳이 reduce()를 사용할 필요는 없다. 이런 기본적인 기능은 JDK가 제공하기 때문이다. 앞의 예제를 스트림의 기본 기능을 사용해 작성하면 다음과 같다. mapToInt()는 map()과 같이 매핑의 기능을 제공하는데 정수형 타입 요소의 스트림을 반환한다. 이를 위해 mapToInt()의 파라미터에 특정 타입의 요소를 정수로 변환하는 함수를 제공해야 한다.

```
IntStream mapToInt(ToIntFunction<? super T> mapper);
```

이것만 봐서는 모르겠다. 한 단계 더 따라가 들어가보자.

```
@FunctionalInterface
public interface ToIntFunction<T> {
    int applyAsInt(T value);
}
```

객체를 받아 int를 반환하는 함수임을 알 수 있다. 그리고 int를 요소로 하는 스트림으로 JDK에 기정의돼 있는 IntStream을 사용한다.

mapToInt() 메소드는 IntStream이라는 스트림을 반환하는데 이 객체는 sum()이라는 메소드를 제공하고 이를 사용해 합을 구하면 된다. 코드 스니펫은 다음과 같다.

```
int sum = stream.mapToInt(item->item.intValue()).sum();
```

람다식 item -> item.intValue()는 ToIntFunction의 int applyAsInt(T value)를 충족하기 때문에 파라미터로 전달 가능했다.

앞에서 소개한 reduce를 사용한 합을 JDK가 제공하는 기능을 사용해 작성하면 다음과 같다.

[예제] JDK의 기능을 사용한 합 – SumDemo.java

```
public class SumDemo {

    public static void main(String[] args) {
        List<Integer> list = new ArrayList<Integer>();

        list.add(1);
        list.add(2);
        list.add(3);
```

```
        list.add(4);

        int sum = list.stream()
            .mapToInt((item)->item.intValue())
            .sum();
        System.out.println(sum);
    }
}
```

이와 유사하게 mapToLong(), mapToDouble()에 의한 LongStream, DoubleStream도 있다.

필터 기능을 제공하는 메소드 – filter(), distinct(), limit(), skip()

filter는 앞에서 살펴봤는데 자바 API에는 다음과 같이 정의돼있다.

```
Stream<T>           filter(Predicate<? super T> predicate)
```

filter()의 파라미터로 Predicate<? super T>를 충족하는 함수를 전달한다. 이는 람다일 수도 있고, Predicate를 구현한 객체일 수도 있다. Predicate를 다시 떠올리면 다음과 같다.

```
@FunctionalInterface
public interface Predicate<T> {
    boolean test(T t);
}
```

객체를 받아서 true 혹은 false를 반환한다. true를 반환하면 후속 스트림에 해당 객체를 포함시키는 것이고, false이면 후속 스트림에 해당 객체를 포함시키지 않는다.

중복 요소를 제거하는 메소드 – distinct()

distinct()는 중복을 제거하고 유니크한 요소만 남긴다. 다음의 메소드를 호출하면 후속 스트림에는 유니크한 요소만 담긴다.

```
Stream<T> distinct();
```

중복을 제거하려면 요소와 요소가 동일한지 아닌지 비교해야 하는데 이는 boolean equals(Object obj) 메소드를 통해 판정한다. 만약 사용자 클래스를 요소로 사용한다면 적절한 equals() 메소드가 정의돼있어야 할 것이다.

최대 요소의 개수를 제한하는 메소드 – limit()

limist()는 주어진 maxSize까지의 요소를 반환한다.

```
Stream<T>        limit(long maxSize)
```

특정 개수를 건너뛰는 메소드 – skip()

skip()은 주어진 n까지의 요소를 제외하고 나머지 요소를 반환한다.

```
Stream<T>        skip(long n)
```

Finding과 Matching 메소드

해당 조건을 충족하는 요소를 찾는 Finding 계열의 메소드와 요소가 해당 조건을 충족하는지 여부를 검사하는 Matching 계열의 메소드에는 다음과 같은 것들이 있다. 모두 최종 연산자이다.

메소드	설명
Optional〈T〉 findAny()	요소들 중 하나를 나타내는 Optional을 반환하거나, 요소가 없을 경우 empty를 나타내는 Optional을 반환한다.
Optional〈T〉 findAny()	첫 번째 요소를 나타내는 Optional을 반환하거나, 요소가 없을 경우 empty를 나타내는 Optional을 반환한다.
boolean allMatch(Predicate〈? super T〉 predicate)	모든 요소가 predicate 조건을 만족하는 경우 true를 반환한다.
boolean anyMatch(Predicate〈? super T〉 predicate	하나라도 predicate 조건을 만족하는 경우 true를 반환한다.
boolean noneMatch(Predicate〈? super T〉 predicate)	모든 요소가 predicate 조건을 만족하지 않는 경우 true를 반환한다.

설명하기 위해 앞에서 예시로 들었던 Score 클래스를 다시 사용한다. Score 클래스의 형태는 다음과 같고, 스트림은 이 Score 타입의 요소를 가진다고 가정하자.

```java
public class Score implements Comparable<Score>  {
    private int score;
    private GENDER gender;
    private String name;
              :
```

모든 점수^{score}가 90을 넘는지 검사하는 코드는 다음과 같다.

```java
boolean flag = stream.allMatch( item->item.getScore( )>90 );
```

점수^{score}가 90을 넘는 것이 하나라도 있는지 검사하려면 다음과 같이 한다.

```java
boolean flag = stream.anyMatch( item->item.getScore( )>100 );
```

90이 넘는 요소 중 아무 요소나 얻은 후 해당 요소를 출력하고자 할 때의 코드 스니펫은 다음과 같다.

```
Optional<Score> optional = stream.filter(item->item.getScore())>90).findAny();
optional.ifPresent(item->System.out.println(item));
```

Optional은 null 처리를 지원하기 위한 클래스다. 널이 아닌 경우 실행하는 로직은 ifPresent()를 사용하면 편리하다.

```
public void ifPresent(Consumer<? super T> action) {
    if (value != null) {
        action.accept(value);
    }
}
```

함수형 인터페이스 Consumer는 다음과 같다.

```
@FunctionalInterface
public interface Consumer<T> {
    void accept(T t);
}
```

즉 Optional의 ifPresent()는 Optional이 가지고 있는 값(value)이 null이 아니면 Consumer가 가리키는 함수를 통해 해당 값(value)을 처리한다.

복합 객체의 스트림을 세부 객체의 스트림으로 분해하는 flatMap() 메소드

map() 메소드는 매핑에 관한 기능을 제공하는 중계 연산자였다. 이때 익명 함수는 요소를 파라미터로 받아서 변환 후 반환한다. flatMap() 메소드는 map()의 특수한 형태인데, 다른 점은 복합 객체를 받아서 이를 분해해 반환한다는 점이다. 분해해 반환할 때 스트림을 반환하므로 flatMap()의 익명 함수의 반환 타입은 스트림^{Stream}이 된다.

```
<R> Stream<R> flatMap(Function<? super T, ? extends Stream<? extends R>> mapper);
```

---

flatMap()은 Stream〈R〉을 반환한다. 이러한 변환을 위해 사용되는 함수는 Function(~T, ~Stream〈~R〉)의 형태다. 즉 복합 객체 T를 받아서 해체해 R의 스트림으로 반환한다.

이와 같이 하면 무슨 효과가 있을까? 결과적으로 복합 객체의 스트림을 세부 객체의 스트림으로 변환하는 효과가 있다.

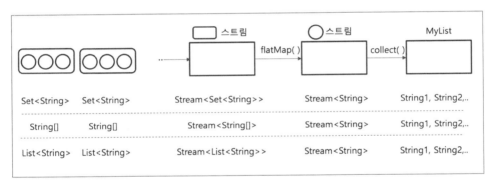

[**도표**] flatMap() 메소드 개념

앞의 그림을 살펴보자. stream() 메소드를 사용해 복합 객체의 컬렉션이 복합 객체의 스트림으로 변환된다. flatMap() 메소드를 사용하면 복합 객체의 스트림이 세부 객체의 스트림으로 변환된다. 그리고 MyList라는 컬렉션으로 collect()됐다. MyList는 로그를 출력하기 위한 ArrayList를 확장한 커스텀 리스트다.

예를 들면 Set〈String〉 타입의 요소로 구성된 컬렉션이 있다. 이때 stream()을 사용해 Set〈String〉으로 구성된 Stream을 생성한다. 타입은 Stream〈Set〈String〉〉이 된다. 여기에 flatMap()을 적용하고 flatMap()의 익명 함수로 Set〈String〉을 파라미터로 받아서 Stream⟨String⟩으로 변환해 반환하면 복합 객체(Set⟨String⟩)의 스트림은 세부 객체(String)의 스트림으로 바뀐다.

Set⟨String⟩의 컬렉션을 String의 컬렉션으로 변환해보자. 이를 위해 flatMap() 메소드를 사용해 Set⟨String⟩의 스트림을 String의 스트림으로 변환한다.

[예제] flatMap() 예제 – FlatMapDemo.java

```
01 public class FlatMapDemo {
02
03     public static void main(String[] args) {
04         List<Set<String>> list = new ArrayList<Set<String>>();
05         Set<String> set1 = new HashSet<String>();
06         set1.add("1");
07         set1.add("3");
08         set1.add("5");
09
10         Set<String> set2 = new HashSet<String>();
11         set2.add("2");
12         set2.add("4");
13         set2.add("6");
14
15         list.add(set1);
16         list.add(set2);
17
18         Stream<Set<String>> stream1 = list.stream();
19         Stream<String> stream2 = stream1.flatMap(item->{System.out.println("f
                                "+item); return item.stream();});
20
21         MyList rList = stream2.collect(MyList::new, MyList::add,
                        MyList::addAll);
22         System.out.println(rList);
23     }
24
25     static public class MyList {
26         List<String> list = new ArrayList<String>();
```

```
27
28        public void add(String str)  {
29            System.out.println("add "+str);
30            list.add(str);
31        }
32
33        public void addAll(MyList collector)  {
34            System.out.println("addAll "+collector.list.toString());
35            list.addAll(collector.list);
36        }
37
38        @Override
39        public String toString() {
40            return "MyList [list=" + list + "]";
41        }
42    }
43 }
```

18행을 통해 복합 객체의 스트림, 즉 Set⟨String⟩의 스트림을 생성했다.

19행을 통해 이 복합 객체의 스트림을 세부 객체의 스트림으로 변환한다. flatMap() 메소드의 익명 함수에서 Set⟨String⟩을 파라미터로 받아서 Stream⟨String⟩으로 변환해 반환함으로써 복합 객체의 스트림을 세부 객체의 스트림으로 변환했다.

이제 Set⟨String⟩의 스트림은 String의 스트림으로 평평^{flat}해졌다. 출력 결과 값은 다음과 같다.

```
flatMap [1, 3, 5]
add 1
add 3
add 5
flatMap [2, 4, 6]
add 2
add 4
add 6
rList : MyList [list=[1, 3, 5, 2, 4, 6]]
```

예제의 동작 방식을 그림으로 표현하면 다음과 같다. 네모는 복합 객체이고 동그라미는 복합 객체를 구성하는 세부 객체다.

[도표] flatMap 예제 초기 상태

첫 번째 Set⟨String⟩ 요소가 flatMap()에 의해 처리될 때를 그림으로 표현하면 다음과 같다.

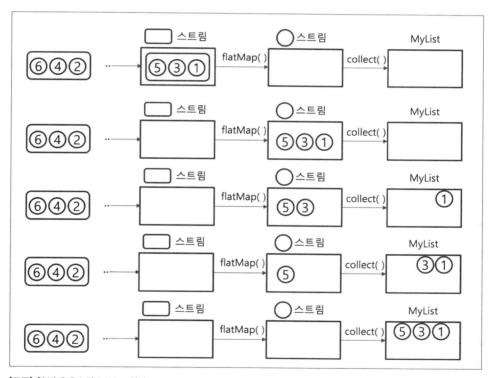

[도표] 첫 번째 요소의 flatMap 처리

두 번째 Set⟨String⟩ 요소가 flatMap()에 의해 처리될 때를 그림으로 표현하면 다음과 같다.

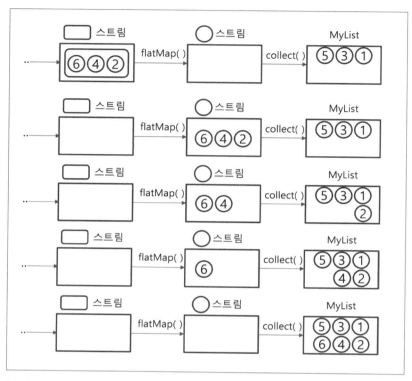

[도표] 두 번째 요소의 flatMap 처리

마지막으로 groupBy에 대해 알아보자.

Collectors.groupingBy() 메소드

엄밀히 말하면 Collectors.groupingBy() 메소드는 Stream의 메소드는 아니다. 해당 메소드는 Stream의 메소드 collect를 보조하기 위한 메소드다. 그룹바이(GroupBy)는 SQL에서 많이 사용된다. 다음과 같은 컬렉션이 있다고 하자.

```
List<Score> list = new ArrayList<Score>();
list.add(new Score(95, GENDER.MALE, "Lee"));
list.add(new Score(90, GENDER.FEMALE, "Kim"));
list.add(new Score(70, GENDER.MALE, "Park"));
list.add(new Score(100, GENDER.MALE, "Seo"));
```

첫 번째 add()는 점수가 95, 남성, 이름은 Lee인 Score 객체를 컬렉션에 추가한다.
나머지도 비슷하게 3개의 Score 객체를 컬렉션에 추가한다. 남자와 여자의 카운트
를 각각 구하려면 남자와 여자를 따로 그루핑한다. 이를 GroupBy [그루핑 기준 필
드]라고 표현한다. 다음은 그루핑 기준 필드를 성별로 한 경우이다.

점수	성별	이름
95	MALE	Lee
90	FEMALE	Kim
70	MALE	Park
100	MALE	Seo

성별	그룹함수
MALE	그룹함수 결과값
FEMALE	그룹함수 결과값

성별	갯수-counting()
MALE	3
FEMALE	1

성별	합-summingInt (점수)
MALE	265
FEMALE	90

성별	평균-averagingInt(점수)
MALE	88.3
FEMALE	90.0

[도표] 그룹 함수

남자는 몇 명인지, 여자는 몇 명인지 구하려면 collect() 내에 Collectors.
groupingBy()를 전달한다.

원래 Stream에는 collect(Collector)라는 추상 메소드가 선언돼있는데 여기에 Collector 인터페이스를 구현한 객체를 전달하면 R 타입의 객체를 반환한다.

```java
public interface Stream<T> extends BaseStream<T, Stream<T>> {
    <R, A> R collect(Collector<? super T, A, R> collector);
    :
}
```

그런데 자바는 미리 여러 개의 Collector를 구현한 클래스를 제공하는데 Collectors. toList()와 Collectors.toSet()은 각각 ArrayList를 위한 구현체, HashSet을 위한 구현체를 제공한다.

해당 개념을 확장해 그룹바이에 의한 카운트, 합, 평균을 제공하는 Collector를 구현한 구현체 역시 제공하는데 바로 Collectors.groupingBy(~)이다. 형태는 다음과 같다.

```java
stream.collect(
            Collectors.groupingBy(그루핑 기준 필드, 그룹함수)
            );
```

개수를 구하는 코드 스니펫은 다음과 같다.

```java
Map<GENDER, Long> map = stream.collect(
                                Collectors.groupingBy(Score::getGender,
                                        Collectors.counting()
                                        )
                            );
```

비슷하게 합을 구하는 코드 스니펫은 다음과 같다. 차이점은 합의 대상이 되는 필드를 getScore를 통해 지정했다는 점이다.

```
Map<GENDER, Integer> map = stream.collect(
                    Collectors.groupingBy(Score::getGender,
                            Collectors.summingInt(Score::getScore)
                            )
                    );
```

평균을 구할 때는 앞의 코드 스니펫에서 함수명만 바꾸면 된다.

```
Map<GENDER, Double> map = stream.collect(
                    Collectors.groupingBy(Score::getGender,
                            Collectors.averagingInt(Score::getScore)
                            )
                    );
```

평균을 구하는 전체 예제는 다음과 같다.

[예제] flatMap() 예제 – GroupByDemo.java

```
01 public class GroupByDemo {
02
03     public static void main(String[] args) {
04         List<Score> list = new ArrayList<Score>();
05         list.add(new Score(95, GENDER.MALE, "Lee"));
06         list.add(new Score(90, GENDER.FEMALE, "Kim"));
07         list.add(new Score(70, GENDER.MALE, "Park"));
08         list.add(new Score(100, GENDER.MALE, "Seo"));
09
10         Stream<Score> stream = list.stream();
11         Map<GENDER, Double> map = stream.collect(Collectors.groupingBy
                    (Score::getGender, Collectors.averagingInt(Score::getScore)));
12
13         System.out.println(map);
14     }
15
16     enum GENDER {
```

```
17          MALE, FEMALE
18      }
19
20      static public class Score  {
21          private int score;
22          private GENDER gender;
23          private String name;
24
25          Score(int score, GENDER gender, String name)  {
26              this.score = score;
27              this.gender = gender;
28              this.name = name;
29          }
30
31          public int getScore() {
32              return score;
33          }
34          public void setScore(int score) {
35              this.score = score;
36          }
37          public GENDER getGender() {
38              return gender;
39          }
40          public void setGender(GENDER gender) {
41              this.gender = gender;
42          }
43          public String getName() {
44              return name;
45          }
46          public void setName(String name) {
47              this.name = name;
48          }
49
50          @Override
51          public String toString() {
52              return "Score [score=" + score + ", gender=" + gender + ", name="
                            + name + "]";
```

```
53        }
54    }
55 }
```

앞에서 소개한 Score 클래스 사용 예제와 크게 다르지 않다. 다만 11행의 스트림 메소드만 다르다. 그룹바이에 의한 카운트를 구하고자 하면 JDK에 기정의돼있는 기능을 사용하면 되고 형태는 다음과 같다.

```
Map<GENDER, Long> map = stream.collect(
                        Collectors.groupingBy(Score::getGender,
                        Collectors.counting()
                        )
            );
```

[도표] 그룹 함수 – 카운팅

결과 값은 다음과 같다.

```
{MALE=88.33333333333333, FEMALE=90.0}
```

foreach 메소드

컬렉션의 항목을 반복문에서 처리할 때 쉽게 사용할 수 있는 것이 스트림^{Stream}의 forearch() 메소드다.

```
Stream:
void forEach(Consumer<? super T> action);
```

함수형 인터페이스 Consumer에는 컬렉션의 항목을 파라미터로 받아 소진하는 추상 메소드가 있다. 항목을 출력하는 예제는 다음과 같다.

```
01 public class ForEachDemo {
02
03     public static void main(String[] args) {
04         String[] array = {"apple", "banana", "orange"};
05         List<String> list = new ArrayList<>(Arrays.asList(array));
06
07         list.stream().forEach(item->System.out.println(item));
08     }
09 }
```

4~5행에서 데이터를 준비했다. 7행의 item -> System.out.println(item)이 함수형 인터페이스 Consumer에 부합하기 때문에 해당 프로그램은 유효하다. 결과는 다음과 같다.

```
apple
banana
orange
```

병렬처리를 위한 parallelStream

엄밀히 말하면 본 절은 스트림의 메소드가 아니다. 스트림 자체가 달라진 것이다. 일반적인 스트림에 대한 연산은 컬렉션 내의 요소를 순차적으로 처리한다. 그러나 parallelStream()으로 얻어온 스트림은 기본 동작이 병렬처리다. 앞의 예제에서 7행의 stream()을 parallelStream()으로만 바꾸면 병렬처리가 된다.

```
list. parallelStream().forEach(item->System.out.println(item));
```

앞과 같이 사용하면 ForkJoinPool.commonPool을 사용해 병렬처리를 수행한다. ForkJoinPool은 병렬처리를 위해 자바에서 제공하는 특별한 종류의 스레드 풀 관리 클래스다. 여기서는 일단 명령어 작업을 위해서는 스레드가 필요하고, n개의 병렬작업을 위해서는 n개의 스레드가 필요하며, 스레드 풀^{Pool}이란 병렬처리를 위한 스레드를 모아놓은 바구니와 같다는 정도만 알아두자.

공통 풀이 아니라 별도의 스레드 풀을 사용해 병렬처리를 하고 싶다면 다음과 같은 형태의 코드 스니펫을 사용한다.

```
ForkJoinPool myPool = new ForkJoinPool(5);
myPool.submit([Runnable]).get();
```

submit()의 파라미터로 함수형 인터페이스 Runnable을 충족하는 함수가 오도록 한다. ForkJoinPool에 대한 좀 더 자세한 설명은 21장 '스레드'에서 설명한다.

앞에서 소개한 컬렉션을 출력하는 예제는 다음과 같은 형태로 병렬처리될 수 있다.

[예제] 스트림 병렬처리 예제 – ParallelStreamDemo.java

```
01 public class ParallelStreamDemo {
02
03     public static void main(String[] args) {
04         String[] array = {"apple", "banana", "orange"};
05         List<String> list = new ArrayList<>(Arrays.asList(array));
06
07         ForkJoinPool myPool = new ForkJoinPool(5);
08
09         try {
10             myPool.submit(()->{list.parallelStream().forEach(item->System.
                            out.println(item));}).get();
11         } catch (InterruptedException | ExecutionException e) {
12             throw new RuntimeException(e);
13         }
14     }
15 }
```

10행의 () -> {list.parallelStream().forEach(item -> System.out.println(item));} 은 함수형 인터페이스 Runable을 충족한다. 결과는 순차처리와는 다르게 apple, banana, orange가 반드시 순차적으로 출력되지는 않는다.

지금까지 스트림에 대해 알아봤다. 아직은 빅데이터 프로젝트에서 한두 번의 사용 예밖에는 보지 못했지만 기본적인 개념은 알아두자.

프로젝트에서 아직 사용 빈도가 적은 이유는 대부분의 데이터베이스에서 집합 연산을 훌륭하게 제공하고 지금까지 데이터베이스의 집합 연산을 사용해 왔기 때문에 굳이 자바의 집합 연산을 사용할 필요를 못 느껴서인 것 같다. 그러나 데이터베이스 작업이 아닌 경우에는 스트림의 효용성이 증가할 것으로 예상한다.

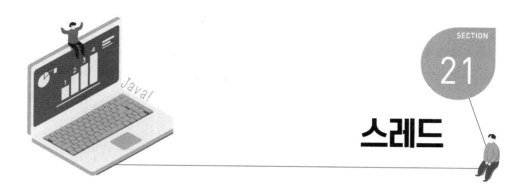

스레드

들어가면서

SI 프로젝트에서 스레드 프로그래밍을 자주 하는 것은 아니지만 그렇다고 아주 드문 것도 아니다. 필자가 책을 쓰고 있을 즈음만 하더라도 빅 데이터 프로젝트에서 스레드를 사용한 프로그래밍 사례가 있었다. 메시지 브로커로 Kafka를 사용하는데 Kafka Consumer와 Producer에서 멀티스레드 프로그래밍이 적용돼있었다.

멀티스레드 프로그래밍을 직접 하지 않더라도 WAS[Web Application Server]가 멀티스레드로 구성돼있어 간접적으로는 대부분 연관이 있다. WAS에 올라가는 웹 프로그래밍도 멀티스레드에 대한 기초 지식이 있어야 정교하게 프로그래밍할 수 있다.

스레드란?

스레드를 이해하기 전에 프로세스의 개념부터 알아보자. 우리가 PC에서 작업할 때를 생각하면 워드, 브라우저, 이클립스 등을 동시에 켜둔 상태에서 작업하는 것이 보통이다. 한 개의 CPU가 있는 PC에서도 동시에 이러한 작업이 가능한 것은 CPU가 시간을 분할해 CPU를 사용할 수 있는 제어권을 각 프로그램에 한 번씩 나눠주기 때문이다. 일반적으로 이 하나의 작업, 워드, 브라우저, 이클립스 등 운영체제에서 실행 중인 하나의 프로그램을 프로세스라 하며, 한 대의 PC에서도 여러 프로세스가 실행될 수 있기 때문에 동시 작업이 가능하다.

[도표] 프로세스 확인

위는 윈도우 환경에서 어떤 프로세스가 사용되고 있는지 확인하는 창이다. 토렌트, 안드로이드 등의 프로세스가 실행 중임을 알 수 있다. 스레드와 프로세스의 관계를 알아보자.

하나의 프로세스 내에서도 여러 개의 동시 수행이 가능하다. 이때 프로세스 내의 동시 수행 작업 단위를 스레드라 한다. 하나의 프로세스 안에 하나의 스레드만 있을 수도 있다. 우리가 작성한 예제는 대부분 하나의 프로세스에 하나의 스레드만 있는 경우였다. 하나의 프로세스에 여러 스레드가 있을 때 이를 멀티스레드라 한다. 다음은 하나의 프로세스에 2개의 스레드를 표시한 예다.

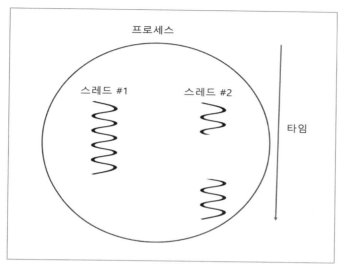

[도표] 스레드와 프로세스

하나의 스레드는 한 번에 하나의 명령어밖에 실행할 수 없다. 그리고 여러 스레드 중에 어떤 스레드가 먼저 실행될지 알 수 없으며, 특정 스레드를 먼저 실행하라고 강제할 수도 없다. 우선순위를 지정할 수는 있지만 반드시 지켜지는 것은 아니다.

동시 수행을 처리할 때 멀티프로세스와 멀티스레드 방식이 있는데 웹서버인 아파치는 전통적으로 멀티프로세스 방식이며, 와스서버인 톰캣은 멀티스레드 방식이다. 멀티프로세스와 멀티스레드는 여러 작업을 동시에 수행한다는 공통점이 있다. 차이점은 멀티프로세스는 각각의 프로세스가 독립적으로 실행되며 각각 별개의 메모리를 차지하고 있다는 것이다. 그리고 멀티프로세스보다 멀티스레드 전환이 CPU 속도가 빠르다.

하나의 CPU, 멀티프로세스 환경을 가정해보자. 하나의 CPU가 하나의 프로세스를 서비스한 후에 아주 빠른 속도로 다른 프로세스를 서비스한다. 이런 식으로 하나의 CPU가 여러 프로세스를 굉장히 빠른 속도로 번갈아가며 서비스하므로 사용자는 동

시 작업을 하고 있다고 느낀다. CPU 혹은 CPU 내의 코어가 여러 개인 환경에서는
훨씬 많은 프로세스를 빠른 시간에 번갈아 처리할 수 있을 것이다.

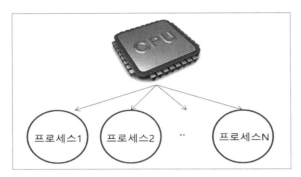

[도표] CPU와 멀티프로세스

스레드의 경우도 이와 비슷하다. CPU가 한 개일지라도 빠르게 여러 스레드를 전환
하면서 서비스함으로써 동시 작업이 발생하는 효과를 본다. CPU나 코어가 여러 개
인 경우에는 훨씬 더 많은 스레드를 빠른 시간에 번갈아 서비스할 수 있을 것이다.

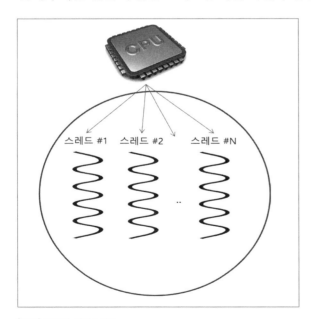

[도표] CPU와 멀티스레드

다음은 이론적인 배경으로 동시성과 평행성에 대해 잠깐만 알아보자.

동시성와 병렬성

지금까지는 구분하지 않고 사용했는데 엄밀히 말하면 동시성^{Concurrency}과 병렬성^{Parallism}은 의미가 약간 다르다. 동시성은 프로그램의 성질이고 병행성은 기계의 성질이다. 즉 동시성은 CPU(혹은 코어)가 하나여도 가능하지만 병렬성은 CPU(혹은 코어)가 복수 개여야만 가능하다. 하나의 CPU에서 여러 프로세스나 스레드를 서비스하는 것을 시분할에 의한 동시 처리라고도 표현한다. 이는 하나의 CPU는 한 번에 하나의 명령어(프로세스든 스레드든)밖에 처리할 수 없지만, 짧은 시간에 번갈아 여러 명령어를 처리함으로써 시분할$^{time-sharing}$에 의한 동시 처리가 가능해지는 것이다.

이와 대조되는 개념으로 평행성은 진짜로 복수의 CPU(혹은 코어)가 있어야 한다. 병렬성은 하드웨어가 지원돼야만 가능한 개념이다.

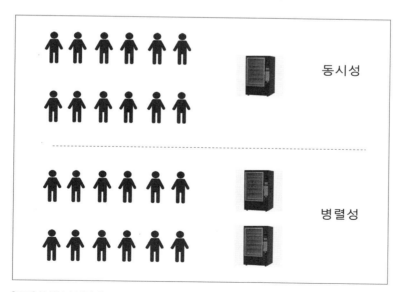

[도표] 동시성과 병렬성

앞의 그림에서 사람들이 자판기에서 음료를 사기 위해 줄을 서서 기다리고 있다. 사람은 처리해야 하는 명령어고 자판기는 CPU(혹은 코어)라고 보면 된다. 하나의 CPU를 나누어 사용하는 것은 동시성이고, 여러 개의 CPU 혹은 코어를 나눠 사용하면 이는 병렬성을 충족하는 것이다.

우리가 스레드 프로그램을 작성할 때는 병렬적으로 처리되는지 동시에 처리되는지 표면적으로는 알 수 없다. CPU나 코어가 여러 개라면 병렬성도 지원하는 것이고, CPU가 한 개라면 동시성만 지원하는 것이다.

첫 번째 스레드 프로그램

1부터 100까지 출력하는데 멀티스레드를 사용해 첫 번째 스레드에서는 1~50을, 두 번째 스레드에서는 51~100을 출력하는 프로그램은 다음과 같다. 이 외에도 main() 함수를 실행하는 메인 스레드가 있다.

[예제] 간단한 멀티스레드 예제 - ThreadBasicDemo.java

```
01 public class ThreadBasicDemo {
02
03     public static void main(String[] args) {
04         Thread myThread1 = new Thread() {
05             @Override
06             public void run() {
07                 for(int i=1; i<=50; i++) {
08                     System.out.println(i);
09                 }
10             }
11         };
12
13         Thread myThread2 = new Thread() {
14             @Override
```

```
15              public void run() {
16                  for(int i=51;  i<=100;  i++) {
17                      System.out.println(i);
18                  }
19              }
20          };
21
22      myThread1.start();
23      myThread2.start();
24    }
25 }
```

4~11행은 익명 객체를 생성해 Thread 타입의 myThread1이라는 참조 변수에 할당하는 문장이다. 스레드에서 처리하고 싶은 로직이 있으면 Thread 객체의 run() 메소드를 재정의한 후, 22행에서처럼 run() 메소드를 실행하면 된다. 4~11행으로 생겨난 객체와 참조 변수의 관계는 다음과 같다.

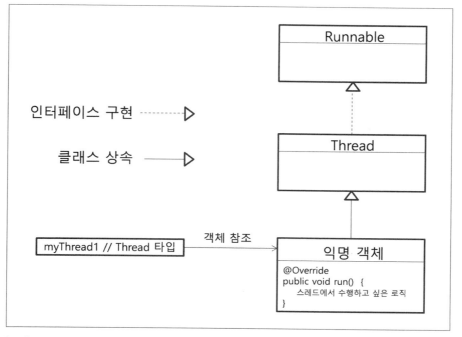

[도표] 익명 객체를 사용한 스레드 생성

출력 결과는 어떻게 될까? 어떤 스레드를 먼저 실행할지 정해지지 않았기 때문에 실행할 때마다 결과 값이 다르다. 분명한 것은 1, 2, 3…100의 순서는 아니라는 것이다. 한 가지 더 주의할 것은 main() 함수를 실행하는 메인 스레드는 다른 myThread1, myThread2의 작업 스레드가 종료할 때까지 종료하지 않고 24행에서 대기한다는 점이다.

다양한 스레드 생성 방법

스레드를 사용하는 방법은 다양하다. 다음은 앞에서 소개한 Thread의 사용 방법이다.

```java
Thread myThread1 = new Thread()  {
    @Override
    public void run()  {
        System.out.println("Thread를 사용한 익명 객체");
    }
};
myThread1.start();
```

다음은 Runnable 인터페이스를 사용해 익명 객체를 생성하고, Runnable 인터페이스를 구현한 익명 객체를 Thread 생성자의 파라미터로 전달하는 방법이다.

```java
Runnable runnable = new Runnable()  {
    @Override
    public void run()  {
        System.out.println("Runnable를 사용한 익명 객체");
    }
};
Thread myThread2 = new Thread(runnable);
myThread2.start();
```

다음은 앞에서 소개한 Runnable 인터페이스를 사용하는 Thread 사용 방법을 람다식을 사용해 간략하게 한 것이다.

```
Thread mythread3 = new Thread(()->System.out.println("익명 함수를 사용한 익명 객체"));
mythread3.start();
```

이게 왜 Runnable 인터페이스를 사용한 방법의 간략화인지 잘 이해되지 않을 수도 있다. 좀 더 알아보자.

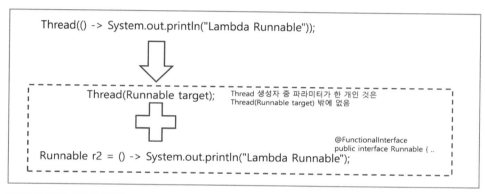

[도표] 람다식을 사용한 간략한 Thread 사용법

다음은 Thread를 재정의해 Thread 클래스를 확장한 새로운 클래스를 정의하고 이를 사용하는 방법이다.

```
        MyThread myThread4 = new MyThread();
        myThread4.start();
```

```
public class MyThread extends Thread {
    @Override
    public void run() {
        System.out.println("Thread 재정의");
    }
}
```

앞의 코드 스니펫을 합친 예제로 VariousThreadDemo.java를 작성해놓았으니 필요
한 독자는 참조하기 바란다.

스레드 세이프

스레드를 사용해 직접 프로그래밍을 하지 않더라도 스레드 세이프^{Thread-safe}의 개념
은 알아둬야 한다. 대부분의 프로그래밍이 서버 상에서 이뤄지고 서버는 대부분 멀
티스레드 프로그램으로 돼 있기 때문이다. 스레드 세이프의 정의는 멀티스레드가 동
시에 사용하더라도 안전하다는 의미다. 일단 멀티스레드가 동시에 접근하는 예제를
작성해보자.

[예제] 스레드 세이프하지 않은 예제 – com.javainhand.ch21.bad.Incrementer.java

```java
public class Incrementer {
    private int data = 0;

    public void increment() {
        for(int i=0; i< 1000000; i++) {
            data = data+1;
        }
    }

    public int getData() {
        return data;
    }
}
```

Incrementer라는 클래스가 있다. 이 클래스는 내부 데이터로 정수형 값을 가지
고 있는데 초기 값은 0이다. increment()라는 메소드가 실행되면 반복문(for)이
1000000회 실행되면서 1000000씩 증가한다.

이 Incrementer 클래스로 객체를 생성한 후 2개의 스레드에서 increment()를 호출해보자.

[예제] 스레드 세이프하지 않은 예제 – ThreadSafeTesterDemo.java

```
01 public class ThreadSafeTesterDemo {
02
03     public static void main(String[] args) {
04         Incrementer incremeter = new Incrementer();
05
06         Thread myThread1 = new Thread(()->{incremeter.increment();});
07         Thread myThread2 = new Thread(()->{incremeter.increment();});
08         myThread1.start();
09         myThread2.start();
10
11         try {
12             Thread.sleep(3000);
13         } catch (InterruptedException e) {
14             throw new RuntimeException(e);
15         }
16
17         System.out.println(incremeter.getData());
18     }
19 }
```

4행에서 Incrementer 클래스로 객체를 생성했으며, 6~7행에서 스레드를 2개 생성했다. 그리고 각 스레드는 모두 4행에서 생성한 객체를 공유해 increment()를 호출했다.

12행에서 Thread.sleep()을 호출했는데 이는 메인 스레드에게 3초 정도 쉬라는 명령을 내리는 것이다. 메인 스레드, 여기서는 main() 메소드를 실행하는 스레드에 3초 쉬라고 한 것인데, 왜 이런 코드를 넣었을까? Sleep() 코드가 없다면 myThread1, myThread2의 다른 스레드 실행이 안 끝난 상태에서 17행이 실행된다. 그러면 타 스레드가 종료하기 전에 17행이 실행되고 결국 최종 값이 아니라 중간 값을 출력하게 된다. 그리고 17행이 실행된 후 타 스레드가 모두 종료될 때까지

18행에서 타 스레드의 종료를 기다리다가 타 스레드가 종료되면 메인 스레드도 종료한다. 이것을 방지하기 위해 Thread.sleep(3000)을 넣어 메인 스레드가 3초간 쉬어가게 한 것이다. 이 3초는 다른 스레드들이 3초면 작업을 완료할 것이라고 예상해 대략적으로 정한 값이며 정확한 근거가 있는 것은 아니다.

11~15행에서 try~catch문으로 감싼 이유는 Thread.sleep()이 Interrupted Exception이라는 Checked 예외를 발생시키기 때문이다.

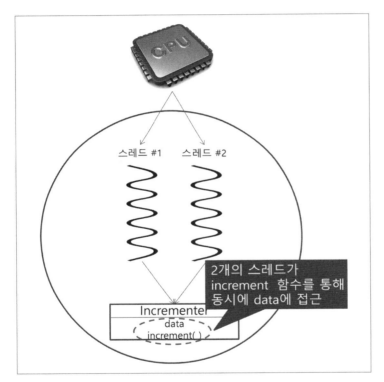

[도표] 멀티스레드에 의한 멤버 변수가 있는 객체 공유

이 프로그램의 구조는 3개의 멀티스레드가 하나의 메모리 영역 즉 Incrementer 객체의 멤버 변수인 data를 공유한다. 3개의 스레드(메인 스레드 1개, 작업 스레드 2개) 중 2개의 스레드가 동시에 하나의 메모리 공간을 수정하고자 하는 것이다. 이제 프로그램을 실행해보자. 예상하는 값은 2000000이다. 그러나 실제로는 실행할 때마다

값이 다르게 나온다.

이유는 다음과 같다. 기대하는 동작은 다음의 표와 같다.

[도표] 기대하는 멀티스레드 동작

스레드1	스레드2	공유 데이터
		0
공유 데이터에서 0값을 읽어와 1을 더한 후 다시 공유 데이터에 저장		1
	공유 데이터에서 1값을 읽어와 1을 더한 후 다시 공유 데이터에 저장	2

기대하는 값이 나오지 않을 때의 동작은 다음과 같다.

[도표] 실제로 수행되는 멀티스레드 동작

스레드1	스레드2	공유 데이터
		0
공유 데이터에서 0값을 읽어와 1을 더한 후 다시 공유 데이터에 저장	공유 데이터에서 0값을 읽어와 1을 더한 후 다시 공유 데이터에 저장	1

스레드의 실행 순서는 제어가 불가하다. 스레드가 원하는 순서로 동작할 수도 있지만, 원하지 않는 순서로 동작할 수도 있다. 우리의 예에서는 Incrementer 클래스 내의 increment()에서 반복문을 1000000번 수행하다 보니 앞의 도표와 같은 문제가 발생하는 것이고 그런 사유로 원하는 값이 나오지 않는다.

앞에서와 같이 스레드 세이프 문제가 발생하는 주요 프로그램 패턴은 다음과 같다.

- 데이터를 위한 메모리를 공유한다.
- 여러 개의 스레드가 해당 공유 메모리를 동시에 쓰려고(write) 한다.

데이터를 위한 메모리를 공유하는 방식은 앞의 예와 같이 객체의 멤버 변수를 공유할 수도 있고, 클래스의 정적 멤버 변수를 공유할 수도 있다. 공유하는 데이터가 없는 유틸 클래스의 경우에는 데이터를 위한 메모리 공유가 없기 때문에 스레드 세이프 문제가 발생하지 않는다. 메소드 내의 로컬 변수는 스레드 간 공유가 발생하지 않는다는 것을 정확히 알아두자.

그리고 여러 스레드가 공유 메모리를 읽기만 한다면 스레드 세이프 문제가 발생하지 않는다. 그래서 상태, 즉 멤버 변수가 변하지 않는 객체를 불변^{Immutable} 객체라 하는데 이 역시 스레드 세이프 문제가 발생하지 않는다.

앞에서 소개한 Incrementer 클래스는 스레드 세이프하지 않았다. Incrementer 클래스를 스레드 세이프한 클래스로 바꿔보자. 이를 위한 가장 간단한 방법은 동기화 메소드나 동기화 블록을 사용하는 것이다.

동기화 메소드 및 동기화 블록

이제 스레드 세이프 하지 않은 Incrementer 클래스를 스레드 세이프하게 수정해보자. 앞서 소개한 부작용은 한 스레드가 공유 데이터를 읽어와 연산한 후 다시 공유 데이터에 쓰기를 수행하는 동안에 다른 스레드도 해당 공유 데이터를 읽어와서 연산 후 쓰려고 하기 때문에 발생하는 문제였다.

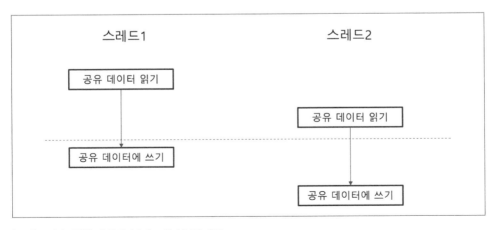

[도표] 문제가 발생할 때의 멀티스레드 읽기/쓰기 패턴

앞의 설명에서는 읽기/쓰기로 예를 들었는데 쓰기/읽기도 같은 문제를 발생시킨다. 이를 방지하려면 읽기/쓰기 패턴이 다음과 같이 순차적으로 발생하도록 하면 된다.

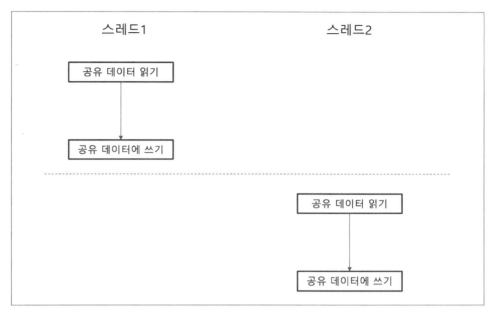

[도표] 문제를 예방하기 위한 멀티스레드 읽기/쓰기 패턴

이렇게 순차적으로 읽기/쓰기가 발생하면 스레드 세이프가 된다. 다만 순차적으로 실행되기 때문에 수행 시간이 오래 걸린다. 앞에서와 같은 동작을 위해 synchronized라는 키워드가 있다. synchronized 키워드를 붙이면 해당 영역에 한 번에 하나의 스레드밖에 진입되지 않는다. 일단 메소드에 synchronized를 붙여서 Incrementer 클래스를 스레드 세이프하게 수정해보자.

```
synchronized public void increment() {
    for(int i=0;  i<1000000;  i++) {
        data = data+1;
    }
}
```

메소드 앞에 synchronized가 붙었다. 이렇게 함으로써 해당 객체의 메소드 increment()는 한 번에 하나의 스레드밖에 진입하지 못한다. 동시에 여러 스레드가 increment()를 호출했다고 하더라도 한 스레드만 실행되고 나머지 스레드는 대기해야 한다.

앞에서와 같이 동기화 메소드 방안은 메소드 전체가 하나의 스레드밖에 실행할 수 없는데, 메소드 전부가 아니라 일부에 syncrhonized를 적용할 수도 있다. 이를 동기화 블록이라고 하며 앞의 동기화 메소드를 동기화 블록으로 처리하면 다음과 같다.

```
01    public void increment()  {
02        synchronized(this)  {
03            for(int i=0;  i<1000000;  i++)  {
04                data = data+1;
05            }
06        }
07    }
```

2행의 synchronized(this)에서 this는 해당 객체를 열쇠로 가진다는 의미다. 해당 객체를 열쇠로 해서 먼저 스레드가 해당 블록에 진입하면 다른 스레드는 그 블록에는 진입이 불가하다. 먼저 진입한 스레드가 블록을 벗어나면서 this라는 열쇠를 반납하면 다른 스레드가 그 열쇠로 해당 블록에 진입한다.

앞의 예에서는 this가 키였지만 별도의 객체를 생성한 후 synchronized(객체)의 형태로도 종종 사용된다.

[예제] 동기화 블록 예제 - SynchronizedBlockIncrementer.java

```
01 public class SynchronizedBlockIncrementer {
02     private int data = 0;
03     private Object obj = new Object();
04
05     public void increment()  {
06         synchronized(obj)  {
```

```
07                for(int i=0;  i<1000000;  i++) {
08                    data = data+1;
09                }
10          }
11      }
12
13      public int getData() {
14          return data;
15      }
16 }
```

6행을 보면 this 객체가 아니라 3행에서 생성한 별도의 객체를 열쇠로 해서 해당 블록에 진입함을 알 수 있다.

멀티스레드 프로그래밍의 일반적인 패턴 – 스레드 풀

수행해야 할 작업이 발생했을 때 동시 수행을 위해 스레드를 사용한다고 하자. 그런데 작업이 생길 때마다 스레드를 생성하면 비효율적일 수 있다. 그 이유는 첫째, 매번 스레드를 생성할 때마다 스레드 준비 작업을 해야 하기 때문이다. 둘째, 너무 많은 스레드를 유지하면 CPU가 해당 스레드를 번갈아 오가는 데 걸리는 오버헤드가 지나치게 많아지기 때문이다.

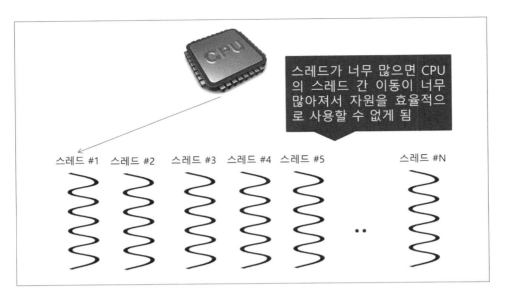

[도표] 너무 많은 스레드를 처리할 경우의 CPU

먼저 스레드 풀을 사용하지 않은 간단한 예제를 보고 다음으로 스레드 풀을 사용한 예로 변환해 보자. 큐에 0부터 99까지의 수가 들어있다. 하나의 작업은 해당 큐에서 숫자를 꺼내서 출력하는 것이다. 이때 약간의 수행 시간 변동을 시뮬레이션하기 위해 임의의 시간을 생성 후, 그 시간만큼 Thread.Sleep()을 수행한다. 이때 작업의 수, 즉 100개만큼 스레드를 생성하는 예제는 다음과 같다.

[예제] 스레드 풀을 사용하지 않은 프로그램 – SimpleNoThreadPoolDemo.java

```
01 public class SimpleNoThreadPoolDemo {
02
03     public static void main(String[] args) {
04         final BlockingQueue<Integer> queue = new ArrayBlockingQueue<Integ
                er>(100);
05         final Random random = new Random();
06
07         for(int i=0; i<100; i++) {
08             queue.put(i);
09         }
```

```
10
11          Runnable worker = ()->{
12              Integer intNum = queue.take();
13              try {
14                  Thread.sleep(random.nextInt(1000));
15              } catch (InterruptedException e) {
16                  e.printStackTrace();
17              }
18              System.out.println(intNum.toString());
19          };
20
21          for(int i=0;  i<100;  i++) {
22              new Thread(worker).start();
23          }
24      }
25  }
```

4행에서 ArrayBlockingQueue를 사용한 것은 메인 스레드에서 작업 스레드로 파라미터를 전달하기 위해서다. 멀티스레드 환경에서 큐는 생산^{Producer}–소비^{Consumer} 패턴에 필수적인 자료 구조다. JDK는 BlockingQueue라는 인터페이스를 구현한 클래스를 제공한다. Blocking이라는 단어가 의미하듯이 Queue가 찼을 때는 삽입 명령어(put)가 대기되고, Queue가 비어있을 때는 추출 명령어(take)가 대기된다. 대기된다는 말은 그 다음 명령어로 진행되지 않고 put() 혹은 take()에 머무른다는 의미다. ArrayBlockingQueue는 고정 배열을 내부 구조로 사용해 Queue를 구현한 클래스며, 생성 후 크기는 변경할 수 없다. JDK는 약간씩 내부 구조 등의 차이를 보이는 다른 여러 블로킹 큐를 제공한다.

5행에서는 Random 객체를 생성했는데, 이는 수행 시간의 변동을 시뮬레이션하기 위해 시간을 랜덤으로 생성하기 위해서다.

11행에서는 람다식을 사용해 익명 함수를 생성한 후 Runnable 인터페이스 참조 변수로 참조했다. 그리고 21~23행에서 100번 반복문을 돌면서 new Thread(Runnable)를 수행했다. 여기서 스레드가 100개 생성된다.

그러나 앞에서 언급했듯이 시스템의 자원(메모리, CPU 등)을 넘어서는 과도한 스레드 생성은 오히려 처리량을 떨어뜨린다. 이를 위해 스레드를 생성 후 재사용하는 스레드 풀 모델을 사용한다. 생성할 수 있는 스레드를 미리 생성하거나 혹은 일정 개수까지는 동적 생성 후 생성된 스레드를 재사용하는 것이다.

이제 앞에서 작성한 예제를 스레드 풀을 사용한 방식으로 바꿔보자.

[예제] 스레드 풀을 사용한 프로그램 – SimpleThreadPoolDemo.java

```
01 public class SimpleThreadPoolDemo {
02
03     public static void main(String[] args) {
04         ExecutorService executor = Executors.newFixedThreadPool(5);
05         final BlockingQueue<Integer> queue = new ArrayBlockingQueue<Integer>
               (100);
06         final Random random = new Random();
07
08         for(int i=0;  i<100;  i++)  {
09             try {
10                 queue.put(i);
11             } catch (InterruptedException e) {
12                 throw new RuntimeException(e);
13             }
14         }
15
16         Runnable worker = ()->{
17             Integer intNum = null;
18             try {
19                 intNum = queue.take();
20                 Thread.sleep(random.nextInt(1000));
21             } catch (InterruptedException e) {
22                 e.printStackTrace();
23             }
24             System.out.println(intNum.toString());
25         };
26
```

```
27          for(int i=0; i<100; i++) {
28              executor.execute(worker);
29          }
30
31          executor.shutdown();
32          while (!executor.isTerminated()) {
33          }
34      }
35 }
```

이번 예제에는 new Thread 문장이 없다. 스레드를 매번 생성하는 것이 아니라 스레드 풀^{Thread Pool}을 사용하기 때문이다. 4행의 Executors.newFixedThreadPool(5)는 5개의 스레드를 미리 생성하고 이를 재사용하겠다는 의미다.

반환 값으로는 ExcutorService라는 인터페이스를 구현한 ThreadPoolExecutor를 받는다.

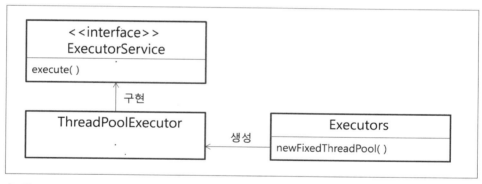

[도표] ExecutorService와 Executors

예제 코드에는 ThreadPoolExecutor가 없지만, ExecutorService라는 인터페이스에 명령을 내릴 때 실제 구현 클래스인 ThreadPoolExecutor가 실행된다.

스레드 풀을 사용해 작업을 수행하려면 28행에서처럼 ExecutorService의 void execute(Runnable command)를 사용한다. 우리는 100개의 동시 작업을 수행하기 위해 27~19행의 반복문을 통해 ExecutorService의 execute()를 100번 수행했다.

앞의 그림에는 표시되지 않았지만 ExecutorService 인터페이스를 구현한 클래스는 ThreadPoolExecutor 외에도 더 있다. 약간의 옵션과 변형을 주는 클래스가 더 있다는 정도로 알아두자. 이는 마치 List와 ArrayList와 같은 경우이다.

31행에서 shutdown()을 호출함으로써 스레드 풀 관리자인 ThreadPoolExecutor에 모든 스레드의 종료를 요청한다. 32행의 isTerminated()를 통해 스레드 풀의 스레드가 모두 종료했는지 검사한다. 32~33행을 통해 isTerminated()를 반복함으로써 모든 스레드가 종료될 때까지 대기한다. 32~33행이 없더라도 메인 스레드는 다른 작업 스레드가 모두 종료할 때까지 34행에서 대기할 것이다.

서버(Was)의 스레드 프로그래밍 모델

특히 클라이언트-서버 모델에서 클라이언트의 개수는 얼마나 많아질지 모른다. 클라이언트의 요청이 있을 때마다 스레드를 생성하면 문제가 심각해질 것이다.

그래서 대개는 다음과 같은 큐-스레드 풀 모델을 가진다.

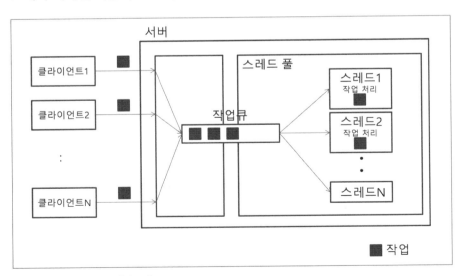

[도표] 서버 스레드 프로그래밍 모델

우리가 아는 톰캣 등의 WAS^{Web Application Server}도 결국 앞에서와 같은 모델로 동작한다. 웹 프로그램도 결국 멀티스레드로 동작한다. 흔히 하는 실수 중에 하나가 스레드 세이프^{Thread-safe}하지 않은 객체를 여러 스레드 간에 공유해 사용함으로써 오류를 일으키는 것이다.

최근 많이 사용하는 프레임워크는 스프링 프레임워크이다. 스프링 프레임워크에서는 하나의 클래스를 빈이라는 스프링 프레임워크의 단위로 관리할 수 있는데, 이때의 기본 동작이 싱글톤^{Singletone}이다. 즉 하나의 객체만 생성돼 여러 스레드에서 재사용된다. 이때 빈에서 멤버 변수를 유지하고 읽기/쓰기 패턴이나 (쓰기/읽기) 패턴이 있다면 문제가 발생한다.

예를 들어 이름 값을 멤버 변수에 쓰고 있어서, 김하늘이라는 사람이 들어왔을 때는 해당 변수에 김하늘이 저장된다고 하자. 이때 이 값을 사용해 다른 작업을 하려는 순간, 김유리라는 사람이 들어와 해당 변수에 김유리라는 데이터를 써버리면 김하늘은 김유리라는 잘못된 데이터로 작업하게 된다.

웹 프로그램을 공부하지 않은 자바 학습자에게는 어려운 내용이다. 그냥 이런 것이 있다는 정도만 알고 넘어가자.

스레드 로컬

스레드 프로그램을 하다 보면 종종 사용하게 되는 것 중 하나가 스레드 로컬이다. 특히 웹 개발 분야의 공통 프로그램에서 그렇다. 웹 개발은 직접적인 스레드 프로그래밍은 아니지만 결국 멀티스레드 기반에서 프로그램을 하므로 스레드 로컬을 사용할 수 있다. 다음은 스레드 로컬을 사용하면 편한 가상의 요구사항이다.

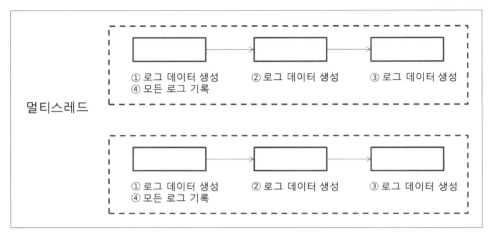

[도표] 스레드 로컬이 필요한 가상의 요구사항

연달아 일어나는 메소드 호출이 3개 있고, 각각의 메소드 호출이 있을 때마다 로그를 위한 데이터가 생성된다고 하자. 그런데 로그를 생성한 곳에서 로그를 기록하는 것이 아니고, 최상위 메소드에서 로그 데이터를 모두 기록해야 한다고 가정하자.

이러한 요구사항을 구현하는 방법 중 하나는 생성된 로그 데이터를 리턴 값에 넣어 반환한 후 최상위 메소드에서 해당 로그를 출력하는 것인데 이렇게 되면 함수는 자신의 고유 로직에 집중하지 못하게 된다. 이럴 때 스레드 로컬을 사용할 수 있다. 실제 프로젝트에서는 로그를 앞의 방식으로 남기지 않는다. 스레드 로컬을 설명하기 위한 가상의 예이니 혼동하지 말자. 실무에서 스레드 로컬은 다음의 경우에 사용된다.

첫째, 사용자 인증 정보를 전파하기 위해 사용한다. 웹 프로그램에서 세션에 있는 사용자 정보를 스레드 로컬로 복사한 후, 사용자 정보가 필요할 때마다 스레드 로컬에서 조회한다. 스레드 로컬을 사용하지 않는다면 파라미터로 전달해야 한다.

둘째, 트랜잭션 컨텍스트를 전파하기 위해서다. 이 경우는 일반 개발자가 아니라 프레임워크나 와스 개발자에게 해당된다. 다만 일반 개발자도 유의해야 할 것은 와스나 프레임워크의 기능을 사용해 트랜잭션을 묶을 때가 있는데 이때 새로운 스레드를 사용해 연산을 수행하면 트랜잭션이 묶이지 않는다는 점이다.

지금 자바를 처음 보는 사람은 이해되지 않겠지만, 웹 프로그램을 접할 때쯤 첫 번째 경우는 마주치게 될 것이다.

일단 스레드 로컬의 자주 사용되는 기본 메소드부터 알아보자.

```
ThreadLocal<T> :
public T get()
public void set(T value)
public void remove()
```

이름만 보고도 무엇을 하는 메소드인지 유추가 가능하다. 앞에서 소개한 요구사항을 달성하는 예제를 작성해보자. 일단 스레드 로컬 유틸 클래스를 작성한 후 이를 사용한 테스트 프로그램을 작성할 것이다. 다음은 스레드 로컬 유틸 클래스다. ThreadLocal 클래스를 사용해 보관하는 데이터가 스레드 로컬로 동작한다는 의미이며 ThreadLocal 객체 자체가 스레드 로컬로 동작하지는 않는다는 것에 주의한다.

[예제] 스레드 로컬 유틸 클래스 - ThreadLocalUtil.java

```
01 public class ThreadLocalUtil {
02     static private ThreadLocal<List<Integer>> intThreadLocal = new
                    ThreadLocal<List<Integer>>();
03     static private ThreadLocal<List<String>> strThreadLocal = new
                    ThreadLocal<List<String>>();
04
05     static public List<Integer> getIntList() {
06         return intThreadLocal.get();
07     }
08
09     static public List<String> getStrList() {
10         return strThreadLocal.get();
11     }
12
```

```
13    static public void addInt(Integer intNum) {
14        List<Integer> list = intThreadLocal.get();
15        if(list == null) {
16            list = new ArrayList<Integer>();
17        }
18        list.add(intNum);
19        intThreadLocal.set(list);
20    }
21
22    static public void addStr(String str) {
23        List<String> list = strThreadLocal.get();
24        if(list == null) {
25            list = new ArrayList<String>();
26        }
27        list.add(str);
28        strThreadLocal.set(list);
29    }
20 }
```

해당 유틸 클래스는 Integer의 목록과 String의 목록을 관리한다. Integer를 추가하려면 addInt()를 사용하며, String을 추가하려면 addStr()을 사용한다. 목록을 얻으려면 각각 getIntList()와 getStrList()를 호출한다.

중요 포인트는 2행, 3행에 있다. 동일한 패턴이므로 2행만 설명한다.

```
static private ThreadLocal<List<Integer>> intThreadLocal = new
            ThreadLocal<List<Integer>>();
```

new ThreadLocal⟨List⟨Integer⟩⟩()를 함으로써 해당 스레드 로컬 저장 공간은 정수의 목록을 보관함을 선언하고 있다. 기억해야 할 것은 static으로 intThreadLocal이 선언됐다는 점이다. 이 static 선언이 왜 특이한지는 테스트 프로그램을 실행한 후 다시 이야기하기로 한다. 다음은 이 스레드 유틸 클래스를 사용한 테스트 예제다. 앞에서 설명했던 스레드 로컬이 필요한 가상의 요구사항을 위한 프로그램이다. 메소드가 연달아 수행되면서 해당 메소드에서 로그 데이터가 생성되고 이를 스레드 로컬 유틸 클래스를 사용해 스레드 로컬에 저장한 후, 다시 최상위 메소드에서 해당 로그 데이터를 모두 꺼내서 출력한다.

[예제] 스레드 로컬 유틸 테스트 클래스 – ThreadLocalUtilDemo.java

```
01 public class ThreadLocalUtilDemo {
02     private Random mRandom = new Random();
03
04     public static void main(String[] args) {
05         Runnable runnable = ()->{
06             new ThreadLocalUtilMain().firstMethod();
07         };
08
09         Thread myThread1 = new Thread(runnable);
10         Thread myThread2 = new Thread(runnable);
11
12         myThread1.start();
13         myThread2.start();
14     }
15
16     public void firstMethod()  {
17         int rNum = mRandom.nextInt(10);
18         System.out.println(Thread.currentThread().getName()+" "+rNum);
19         ThreadLocalUtil.addInt(rNum);
20         ThreadLocalUtil.addStr(rNum+"Str");
21         secondMethod();
22
23         List<Integer> intList = ThreadLocalUtil.getIntList();
24         System.out.println(Thread.currentThread().getName()+" "+intList.
                         toString());
25         List<String> strList = ThreadLocalUtil.getStrList();
26         System.out.println(Thread.currentThread().getName()+" "+strList.
                         toString());
27     }
28
```

```
29    public void secondMethod() {
30        int rNum = mRandom.nextInt(10);
31        System.out.println(Thread.currentThread().getName()+" "+rNum);
32        ThreadLocalUtil.addInt(rNum);
33        ThreadLocalUtil.addStr(rNum+"Str");
34        thirdMethod();
35    }
36
37    public void thirdMethod() {
38        int rNum = mRandom.nextInt(10);
39        System.out.println(Thread.currentThread().getName()+" "+rNum);
40        ThreadLocalUtil.addInt(rNum);
41        ThreadLocalUtil.addStr(rNum+"Str");
42    }
43 }
```

2행의 Random은 가상의 로그 데이터를 생성하기 위한 랜덤 객체다. 5~7행에서 람다식을 사용해 익명 함수를 생성한 후 9~13행에서 2개의 스레드를 사용해 동시에 수행하고 있다. 익명 함수가 하는 작업은 firstMethod() 메소드를 수행하는 것이다.

firstMethod() 메소드에서는 다음과 같은 작업을 수행한다. 17행에서 랜덤 숫자를 생성한다. 18행에서는 Thread.currentThread().getName()을 통해 해당 문장을 수행하고 있는 현재 스레드의 이름을 가져와 출력한다. 19행에서는 아까 작성해 둔 ThreadLocalUtil.addInt()를 사용해 좀 전에 생성한 랜덤 수를 저장한다. 마찬가지로 20행에서도 좀 전에 생성한 랜덤 수로 스트링을 만든 후 ThreadLocalUtil.addStr()을 사용해 스레드 로컬에 저장한다. 이후 secondMethod()를 호출한다. 23~26행에서는 스레드 로컬에 저장된 데이터를 모두 출력한다.

secondMethod()와 thirdMethod() 역시 firstMethod()와 유사하다. 다만 스레드 로컬에 있는 값을 출력하는 부분이 없고, 호출하는 함수가 다르다. 결과 값은 다음과 같다.

```
Thread-0 8
Thread-1 4
Thread-0 6
Thread-0 4
Thread-0 [8, 6, 4]
Thread-0 [8Str, 6Str, 4Str]
Thread-1 0
Thread-1 6
Thread-1 [4, 0, 6]
Thread-1 [4Str, 0Str, 6Str]
```

Random 클래스의 동작은 말 그대로 랜덤하고, 스레드의 동작 순서는 그때 그때 다르기 때문에 이 프로그램을 실행할 때마다 결과 값은 다를 것이다.

이제 아까 기억하라고 했던 ThreadLocalUtil의 2행 static을 다시 떠올려보자.

```
static private ThreadLocal<List<Integer>> intThreadLocal = new ThreadLocal
            <List<Integer>>();
```

ThreadLocal이 아니라면 static으로 선언했기 때문에 2개의 스레드에서 해당 영역에 쓰기 작업을 수행하면 데이터가 겹쳐써져야 한다. 그러나 출력 결과 값에서 확인할 수 있듯이 겹쳐쓰지 않고 각각의 데이터가 별도로 잘 관리되고 있다. 이는 ThreadLocal 객체를 가리키는 참조 변수 intThreadLocal은 static이지만 이 intThreadLocal의 get(), set()을 통해 접근하는 메모리 공간은 static이 아니라 해당 스레드별 고유 메모리 영역에 보관되기 때문에 가능한 일이었다.

즉 ThreadLocal 객체는 데이터가 저장되는 메모리 영역이라기보다는 스레드별 고유 메모리 영역에 접근하기 위한 창구 정도라고 생각하면 될 것이다.

지금까지 메소드 간 분산돼있는 데이터를 취합하는 방안으로 매개 변수나 리턴 값이 아닌 스레드 로컬을 이용한 방법을 알아봤다.

결과 값이 있는 동시 수행

어떤 일련의 명령어들을 수행할 때 명령어 집단 간에 의존성이 없다면 동시 수행이 가능하다. 다음의 경우를 가정해보자.

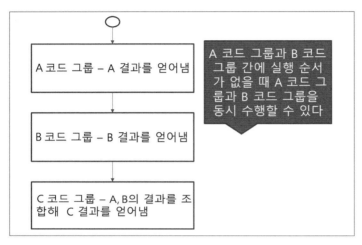

[도표] 동시 수행이 가능한 코드 패턴

A 코드 그룹과 B 코드 그룹 간에 의존성이 없고, C 코드 그룹에서 각각의 결과를 조합해 결과를 도출한다고 가정하자. 이런 코드 패턴에서는 A 코드 그룹과 B 코드 그룹을 동시 수행한 후 C 코드 그룹에서 각각의 결과를 조합해 응답 시간 단축을 시도할 수 있다. 앞의 코드 패턴은 특정 조건을 만족한 경우 다음의 코드 패턴으로 변환가능하다.

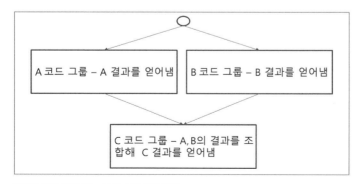

[도표] 결과 값이 있는 동시 수행 코드 패턴

이제 앞의 두 경우의 예제를 작성해보자. 그 전에 예제에서 사용할 가상의 처리 로직 클래스를 먼저 작성하자.

[예제] 동시 수행 예제를 위한 가상 비즈 클래스 – VirtualBiz.java

```
01 public class VirtualBiz {
02
03     private Random random = new Random();
04
05     public Integer processA() {
06         try {
07             Thread.sleep(3000);
08         } catch (InterruptedException e) {
09             throw new RuntimeException(e);
10         }
11         int rNum = random.nextInt(10);
12         System.out.println(rNum);
13         return rNum;
14     }
15
16     public Integer processB() {
17         try {
18             Thread.sleep(2000);
19         } catch (InterruptedException e) {
20             throw new RuntimeException(e);
21         }
22         int rNum = random.nextInt(10);
23         System.out.println(rNum);
24         return rNum;
25     }
26 }
```

두 가지 작업을 처리하기 위한 가상의 메소드가 있다. processA() 메소드는 약 3초 정도 소요되고 랜덤으로 숫자를 반환한다. processB() 메소드는 약 2초 정도 소요되고 랜덤으로 숫자를 반환한다. processA()의 결과 값과 processB()의 결과 값을 합하는 프로그램을 작성한다면 다음과 같을 것이다.

[예제] 동시 수행 적용 전 예제 – NoConcurrentDemo.java

```
01 public class NoConcurrentDemo {
02
03     public static void main(String[] args) {
04         long start = System.currentTimeMillis();
05         VirtualBiz biz = new VirtualBiz();
06         Integer a = biz.processA();
07         Integer b = biz.processB();
08         Integer sum = a + b;
09         System.out.println("sum :"+sum);
10         long duration = System.currentTimeMillis()-start;
11        System.out.println("time :"+duration);
12     }
13 }
```

4행에서 시작 초를 기록한다. 이는 내부적으로 long 타입으로 관리된다. 5행에서 가상 비즈 클래스를 생성하고 a값과 b값을 불러온 후에 덧셈을 했다. 앞에서 이야기한 동시 수행이 가능한 패턴이다. 결과 값은 다음과 같다. 랜덤 변수를 사용했기 때문에 정확하게 아래와 같은 결과 값이 나오지는 않을 것이다.

```
5
0
sum :5
time :5003
```

processA()에서는 5를 반환했고 약 3초 정도 걸렸다. 그리고 processB()에서는 0을 반환했고 약 2초 정도 걸렸다. 그래서 총 약 5초가 소요됐다.

이제 여기에 동시 수행을 적용해보자. 앞에서 스레드 풀을 설명할 때 사용한 ExecutorService에 대해 추가적으로 메소드를 더 소개하겠다. 앞에서 사용한

execute() 메소드는 결과 값이 없었다. 그러나 이제 소개하는 submit() 메소드는 Future 타입을 반환한다.

```
ExecutorService :
Future<T> submit(Callable<T> task)
```

Callable 인터페이스는 다음과 같은데 Runnable 인터페이스와의 가장 큰 차이점은 V를 통해 반환 타입을 정의하고 반환 타입을 리턴할 수 있다는 점이다.

```
public interface Callable<V> {
    V call() throws Exception;
}
```

Future 인터페이스는 다음과 같다. get()을 하면 단순히 값만 반환하는 것이 아니다. submit()을 통해 수행했던 작업이 종료할 때까지 get()에서 대기하다가 작업 스레드가 종료하면서 결과 값을 반환하면 그때 이 Future의 get() 메소드가 결과 값을 반환한다.

```
Interface Future<V> :
V get()
```

이제 submit()을 사용해 앞에서 소개한 예제를 동시 수행 처리함으로써 수행 시간을 단축해보자.

[예제] 동시 수행 적용 예제 – ConcurrencyDemo.java

```
01 public class ConcurrencyDemo {
02
03     public static void main(String[] args) {
04         long start = System.currentTimeMillis();
05         ExecutorService executor = Executors.newFixedThreadPool(2);
```

```
06
07          Callable<Integer> callableA = ()->{
08              return new VirtualBiz().processA();
09          };
10
11          Callable<Integer> callableB = ()->{
12              return new VirtualBiz().processB();
13          };
14
15          Future<Integer> futureA = executor.submit(callableA);
16          Future<Integer> futureB = executor.submit(callableB);
17
18          Integer sum = null;
19          try {
20              Integer a = futureA.get();
21              Integer b = futureB.get();
22              sum = a + b;
23
24          } catch (InterruptedException | ExecutionException e) {
25              throw new RuntimeException(e);
26          }
27          System.out.println("sum :"+sum);
28          long duration = System.currentTimeMillis()-start;
29          System.out.println("time :"+duration);
30      }
31 }
```

4행, 28행, 29행은 수행 시간을 측정하기 위한 코드다. 5행에서는 스레드 풀을 생성했다. 7~9행에서 익명 함수를 생성한 후 Callable 인터페이스가 참조하도록 했다. 이때 Callable⟨Integer⟩에서 Integer는 반환 타입을 의미한다. 이 익명 함수는 VirturalBiz 클래스의 processA()를 호출한다. 11~13행에서 유사하게 processB()를 호출하는 익명 함수를 생성했다. 이를 사용해 15행과 16행에서 submit()를 수행했다.

20행, 21행의 Futrue에서 get()을 수행했는데 작업 스레드가 종료할 때까지 대기하다가 작업 스레드가 결과 값을 반환하면 그때 Future의 get()도 반환된다. Checked 예외를 발생시키기 때문에 이에 대한 처리도 기술했다. 결과 값은 다음과 같다.

```
4
8
sum :12
time :3061
```

수행 시간이 동시 수행 처리 전보다 많이 줄었다. 3초짜리 작업과 2초짜리 작업을 동시 수행하니 거의 3초로 줄었다. 사실 이것은 가상 비즈 클래스에서 Thread. sleep()을 사용했으니 이론대로 수행 시간이 준 것이고 실제 환경에서는 CPU 코어 등의 물리적 제약 조건으로 인해 이렇게 드라마틱하게 줄지는 않는다.

Fork/Join 프레임워크의 필요성

특정 태스크가 서브 태스크를 생성하고 각 서브 태스크별로 연산을 수행하는 작업 형태가 있는데 이를 "분할과 정복"이라고 한다. 함수형 언어에서는 맵리듀스^{Map and Reduce}라고도 한다. 데이터를 분할하는 것을 맵^{Map}이라 하고 분할된 데이터를 계산해 그 결과를 합치는 것을 리듀스^{Reduce}라 하는 것이다. 그래서 하둡과 같은 빅 데이터 플랫폼에서는 맵리듀스라는 단어가 주요 키워드로 나타난다.

일련의 수를 더하는 경우를 예로 들 수 있다. 덧셈에는 교환법칙이 성립하기 때문에 일련의 수를 분할하고^{Map} 각 분할된 데이터에 덧셈을 수행하고, 그렇게 해서 나온 부분 합을 덧셈해 전체 합을 구할 수 있다. 일련의 수가 충분히 많은 경우에 각 분할 영역을 각 스레드가 처리하기 때문에 하나의 스레드로 작업하는 것보다 더 좋은 성능을 낼 수 있다.

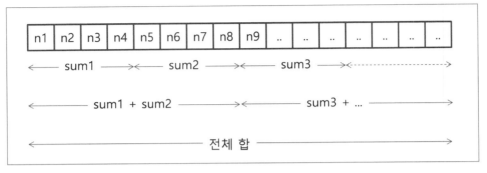

[도표] 일련의 숫자에 대한 합 구하기

숫자의 배열을 물리적으로 가능한 처리 단위로 쪼개고, 각각의 부분합을 구하는 모듈을 생성한 후 스레드 풀에 던진다. 결과가 나오면 합쳐서 최종 합을 구한다.

앞에서와 같이 분할해 동시 수행을 하고자 하는 경우 앞의 예는 전체 데이터의 크기를 알고 어느 정도 크기로 분할하면 되는지 예측할 수 있었지만 그렇지 않은 경우도 있다. 그래프나 트리 구조 데이터에서는 특히 그렇다. 이렇게 미리 알 수 없는 경우에는 계층 구조에서 상위 작업이 서브 작업들을 생성해 동시 실행하고, 서브 작업[sub task]들이 종료되기를 기다리는 구조가 적합하다.

이러한 분할과 정복[divide and conquer]의 처리 유형을 지원할 수 있도록 JAVA 7에서부터 ForkJoinPool이 제공됐다. 물론 기존의 ExecutorService와 Executors로도 구현은 가능하지만 좀 더 편리하게 구현할 수 있도록 해당 기능을 확장한 것이다.

ForkJoin을 사용한 동시 처리

Fork/Join 프레임워크는 자바 SE 7의 java.util.concurrent에 추가됐다. 분할 정보 처리를 위한 ForkJoinTask와 이를 처리하기 위한 전담 풀인 ForkJoinPool이 핵심 클래스다. 이를 사용해서 서브 작업[sub task]을 생성하고, 그 서브 태스크가 종료하기를 기다린다.

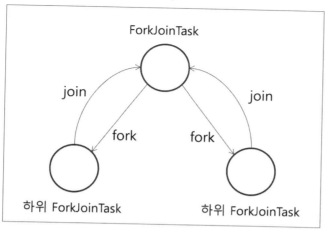

[도표] ForkJoinTask 개념도

폴더 안에 있는 텍스트 파일에서 특정 단어를 찾는 예제를 작성해보자. 파라미터로는 찾고자 하는 초기 폴더 이름과 찾고자 하는 키워드를 사용자로부터 입력받도록한다. 폴더 구조가 다음과 같다고 하자.

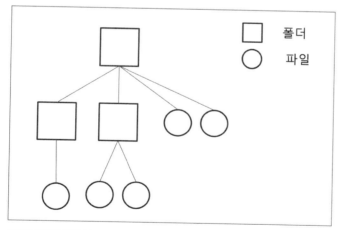

[도표] 폴더와 파일 구조

포크 조인 구조를 사용하면 다음과 같이 태스크가 생성될 것이다. 앞의 폴더 구조와동일하다.

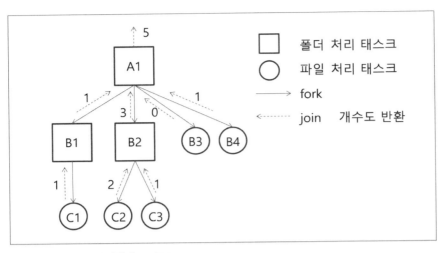

[도표] 단어 개수를 세기 위한 태스크 구조

먼저 A1이라는 폴더 처리 태스크가 실행된다. A1 태스크는 하위에 폴더 2개와 문서 2개가 있는지를 파악한 후, 폴더를 대상으로 B1, B2 태스크를 생성하고 fork 즉 동시 실행한다. 문서를 대상으로는 B3, B4 태스크를 생성하고 fork 즉 동시 실행한다. B1, B2, B3, B4가 동시 실행되는 것이다.

fork된 태스크들이 join될 때는 찾은 단어의 수를 반환하는데 이 각각의 하위 태스크들이 반환한 찾은 단어의 수를 합산해 자신을 fork한 상위 태스크로 반환 즉 join한다.

B3, B4와 같이 문서 처리 태스크는 해당 문서 내의 찾고자 하는 단어의 개수를 세고 그 수를 반환하는데 이때 상위 태스크 입장에서는 하위 태스크의 join이 이뤄진다.

B1, B2와 같이 폴더 처리 태스크는 앞의 A1 폴더 처리 태스크와 동일한 작업을 수행한다.

결국 Fork/Join 프레임워크는 Call-Return 구조와 유사하다. 다만 Call-Return 구조가 순차적으로 실행되는 것과 달리 Fork/Join 구조는 하위 태스크의 동시 실행이 가능하다. 예를 들면 앞의 예의 경우에 일반적인 방식으로 처리한다면 A1→ B1→ C1→ B2→ C2 → C3 → B3 → B4의 순으로 실행될 것이다. 그러나 Fork/Join 구조에서는 B1, B2, B3, B4의 동시 실행이 가능하며, C2와 C3의 동시 실행이 가능하다.

ForkJoin 구조에서 이러한 태스크를 작성하려면 RecursiveTask를 확장해 자신의 태스크를 정의하면 된다. RecursiveTask는 반환 값이 있는 경우의 태스크를 위한 추상 클래스인데, 반환 값이 없는 태스크라면 RecursiveAction을 사용해도 된다.

이제 예제를 살펴보자. 예제를 간략화하기 위해 확장자가 txt인 파일만 대상으로 하고 이를 문서라고 하자. 폴더를 위해 Folder 클래스를, 문서를 위해 Document 클래스를 정의하는데, 먼저 폴더의 정보를 담는 클래스 Folder는 다음과 같다.

[예제] 단어 수를 세는 예제 – Folder.java

```
01 class Folder {
02     private final List<Folder> subFolders;
03     private final List<Document> documents;
04
05     Folder(List<Folder> subFolders, List<Document> documents) {
06         this.subFolders = subFolders;
07         this.documents = documents;
08     }
09
10     List<Folder> getSubFolders() {
11         return this.subFolders;
12     }
13
14     List<Document> getDocuments() {
15         return this.documents;
16     }
17
18     static Folder fromDirectory(File dir) throws IOException {
19         List<Document> documents = new LinkedList<>();
20         List<Folder> subFolders = new LinkedList<>();
21         for (File entry : dir.listFiles()) {
22             if (entry.isDirectory()) {
23                 subFolders.add(Folder.fromDirectory(entry));
24             } else {
```

```
25                    if(entry.getName().endsWith("txt"))  {
26                        documents.add(Document.fromFile(entry));
27                    }
28                }
29            }
30            return new Folder(subFolders, documents);
31        }
32 }
```

폴더의 정보는 하위 폴더와 문서로 구성되는데 이를 위해 2~3행에 하위 폴더와 문서 정보를 저장할 수 있는 데이터 영역을 선언했다.

18행에서 파라미터로 받은 File은 일반인이 아는 파일이 아니다. 일반인은 파일이라 했을 때 폴더를 제외하고 이야기하지만, 자바의 File은 일반 파일은 물론이고 폴더까지 포함하는 클래스다. 그리고 18행의 파라미터로 전달되는 File은 폴더를 가리키는 용도로 사용되고 있다.

18~31행의 정적 메소드는 파라미터로 폴더의 위치를 받아서 해당 폴더의 정보를 Folder 클래스에 담아 반환한다. 이때 해당 폴더의 하위에 있는 폴더를 subFolders 목록에 담고, 하위에 있는 문서를 documents 목록에 담았다.

25행은 확장자가 txt로 끝나는 문서만 단어 검사를 하기 위한 조건 코드다. 다음으로는 Document 클래스를 알아보자.

[예제] 단어 수를 세는 예제 – Document.java

```
01 class Document {
02     private final List<String> lines;
03
04     Document(List<String> lines) {
05         this.lines = lines;
06     }
07
08     List<String> getLines() {
```

```
09          return this.lines;
10      }
11
12      String[] wordsIn(String line) {
13          return line.trim().split("(\\s)+");
14      }
15
16      static Document fromFile(File file) throws IOException {
17          List<String> lines = new LinkedList<>();
18
19          try(BufferedReader reader = new BufferedReader(new
                        InputStreamReader(new FileInputStream(file),"UTF8"))) {
20              String line = reader.readLine();
21              while (line != null) {
22                  lines.add(line);
23                  line = reader.readLine();
24              }
25          }
26          return new Document(lines);
27      }
28
29      Long occurrencesCount(String searchedWord) {
30          long count = 0;
31          for (String line : this.getLines()) {
32              for (String word : wordsIn(line)) {
33                  if (searchedWord.equals(word)) {
34                      count = count + 1;
35                  }
36              }
37          }
38          return count;
39      }
40 }
```

문서의 정보는 스트링의 목록으로 구성되는데 이를 위해 2행에 스트링 정보를 저장할 수 있는 스트링의 목록을 선언했다.

16행에서 파라미터로 받는 File은 fromDirectory(File file)에서와는 다르게 폴더를
제외한 파일을 가리키는 용도로 사용된다. 여기서는 확장자가 txt인 문서 파일만 넘
어올 것이다.

16~27행의 정적 메소드는 파라미터로 문서의 위치를 받아서 해당 문서에 대한 정
보를 Document 클래스에 담아 반환한다. 이때 해당 문서에 들어있는 테스트 정보
를 멤버 변수인 List〈String〉 lines에 담는다.

12~14행의 wordsIn() 함수는 스트링을 받아서 단어로 쪼개 String[]으로 반환한다.
즉 kim ji hoon이라는 스트링을 받으면 kim, ji, hoon이라고 쪼개서 String[3]에 담
아 반환한다.

29~39행의 occurrencesCount() 함수는 해당 문서에 들어 있는 키워드
(searchedWord)의 개수를 반환한다.

다음으로는 문서 처리 태스크를 알아보자.

```
01 class DocumentSearchTask extends RecursiveTask<Long> {
02     private final Document document;
03     private final String searchedWord;
04
05     DocumentSearchTask(Document document, String searchedWord) {
06         super();
07         this.document = document;
08         this.searchedWord = searchedWord;
09     }
10
11     @Override
12     protected Long compute() {
13         return document.occurrencesCount(searchedWord);
14     }
15 }
```

결과 값을 반환할 것이기 때문에 RecursiveAction이 아니라 RecursiveTask를 사용

하고 있다. 또한 결과 값의 타입이 Long이기 때문에 RecursiveTask〈Long〉을 명시하고 있다.

5~9행은 문서 처리 태스크의 생성자인데 문서당 문서 처리 태스크가 생성돼 실행되므로 생성자의 파라미터는 문서와 그 문서에서 찾을 키워드다.

11~14행은 RecursiveTask의 compute 추상 메소드를 구현한다. 13행에서는 searchedWord를 키워드로 해서 해당 문서에 들어있는 단어의 수를 반환하는 occurrencesCount()를 호출하고 있다.

문서 처리 태스크에는 fork/join이 다 발생하고 있지 않은데 앞에서 소개한 "단어 개수를 세기 위한 태스크 구조" 그림에서 봤듯이 fork/join이 필요하지 않았기 때문이다.

다음으로는 폴더 처리 태스크를 알아보자.

```
01 class FolderSearchTask extends RecursiveTask<Long> {
02     private final Folder folder;
03     private final String searchedWord;
04
05     FolderSearchTask(Folder folder, String searchedWord) {
06         super();
07         this.folder = folder;
08         this.searchedWord = searchedWord;
09     }
10
11     @Override
12     protected Long compute() {
13         long count = 0L;
14         List<RecursiveTask<Long>> forks = new LinkedList<>();
15         for (Folder subFolder : folder.getSubFolders()) {
16             FolderSearchTask task = new FolderSearchTask(subFolder,
                                        searchedWord);
17             forks.add(task);
18             task.fork();
```

```
19              }
20              for (Document document : folder.getDocuments()) {
21                  DocumentSearchTask task = new DocumentSearchTask(document,
                                                        searchedWord);
22                  forks.add(task);
23                  task.fork();
24              }
25              for (RecursiveTask<Long> task : forks) {
26                  count = count + task.join();
27              }
28              return count;
29          }
30 }
```

5~9행은 폴더 처리 태스크의 생성자인데 폴더당 폴더 처리 태스크가 생성돼 실행되므로 생성자의 파라미터는 폴더와 그 폴더에서 찾을 키워드다.

11~29행은 RecursiveTask의 compute 추상 메소드를 구현한다.

15~19행은 하위 폴더를 대상으로 각 하위 폴더 처리 태스크를 생성해 fork한다. 그리고 폴더 처리 태스크를 14행에서 선언한 List⟨RecursiveTask⟨Long⟩⟩ forks에 추가한다.

20~24행은 폴더에 있는 문서를 대상으로 각 문서 처리 태스크를 생성해 fork한다. 그리고 문서 처리 태스크를 14행에서 선언한 List⟨RecursiveTask⟨Long⟩⟩ forks에 추가한다.

18행, 23행의 fork로 인해 태스크가 동시 실행되는데 이 태스크들이 종료될 때까지 join으로 대기해야 한다. 각 태스크에 대한 join은 26행에 있다. 이때 join()은 각 태스크의 반환 값, 여기서는 하위 폴더나 문서의 문자 개수를 반환 받고 이를 합한다. 28행에서는 이렇게 구해진 합을 상위 폴더 처리 태스크에 반환한다. 만약 해당 인스턴스가 최상위 폴더 처리 태스크라면 해당 최상위 폴더 처리 태스크를 invoke한 호출자로 반환된다.

최상위 폴더 처리 태스크를 호출하는 코드 스니펫은 다음과 같다. 전체 예제에서 다음 코드는 WordCountForkJoinDemo에 두었다.

```
01 private final ForkJoinPool forkJoinPool = new ForkJoinPool();
02
03 Long countOccurrencesInParallel(Folder folder, String searchedWord) {
04     return forkJoinPool.invoke(new FolderSearchTask(folder, searchedWord));
05 }
```

1행에서 ForkJoinPool을 생성하고, 4행에서 생성된 ForkJoinPool을 사용해 FolderSearchTask를 실행하고 있다. 테스트를 위한 코드는 다음과 같다. 전체 예제에서 다음 코드는 WordCountForkJoinDemo에 두었다.

```
01 public static void main(String[] args) throws IOException {
02     WordCountForkJoinDemo wordCounter = new WordCountForkJoinDemo();
03     Folder folder = Folder.fromDirectory(new File(args[0]));
04     String keyword = args[1];
05     long counts;
06     long startTime;
07     long stopTime;
08
09     startTime = System.currentTimeMillis();
10     counts = wordCounter.countOccurrencesInParallel(folder, keyword);
11     stopTime = System.currentTimeMillis();
12
13     System.out.println("time : "+(stopTime-startTime) + " counts : "+counts);
14 }
```

java를 기동할 때 인자arguments를 줄 수 있는데 다음과 같은 형태로 줄 수 있다. 보통은 이클립스 같은 IDE를 사용해 개발하는데 이클립스를 사용했을 때 인수를 주는 법은 뒤에서 다루도록 하겠다.

```
java WordCountForkJoinDemo D:\tmp\test kim
```

이렇게 호출하면 WordCountForkJoinDemo 클래스의 main() 함수가 실행되며, 이때 arg[0]에는 D:\tmp\test가 들어가고 arg[1]에는 kim이 들어간다. 예제에서는 Folder와 Document는 별도의 자바 파일로 작성했고, FolderSearchTask와 DocumentSearchTask는 WordCountForkJoinDemo.java의 내부 클래스로 선언했다. 결국 자바 파일은 FolderSearchTask.java, DocumentSearchTask.java, WordCountForkJoinDemo.java로 구성된다.

[예제] 단어 수를 세는 예제 – WordCountForkJoinDemo.java

```java
public class WordCountForkJoinDemo {

    class DocumentSearchTask extends RecursiveTask<Long> {
        private final Document document;
        private final String searchedWord;

        DocumentSearchTask(Document document, String searchedWord) {
            super();
            this.document = document;
            this.searchedWord = searchedWord;
        }

        @Override
        protected Long compute() {
            return document.occurrencesCount(searchedWord);
        }
    }

    class FolderSearchTask extends RecursiveTask<Long> {
        private final Folder folder;
        private final String searchedWord;

        FolderSearchTask(Folder folder, String searchedWord) {
            super();
```

```
        this.folder = folder;
        this.searchedWord = searchedWord;
    }


    @Override
    protected Long compute() {
        long count = 0L;
        List<RecursiveTask<Long>> forks = new LinkedList<>();
        for (Folder subFolder : folder.getSubFolders()) {
            FolderSearchTask task = new FolderSearchTask(subFolder,
                                    searchedWord);
            forks.add(task);
            task.fork();
        }
        for (Document document : folder.getDocuments()) {
            DocumentSearchTask task = new DocumentSearchTask(document,
                                        searchedWord);
            forks.add(task);
            task.fork();
        }
        for (RecursiveTask<Long> task : forks) {
            count = count + task.join();
        }
        return count;
    }
}


private final ForkJoinPool forkJoinPool = new ForkJoinPool();

Long countOccurrencesInParallel(Folder folder, String searchedWord) {

    return forkJoinPool.invoke(new FolderSearchTask(folder, searchedWord));
}

public static void main(String[] args) throws IOException {
    WordCountForkJoinDemo wordCounter = new WordCountForkJoinDemo();
    Folder folder = Folder.fromDirectory(new File(args[0]));
```

```
        String keyword = args[1];
        long counts;
        long startTime;
        long stopTime;

        startTime = System.currentTimeMillis();
        counts = wordCounter.countOccurrencesInParallel(folder, keyword);
        stopTime = System.currentTimeMillis();

        System.out.println("time : "+(stopTime-startTime) + " counts :
                        "+counts);
    }
}
```

지금까지 작성한 예제 중 가장 길고, 순환^{recursive} 호출이 발생하고 있어 프로그램이 복잡하다. 순환 호출은 메소드가 다시 자신을 호출할 때 사용하는 용어이다. 어렵다고 생각되겠지만 이번 예제가 어려운 예제라서 그런 것이니 이상하게 생각할 것 없다. 참고로 동시 수행을 사용하지 않고 해당 기능을 수행하는 예제를 WordCountSeqDemo.java에 작성했다. 본 책에서는 설명하지 않지만 배포하는 자바 소스에는 포함돼있으니 필요하다면 참조하자.

지금까지 스레드에 대해 알아봤다. 스레드 프로그램은 종종 작성하게 된다. 직접 스레드 프로그램을 작성하지 않더라도 웹 프로그램 자체가 멀티스레드 환경에서 동작하므로 기본적인 사항은 알고 있어야 다양한 상황에 대처할 수 있다.

I/O 스트림 및 파일

들어가면서

I/O 스트림은 데이터를 주고받을 수 있는 자바의 표준 장치다. 오픈소스를 사용하더라도 I/O 스트림은 여전히 일반 개발자가 사용하는 경우가 많다. 프로그램 내에서의 데이터 전달이나 혹은 오픈소스 라이브러리로부터 데이터 전달 시 I/O 스트림을 사용하는 경우가 있기 때문이다.

오픈소스가 널리 사용되지 않던 시절에는 파일을 직접 다루는 프로그램을 작성해야 하는 경우가 종종 있었다. 그러나 지금은 오픈소스가 워낙 많이 사용돼서 파일을 직접 다룰 일이 거의 없다. 그럼에도 불구하고 기본적인 사항은 알아두어야 해당 오픈소스에 대해 이해를 기반으로 더 잘 사용할 수 있다. 또한 에러가 발생했을 경우에도 기초적인 지식이 있어야 대처가 원활하다.

I/O 스트림과 파일을 같이 다루는 이유는 파일에 대한 동작을 설명하는 데 I/O 스트림이 나오기 때문이다. 파일에 있는 데이터를 이동하는 데 자바의 데이터 이동을 위한 표준 장치인 I/O 스트림이 사용된다. 참고로 22장에서 다루는 Stream은 JDK. 1.7에서 지원하기 시작하는 Stream과 다르니 혼동하지 말자.

I/O 스트림 개념

입력 스트림^{Input Stream}은 입력 소스^{input source}를 가지면서 데이터가 흘러들어오는 흐름이며, 출력 스트림^{Output Stream}은 출력 목적지^{output destination}을 가지면서 데이터가 흘러나가는 흐름이다.

입력 소스나 출력 목적지는 디스크의 파일, 디바이스, 다른 프로그램 혹은 메모리 배열 등 무엇이든 될 수 있다. I/O 스트림에는 다양한 종류의 데이터를 실어보내거나 받을 수 있는데, 바이트, 기초 타입의 데이터^{Primitive data}, 문자열, 심지어 클래스의 객체도 조건만 충족하면 가능하다.

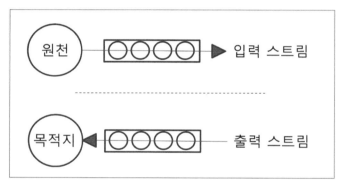

[도표] I/O 스트림

하나의 I/O 스트림은 입력만 하거나 출력만 해야 한다. 가장 기초적인 I/O 스트림은 InputStream와 OutputStream이다. 바이트 단위로 입출력을 수행한다. 이 클래스들의 성격을 잘 나타내는 메소드는 다음과 같다.

```
InputStream :
int    read(byte[] b)
```

---

read() 메소드는 원천으로부터 byte를 읽어들여서 b에 저장한다. 최대는 b 배열의 크기까지 읽어들이고, 읽어들인 크기를 반환한다. 사용되는 코드 형태는 다음과 같다.

```
int size = -1;
while((size=intputStream.read(b))>0)  {
    // 읽어들인 바이트가 저장돼 있는 b 처리
};
```

read()를 사용해 반복해서 읽어들이다가 읽어들인 데이터의 크기가 0이거나 0보다 작다면 더 이상 데이터가 없는 것으로 간주하고 처리를 중단한다. 이와 비슷하게 OutputStream를 잘 나타내는 메소드는 다음과 같다. write() 메소드는 목적지로 byte 타입의 b 데이터를 쓴다.

```
OutputStream :
void     write(byte[] b)
```

I/O 스트림 클래스 이름에 따라서 클래스의 특성이 달라진다.

[도표] 이름에 따른 클래스 특성

클래스 이름	특성
~Stream	바이트 단위로 입출력
~Reader/Writer	캐릭터 단위로 입출력
Data~Stream	바이트 단위로 입출력, 단 자바의 기초 타입을 위한 메소드 지원
File~	파일을 대상으로 입출력
Buffered~	버퍼를 사용해 입출력

또 I/O 스트림에는 1차 스트림과 2차 스트림의 개념이 있다. 1차 스트림은 직접 원천이나 목적지와 연결하는 I/O 스트림이고, 2차 스트림은 1차 스트림을 기반으로 하여 파생하는 스트림이다.

byte[]를 원천으로 하는 InputStream은 ByteArrayInputStream이다. 이는 원천을 대상으로 생성됐기 때문에 1차 스트림이다.

```
byte[] source = new byte[100];
ByteArrayInputStream byteArrayInputStream = new ByteArrayInputStream(source);
```

앞의 ByteArrayInputStream에 Buffer 기능을 추가하고 싶다면 다음과 같이 하면 되는데, 1차 스트림을 바탕으로 생성됐기 때문에 BufferedInputStream를 2차 스트림이라 부른다.

```
ByteArrayInputStream byteArrayInputStream = new ByteArrayInputStream(source);
BufferedInputStream bufferedInputStream = new BufferedInputStream(byteArrayInput
                                          Stream);
```

Buffer의 기능에 대해서는 뒤에서 알아보자.

다양한 I/O 스트림

다음 그림에서 1이라고 기술된 클래스는 원천과 목적지를 가지는 1차 스트림을 의미하고, 2는 원천 클래스를 바탕으로 생성되는 2차 스트림을 의미한다. 다음은 ~Stream이기 때문에 바이트 단위 입력 스트림들임을 알 수 있다.

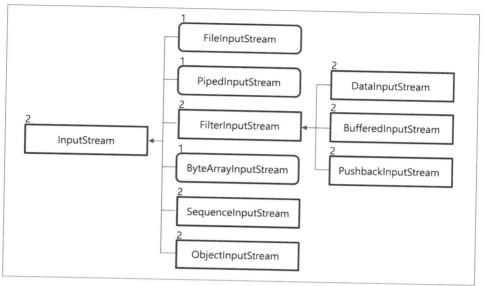

[도표] 입력 스트림 클래스

다음은 ~Stream이기 때문에 바이트 단위 출력 스트림들임을 알 수 있다.

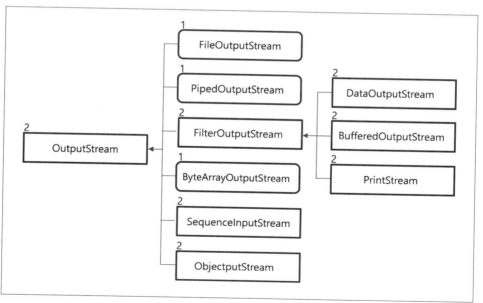

[도표] 출력 스트림 클래스

Stream으로 끝나는 클래스는 바이트 단위로 입출력을 수행하는 반면, Reader/ Writer로 끝나는 클래스는 캐릭터 단위로 입출력을 수행한다. 캐릭터는 사람에게 의미가 있는 문자를 의미하는데 다음은 Reader의 성격을 잘 나타내는 메소드다.

```
java.io.Reader :
int     read(char[] cbuf)
```

앞에서 봤던 InputStream read()와 비슷하다. 다만 캐릭터 단위로 처리하기 때문에 파라미터가 char[]이다. Writer의 성격을 잘 말해주는 메소드는 다음과 같다.

```
java.io.Writer :
void    write(char[] cbuf)
```

Reader와 Write 계열의 클래스는 다음과 같다.

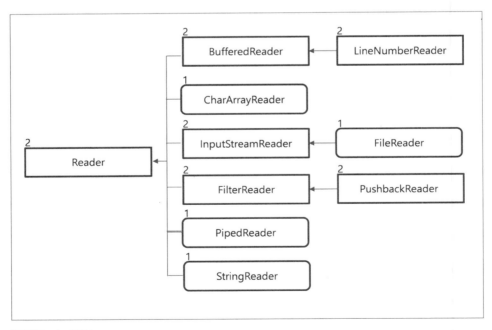

[**도표**] Reader 클래스

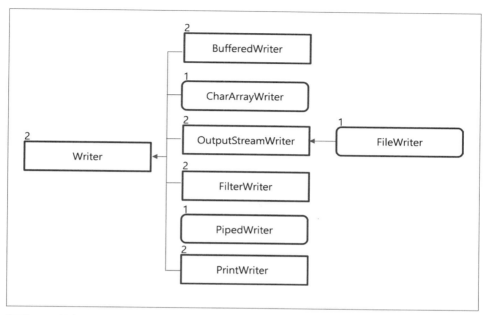

[도표] Writer 클래스

앞에서 소개한 I/O 스트림 클래스 중 자주 사용되는 클래스 위주로 알아보자.

FileInputStream

클래스 이름으로도 원천을 파일로 하는 바이트 단위의 입력 스트림이라는 것을 알 수 있다.

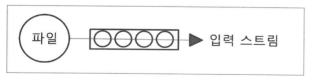

[도표] FileInputStream

파일을 바이트 단위로 읽어들여 출력하는 프로그램은 다음과 같다.

```
01 public class FileInputStreamDemo {
02
03     public static void main(String[] args) {
04         FileInputStream fis = null;
05         try {
06             fis = new FileInputStream("c:"+File.separator+"tmp"+File.
                                        separator+"file.in");
07
08             int size = 0;
09             byte[] data = new byte[100];
10             while((size=fis.read(data))!=-1)  {
11                 for (int i=0;  i<size;  i++) {
12                     System.out.println(String.format("0x%02X", data[i]));
13                 }
14             }
15         } catch (IOException e) {
16             throw new RuntimeException(e);
17         } finally {
18             try{ fis.close();} catch(Exception e)  {}
19         }
20     }
21 }
```

6행에서 file.in을 원천으로 입력 스트림을 생성한다. 독자는 이 파일 이름에 맞는 파일을 해당 위치에 생성한다. 디렉터리를 표시하는 문자는 OS마다 다르기 때문에 이를 처리하기 위해 File.separator를 사용했다. 파일 이름 c:\tmp\file.in을 의미한다.

10행을 통해 읽어들인 데이터를 저장할 메모리를 확보한다. 11행에서 read() 메소드를 사용해 입력 스트림으로부터 반복해서 데이터를 읽어들여 data[]에 저장한다. 읽어들인 크기가 −1이면 파일의 끝에 도달한 것이기 때문에 반복문을 빠져나간다.

12~14행은 read()를 통해 읽어들인 데이터의 크기만큼 반복하면서 바이트를 출력하는 문장이다. %X는 16진수 포맷으로 출력한다는 의미다. %02X는 16진수 출력에

2칸을 만들면서, 칸이 공백일 경우 0을 채운다는 의미다.

new FileInputStream()과 fis.read()는 IOExcetpion이라는 Checked 예외를 발생시키기 때문에 try~catch문으로 감싼 다음 RuntimeExcetpion으로 변환해서 상위로 전달했다. FileInputStream에 대한 close()문을 반드시 실행하기 위해 finally에 fis.close()를 넣었다.

18행에서 fis.close()하다가 어떤 예외가 발생해도 예외 처리를 {}으로 처리했는데, 이 여기에 정답은 없고 필자가 자원 해제 시 자주 사용하는 방식이다. 어차피 실제 프로젝트에서는 자원 해제하다가 에러가 발생하면 딱히 처리할 수 있는 경우가 없어서 지저분한 로그를 남기느니 그냥 {}으로 처리했다.

다음과 같은 형태로 출력될 것이다.

```
0x6B
0x07
0xE9
  :
```

FileOutputStream

목적지를 파일로 하는 출력 스트림인데, 생성자에서 파일 이름을 파라미터로 전달함으로써 목적지를 정의한다.

```
new FileOutputStream([파일 위치 및 파일 이름])
```

그리고 FileOutputStream은 OutputStream을 상속받기 때문에 여전히 다음의 메소드를 사용할 수 있다.

```
OutputStream :
void write(byte[] b)
```

이번 예제는 앞에서 배웠던 FileInputStream을 사용해 원천(파일)으로부터 데이터를
읽어들이고, FileOutputStream을 사용해 목적지(다른 파일)로 파일을 써보자. 결국
이 예제는 파일 복사가 된다.

[예제] 파일 복사 – FileOutputStreamDemo.java

```
01 public class FileOutputStreamDemo {
02
03     public static void main(String[] args) {
04         FileInputStream fis = null;
05         FileOutputStream fos = null;
06         try {
07             fis = new FileInputStream("c:"+File.separator+"tmp"+File.
                                         separator+"file.in");
08             fos = new FileOutputStream("c:"+File.separator+"tmp"+File.
                                         separator+"file.out");
09
10             byte[] data = new byte[1024];
11             while(fis.read(data)!=-1) {
12                 fos.write(data);
13             }
14         } catch (IOException e) {
15             throw new RuntimeException(e);
16         } finally {
17             try{ fis.close();} catch(Exception e) {}
18             try{ fos.close();} catch(Exception e) {}
19         }
20     }
21 }
```

file.in에서 읽어들여 file.out으로 쓰기 때문에 결국 파일 복사 기능이 된다.

ByteArrayInputStream/ByteArrayOutputStream

메모리가 원천이나 목적지일 때는 ByteArrayInputStream이나 ByteArrayOutputStream을 사용하는데 앞에서 소개한 FIleInputStream/ FIleOutputStream과 크게 다르지 않다. 다만 원천이나 목적지가 파일이 아니라 메모리라는 점이 주요 차이점이다.

byte 데이터를 ByteArrayInputStream의 원천으로 하고 싶을 때는 다음의 생성자를 사용한다.

```
ByteArrayInputStream(byte[] buf)
```

ByteArrayOuputStream의 목적지 지정은 조금 특이하다. 스트림을 흘러가는 데이터의 양에 따라 목적지의 크기가 달라지기 때문에 정해진 byte 메모리를 전달하는 것이 아니라 ByteArrayOutputStream에 목적지 관리를 맡긴다. 그리고 마지막에 다음의 메소드를 사용해 ByteArrayOuputStream이 내부적으로 관리하던 목적지 메모리를 얻어낸다.

```
ByteArrayOutputStream :
byte[]  toByteArray()
```

버퍼링 개념

프로그램에서 느린 저장 공간의 데이터를 접근(쓰기/읽기)할 때 종종 사용되는 기법이다. 다음과 같이 하나의 데이터를 가져올때 1초가 걸리고 1~5까지 5개의 데이터를 가져온다고 가정해보자.

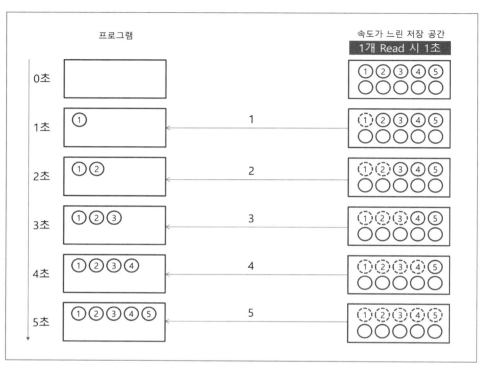

[도표] 버퍼 기능이 없을 때 필요 시간

1개 가져올 때 1초가 걸리고 5개를 순차적으로 프로그램에서 접근하기 때문에 총 5초가 걸린다. 여기에 버퍼 기능을 도입해 속도를 더 빨리 할 수 있다. 중간에 속도가 빠른 저장 공간을 배치한다. 이때 속도가 느린 저장 공간과 빠른 저장 공간과의 데이터 이동은 블록 단위로 움직인다. 여기서 블록 단위라 함은 미리 데이터를 많이 끌어다놓는다는 의미다. 프로그램은 이 데이터가 필요할 때 이 빠른 저장 공간의 데이터에 접근한다. 다음을 보자.

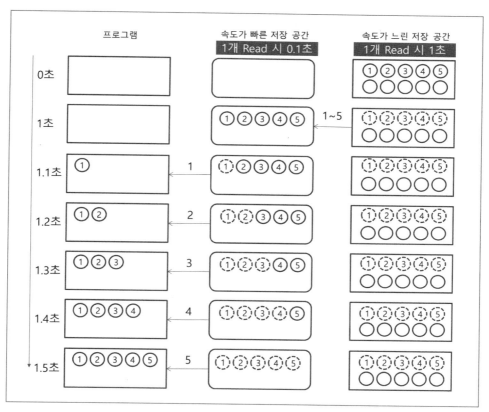

[도표] 버퍼 기능이 적용될 때의 시간 단축

중간에 속도가 빠른 저장 공간(데이터 읽기/쓰기에 0.1초)을 버퍼로 배치한다. 프로그램에서 1이라는 데이터를 필요로 할 때, 속도가 느린 저장 공간에서 속도가 빠른 저장 공간으로 데이터를 이동하며, 이때 필요한 1개 데이터만 이동하는 것이 아니라 블록 단위로 데이터를 이동한다. 앞의 예에서는 블록에 1~5까지의 데이터가 포함돼있다.

그후 프로그램은 속도가 빠른 저장 공간에서 1이라는 데이터를 가져온다. 프로그램이 실행되다가 2라는 데이터가 필요해지면 아까 가져다놓은 속도가 빠른 저장 공간에서 2라는 데이터를 가져온다. 이런식으로 1~5까지 데이터를 가져오면 버퍼를 적용했을 때 1.5초밖에 걸리지 않는다. 버퍼를 적용하지 않았을 때 5초가 걸렸는데 그에 비하면 아주 빨라졌다.

버퍼링 개념을 설명하기 위해 단순화시켜 이야기했는데 큰 흐름은 맞지만 세부적으로는 많은 다양한 경우가 있다. 예를 들면 프로그램에서 사용할 데이터가 앞에서처럼 순차적이지 않고 랜덤하게 흩어져있다면 버퍼링 효과가 떨어질 것이다. 다음은 버퍼링 개념이 적용된 스트림에 대해 알아보자.

BufferedInputStream/BufferedOutputStream

1차 스트림은 직접 원천이나 목적지와 연결하는 I/O 스트림이고, 2차 스트림은 1차 스트림이거나, 1차 스트림을 바탕으로 생성되는 스트림이라 했는데 BufferedInputStream/BufferedOutputStream는 2차 스트림이다. 즉 기존의 I/O 스트림에 버퍼링 기능을 제공한다. 생성자에서 파라미터로 입력 스트림을 전달함으로써 1차 스트림에 버퍼링 기능을 추가한다.

```
BufferedInputStream :
BufferedInputStream(InputStream in)
```

앞에서 작성한 파일 복사 프로그램인 FileOutputStreamMain.java에 버퍼링 기능을 적용해 시간이 얼마나 단축되는지 측정해보자.

[예제] 버퍼링을 사용한 파일 복사 - BufferedFileOutputStreamDemo.java

```
01 public class BufferedFileOutputStreamDemo {
02
03    public static void main(String[] args) {
04        long start = System.currentTimeMillis();
05        BufferedInputStream bis = null;
```

```
06          BufferedOutputStream bos = null;
07          try {
08              bis = new BufferedInputStream(new FileInputStream("c:"+File.
                        separator+"tmp"+File.separator+"file.in"));
09              bos = new BufferedOutputStream(new FileOutputStream("c:"+File.
                        separator+"tmp"+File.separator+"file.out"));
10
11              byte[] data = new byte[1024];
12              while(bis.read(data)!=-1)  {
13                  bos.write(data);
14              }
15          } catch (IOException e) {
16              throw new RuntimeException(e);
17          } finally {
18              try{ bis.close();} catch(Exception e)  {}
19              try{ bos.close();} catch(Exception e)  {}
20          }
21
22          long duration = System.currentTimeMillis() - start;
23          System.out.println(duration);
24      }
25 }
```

앞에서 소개한 파일 복사 프로그램과 별로 다르지 않다. 차이점 위주로 설명하면 8행에서 FileInputStream이라는 1차 스트림을 사용해서 BufferedInputStream이라는 2차 스트림을 생성했고, 9행에서 FileOutputStream이라는 1차 스트림을 사용해서 BufferedOutputStream을 생성했다.

4행과 22행을 통해 파일 복사의 시간을 측정했다.

용량이 1GB 정도인 파일을 복사할 때 버퍼 기능이 없는 것(FileOutputStreamDemo.java)과 버퍼 기능이 있는 것(BufferedFileOutputStreamDemo.java)의 수행 시간을 비교하면 다음과 같다.

버퍼 기능 미사용 : 65781
버퍼 기능 사용 : 11968

이 시간은 개발 환경마다 다르겠지만 이 차이가 의미하는 것은 버퍼링 기능이 효율적으로 동작할 경우 시간을 많이 단축시킬 수 있다는 점이다.

Buffered를 사용한다고 항상 빨라지는 것은 아니다. 조건이 충족돼야 속도가 향상되는데 디스크와 같이 느린 저장 공간을 대상으로 데이터 읽기/쓰기를 수행해야 하고, 블록 단위로 데이터를 가져올 때 그 안에 사용할 데이터가 많이 포함돼있어야 한다. 만약 버퍼의 속도가 원래 작업하고자 했던 저장 공간과 차이가 나지 않거나, 프로그램에서 사용할 데이터가 흩어져있으면 BufferedInputStream/BufferedOutputStream을 사용해도 별 효용이 없다.

Reader나 Writer에 대해서는 별 이야기를 하지 않았는데 캐릭터 단위로 읽기/쓰기를 한다는 점을 염두에 두면 된다. 좀 특이한 부분이 있는데 Reader/Writer는 인코딩을 설정할 수 없다. Reader/Writer는 OS의 기본 설정을 따른다. OS 기본 설정을 따르고 싶지 않다면 원천이 되는 1차 스트림의 인코딩을 설정하고 Reader가 2차 스트림이 되게 설정하는 방식으로 한다. 코드 스니펫은 다음과 같다.

```
BufferedReader reader = new BufferedReader(new InputStreamReader(new
                        FileInputStream(file),"UTF8"))
```

지금까지 기본이 되는 IO 스트림에 대해 알아봤다. 다음은 파일을 다루는 방법에 대해 알아보자.

파일 다루기

I/O 스트림의 원천이나 목적지로 파일이 많이 사용된다는 점 때문에 파일과 I/O 스

트림을 같이 묶긴 했지만, 따로 다루어도 무방한 내용이다. 하지만 별도의 장으로 뺄 만한 분량은 아니니 여기서 파일을 다루는 방법에 대해 다루자.

파일을 생성하거나 삭제하는 등 파일을 다루는 데는 File이라는 Java의 내장 클래스를 사용할 수 있다. 또한 FileInputStream과 같은 I/O 스트림에서 스트링으로 된 파일 이름을 사용하는 대신 File을 사용할 수도 있다.

File의 주요 기능에 대해 알아보면 다음과 같다.

File 생성자

```
File(String pathname)
File(String parent, String child)
```

pathname으로 디렉터리, 디렉터리가 포함된 파일 이름, 파일 이름이 올 수 있다.

parent는 디렉터리가 오며, child에는 디렉터리, 디렉터리가 포함된 파일 이름, 파일 이름이 올 수 있다.

파일 생성하기

```
public boolean createNewFile() throws IOException
```

파일이 없는 경우에는 파일을 생성하고 true를 반환한다. 파일이 있으면 false를 반환한다.

디렉터리 생성하기

```
public boolean mkdir()
```

디렉터리를 생성하면 true를 반환한다. 디렉터리를 생성하지 못하면 false를 반환한다.

마지막으로 수정된 날짜 구하기

```
public long lastModified()
```

1970년 1월 1일 00:00:00 GMT를 기준으로 밀리세컨드를 단위로 해 파일이나 디렉터리가 마지막으로 수정된 날짜 및 시간을 반환한다. java.util.Date와 SimpleDateFormat를 사용해 사람이 인식하기 쉬운 날짜로 변환한다.

파일/디렉터리 존재 여부 확인

```
public boolean exists()
```

지정한 파일이나 디렉터리가 있으면 true를 반환하고 없으면 false를 반환한다.

이름 변경하기

```
public boolean renameTo(File dest)
```

디렉터리나 파일 이름을 변경하고 true를 반환한다. 실패하면 false를 반환한다.

파일 사이즈 구하기

```
long    length()
```

파일의 크기를 바이트 단위로 구해 반환한다. 디렉터리를 대상으로 검사하면 0을 반환한다.

마지막 수정 날짜 변경하기

```
public boolean setLastModified(long time)
```

1970년 1월 1일 00:00:00 GMT를 기준으로 밀리세컨드를 단위로 해 파일이나 디렉터리가 마지막으로 수정된 날짜 및 시간을 설정한다. 예를 들면 System.currentTimeMillis()를 하면 현재 시간이 될 것이다.

파일 삭제하기

```
boolean  delete()
```

파일이 삭제되면 true, 그렇지 않으면 false를 반환한다.

I/O 스트림 등에서 파일 이름 문자열 대신 File 사용하기

```
FileInputStream(File file)
FileInputStream(String name)
```

자바는 파일을 가리킬 때 문자열 대신 File을 전달해 사용할 수 있도록 지원한다. 앞과 같은 형태는 FileInputStream만 있는 것이 아니며, 대부분의 경우에 두 가지 방식을 지원한다.

기존 파일에 스트링 덧붙이기

기존 파일에 스트링을 추가하는 프로그램을 작성한다고 해보자. 스트링 즉 문자를 다루기 때문에 Writer이고 파일을 다루기 때문에 File이 들어가서 FileWriter를 사용하면 된다는 것을 유추할 수 있다. 한 가지 더 고민해야 할 것은 FileWriter(File file)를 사용하면 기존 파일이 사라지면서 새로운 파일이 생성된다는 점이다. 대신 사용할 수 있는 생성자는 다음과 같다.

```
FileWriter(File file, boolean append)
```

앞의 함수 정의에서 append를 true로 하면 기존 파일이 유지되면서 끝에 쓰기 작업이 수행된다. 앞에서 소개한 예에서는 주로 스트링으로 된 패스명이 들어간 파일이름을 파라미터로 했지만, File을 파라미터로 전달하는 형태도 가능하다.

실제로 프로젝트를 한다면 파일 작업 관련해 발생할 수 있는 중요한 Unchecked 예외로 SecurityException가 있다. JVM 프로세스가 권한이 없는 저장 공간에 파일 작업을 하려고 할 때 발생하는 예외다. 이런 예외가 발생했을 때는 코드만 볼 것이 아니라 JVM을 기동하는 운영환경 계정, 파일의 권한 등 환경적인 문제를 살펴봐야 한다.

네트워크 프로그래밍

들어가면서

오픈소스 라이브러리가 널리 확산됐기 때문에 직접 네트워크 프로그래밍을 하는 경우는 거의 없을 것이다. 솔루션 회사에서조차 오픈소스를 사용해 필요한 기능을 추가 확장하는 형태로 프로그램을 작성하기 때문에 네트워크 프로그래밍을 직접 하는 경우는 거의 없다.

필자가 최근 4년 내에 본 수십 건의 프로젝트에서 스레드 프로그램은 종종 봤지만, 네트워크 프로그램을 직접 로우 레벨 수준부터 작성하는 경우는 본 적이 없다. 예를 들어 메시지 전달의 경우 예전 같으면 네트워크 프로그래밍을 직접 했지만, 지금은 카프카나 아파치 아폴로와 같은 오픈소스 메시지 브로커를 사용한다.

그래도 오픈소스를 잘 이용하고 장애상황에 대처하려면 네트워크 프로그래밍에 대한 기본적인 이해를 갖추는 것이 도움이 된다.

네트워크 환경 이해

작은 기업의 네트워크 환경을 가정해보자. 아마도 다음과 같이 구성할 수 있을 것이다.

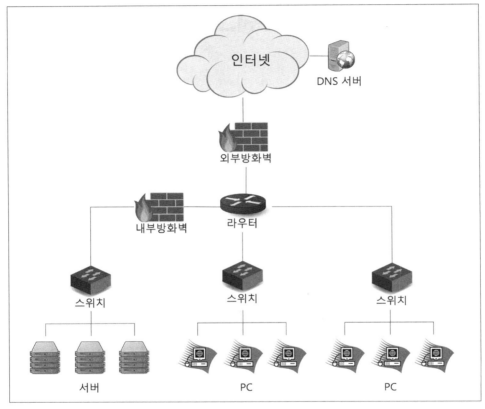

[도표] 기업 네트워크 환경 구성 사례

방화벽

방화벽은 네트워크를 통해 들어오는 패킷에 대해 사전에 관리자가 설정해놓은 보안 규칙ACL, Access Control List(접근 제어 목록)에 따라 허용 또는 차단하는 기능을 수행한다. 대개는 내부 네트워크와 외부 네트워크(인터넷) 중간에 위치해 패킷 제어 기능을 수행한다. 방화벽은 필요에 따라 여러 개 배치해 보안성을 강화할 수 있다. 앞의 예에서는 서버팜 앞 단에 내부 방화벽을 설치해 서버에 대한 보안을 강화했다.

기업 환경에서 개발을 하다 보면 설정을 옳게 했는데도 데이터베이스나 다른 서버로의 접근이 안 되는 경우가 있다. 이럴 때는 방화벽 문제가 아닌지 검토한다. 인프라 팀에 해당 방화벽 오픈Open을 사전에 요청해둬야 하며, 보안상 방화벽 오픈은 불가할 때도 있으니 미리 대비하자.

라우터

라우터Router는 패킷에서 목적지 위치를 추출해 그 위치에 대한 최적의 경로를 지정하며, 이 경로를 따라 데이터 패킷을 다음 장치로 전달하는 장치다. 네트워크 상의 가장 가까운 곳에 위치한 다른 라우터의 주소도 가지고 있어 이 라우터와 통신이 가능하다. 즉 라우터끼리 통신을 함으로써 로컬망을 벗어나게 되며 이들의 집합이 인터넷이 된다.

스위치

스위치도 경로를 파악해 목적지로 패킷을 전달한다는 점에서는 라우터와 유사하다. 차이점은 로컬망에 연결된 장비들의 IP와 MAC 주소를 매핑시켜 그 테이블을 가지고 있다가 목적지에 맞게 보내 준다는 것이다. 라우터는 IP 기반/외부망, 스위치는 IP, MAC 기반/내부망이라는 정도로 알아두자.

MAC

MAC 주소Media Access Control Address는 통신을 위한 네트워크 장치에 할당된 고유 식별자이다. 우리가 작성할 TCP/UDP 프로그래밍에서는 MAC을 가지고 목적지를 정하는 것이 아니라 IP를 가지고 목적지를 정한다. MAC은 네트워크 카드에 고유하게 붙어 있는 변경할 수 없는 식별자이고, IP는 환경에 따라서 서버나 PC에 부여하는 식별자이다. 스위치는 MAC과 IP의 테이블을 보관하는데, 패킷의 IP를 보고 매핑되는 MAC을 찾아 해당 장비로 전달한다. 스위치와 라우터의 차이를 설명하려다 보니 MAC을 소개했는데 사실 자바 프로그래밍에서 MAC을 사용할 일은 거의 없다.

도메인

도메인^{Domain}은 사람이 인식하기 쉬운 네트워크 상의 주소이다. www.kiai.kr은 도메인 이름인데 이는 사람이 인식하기 쉬운 형태다. 이를 네트워크 장비가 인식하도록 하려면 IP의 형태로 바꿔야 한다. 사람이 인식하기 쉬운 도메인과 네트워크 상의 장비가 인식하는 IP(예: 150.95.129.106) 사이의 변환을 위해 DNS가 도입됐다.

도메인 네임 시스템^{Domain Name System, DNS} 서버는 호스트의 도메인 이름을 호스트의 네트워크 주소로 바꾸거나 그 반대의 변환을 수행한다. 특정 컴퓨터(또는 네트워크로 연결된 임의의 장치)의 주소를 찾기 위해, 사람이 이해하기 쉬운 도메인 이름을 숫자로 된 식별 번호(IP 주소)로 변환한다. 도메인 네임 시스템은 흔히 "전화번호부"에 비유된다. 인터넷 도메인 주소 체계로서 TCP/IP의 응용에서, www.kiai.kr과 같은 주 컴퓨터의 도메인 이름을 150.95.129.106과 같은 IP 주소로 변환하고 라우팅 정보를 제공한다.

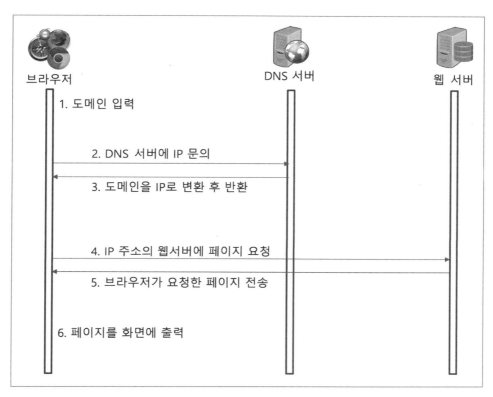

[도표] DNS 상호동작

TCP/IP 4 계층

네트워크 상에서 데이터를 주고받을 때는 표준적인 규칙이 있어야 한다. 널리 사용되는 것은 TCP/IP인데 4계층의 구조를 가지고 있다.

	TCP/IP 4계층	프로토콜
응용프로그램	Application	HTTP, FTP, SSH 등 소켓
운영체제	Transport	TCP/UDP
	Internet	IP
H/W	Network Access	MAC

[도표] TCP/IP 4계층

네트워킹을 위해 응용프로그램은 소켓을 사용해 운영체제와 상호작용한다. 그래서 자바를 사용하든 C를 사용하든 모두 소켓이라는 장치가 사용된다.

TCP/IP가 전송하는 패킷(혹은 세그먼트)에는 IP와 Port 정보가 들어있어서 IP 정보로 는 라우터나 스위치가 해당 목적지를 결정하고, Port 정보를 가지고 운영체제(OS)가 해당 애플리케이션을 결정한다.

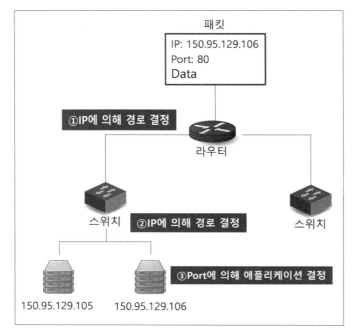

[도표] TCP/IP 패킷에 의한 경로 및 애플리케이션 결정

네트워크 환경에 대해 알아봤다. 이제 네트워크 프로그래밍을 시작해보자.

소켓 서버 기본 구조 이해하기

TCP/IP 4계층에 따라 응용 프로그램은 소켓을 사용해 운영체제의 네트워크 기능과 연동한다. 자바에서도 소켓을 위한 기본 클래스를 제공한다.

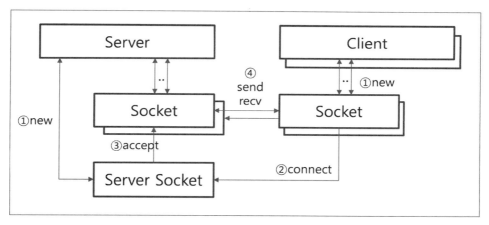

[도표] 자바에서의 TCP 통신을 위한 소켓(Socket) 사용 모델

① 서버 프로그램에서는 new를 해 서버소켓Server Socket을 생성한다. 또한 클라이언트에서도 소켓을 생성한다. ② 클라이언트에서는 소켓을 사용해 서버소켓에 접속 요청을 보낸다. ③ 클라이언트가 서버소켓에 접속 요청을 하면 서버소켓은 이를 승낙accept하고 소켓을 생성한다. ④ 클라이언트의 소켓과 서버의 소켓이 서로 통신해 데이터를 주고받는다.

④의 send와 recv는 프로그램으로부터 전달받은 데이터를 소켓을 통해 상대방 소켓으로 전달하거나, 혹은 그 반대를 의미하는 과정을 나타낸다. 이때 바로 I/O 스트림이 사용되는 것이다. 서버 측 입장에서 설명하면, 클라이어트 측 소켓으로 데이터를 쓰고 싶으면 서버 측의 소켓(서버소켓이 아니다)으로부터 OutputStream을 얻어서 사

용하면 된다. 클라이언트 측 소켓으로부터 온 데이터를 읽고 싶다면 서버 측의 소켓으로부터 InputStream을 얻어 사용하면 된다.

클라이언트 측 입장에서 설명하면 그 반대로 생각하면 되는데, 서버 측 소켓으로 데이터를 쓰고 싶으면 클라이언트 측의 소켓으로부터 OutputStream을 얻어서 사용하면 된다. 서버 측 소켓으로부터 온 데이터를 읽고 싶다면 클라이언트 측의 소켓으로부터 InputStream을 얻어 사용하면 된다.

저수준의 TCP/IP는 사실 앞에서 설명한 것보다 더 복잡한 과정을 거치지만 자바는 해당 과정을 추상화했다. 이제 서버 프로그램의 기본적인 예제를 작성해보자. 다음의 예제는 클라이언트로부터 스트링을 받아서 다시 서버로 반송하는 일을 한다. "shutdown"이 들어오면 서버가 종료된다. 이를 위한 필요 소켓 API는 다음과 같이 단순하다.

ServerSocket:
ServerSocket(int port)

지정된 포트(port)를 사용하는 서버소켓을 생성한다.

ServerSocket:
public Socket accept() throws IOException

클라이언트가 연결 요청을 할 때까지 대기(block)한다. 즉 다음 행으로 진행되지 않고 이 메소드에 머문다. 클라이언트로부터 연결 요청이 들어오면 해당 클라이언트와 연결된 소켓이 반환된다.

이제 이를 사용해 프로그램을 작성하면 다음과 같다.

[예제] 소켓 서버 프로그램 – EchoSocketServer.java

```
01 public class EchoSocketServer {
02
```

```java
03    public static void main(String[] args) {
04        ServerSocket serverSocket = null;
05        Socket socket = null;
06        PrintWriter out = null;
07        BufferedReader in = null;
08        try {
09            serverSocket = new ServerSocket(8080);
10            System.out.println ("Waiting for connection.....");
11
12            socket = serverSocket.accept();
13            System.out.println ("Connection successful");
14
15            out = new PrintWriter(socket.getOutputStream(), true);
16            in = new BufferedReader(new InputStreamReader( socket.
                                        getInputStream()));
17            System.out.println ("Waiting for input.....");
18
19            String inputLine = null;
20            while ((inputLine = in.readLine()) != null) {
21                System.out.println ("Server: " + inputLine);
22                out.println(inputLine);
23                if ("shutdown".equals(inputLine)) {
24                    break;
25                }
26            }
27        }catch(IOException e) {
28            throw new RuntimeException(e);
29        }finally {
30            try{out.close();}catch(Exception e) {};
31            try{in.close();}catch(Exception e) {};
32            try{socket.close();}catch(Exception e) {};
33            try{serverSocket.close();}catch(Exception e) {};
34        }
35    }
36 }
```

9행에서 ①의 작업이 발생한다. 12행에서 ③의 작업이 이뤄진다. accept()는 클라이언트로부터 접속 요청이 들어올 때까지 해당 행에서 대기하고 있다가 접속 요청이 들어오면 그때 비로소 socket을 반환한다. ④ 작업을 위해 상대방에게 데이터를 쓰고 싶으면 OutputStream을 얻어야 하는데 15행을 보면 socket.getOutputStream()을 통해 소켓으로부터 OutputStream을 얻고 있다. 이렇게 얻은 OutputStream에 PrintWriter라는 2차 I/O 스트림을 래핑해 기능을 추가하고 있다.

20행의 in.readLine()에서 클라이언트로부터 입력이 발생할 때까지 대기한다. BufferedReader이 readLine()은 I/O 스트림의 끝지점에 오면 null을 반환한다. 이렇듯 I/O 스트림의 입력과 출력이 완료될 때까지 대기하는데 이를 동기적이라고 표현하기도 한다. 이와 대비되는 개념으로 NIO가 있는데 NIO에 대해서는 24장에서 알아볼 것이다.

PrintWriter는 print()나 println() 메소드를 제공하며, Writer라는 단어에서 문자 charactor 기반이라는 것을 추측할 수 있듯이, 원시 바이트raw bytes를 쓰는 메소드는 제공하지 않는다.

```
PrintWriter :
public PrintWriter(OutputStream out, boolean autoFlush)
```

---

autoFlush를 true로 하면 print()나 println()시 버퍼가 자동으로 비워flush진다. 이를 false로 하면 명시적으로 flush()를 호출하거나 JDK 내부적으로 flush()가 호출되기를 기다려야 한다.

④ 작업을 위해 상대방에게서 온 데이터를 읽고 싶으면 InputStream을 얻어야 하는데 16행을 보면 socket.getInputStream()을 통해 소켓으로부터 InputStream을 얻고 있다. 이렇게 얻은 InputStream에 InputStreamReader와 BufferedReade라는 2차 I/O 스트림을 래핑해 기능을 추가하고 있다. InputStreamReader는 Reader라는 이름이 의미하듯이 문자 단위 기능을 제공하고, BufferedReader는 버퍼 기능을 추

가한다는 의미다.

이제 상대방에게 쓰기위해 PrintWriter라는 출력 스트림이 있고, 상대방으로부터 온 데이터를 읽기 위해 BufferedReader라는 입력 스트림이 있다.

20~26행에서 반복적으로 클라이언트에서 흘러들어온 입력 스트림으로부터 데이터를 읽어서 클라이언트로 흘러나가는 출력 스트림에 데이터를 쓴다. 이때 흘러들어온 데이터가 "shutdown"이면 해당 반복문을 빠져나가고 서버 프로그램을 종료한다.

30~33행에서 지금까지 사용한 자원을 해제한다. Unchecked 예외가 발생하는데 간단하게 처리했다. 그러나 더 상세하게 예외 처리를 할 수도 있을 것이다.

소켓 클라이언트 프로그램 기본 구조 이해하기

소켓 클라이언트는 좀 더 구조가 단순하다. 자바에서의 TCP 통신을 위한 소켓^{Socket} 사용 모델을 기준으로 설명하면, ① 소켓을 생성했고 ② 클라이언트에서는 소켓을 사용해 ③ 서버소켓에 접속 요청을 보낸다. ④ 클라이언트의 소켓과 서버의 소켓이 서로 통신해 데이터를 주고받는다.

[예제] 소켓 기본 프로그램 – EchoClient.java

```
01 public class EchoClient {
02
03     public static void main(String[] args) {
04         Socket echoSocket = null;
05         PrintWriter out = null;
06         BufferedReader in = null;
07         BufferedReader stdIn = null;
08         try {
09             String serverHostname = new String ("127.0.0.1");
10             System.out.println ("Attemping to connect to host "
                            +serverHostname + " on port 8080");
```

```
11                echoSocket = new Socket(serverHostname, 8080);
12
13                out = new PrintWriter(echoSocket.getOutputStream(), true);
14                in = new BufferedReader(new InputStreamReader(echoSocket.
                                    getInputStream()));
15                stdIn = new BufferedReader(new InputStreamReader(System.in));
16
17                String userInput;
18                System.out.print ("input: ");
19                while ((userInput = stdIn.readLine()) != null) {
20                    out.println(userInput);
21                    System.out.println("echo: " + in.readLine());
22                    if("shutdown".equals(userInput)) {
23                        break;
24                    }
25                    System.out.print ("input: ");
26                }
27
28        }catch(IOException e) {
29            throw new RuntimeException(e);
30        }finally {
31            try{out.close();}catch(Exception e) {};
32            try{in.close();}catch(Exception e) {};
33            try{stdIn.close();}catch(Exception e) {};
34            try{echoSocket.close();}catch(Exception e) {};
35        }
36    }
37 }
```

앞의 소켓 서버 예제와 비슷하다. 11행에서 소켓을 생성했고 특별히 메소드로 명시하지 않아도 자동으로 서버소켓에 접속 요청을 보내는 작업을 수행한다. 클라이언트의 소켓과 서버의 소켓이 서로 통신하기 위해 서버 프로그램과 동일하게 PrintWriter와 BufferedReader를 사용한다.

추가적으로 사용자로부터 문자열을 입력 받기 위해 15행의 작업이 추가됐다.

System.in은 표준 입력 키보드로부터의 InputStream인데 이를 가공해 2차 스트림 인 InputStreamReader와 BufferedReader를 래핑^{wrapping}한다.

서버 프로그램을 실행하고 클라이언트 프로그램을 실행해보자. 그리고 클라이언 트 프로그램에서 수회 반복해서 키보드로 임의의 문자열을 입력한 후 마지막으로 "shutdown"을 입력해 동작을 살펴보자.

개선된 소켓 서버 프로그램

앞에서 설명한 소켓 서버 프로그램에는 구조적 결함이 있다. 1명의 클라이언트밖에 서비스할 수 없다는 점이다. 중앙에서 배분하는 지점까지는 하나의 스레드로 처리하고, 배분된 작업은 각각의 스레드에서 작업하도록 개선해보자. 이를 위해서는 결국 멀티스레드를 도입해야 하는데, 스레드 풀 개념을 적용해보자. 필요한 스레드 풀 사용 관련 API는 다음과 같다.

Executors :
static ExecutorService   newFixedThreadPool(int nThreads)

---

nThreads 개수만큼의 스레드 풀을 생성한다.

ExecutorService :
void   execute(Runnable command)

풀에 있는 스레드를 사용해 comman를 실행한다.

ExecutorService :
void   shutdown( )

개략적인 멀티스레드 소켓 프로그램 구조는 다음과 같다.

```
                                                    [스레드 풀 생성]
    ExecutorService executor = Executors.newFixedThreadPool(5);
    [특정 조건 동안 반복]    new ServerSocket(8080);    [서버소켓 생성]
                                                    [접속 요청이 들어올 때까지 대기
    while(!stopFlag) {                               하다 요청이 들어오면 클라이언
        Socket socket = serverSocket.accept();      트와 연결된 소켓 반환]
        executor.execute(new Handler(socket));
    }                                [클라이언트와 연결된 소켓을
                                      가지고 멀티스레드 처리]

    class Handler  implements Runnable  {
        Handler(Socket socket)  {..}
                            [클라이언트와 연결된 소켓]
        @Override
        public void run() {..}  [클라이언트와 연결된 소켓
                                 을 가지고 로직 처리]
    }
```

[도표] 멀티스레드 소켓 프로그램 구조

serverSocket.accept()까지는 하나의 스레드로 처리한다. 여기서 클라이언트로부터 접속 요청이 들어올 때까지 대기하면서 다음으로 진행하지 않는다. 그러다 클라이언트로부터 접속 요청이 들어오면 accept()는 클라이언트와 연결된 소켓을 반환하면서 다음 행으로 진행한다. 이제 여기서 멀티스레드 처리가 발생한다. 클라이언트와 연결된 소켓을 파라미터로 핸들러를 생성한다. 그리고 이 핸들러를 멀티스레드로 실행한다.

한 가지 고민할 점이 더 있다. 바로 서버 프로그램의 종료이다. 서버 프로그램의 종료는 상당히 복잡한 문제를 야기한다. 이미 실행하고 있는 다른 클라이언트들은 어떻게 할 것인지 등의 문제가 발생한다. 또한 serverSocket.accept()는 클라이언트로부터의 요청이 들어올 때까지 블록blocked되는데 이를 중단시키는 것도 관건이다. 서

비스 중인 클라이언트를 강제로 끊는 것은 위험하기 때문에 권장하지 않는다. 이는 실행 중인 스레드를 강제로 중단시키는 것은 자바에서 권장하지도 않고, 강제로 스레드를 중지하려 해도 방법이 여의치 않다는 점과 유사하다.

메인 스레드와 동시 수행을 위한 스레드 풀의 스레드가 공통으로 접근하는 주요 데이터 및 그에 대한 연산을 그림으로 나타내면 다음과 같다.

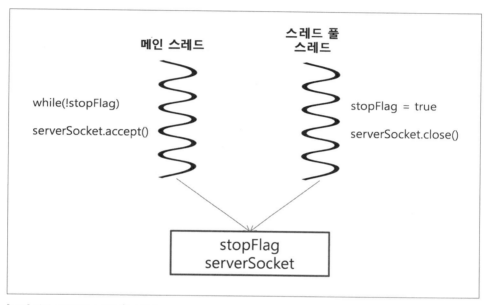

[도표] 메인 스레드와 스레드 풀 스레드

이번에는 앞의 기본 서버 프로그램과 약간 다르게 동작하도록 해보자. 클라이언트에서 "bye"를 입력하면 클라이언트만 종료한다. "shutdown"을 넣으면 서버와 클라이언트가 종료한다. 그리고 여러 개의 클라이언트가 물려 있는 경우 하나의 클라이언트에서 "shutdown"을 입력했다고 바로 종료하는 것이 아니라 다른 클라이언트에서도 모두 "bye"나 "shutdown"을 입력해 모든 클라이언트가 종료해야 서버도 종료한다.

블록돼있는 serverSocket.accept()를 빠져나가는 방법은 다음과 같다. 클라이언트의 요청을 처리하던 스레드에서 클라이언트로부터 들어온 문자열이 "shutdown"이면 serverSocket.close()를 호출한다. 그렇게 되면 서버 스레드에서 블록돼 대기 중이던 serverSocket.accept()가 SocketException 예외를 발생시키면서 serverSocket.accept()을 빠져나가게 된다.

[예제] 개선된 소켓 서버 프로그램 – MultiThreadEchoSocketServer.java

```
01 public class MultiThreadEchoSocketServer {
02
03     private boolean stopFlag = false;
04     private ServerSocket serverSocket;
05     private ExecutorService executor = Executors.newFixedThreadPool(5);
06
07     public static void main(String[] args) {
08         new MultiThreadEchoSocketServer().startup();
09     }
10
11     private void startup() {
12         try {
13             serverSocket = new ServerSocket(8080);
14             while(!stopFlag) {
15                 System.out.println ("Waiting for connection.....");
16                 Socket socket = serverSocket.accept();
17                 executor.execute(new Handler(socket));
18             }
19         }catch(SocketException e1) {
20             if(stopFlag==true) {
21                 System.out.println("Shutdown Progress..");
22             }else {
23                 throw new RuntimeException(e1);
24             }
25         }catch(IOException e2) {
26             throw new RuntimeException(e2);
27         }finally {
28             try{executor.shutdown();}catch(Exception e) {};
29         }
30     }
31
```

```
32    private void requestShutdown()  {
33        stopFlag = true;
34        try {serverSocket.close();}catch(Exception e)  {};
35    }
36
37    class Handler implements Runnable {
38        private PrintWriter out;
39        private BufferedReader in;
40        private Socket socket;
41
42        private Handler(Socket socket)  {
43            this.socket = socket;
44        }
45
46        @Override
47        public void run() {
48            try {
49                System.out.println ("Connection successful");
50
51                out = new PrintWriter(socket.getOutputStream(), true);
52                in = new BufferedReader(new InputStreamReader( socket.
                    getInputStream()));
53                System.out.println ("Waiting for input.....");
54
55                String inputLine = null;
56                while ((((inputLine = in.readLine()) != null))  {
57                    System.out.println ("Server: " + inputLine);
58                    out.println(inputLine);
59                    if ("bye".equals(inputLine))  {
60                        break;
61                    }if ("shutdown".equals(inputLine))  {
62                        requestShutdown();
63                        break;
64                    }
65                }
66            }catch(Exception e)  {
67                e.printStackTrace();
```

```
68              }finally  {
69                  try{ out.close(); }catch(Exception e)  {}
70                  try{ in.close(); }catch(Exception e)  {}
71                  try{ socket.close(); }catch(Exception e)  {}
72              }
73          }
74      }
75 }
```

앞에서 설명했던 멀티스레드 소켓 프로그램 구조와 동일하다. 조금 더 정교하게 작성하기 위해 main() 함수가 아닌 startup() 메소드에서 서버소켓 기동 로직을 구현했다. 또한 "shutdown"이라는 명령어가 입력될 때까지 무한히 반복하기 위해 14행에 반복문을 위치했다.

스레드 풀을 적용하기 위해 ExecutorService와 Executors를 사용했으며, serverSocket.accept()를 통해 클라이언트와 연결된 소켓이 생성되면 이를 Handler에 넣어서 ExecutorService를 사용해 실행했다.

47~73행은 클라이언트와 연결된 소켓을 가지고 클라이언트로부터의 요청을 서비스하는 로직이다. 입력 스트림으로 온 문자열을 출력 스트림으로 똑같이 반환하는 로직이다. 그러다가 59행에서와 같이 "bye"가 오면 해당 클라이언트에 대한 서비스를 종료하고, 61행에서와 같이 "shutdown"이 들어오면 서버 중지 요청을 보내고 해당 클라이언트에 대한 서비스를 종료한다.

"shutdown"이 클라이언트로부터 들어오면 62행에서 requestShutdown()이 호출된다. 이때 메인 스레드는 serverSocket.accept()에서 대기중이거나 다른 반복문을 실행중일텐데, serverSocket.accept()에서 대기중일 경우는 serverSocket.close() 때문에 SocketException 예외가 발생해 반복문을 빠져나오고, 다른 반복문이 실행중일 때는 stopFlag가 true기 때문에 반복문을 빠져나온다.

서버 프로그램이라면 상용이나 오픈소스 서버 프로그램들조차 앞에서 설명한 서버 (TCP 소켓) 구조와 유사한 구조를 가진다. 특히 WAS[Web Application Server]가 그러한데 이제 기본적인 와스의 뼈대를 이해하게 됐다. 예를 들면 대부분의 와스 설정에 보면 스레드 풀 개수를 설정하는 것이 나오는데, 왜 그러한 설정이 있는지 이제 이해할 수 있는 것이다.

UDP 소개 및 예제

앞에서 다룬 것은 TCP^{Transmission Control Protocol} 전송을 위한 소켓 프로그램이었다. 이와 비교되는 것이 UDP^{User Datagram Protocol}인데 단문 메시지를 전송하기 위해서 사용된다. UDP는 데이터 전송의 신뢰성이 낮은데 데이터그램 도착 순서가 바뀌거나, 중복되거나, 심지어는 통보 없이 누락되기도 한다. 대신 기타 부가작업이 없기 때문에 속도는 TCP보다 빠르다. UDP는 보냈는데 수신 여부를 알 수 없는 편지에 비유하기도 한다.

UDP는 일반적으로 오류의 검사와 수정이 필요 없는 애플리케이션에서 사용한다. 예를 들면 아주 많은 대량 데이터를 보내는데 그 중 몇 개 정도 누락되도 되는 경우에 사용할 수도 있다. 동영상 스트리밍을 예로 들 수 있다. 동영상은 패킷이 어느 정도 유실돼도 서비스에 지장이 없다.

[도표] TCP vs UDP

항목	TCP(Transmission Control Protocol)	UCP(User Datagram Protocol)
사용처	높은 신뢰성이 필요하며 전송 시간이 상대적으로 덜 중요한 경우에 적합. UDP보다는 느림	빠르고 효율적인 전송, 대규모 전송 데이터가 있고 그중 누락이 어느 정도 발생해도 되는 경우에 적합
기반으로 하는 프로토콜	HTTP, HTTPs, FTP, SMTP, Telnet	DNS, DHCP, TFTP, SNMP, RIP, VOIP
속도 비교	UDP보다 느림	UDP가 TCP보다 더 빠름. 에러 복구가 없음. 최선의 노력을 하다가 안 되면 그만인 프로토톨
신뢰성	손실없이 데이터가 전송되고 순서 역시 보장. 에러가 발생하면 에러 발생했다는 것을 알 수 있음	데이터 전달을 보장하지 않음. 데이터를 전송한 순서와 도착 순서도 보장하지 않음

UDP를 위해 사용하는 JDK 제공 API는 복잡하지 않다.

UDP 서버 예제 프로그램은 다음과 같다.

[예제] UDP 예제 프로그램 – SimpleUDPServer.java

```
01 public class SimpleUDPServer {
02
03     public static void main(String[] args) {
04         DatagramSocket datagramSocket = null;
05         try {
06             datagramSocket = new DatagramSocket(8089);
07             byte[] receiveData = new byte[1024];
08             DatagramPacket receivePacket = new DatagramPacket(receiveData,
                                            receiveData.length);
09
10             while(true) {
11                 datagramSocket.receive(receivePacket);
12                 System.out.println("receivePacket.getLength():
                                    "+receivePacket.getLength());
13                 String sentence = new String(receivePacket.getData(), 0,
                                    receivePacket.getLength());
14                 System.out.println("[" + sentence+"]");
15                 if("shutdown".equals(sentence)) {
16                     break;
17                 }
18             }
19         }catch(IOException e) {
20             throw new RuntimeException(e);
21         }finally {
```

```
22              try{datagramSocket.close();}catch(Exception e)  {};
23          }
24      }
25 }
```

6행에서 UDP를 위한 소켓을 생성했다. 8행에서는 전달된 정보를 담기 위해 DatagramPacket 객체를 생성했다. 11행에서 UDP 서버는 클라이언트로부터 데이터가 들어올 때까지 대기한다. 11행에서 대기하다가 클라이언트로부터 데이터가 전달되면 좀 전에 생성한 DatagramPacket 객체에 데이터를 저장한 후 12행으로 진행한다.

이번 UDP 서버도 클라이언트로부터 shutdown이라는 단어가 전달되면 중단하도록 15행에서 처리됐다.

10행에서 반복문으로 감싼 이유는 한 번의 클라이언트 요청만 처리하는 것이 아니라, 반복해서 클라이언트 요청을 처리하기 위해서다.

해당 서버는 멀티스레드 처리가 돼있지 않다. datagramSocket.receive(…) 부분은 하나의 스레드가 대기해야 하는 부분이다. 만약 멀티스레드 처리를 한다면 클라이언트로부터 데이터를 받은 후 그 데이터를 처리하는 부분에서 멀티스레드 처리가 가능할 것이다. 예제에서는 14행이다. 예제에서는 System.out.pritln()으로 수행 시간이 짧기 때문에 멀티스레드가 필요없지만, 시간이 긴 처리를 해야 한다면 다른 스레드에 해당 처리를 맡겨야 할 것이다. 이것은 TCP도 마찬가지였다. 클라이언트 프로그램은 다음과 같다.

[예제] UDP 예제 프로그램 – SimpleUDPClient.java

```
01 public class SimpleUDPClient {
02
03      public static void main(String[] args) {
04          BufferedReader in = null;
05          DatagramSocket datagramSocket = null;
06          try {
```

```
07              in = new BufferedReader(new InputStreamReader(System.in));
08              datagramSocket = new DatagramSocket();
09              InetAddress IPAddress = InetAddress.getByName("127.0.0.1");
10              byte[] sendData = new byte[1024];
11              String sentence = in.readLine();
12              sendData = sentence.getBytes();
13              System.out.println("sendData.length: "+sendData.length);
14              DatagramPacket datagramPacket = new DatagramPacket(sendData,
                                             sendData.length, IPAddress, 8089);
15              datagramSocket.send(datagramPacket);
16          }catch(IOException e)  {
17              throw new RuntimeException(e);
18          }finally  {
19              try{ in.close(); }catch(Exception e)  {};
20              try{ datagramSocket.close(); }catch(Exception e)  {};
21          }
22      }
23 }
```

4행, 7행에서 키보드로부터 입력을 받기 위해 IO 스트림을 사용했다. Reader는 문자열에 사용되는데 InputStreamReader으로 1차 스트림을 만들고 BufferedReader을 사용해 버퍼 기능으로 2차 스트림을 만들었다.

5행, 8행에서 데이터그램 소켓을 만들고 14행에서 패킷을 생성한 후, 15행에서는 소켓을 사용해 패킷을 전송했다. 지금까지 UDP 예제를 살펴봤다.

SECTION

24

Java NIO

들어가면서

NIO는 New IO를 의미한다. 혹은 Non-Bloking IO를 의미한다고도 한다. 실제로는 NIO 역시 논블로킹^{Non-Blocking}을 지원하며 많은 부분이 기존 IO와 마찬가지로 블로킹^{Blocking}방식으로 동작한다. Java NIO는 JDK 1.4에서 소개됐고, 그후 JDK 1.7에서 NIO.2를 소개했다. JDK 1.4부터 새로운 입출력^{NIO: New Input/Output}이라는 뜻에서 java.nio 패키지가 포함됐는데, JDK 1.7이 되면서 Java IO와 Java NIO 사이의 일관성 없는 클래스 설계를 바로잡고, 비동기 채널 등의 네트워크 지원을 강화하기 위해 NIO.2 API가 추가됐다. NIO.2는 별도의 패키지가 아니라 기존 java.nio의 하위 패키지(java.nio.channels, java.nio.charset, java.nio.file)에 통합돼있다.

지금까지 다루었던 자바의 장치 중 스레드, 람다, 스트림, 소켓 등은 수가 적긴 하지만 실제 프로젝트에서 사용하는 경우도 봤고, 필자가 직접 사용하기도 했다. 그러나 NIO를 직접 사용해 개발한 프로젝트는 아직 보지 못했다. 다만 네티^{Netty}를 기반으로 네트워크 프로그래밍을 한 프로젝트는 있었다.

네티는 유지하기 쉬운 높은 성능의 프로토콜 서버 및 클라이언트를 신속하게 개발하기 위한 비동기 이벤트 드리븐 네트워크 애플리케이션 프레임워크인데 바로 이 네티가 Java NIO을 기반으로 한다. 설사 NIO 프로그래밍을 하더라도 직접 JDK의 NIO를 사용하는 것이 아니라 네티와 같은 네트워크 프레임워크를 사용하게 될 것이다. 이를 위한 기초 개념을 준비하는 수준으로 24장을 진행하고자 한다.

NIO 이유

기존에 사용되던 IO(java.io. *)와 NIO(java.nio. *)의 차이점을 요약하면 다음과 같다.

[도표] IO vs NIO

항목	IO	NIO
입출력 방식	스트림	채널
버퍼 방식	필요 시 버퍼링을 위해서 Buffered~ 사용	반드시 버퍼 사용
블로킹 방식	블로킹(Blocking) 방식만 지원	논블로킹(Non-Blocking) 방식도 지원

java.io. * 에 있는 기존의 IO는 데이터를 스트림으로 인식한다. 그러나 NIO에서는 블록Block 단위로 처리한다. 즉 데이터를 패킹하고 전송하는 방식이 다르다. 기존의 I/O 스트림에서는 기본적으로 스트림 내의 요소를 하나씩 처리한다. 이러한 구조에서는 필터Filter와 체이닝Chaining 개념을 적용하기 쉽다.

그러나 NIO에서는 블록으로 여러 개의 데이터를 한꺼번에 처리한다. NIO에서의 연산은 한 번에 블록 안에 들어있는 여러 개의 데이터를 한꺼번에 읽어Input 들이거나 쓰기Output 작업을 수행한다. 블록 단위로 움직이니까 하나씩 움직이는 것보다는 속도가 빠르다. 단 블록 기반 I/O는 스트림 기반 I/O보다 코드가 좀 더 복잡하다.

기본 자바 IO도 2차 IO 스트림을 사용해 버퍼링 기능을 추가할 수는 있지만 그렇다고 해서 개발자가 버퍼의 조작 방법을 알아야 했던 것은 아니다. 그러나 NIO에서는 반드시 버퍼를 사용해야 한다.

jva.io.*의 기본 IO는 블로킹 방식으로 동작한다. IO 스트림의 입출력 메소드를 호출하면 데이터가 입력 혹은 출력될 때까지 스레드는 블로킹Blocking된다. IO 스레드가 블록되면 빠져나오는 방법은 다른 스레드에서 스트림을 닫는 것이다. IO 스레드가 해당 메소드에서 블록됐기 때문에 IO 스레드에서는 해당 스트림을 닫을 수가 없고 그래서 IO 스레드 외의 다른 스레드에서 해당 스트림에 대해 close()를 실행할 수 있다. 그러면 IO 스레드가 블로킹되고 있던 메소드에서 예외(~Exception)가 발생해 해당 메소드를 빠져나오게 된다.

NIO는 블로킹과 논블로킹 방식 모두를 지원한다. NIO의 논블로킹은 입출력 작업 준비가 완료된 채널만 선택해서 작업 스레드가 처리하기 때문에 작업 스레드가 블로킹되지 않는다. 작업 준비가 완료됐다는 뜻은 읽고 쓸 수 있는 상태를 말한다. NIO 논블로킹의 핵심 객체는 셀렉터Selector이다. 셀렉터는 복수의 채널 중에서 준비 완료된 채널을 선택하는 방법을 제공한다.

NIO를 사용하면 자바 프로그램으로도 C를 사용해 코드를 작성하고 JNIJava Native Interface로 연결하는 네이티브 코드Native Code를 작성하지 않더라도 고성능의 I/O가 가능해진다. NIO는 성능을 위해 시간이 많이 소요되는 I/O 작업을 운영체제(OS)에 위임한다.

 여기서 잠깐   JNI

자바는 JVM이라는 가상 머신 상에서 기동된다. 일반적으로 자바보다 기계어로 컴파일돼 머신 상에서 바로 수행되는 C 프로그램이 더 빠른 것으로 알려져 있다. C로 모듈을 작성한 후 자바에서 이 C 모듈을 호출할 수 있는데 이때 이 통로를 JNIJava Native Interface라고 한다.

채널과 버퍼 그리고 셀렉터 개념 알아보기

NIO의 중요 구성 요소에는 채널과 버퍼 그리고 셀렉터가 있다. 기존의 자바 I/O 스트림에서는 스트림을 가지고 작업하지만 NIO에서는 채널과 버퍼를 가지고 작업한다. I/O 스트림에서는 버퍼를 적용할 수도 아닐 수도 있지만, NIO는 기본적으로 채널과 버퍼가 같이 사용된다. 채널로부터 데이터를 읽을 때는 버퍼로 읽어들여야 하며, 쓸 때도 버퍼에서 채널로 흘러간다.

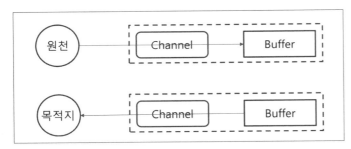

[도표] 채널과 버퍼

채널과 버퍼에는 다음과 같은 주요 타입들이 있어 조합이 가능하다.

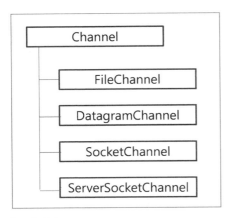

[도표] 채널

기존 I/O 스트림에서는 입력 스트림과 출력 스트림이 별도로 있었지만, 채널은 양방향 작업이 가능하다. 즉 하나의 채널을 가지고 읽기와 쓰기가 가능하다. 앞의 채널은 이름에서 알 수 있듯이 어느 정도 유추가 가능할 것이다. FileChannel은 파일 관련한 기능을, DatagramChannel은 UDP 관련한 채널을, 그리고 SocketChannel과 ServerSocketChannel은 TCP를 위한 기능을 제공한다. TCP에 소켓과 서버소켓이 있었듯이 채널에도 소켓과 서버소켓이 있다.

버퍼는 Buffer를 최상위 클래스로 두고 그 하위에 어떤 데이터를 담고 있느냐에 따라 ByteBuffer, CharBuffer, ShortBuffer 등의 클래스가 있다.

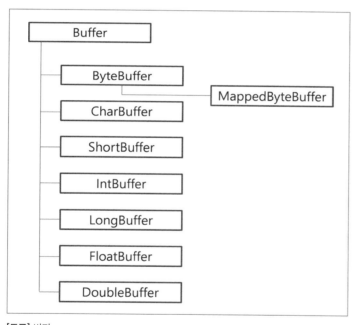

[도표] 버퍼

또한 버퍼에서 사용하는 메모리로는 JVM이 사용하는 힙 메모리뿐 아니라 운영체제(OS) 수준의 다이렉트 메모리가 가능하다.

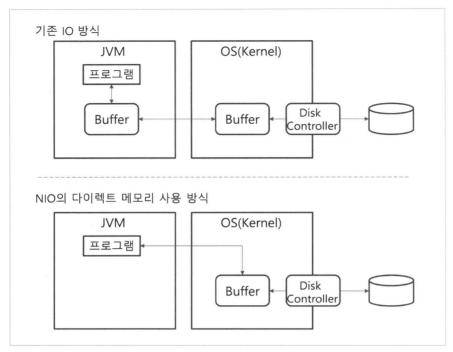

[도표] NIO의 다이렉트 메모리 사용 방식 비교

JVM이 사용하는 힙 메모리가 아니라 운영체제 수준의 메모리를 사용하면 성능상 우위를 갖게 된다. IO라는 것은 기본적으로 운영체제가 수행하는데 기존 자바에서는 운영체제의 메모리에 들어있는 내용을 자바 힙의 메모리로 읽어들인 후 프로그램에서 사용할 수 있었다. 이때 운영체제 관리 메모리에서 자바 관리 메모리로 이동하는 작업에는 CPU가 관여하기 때문에 CPU가 불필요하게 사용되고 또한 메모리 효율도 떨어진다. 그런데 다이렉트 메모리를 사용하면 자바 힙으로 복사하는 작업이 없어지기 때문에 CPU 사용률에 개선이 있으며, 효율적 메모리 관리 면에서 성능이 개선된다. 단 모든 버퍼 클래스가 다이렉트 메모리를 지원하는 것은 아니며 ByteBuffer, 그 중에서도 allocateDirect(int capacity)라는 멤버 함수를 사용해서 메모리를 할당해야 다이렉트 메모리가 가능하다. 각 타입별로 다이렉트 버퍼를 생성하고 싶다면 우선 ByteBuffer의 allocateDirect() 메소드로 버퍼를 생성한 다음 ByteBuffer()의

asCharBuffer(), asShortBuffer() 등의 as를 접두사에 붙여서 해당 타입별 Buffer를 얻는다.

[도표] 넌다이렉트 버퍼 vs 다이렉트 버퍼

항목	넌다이렉트 버퍼	다이렉트 버퍼
메모리 종류	힙 메모리	운영체제 메모리
버퍼 생성 시간	빠름	느림 JNI를 사용해 운영체제에 요청하고 기타 처리를 하기 때문에 느림
버퍼 크기	JVM의 힙 내에서 생성 가능	운영체제가 관리하는 메모리를 사용하므로 운영체제가 허용하는 범위 내에서 대용량 버퍼 생성 가능
입출력 성능	느림	빠름

다음으로는 비동기 입출력을 가능하게 셀렉터^{Selector}를 알아보자. 이를 위해 먼저 기존의 자바 IO를 사용해 네트워크 프로그래밍을 했을 때 블로킹^{Blocking}되는 부분을 알아보자.

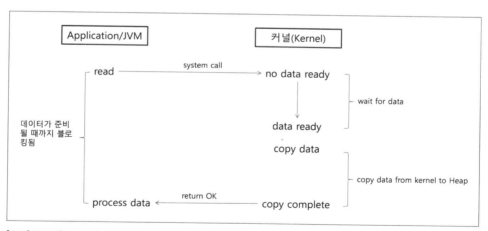

[도표] 블로킹(Blocking) IO 모델

일반적으로 자바 메소드 호출에서는 동기적^{Synchronous}으로 동작한다. 이때 IO를 위한 데이터가 아직 준비가 되지 않았으면 IO 데이터가 준비될 때까지 해당 메소드는 대기한다. 이를 블로킹^{Blocking}된다고 표현한다.

앞의 네트워크 프로그래밍에서 소개했던 EchoSocketServer을 떠올려보자.

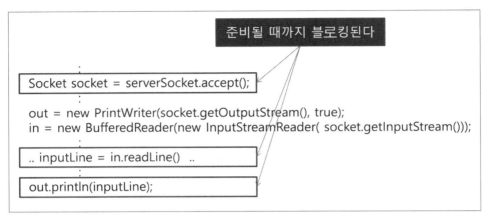

[도표] 소켓 프로그램에서의 IO 블로킹

주요 메소드들이 클라이언트로부터 연결되거나 혹은 데이터들이 준비될 때까지 블로킹되기 때문에 하나의 클라이언트밖에 처리를 못했다. 그래서 기존 IO 모델에서 복수의 클라이언트를 서비스하기 위해 멀티스레드를 도입했다.

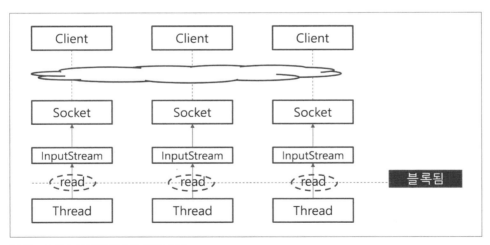

[도표] NIO 사용 시 클라이언트와 스레드 관계

그런데 논블로킹^{Non Blocking} IO 모델에서는 여러 개의 클라이언트를 위한 복수의 IO를 위해 멀티스레드를 사용하지 않아도 된다. 이를 위한 장치로 NIO는 셀렉터를 제공한다.

논블로킹 모드인 경우 클라이언트의 연결 요청이 없으면 ServerSocketChannel의 accept() 메소드는 곧바로 null을 리턴한다. 채널로부터 읽어올 데이터가 없는 경우 SocketChannel의 read() 메소드는 곧바로 리턴되며, 인자로 전달한 ByteBuffer에는 어떤 내용도 입력되지 않는다. 이 메소드들만 있다면 반복문을 돌면서 처리할 준비가 됐는지 모든 소켓을 다 조사해야 할 것이다. 이러한 불필요한 동작을 피하기 위해 셀렉터^{Selector}가 제공된다. 셀렉터는 ServerSocketChannel의 accept()가 준비됐는지, SocketChannel의 read()가 준비됐는지 등 소켓의 상태를 조사한다.

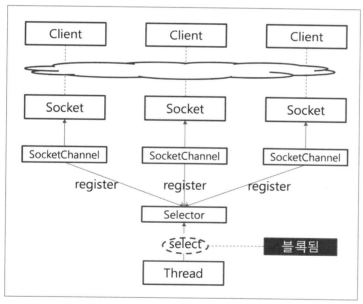

[도표] NIO 사용 시 클라이언트와 스레드 관계

소켓과 연관된 소켓채널을 생성하고 이를 셀렉터^{Selector}에 등록한다. 그리고 SocketChannel의 상태를 Selector의 select()를 통해 알아낸다. 서버소켓에 클라이언트로부터 연결 요청이 들어왔는지, 소켓에 읽어들일 데이터가 준비됐는지 등 소켓

(혹은 서버소켓)의 상태를 셀렉터^{Selector}를 통해 모니터링하고, 그에 맞는 로직을 수행한다.

기존 IO 방식으로는 복수의 클라이언트를 처리하려면 반드시 멀티스레드를 사용해야만 했다. 그러나 NIO에서는 IO를 위해서 반드시 멀티스레드를 사용할 필요가 없다. 하나의 스레드가 소켓의 상태를 모니터링하다가 준비된 소켓에 대해 그에 맞는 작업을 하면 된다.

다만 IO를 위한 동시 처리가 아니라 서비스 로직의 동시 처리를 위해 멀티스레드를 사용하는 것은 또 다른 주제이니 혼동하지 말자. 만약 클라이언트 요청을 서비스하는 데 데이터베이스 조회 SQL 실행 시간이 너무 길거나 그밖의 서버 로직 수행 시간이 너무 길다면 멀티스레드를 도입해 해당 서비스 로직을 동시에 처리한다.

NIO 방식의 장점을 정리해보자.

기존 IO 방식에서는 스레드 풀 개념을 사용하든 매번 스레드를 만들든, 데이터가 준비될 때까지(클라이언트로부터 요청이 들어왔는지, 읽기 위한 데이터가 준비됐는지, 데이터 쓰기가 완료됐는지) 복수의 스레드가 블록^{Bloked}돼야만 했다. 그러나 NIO 모델에서는 Selector의 select() 메소드를 수행하는 스레드만 블록^{Blocked}되면 된다. 즉 블록되는 스레드 수를 대폭 줄일 수 있는데, 결과적으로 소수의 스레드만 가지고도 다수의 클라이언트를 처리할 수 있다.

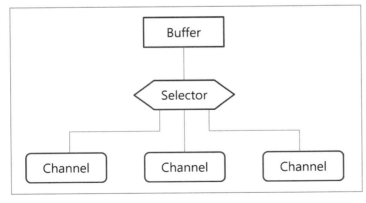

[도표] Selector

버퍼 좀 더 알아보기

정리하면 버퍼에는 어떤 데이터 타입으로 다룰 것이냐에 따라 ByteBuffer, CharBuffer, ShortBuffer 등이 있고, 메모리를 힙을 사용할 것인지 커널 영역의 메모리를 사용할 것인지에 따라 다이렉트 메모리와 논다이렉트 메모리로 나눌 수 있다. 다이렉트 버퍼 할당 메소드는 ByteBuffer의 allocateDirect() 메소드밖에 없는데, 다른 타입으로 바꾸려면 ByteBuffer의 asCharBuffer(), asShortBuffer() 등을 호출하면 된다.

버퍼 생성

버퍼에 메모리를 생성하려면 다음의 메소드를 호출한다.

allocate()	JVM 힙 메모리에 넌다이렉트 버퍼를 생성
wrap()	이미 생성돼 있는 자바 배열을 래핑해 Buffer 객체를 생성
ByteBuffer의 allocateDirect()	커널이 관리하는 메모리에 다이렉트 버퍼를 생성

각각의 코드 스니펫은 다음과 같다.

```
ByteBuffer byteBuffer = ByteBuffer.allocate(256);
CharBuffer charBuffer = CharBuffer.allocate(256);
```

```
byte[] byteArray = new byte[256];
char[] charArray = new char[256];
```

```
ByteBuffer byteBuffer = ByteBuffer.wrap(byteArray);
CharBuffer charBuffer = CharBuffer.wrap(charArray);
```

다음과 같이 스트링을 사용해 CharBuffer를 생성하는 것도 가능하다.

```
CharBuffer charBuffer = CharBuffer.wrap("CharBuffer Java IO");
```

다음의 코드 스니펫은 ByteBuffer를 사용해 다이렉트 메모리를 할당한 후, 이를 CharBuffer로 변환하는 코드다. byte 타입으로는 256개를 설정했지만, char로 변환하면 128개만 보관 가능하다.

```
ByteBuffer byteBuffer = ByteBuffer.allocateDirect(256);
CharBuffer charBuffer = byteBuffer.asCharBuffer();
```

allocateDirect()를 통해 다이렉트 메모리를 사용한다고 해서 무조건 성능이 좋아지는 것은 아니다. 초기화에 비용이 들기 때문에 짧게 사용되고, 사용 빈도가 낮기에 오히려 사용하지 않는 것이 권장된다.

버퍼 위치 속성

버퍼는 연속되는 일련의 메모리이다. 이 메모리를 앞뒤로 이동하면서 데이터를 읽거나 쓰는 작업을 수행한다. 기본 IO는 하나의 스트림이 읽기 아니면 쓰기인데 NIO의 채널은 읽기와 쓰기가 모두 되기 때문에 채널과 연관된 버퍼 역시 읽기와 쓰기가 동시에 지원돼야 한다. 그러다 보니 좀 더 복잡하다.

이렇게 일련의 메모리, 즉 버퍼에서 데이터를 읽거나 쓰기 위해 버퍼는 공통적으로 다음 4가지 속성을 유지한다. position, limit, mark는 가변적인 인덱스 개념이고, capacity는 버퍼 생성 시 지정하는 최대 용량이다.

속성	설명
position	읽거나 쓰는 위치 인덱스 항상 0 ≤ position ≤ limit position = limit라면 값을 읽거나 쓸 수 없음
limit	읽거나 쓸 수 있는 한계 인덱스 최초 버퍼 생성 시 limit =capacity 항상 limit ≤ capacity
capacity	버퍼가 관리할 수 있는 최대 데이터 개수
mark	reset() 메소드를 실행했을 때 돌아오는 위치(position ← mark)를 mark()로 설정 단, mark ≤ position이어야 mark() 정상 동작 mark 〉position인 상태에서 mark()를 호출하면 mark 값이 사라짐 mark 값이 없는 상태에서 reset()를 호출하면 InvalidMarkException 예외 발생

이 속성의 순서를 정리하면 다음과 같다.

0 ≤ mark ≤ position ≤ limit ≤ capacity

CharBuffer를 사용한 예제를 가지고 Buffer 속성의 변화를 알아볼 것이다. 그전에 CharBuffer의 API에 대해 먼저 알아보자.

버퍼에는 읽기/쓰기 메소드에 상대적/절대적이라는 개념이 있다. 상대적 읽기와 쓰기는 position을 변경하며, 절대적 읽기와 쓰기는 position을 변경하지 않는다.

[도표] CharBuffer의 기초 메소드

메소드	설명
static CharBuffer allocate(int capacity)	capacity만큼 char를 보관할 수 있는 논다이렉트 메모리를 할당한다.
char get()	상대적 읽기 버퍼로부터 char 하나를 읽는다.
CharBuffer get(char[] dst)	상대적 읽기 버퍼로부터 dst 크기만큼 char 배열을 읽어들인다.

CharBuffer put(char c)	상대적 쓰기 c를 버퍼에 쓴다.
CharBuffer put(String src)	상대적 쓰기 스트링을 버퍼에 쓴다.
char get(int index)	절대적 읽기 버퍼의 index로부터 char를 읽는다.
CharBuffer put(int index, char	절대적 쓰기 버퍼의 index 위치에 c를 쓴다.
boolean hasRemaining()	position과 limit 사이에 요소가 있으면 true를 반환한다.
int remaining()	position과 limit 사이 요소의 개수를 반환한다.

다른 타입의 버퍼도 앞에서 소개한 메소드의 기본 형태에서 크게 벗어나지 않는다. 다음은 버퍼 속성에 대한 이해를 돕기 위한 예제다.

[예제] 버퍼 속성 예제 – BufferDemo.java

```java
public class BufferDemo {

    public static void main(String[] args) {
        char c;
        CharBuffer charBuffer = CharBuffer.allocate(8);

        charBuffer.put("ab");
        System.out.println("**put**");
        printInfo(charBuffer);

        charBuffer.put("cde");
        System.out.println("**put**");
        printInfo(charBuffer);

        charBuffer.flip();
        System.out.println("**flip**");
        printInfo(charBuffer);

        char[] chars3 = new char[3];
```

```java
charBuffer.get(chars3);
System.out.println("**get3**");
printInfo(charBuffer);

charBuffer.mark();

c = charBuffer.get();
System.out.println("**get**");
printInfo(charBuffer);

c = charBuffer.get();
System.out.println("**get**");
printInfo(charBuffer);

charBuffer.reset();
System.out.println("**reset**");
printInfo(charBuffer);

charBuffer.rewind();
System.out.println("**rewind**");
printInfo(charBuffer);

c = charBuffer.get();
System.out.println("**get**");
printInfo(charBuffer);

charBuffer.compact();
System.out.println("**compact**");
printInfo(charBuffer);

charBuffer.clear();
System.out.println("**clear**");
printInfo(charBuffer);

boolean flag = charBuffer.hasRemaining();
System.out.println(flag);
```

```
    }

    static void printInfo(CharBuffer charBuffer) {
        System.out.println("position : "+charBuffer.position());
        System.out.println("limit : "+charBuffer.limit());
        System.out.println(charBuffer.array());
    }
}
```

CharBuffer.allocate(8)을 사용해 char 타입의 데이터를 위한 버퍼를 8칸 생성한다. 이때 position은 0, capacity와 limit는 8로 초기화된다.

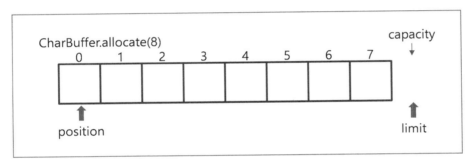

put("ab")를 사용해 2개의 char 타입 데이터 a, b를 버퍼에 썼다. 이 쓰기 메소드는 상대적 쓰기를 수행하기 때문에 position이 변경된다.

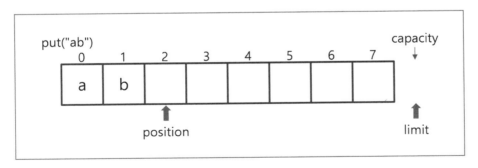

put("cde")를 사용해 3개의 char 타입 데이터 c, d, e를 버퍼에 썼다. 이 쓰기 메소드는 상대적 쓰기를 수행하기 때문에 position이 변경된다.

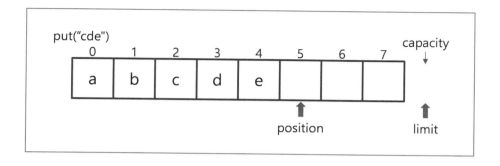

flip()을 통해 limit<-position, position<-0으로 설정된다. mark가 있었다면 삭제된다. 버퍼에 쓰기 작업을 수행한 후, 쓴 데이터를 읽어들일 때 사용하면 편리하다.

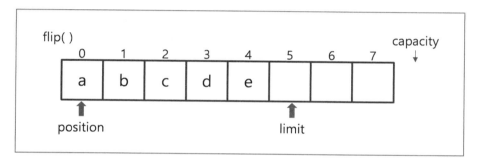

get(char[] dst)는 dst의 크기만큼 버퍼로부터 상대적 읽기를 수행한다. 예제에서는 3개 크기의 char 배열이기 때문에 position이 3 증가한다.

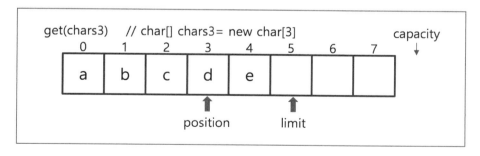

mark()를 수행하면 현재 mark라는 속성이 현재 position을 가리키게 된다. 후에 reset() 메소드를 수행하면 position은 이 mark로 이동한다.

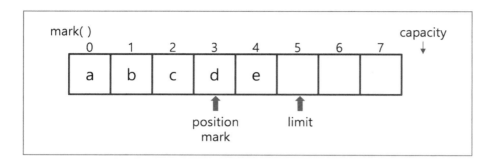

get()을 하면 버퍼로부터 하나의 char를 읽어서 반환한다. 상대적 읽기이기 때문에 position이 1 증가했다.

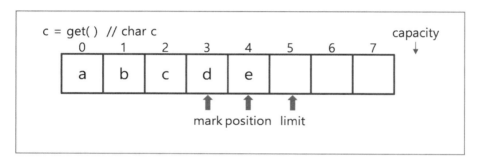

앞과 동일하게 get()을 한 번 더 수행한다. 만약 여기서 한 번 더 get()을 수행해 position이 limit를 벗어나면 예외가 발생한다.

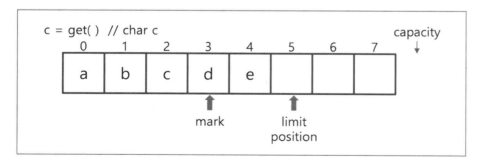

reset()을 수행하면 설정돼있는 mark로 position이 이동한다. mark가 없는 상태에

서 reset()을 호출하면 예외가 발생한다.

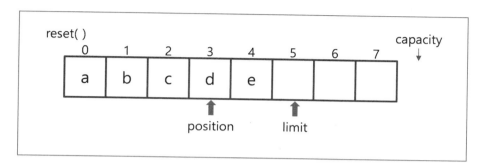

rewind()를 수행하면 position이 0이 된다.

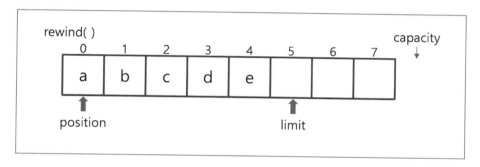

버퍼로부터 하나의 char를 읽어서 반환한다. 상대적 읽기이기 때문에 position이 1 증가했다.

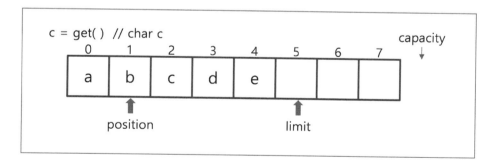

compact() 메소드는 다음과 같은 동작을 수행한다.

① position부터 limit까지의 문자를 버퍼의 맨 처음으로 복사한다.

② position을 복사한 문자 바로 다음으로 설정한다.

③ limist는 capacity로 설정한다.

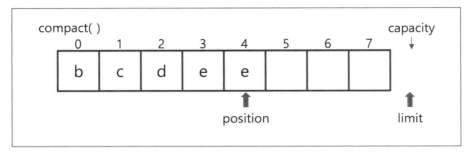

clear()는 데이터는 그대로 두고 position을 0으로, limit를 capacity로 초기화하고 mark가 있다면 mark도 제거한다. 그러나 데이터는 지우지 않는다.

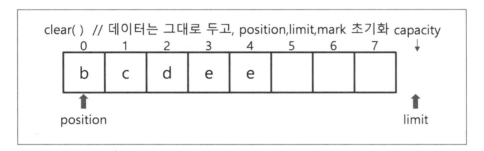

hasRemaining()이라는 메소드도 종종 사용되는데 position과 limit 사이에 요소가 있으면 true를 반환한다. 반드시 그 사이에 의미 있는 값이 있어야 하는 것은 아니다. potision과 limit 사이에 공간만 있으면 true를 반환한다. 그러한 사유로 다음의 hasRemaining()은 true를 반환한다.

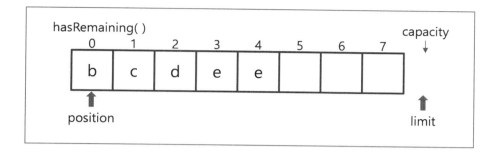

지금까지 버퍼의 위치 속성에 대해 알아봤다. 이제 버퍼에 여러 가지 타입으로 쓰고 읽는 경우를 예제를 통해 알아보자.

[예제] 다양한 타입의 데이터를 읽고 쓰는 버퍼 예제 – BufferDataTypeDemo.java

```
01 public class BufferDataTypeDemo {
02
03     public static void main(String[] args) {
04         ByteBuffer byteBuffer = ByteBuffer.allocate(256);
05         byteBuffer.put("김하늘".getBytes(StandardCharsets.UTF_8));
06         byteBuffer.putInt(1);
07         byteBuffer.putDouble(3.0d);
08
09         byteBuffer.flip();
10
11         byte[] data = new byte["김하늘".getBytes().length];
12         byteBuffer.get(data);
13         String strData = new String(data,StandardCharsets.UTF_8);
14
15         int intData = byteBuffer.getInt();
16
17         double doubleData = byteBuffer.getDouble();
18
19         System.out.println(strData);
20         System.out.println(intData);
21         System.out.println(doubleData);
22     }
23 }
```

4행에서 ByteBuffer를 생성했다.

5행에서 "김하늘"을 바이트로 변환하는데 이때 캐릭터셋을 UTF-8로 했다. 원래 자바 스트링은 내부적인 캐릭터셋으로 유니코드를 사용하는데 이를 UTF-8을 사용한 바이트 배열로 변환한 것이다.

이에 대응해 13행에서 바이트 배열을 UTF-8로 간주하고 스트링을 생성했다. 전자의 UTF-8은 유니코드를 UTF-8로 전환하는 데 사용한 파라미터이고, 후자는 UTF-8의 바이트 배열이라고 간주하는 데 사용한 파라미터이다.

6행에서 putInt()를 사용해 정수형 데이터를 썼고, 7행에서 putDouble()을 사용해 실수형 데이터를 썼다.

9행의 flip()을 통해 쓰기 모드에서 읽기 모드로 전환했다. limit를 position으로 이동하고, position을 0으로 이동함으로써 읽기를 위한 사전 준비를 한다.

11행에서 읽어들일 데이터를 위한 바이트 공간을 할당했다. 사실 읽어들이기 전인데 이미 읽어들일 데이터가 "김하늘"이란 것을 가정하고 바이트 배열의 크기를 정했으니 이는 예제 프로그램이라서 가능한 일이다. 12행에서는 해당 바이트 배열로 데이터를 읽어들이고, 13행에서는 이를 스트링으로 변환했다.

15행에서는 getInt()를 사용해 정수형 데이터를 읽어들이고, 17행에서는 getDouble()을 사용해 실수형 데이터를 읽어들였다.

그런데 지금까지 다루었던 버퍼는 결국 채널을 사용하기 위해 있는 것이다. 단독으로는 의미가 약하다. 이제 채널과 버퍼를 함께 다뤄보자.

채널과 버퍼 사용 패턴

채널은 반드시 버퍼와 같이 사용된다. 우리가 앞에서 버퍼에 대해서 다룬 것은 채널을 사용하기 위해서였다. 이때 사용 패턴은 다음과 같다. 채널을 통해 쓰기를 수행한다면 다음과 같을 것이다.

| ```java
buffer.put(data);
buffer.flip();
channel.write(buffer);
``` | ```java
buffer.put(data);
buffer.flip();
while(buffer.hasRemaining())  {
    channel.write(buffer);
}
``` |

먼저 왼쪽 형태를 알아보자.

① 버퍼에 put()을 사용해 채널에 쓰기 위한 데이터를 준비한다. 이때 버퍼의 position이 증가할 것이다.

② buffer.flip()을 해서 position을 0으로 위치하고 limit를 조정한다. 이는 버퍼의 get()을 위한 준비 작업이다.

③ channel.write(buffer)를 통해 버퍼의 데이터를 가지고 채널에 전달한다. 이때 내부적으로 버퍼의 get()이 수행된다.

오른쪽의 형태는 channel.write(buffer)가 한 번에 버퍼의 모든 데이터를 채널로 이동시키지 못하는 경우를 위한 코드다. 예를 들면 논블로킹 모드의 소켓채널의 경우에는 channel.write(buffer)를 했다고 해서 버퍼의 모든 데이터가 한 번에 다 처리될 것을 보장하지는 않는다. 가능하면 한 번에 다 처리하도록 시도하겠지만 이는 그때 소켓의 상태에 따라 처리할 수 있는 데이터의 양이 정해져있기 때문이다. 이런 경우에 오른쪽의 형태로 작성한다. buffer.hasnRemaining()을 통해 버퍼에서 처리할 데이터가 남아있다면 반복해서 channel.write(buffer)를 수행하는 것이다. 혼란스러울때는 오른쪽 패턴처럼 작성하자.

다음은 채널을 통한 읽기 패턴을 알아보자. 채널이 버퍼에 쓰고, 사용자 프로그램이 버퍼를 읽는 동작이 이뤄진다. channel.read()에서 내부적으로 채널이 버퍼에 쓰는 작업이 숨겨져있다.

```java
channel.read(buffer);
buffer.flip();
```

```
buffer.get(..);
```

① channel.read(buffer)를 통해 채널에서 데이터를 읽어들여 버퍼에 쓴다. 이때
   position이 증가할 것이다.
② buffer.flip()을 해서 position을 0으로 두고 limit를 조정한다. 이는 버퍼의 get()
   을 위한 준비 작업이다.
③ 버퍼에서 데이터를 읽어들인다.

논블로킹 모드에서 한 번에 쓰기가 안 돼서 hasRemaining 조건의 반복문을 사용하는 패턴이 있었는데 왜 읽기에는 이와 유사한 코드 패턴이 없는지 의문을 가질 수 있다. 논블로킹 모드에서 채널의 read()는 셀렉터^{Selector}를 통해 읽기 준비가 된 채널에 대해서만 읽기를 수행하기 때문이다.

이제 기본적인 NIO의 개념은 다 알아봤으니 구체적인 사용 예를 살펴보자. 23장에서 배운 소켓 서버를 NIO의 논블로킹 방식으로 작성해보자.

NIO 소켓 서버 프로그램

기존 IO에서는 소켓의 IO가 블로킹되기 때문에 멀티 클라이언트 환경에서는 멀티스레드로 개발할 수밖에 없었다. 스레드 풀을 사용한다 하더라도 IO를 위한 스레드 블로킹은 불가피했다. 그러나 NIO에서는 IO로 인한 블로킹이 최소화된다. 스레드 한 개로도 다수의 클라이언트를 서비스할 수 있다. 이것은 복수의 소켓 상태를 모니터링하는 셀렉터^{Selector}의 기능을 사용해 가능하다.

NIO 소켓 서버 프로그램의 중요 구성 요소로는 ServerSocketChannel, SocketChannel, Selector가 있는데 관계는 다음과 같다.

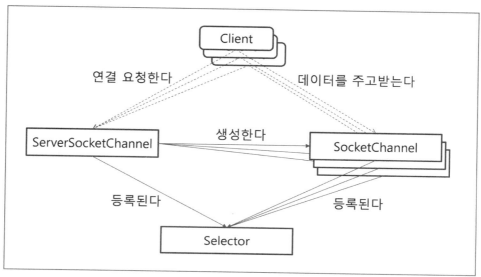

[도표] ServerSocketChannel, SocketChannel, Selector의 관계

앞의 그림에서 Client는 가상의 객체이고, ServerSocketChannel, SocketChannel, Selector는 실제 프로그램에 나오는 클래스다. 각 구성 요소 간의 관계는 다음과 같다.

① ServerSocketChannel은 Selector에 등록된다.

② Client는 ServerSocketChannel에 연결을 요청한다.

③ ServerSocketChannel은 이 연결 요청을 수락하고 SocketChannel을 생성한다.(Selector 관여)

④ SocketChannel은 Selector에 등록된다.

⑤ Client는 SocketChannel과 데이터를 주고받는다.(Selector 관여)

ServerSocketChannel에 Client가 연결 요청을 했는지, Client가 SocketChannel과 데이터를 주고받을 준비가 됐는지는 결국 Channel의 상태 변화인데 이 상태 변화를 Selector를 통해 알아낸다.

NIO 소켓 프로그램에 필요한 기본 API에 대해 알아보자. 서버소켓 채널은 최초에 클라이언트로부터 연결 요청을 받는다.

[도표] ServerSocketChannel의 주요 메소드

메소드	설명
static ServerSocketChannel open()	서버소켓 채널을 오픈한다. 아직 특정 포트와 연결된(bind) 상태는 아니다
ServerSocketChannel bind(SocketAddress local)	서버소켓 채널을 특정 소켓 주소와 연결한다. 종종 SocketAddress를 상속받은 InetSocketAddress를 파라미터로 전달하기도 한다.
SelectableChannel configureBlocking(boolean block)	블로킹 모드를 설정한다. block을 true로 하면 블로킹, false로 하면 논블로킹 모드이다.
SelectionKey register(Selector sel, int ops)	이 채널을 셀렉터(Selector)에 등록한다. ops는 식별하고자 하는 채널의 상태를 의미한다. 채널과 매핑되는 SelectionKey를 반환한다. 추후 Selector를 통해 특정 상태의 채널(서버소켓 채널, 소켓 채널)을 선택(select)한다.
void close()	해당 서버소켓 채널을 닫는다.

서버소켓 채널이 클라이언트로부터 연결 요청을 수락하면 소켓 채널을 생성한다. 실제 클라이언트와의 데이터 통신은 이 소켓 채널을 통해 이뤄진다.

[도표] SocketChannel의 주요 메소드

메소드	설명
int read(ByteBuffer dst)	일련의 바이트를 채널로부터 읽어들여 버퍼에 쓴다. 읽어들인 바이트의 개수를 반환한다. 만약 채널의 끝에 도달하면 −1을 반환한다.
int write(ByteBuffer src)	일련의 바이트를 버퍼로부터 읽어들여 채널에 쓴다.
SelectableChannel configureBlocking(boolean block)	블로킹 모드를 설정한다. block을 true로 하면 블로킹, false로 하면 논블로킹 모드이다.
SelectableChannel configureBlocking(boolean block)	이 채널을 셀렉터(Selector)에 등록한다. ops는 식별하고자 하는 채널의 상태를 의미한다. 채널과 매핑되는 SelectionKey를 반환한다. 추후 Selector를 통해 특정 상태의 채널(서버소켓 채널, 소켓 채널)을 선택(select)한다.
void close()	해당 서버소켓 채널을 닫는다.

다음은 셀렉터^{Selecto}의 주요 메소드다. select() 메소드가 중요한데 이 메소드를 호출하면 셀렉터에 등록된 채널 중 I/O 준비가 된 채널을 선택한다. I/O 준비가 된 채널이 없다면 준비된 채널이 나올 때까지 블로킹된다.

[도표] Selector의 주요 메소드

메소드	설명
static Selector open()	셀렉터를 오픈한다.
int select()	I/O 연산 준비가 된 채널을 선택하고, 채널의 개수를 반환한다.
Set〈SelectionKey〉 selectedKeys()	select()를 통해 선택된 채널에 대응하는 키 집합을 반환한다.
void close()	해당 셀렉터를 닫는다.

네트워크를 다루었던 장에서 기존 I/O 방식의 소켓 프로그램에 대해 알아봤다면 지금은 동일한 프로그램을 NIO 방식으로 작성한다. 클라이언트에서 사용자가 입력한 스트링을 서버로 전송하면, 서버는 해당 스트링을 바로 클라이언트로 반송한다.

단 종료 방식이 약간 다르다. 멀티스레드 방식에서는 클라이언트에서 "shutdown"을 입력해도 끊어지지 않은 연결이 있다면 서버가 즉시 정지하지 않았는데 이번에는 "shutdown"을 클라이언트에서 보내자마자 서버가 즉시 종료한다.

클라이언트 프로그램은 23장 "네트워크 프로그래밍"에서 소개한 것과 동일한 프로그램을 사용한다.

[예제] NIO 소켓 서버 프로그램 – EchoSocketChannelServer.java

```
01    public class EchoSocketChannelServer {
02        private static final int BUFFER_SIZE = 256;
03        private ByteBuffer buffer;
04        private boolean stopFlag = false;
05        private Selector selector;
06
07        public static void main(String[] args) {
```

```
08          new EchoSocketChannelServer().startup();
09      }
10
11   private void startup()  {
12       ServerSocketChannel serverSocketChannel = null;
13       try{
14           serverSocketChannel = ServerSocketChannel.open();
15           serverSocketChannel.socket().bind(new InetSocketAddress(8080));
16           serverSocketChannel.configureBlocking(false);
17
18           selector = Selector.open();
19           serverSocketChannel.register(selector, SelectionKey.OP_ACCEPT);
20           buffer = ByteBuffer.allocateDirect(BUFFER_SIZE);
21
22           while (!stopFlag) {
23               int channelCount = selector.select();
24               if (channelCount > 0) {
25                   Set<SelectionKey> keys = selector.selectedKeys();
26                   Iterator<SelectionKey> iterator = keys.iterator();
27                   while (iterator.hasNext()) {
28                       SelectionKey key = iterator.next();
29                       iterator.remove();
30                       if (key.isAcceptable()) {
31                           acceptProcess(key);
32                       } else if (key.isReadable()) {
33                           readProcess(key);
34                       }
35                   }
36               }
37           }
38       }catch(IOException e)  {
39           throw new RuntimeException(e);
40       }finally {
41           try {selector.close();}catch(Exception e)  {};
42           try {serverSocketChannel.close();}catch(Exception e)  {};
43       }
44   }
```

```
45
46      private void acceptProcess(SelectionKey key) throws IOException  {
47          ServerSocketChannel serverSocketChannel = (ServerSocketChannel)key.
                                                      channel();
48          SocketChannel socketChannel = serverSocketChannel.accept();
49          socketChannel.configureBlocking(false);
50          socketChannel.register(selector, SelectionKey.OP_READ);
51      }
52
53      private void readProcess(SelectionKey key) throws IOException  {
54          SocketChannel socketChannel = (SocketChannel) key.channel();
55          if (socketChannel.read(buffer) < 0) {
56              key.cancel();
57              socketChannel.close();
58          } else {
59              buffer.flip();
60
61              byte[] data = new byte[buffer.remaining()];
62              buffer.get(data);
63
64              String str = new String(data);
65              str = str.substring(0, str.length()-2);
66              System.out.println("["+str+"]");
67              buffer.flip();
68
69              while(buffer.hasRemaining())  {
70                  socketChannel.write(buffer);
71              }
72
73              buffer.clear();
74
75              if("shutdown".equals(str))  {
76                  stopFlag = true;
77              }
78          }
79      }
80 }
```

14~16행은 서버소켓채널을 준비한다. 18행에서 셀렉터^{Selector}를 오픈한다.

19행에서는 서버소켓채널을 셀렉터에 등록한다. 이때 파라미터로 셀렉터에 관심이 있는 채널의 상태를 알려주는데 SelectionKey.OP_ACCEPT, 즉 채널의 상태가 클라이언트로부터의 연결 요청 수락^{ACCEPT} 준비 상태에 관심이 있다는 것을 알린다. 이는 후에 해당 채널이 ACCEPT 준비되면 셀렉터^{Selector}의 select() 메소드로 선택된다.

```
serverSocketChannel.register(selector, SelectionKey.OP_ACCEPT);
```

22행에서 반복문이 시작하는데 이는 클라이언트 요청을 한 번만 처리하고 서버 프로그램이 종료하는 것이 아니라, 클라이언트 요청을 반복해서 처리할 수 있어야 하기 때문이다.

23행에서 Selector의 select() 메소드를 호출하는데 이 메소드는 채널을 선택하고, 선택된 채널의 개수를 반환한다. 그러면 어떤 채널을 선택하는가? 19행에서 서버소켓채널을 셀렉터에 등록하면서 관심있는 채널의 상태로 SelectionKey.OP_ACCEPT를 전달했다. 즉 해당 서버소켓채널이 클라이언트 요청 수락 준비(accept() 메소드 호출 준비 상태)가 되는 것에 관심있다는 것을 알려주었다.

또 50행에서 소켓채널을 셀렉터에 등록하면서 관심있는 채널의 상태로 SelectionKey.OP_READ를 전달했다. 즉 해당 소켓채널이 클라이언트로부터의 데이터를 읽을 준비 상태(read() 메소드 호출 준비)가 되는 것에 관심있다는 것을 알려주었다.

이렇게 채널과 그 채널의 관심 상태를 등록한 후에 select()를 호출하면 관심 상태가 된 채널을 내부적으로 선택하고 그 개수를 반환한다. 관심 상태인 채널이 하나도 없다면 해당 select() 메소드는 블로킹된다. 그러다 관심 상태가 된 채널이 발생하면 그때 select() 메소드가 블로킹 상태가 해제되면서 채널의 개수를 반환한다.

```
int channelCount = selector.select();
```

25행에서는 23행에서 select()를 통해 선택된 채널에 대응되는 키집합을 반환한다.

26~29행은 키집합으로부터 키를 추출하고, 해당 키를 키집합에서 제거remove한다. 혹시 있을지 모를 이중 처리의 위험을 제거하기 위해 처리되는 키는 키집합에서 제거하는 것이다.

30행에서는 키에 해당되는 채널이 SelectionKey.OP_ACCEPT 상태, 즉 서버소켓채널이 accept() 메소드를 실행할 준비가 됐는지를 검사하고 후속 처리를 위해 acceptProcess()를 호출했다.

32행에서는 키에 해당되는 채널이 SelectionKey.OP_READ 상태, 즉 소켓채널이 read() 메소드를 실행할 준비가 됐는지를 검사하고 후속 처리를 위해 readProcess()를 호출했다.

서버소켓채널ServerSocketChannel의 accept() 메소드를 호출할 준비가 됐을 때 실행되는 사용자 메소드는 46~51행의 acceptProcess()이다. 46~51행에서는 ServerSocketChannel의 accept()를 호출해 SocketChannel을 얻은 후 이를 다시 셀렉터Selector에 등록한다. 이때 관심있는 상태로는 SelectionKey.OP_READ를 전달하는데 이는 SocketChannel로부터 데이터를 읽을 준비가 됐는지에 관심이 있다는 의미다.

소켓채널SocketChannel의 read() 메소드를 호출할 준비가 됐을 때 실행되는 사용자 사용자 메소드는 53~79행의 readProcess()이다.

55행에서는 소켓채널이 끝에 도달했는지를 점검한다. 클라이언트 측에서 소켓을 close()하면 소켓채널이 종료되는데 이때 socketChannel.read()은 음수 값을 반환한다. 음수 값을 반환받으면 56행에서 키를 취소하고, 서버 측에서도 소켓을 close()한다.

55행의 socketChannel.read()이 양수 값을 반환하면 이는 해당 양수만큼 데이터를 버퍼로 읽어들였다는 의미이며 그때는 59행으로 점프한다.

59행에서 버퍼의 flip()을 호출했다. 소켓을 사용한 읽기 작업을 하면 JVM은 내부적으로 채널로부터 데이터를 읽어들여 버퍼에 쓴다.

JVM이 채널로부터 버퍼에 쓰기 작업을 수행할 때 버퍼의 position이 변경되는데, 이 버퍼에서 읽기 작업을 하려면 버퍼의 position과 limit가 변경돼야 한다.

flip()은 이 버퍼의 position과 limit를 변경해, 버퍼로부터 데이터를 읽어들일 준비 작업을 수행한다. flip()을 호출하면 limit<-position, position<-0으로 설정된다. 그후 get()을 통해 0부터 limit까지의 데이터를 버퍼로부터 읽어들인다. 버퍼로부터 데이터를 읽어들일 바이트 배열 공간을 할당하는데 이때 61행의 buffer.remaining()을 통해 position과 limit 사이의 차이를 얻어낸 후 이 값을 사용해 바이트 배열을 할당했다.

62행에서는 버퍼로부터 바이트 배열로 데이터를 읽어들였다.

64행에서는 이렇게 만들어진 바이트 배열(채널 → 버퍼 → 바이트 배열)로 스트링을 생성했다.

65행에서 str.substring(0, str.length()-2)를 함으로써 스트링의 맨 끝 한 글자를 버렸는데 이는 클라이언트에서 사용자 입력으로 끝에 붙은 뉴행 캐릭터, "/n"을 제거하기 위해서다.

67행에서 다시 flip()을 호출했는데 이는 limit <- position, position <- 0을 함으로써 다시 버퍼로부터 데이터를 읽어들이기 위한 준비 작업을 수행한다.

70행에서는 이렇게 준비된 버퍼를 사용해 socketChannel.write(buffer)를 수행하는데 버퍼로부터 데이터를 읽어들여 채널에 쓰기를 수행한다. 이렇게 함으로써 클라이언트에서 받은 데이터를 다시 그대로 반송한다.

69행에서 반복문을 사용해 버퍼에 데이터가 남아있으면 계속 socketChannel.write(buffer)를 수행하는데, 이는 논블로킹 모드에서 소켓의 상태에 따라 데이터가 충분히 쓰기가 되지 않을 경우를 대비한 코드다.

75~77행에서는 클라이언트로부터 전달받은 문자열이 "shutdown"일 경우 22행의 반복문을 탈출하도록 함으로써 서버 프로그램을 종료한다.

앞에서 작성한 NIO 소켓 프로그램에는 구조적 결함이 있다. CPU가 여러 개인 머신이라고 가정하자. 앞에서와 같이 스레드를 한 개밖에 수행하지 않는다면 CPU가 여러 개일지라도 한 개의 CPU 혹은 코어만 일을 하고 나머지는 쉬게 된다. 아무리 클라이언트가 대량으로 접속하더라도 CPU는 쉬고 충분한 처리를 하지 못한다. 그래서 NIO의 논블로킹 방식의 네트워크 프로그램에도 멀티스레드 개념이 적용돼야 한다. NIO도 복잡한데, 여기에 멀티스레드까지 도입하면 더 복잡해진다. 그래서 실제 프로젝트에서는 순수 NIO 네트워크 프로그래밍을 보기 어렵고 결국 네티[Netty]와 같은 오픈소스 프레임워크를 사용한다.

IO vs NIO 선택

NIO에 대해 알아봤다. 그러면 무조건 NIO를 사용하는 것이 바람직한가? 파일 관련해서는 NIO를 사용한다고 하더라도 개발자 입장에서는 호출하는 클래스와 메소드가 달라지는 것 정도이며 프로그래밍 방식이나 난이도가 크게 바뀌는 경우는 많지 않다. 특별한 경우가 아니라면 별 고민 없이 java.nio.file.*를 사용해도 잘못된 선택은 아니다.

그러나 네트워크 프로그램은 다르다. NIO인지 IO인지에 따라 프로그래밍 방식이 크게 달라진다. 그리고 NIO 방식이 프로그래밍을 작성하기가 더 어렵다. 물론 이를 보완해주는 네티[Netty]같은 비동기 이벤트 기반 네트워크 애플리케이션 프레임워크 asynchronous event-driven network application framework가 있기는 하다.

동시 요청하는 클라이언트의 수가 많을수록 필요한 스레드의 개수는 늘어날 것이다. 스레드 풀을 사용하면 스레드가 해당 작업을 번갈아 처리하는 컨텍스트 스위칭이 발생하는데 이 역시 불필요한 자원 낭비를 일으킨다. 이때 NIO를 사용해 스레드의 수를 적정 개수 이하로 유지하면 스레드로 인한 자원 낭비를 최소로 줄일 수 있다.

예를 들면 수천 명의 클라이언트가 동시에 접속하는 채팅 프로그램의 경우에 NIO를 사용하면 효율적일 것이다. 반대로 동시에 처리해야 하는 클라이언트의 수가 많지 않다면 NIO를 사용하더라도 효용은 크지 않을 것이다.

요약하면 동시 접속하는 클라이언트의 수가 많다면 NIO 방식을 적극적으로 검토하고, 클라이언트의 수가 적다면 기존 IO 방식으로 작성해도 무난하다.

2부

자바 확장

프로그래밍 가이드 편에는 직접적인 자바의 기능이나 문법은 아니지만 알아
두면 유용한 가이드와 팁, 그리고 기타 필요한 지식들을 담았다.

생성자 관련
프로그래밍 가이드

들어가면서

생성자와 관련된 유용한 프로그래밍 가이드를 소개하고자 한다. 지금까지는 객체를 생성하는 데 대부분 new를 사용했다. 그러나 자바에서는 new가 아니더라도 더 다양한 객체 생성 방법이 있고, 경우에 따라서는 다른 객체 생성 방법이 더 많이 쓰인다.

프로그래밍 가이드
– 생성자 대신 정적 팩토리 메소드 사용을 검토하라

가능하다면 생성자 대신 정적 팩토리 메소드를 사용할 것을 검토한다. 정적 팩토리 메소드는 생성자 대신 정적 메소드를 사용해 객체를 획득할 수 있다. 예를 들면 다음과 같은 형태로 사용된다.

```
BigInteger big = BigInteger.valueOf(123);
```

어떠한 경우에 정적 팩토리 메소드를 사용하는 것일까?

첫째, 가독성을 높이고자 할 때 사용한다. 보통은 객체를 얻고자 할 때 다음과 같이 생성자를 사용해 객체를 생성한다.

```
BigInteger bigInt1 = new BigInteger("123");
```

BigInteger는 큰 정수를 다루기 위한 자바의 기본 클래스라는 정도만 알아두자. 앞과 같은 경우는 API 설명서를 찾아보지 않아도 123이라는 정수를 생성했다는 것을 직관적으로 알 수 있다. 이제 다음을 보자.

```
BigInteger bigInt2 = new BigInteger(3, new SecureRandom());
```

생성자를 사용해서 BigInteger라는 객체를 생성하기는 했는데 생성자의 동작을 유추할 수가 없다. bigInt1의 경우에는 "123"이라는 스트링을 가지고 BigInteger 타입의 123이라는 객체를 만들었다라는 것을 직관적으로 유추할 수 있는데 bigInt2의 경우는 그렇지 않다. 이때 의미 있는 이름을 활용할 수 있다면 어떨까? 다음은 그 예다.

```
BigInteger bigInt2 = BigInteger.probablePrime(3, new SecureRandom());
```

직접 생성자를 사용하는 것이 아니라 정적 메소드를 사용해 객체를 생성하고 이때 정적 메소드의 이름을 의미 있게 부여한다. 그러면 우리는 이름을 통해 생성자의 동작을 유추할 수 있을 것이다. 우리야 한글만 알아서 이렇게 해도 모를 수 있다. 영어를 안다고 가정해보자. probablePrime은 "가능성 있는 소수"란 의미다. 아하! 뭔진 모르지만 소수를 생성한다는 것을 유추할 수 있지 않은가? 소수는 2, 3, 5, 7, 11과 같은 정수를 말한다.

생성자만 사용했을 때는 그 의미를 유추조차 할 수 없지만, 의미 있는 이름의 정적 메소드를 사용하면 그 의미를 대략 유추할 수 있다. 참고로 해당 메소드의 정의는 다음과 같다.

```
public static BigInteger probablePrime(int bitLength,Random rnd)
```

bitLength의 비트 수 길이를 가지는 정수를 한도로 무작위의 소수를 생성하는 함수이다. bitLength를 3으로 했다면 3bit 정수니까 8 이내의 소수를 무작위로 생성해 반환한다. 즉 2, 3, 4, 5 중 하나의 정수가 생성된다.

요약하면 보통은 생성자와 파라미터만으로도 어떤 객체가 생성되는지 유추할 수 있다. 그러나 생성자와 파라미터만으로는 어떤 객체가 생성되는지 유추하기 어려운 경우에는 의미 있는 정적 메소드를 사용해 객체를 생성함으로써 가독성을 높일 수 있다.

```
[클래스].[의미 있는 이름의 정적 메소드](파라미터, 파라미터..);
```

이렇게 가독성을 높이기 위해 생성자 대신 사용하는 정적 메소드를 정적 팩토리 메소드static factory method라고 부른다.

앞의 경우에는 가독성을 높이기 위해 생성자 대신 정적 팩토리 메소드를 사용했는데 다른 이유로 정적 팩토리 메소드를 사용하기도 한다.

다른 이유란 객체를 재사용하고 할 때 정적 팩토리 메소드를 사용하는 것을 말한다. 이때의 재사용에는 여러 스레드가 동시에 해당 객체에 접근해 사용하는 것도 포함된다. 특히 불변 객체immutable object의 경우 객체를 반복 생성할 필요가 없다. 불변 객체란 생성 후 그 상태를 바꿀 수 없는 객체를 말한다. 반대 개념인 가변mutable 객체는 생성 후에도 상태를 변경할 수 있다. 불변 객체의 예로는 Boolean이 있다. 다음과 같이 Boolean 객체를 한 번 생성했으면 그 값을 바꿀 수 없다.

```
Boolean flag = new Boolean(true);
```

만약 다른 모듈(클래스)에서 값이 true인 Boolean 객체가 필요하다면 새로운 Boolean 객체를 생성하는 것이 바람직할까? 혹은 멀티스레드 환경일 때 다른 스레드에서 값이 true인 Boolean 객체가 필요하다면 어떤 동작이 바람직할까?

객체의 상태가 변하지 않는 불변 객체의 경우 객체를 새롭게 생성하지 않고 한 번 생성한 객체를 반복해서 재사용하는 것이 자원 활용 측면에서 바람직하다. 자바의 기본 클래스인 Boolean이 그런 경우다. Boolean의 경우 불변 객체이기 때문에 전체 JVM 환경을 통틀어 한 번만 생성하면 된다. 엄밀히 말하면 true인 Boolean 하나, false인 Boolean 하나만 있으면 된다.

불변 객체인 Boolean에 다음과 같이 생성자를 사용한다면 불필요한 객체가 반복해서 생성된다.

```
Boolean flag1 = new Boolean(true);
Boolean flag2 = new Boolean(true);
```

앞에서와 같이 생성자를 사용했을 때 다음과 같이 개념적으로 나타낼 수 있다.

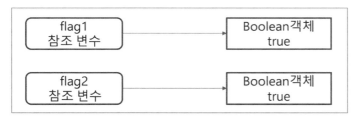

[도표] 생성자를 사용한 반복 생성

이런 경우에도 생성자를 사용하지 않고 정적 팩토리 메소드에 요청하면 해당 메소드는 이미 만들어놓은 객체를 반환해 재사용하도록 한다.

```
Boolean flag3 = Boolean.valueOf(true);
Boolean flag4 = Boolean.valueOf(true);
```

앞에서와 같이 정적 팩토리 메소드를 사용하는 것을 다음과 같이 개념적으로 나타낼 수 있다.

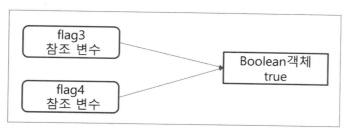

[도표] 정적 팩토리 메소드를 사용한 객체 재사용

프로그래밍 가이드 – 생성자 대신 빌더 사용을 검토하라

생성자의 파라미터가 복잡한 경우 빌더 도입을 고려해 보자. 피자를 주문할 때 다음 5가지 요소를 고려한다고 하자.

- 도우 크기, 필수
- 토핑에 사용되는 치즈 양, 옵션
- 토핑에 사용되는 버섯 양, 옵션
- 토핑에 사용되는 양파 양, 옵션
- 토핑에 사용되는 소고기 양, 옵션

피자의 도우 크기는 반드시 지정해야 하지만, 나머지는 토핑이기 때문에 별도로 주문을 하지 않으면 피자 가게가 정한 기본(디폴트) 양을 넣는다.

요구사항이 이런 경우 위 다섯 가지 사항을 파라미터로 받는 생성자의 종류는 몇 개일까? 실제 주문에서는 옵션인 토핑이 4종류이기 때문에 2^4인 16가지 경우가 나올 수 있지만 자바로 구현할 때는 위 파라미터가 모두 같은 타입이라고 가정하면 5가지 생성자가 나올 수 있다. 다음은 생성자를 사용한 피자 클래스다.

```java
public class Pizza {
    private final int doughSize;       // 필수

    private final int cheeseAmount;    // 옵션
    private final int mushroomAmount;  // 옵션
    private final int onionAmount;     // 옵션
    private final int beefAmount;      // 옵션

    public static final int DEFAULT_CHEESE_AMOUNT = 10;
    public static final int DEFAULT_MUSHROOM_AMOUNT = 10;
    public static final int DEFAULT_ONION_AMOUNT = 10;
    public static final int DEFAULT_BEEF_AMOUNT = 10;

    public Pizza(int doughSize) {
        this(doughSize, DEFAULT_CHEESE_AMOUNT, DEFAULT_MUSHROOM_AMOUNT, DEFAULT_
            ONION_AMOUNT, DEFAULT_BEEF_AMOUNT);
    }



    public Pizza(int doughSize, int cheeseAmount) {
        this(doughSize, cheeseAmount, DEFAULT_MUSHROOM_AMOUNT, DEFAULT_ONION_
            AMOUNT, DEFAULT_BEEF_AMOUNT);
    }

    public Pizza(int doughSize, int cheeseAmount, int mushroomAmount) {
        this(doughSize, cheeseAmount, mushroomAmount, DEFAULT_ONION_AMOUNT,
            DEFAULT_BEEF_AMOUNT);
    }

    public Pizza(int doughSize, int cheeseAmount, int mushroomAmount, int
            onionAmount) {
        this(doughSize, cheeseAmount, mushroomAmount, onionAmount, DEFAULT_
            BEEF_AMOUNT);
    }
```

```
        public Pizza(int doughSize, int cheeseAmount, int mushroomAmount, int
                onionAmount, int beefAmount)  {
        this.doughSize = doughSize;
        this.cheeseAmount = cheeseAmount;
        this.mushroomAmount = mushroomAmount;
        this.onionAmount = onionAmount;
        this.beefAmount = beefAmount;
    }
}
```

생성자의 개수가 5개로 많다는 것만이 문제가 아니다. 만약 소고기 양만 별도로 100
으로 주문하고 싶다면 다음과 같이 생성자를 호출해야 한다.

```
Pizza pizza = new Pizza ( 10,
                        Pizza.DEFAULT_CHEESE_AMOUNT,
                        Pizza.DEFAULT_MUSHROOM_AMOUNT,
                        Pizza.DEFAULT_ONION_AMOUNT,
                        100);
```

정확하게 맞는 생성자가 없으니 유사한 생성자를 찾은 후 디폴트 값을 파라미터로
해 객체를 생성한다. 이보다 세련된 방법이 있으니 빌더를 사용한 객체 생성이다.

[예제] 빌더를 사용한 피자 클래스 – com.javainhand.ext_01.good.Pizza.java

```
public class Pizza {

    private final int doughSize;       // 필수

    private final int cheeseAmount;    // 옵션
    private final int mushroomAmount;  // 옵션
    private final int onionAmount;     // 옵션
    private final int beefAmount;      // 옵션

    public static class Builder {
```

```java
    private final int doughSize;      // 필수
    private int cheeseAmount = 10;    // 옵션

    private int mushroomAmount = 10; // 옵션
    private int onionAmount = 10;     // 옵션
    private int beefAmount = 10;      // 옵션

    public Builder(int doughSize) {
        this.doughSize = doughSize;
    }

    public Builder cheeseAmount(int val)  {
        cheeseAmount = val;
        return this;
    }

    public Builder mushroomAmount(int val)  {
        mushroomAmount = val;
        return this;
    }

    public Builder onionAmount(int val)  {
        onionAmount = val;
        return this;
    }

    public Builder beefAmount(int val)  {
        beefAmount = val;
        return this;
    }

    public Pizza build() {
        return new Pizza(this);
    }
} // Builder 클래스 끝

private Pizza(Builder builder) {
```

```
        doughSize = builder.doughSize;
        cheeseAmount = builder.cheeseAmount;
        mushroomAmount = builder.mushroomAmount;
        onionAmount = builder.onionAmount;
        beefAmount = builder.beefAmount;
    }
}
```

도우 크기가 10이면서 소고기 양이 100인 피자를 생성하려면 다음과 같이 호출하면
된다.

```
Pizza pizza = new Pizza.Builder(10).beefAmount(100).build();
```

앞의 생성자를 사용한 객체 생성과 비교하면 생성자로 전달되는 디폴트 값을 몰라도
되고 훨씬 더 간결하며 다양한 경우를 만족시킬 수 있다.

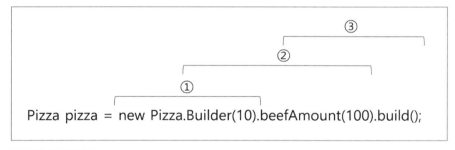

[도표] 빌더 동작 방식

① Pizza 클래스 내의 Builder 객체를 생성한다. 이때 Builder(int doughSize) 생성
   자를 사용한다.
② Builder 객체에 beefAmount 메소드를 호출함으로써 소고기 양을 설정한다.
③ Builder 객체의 build 메소드를 호출함으로써 Pizza 객체를 생성한다.

프로그래밍 가이드
– 유틸리티 클래스는 생성자를 private로 하라

유틸리티 클래스의 경우는 생성자를 private로 한다. 반지름을 주었을 때 원의 둘레를 구하는 유틸리티 클래스를 작성한다고 하자. 내부에 PI 값을 가지고 있다가 반지름 * 2 * PI 를 하면 된다. 이때 PI도 정적 변수로 가지고 있을 것이고, 함수도 정적 메소드로 하면 된다. 이때 생성자가 필요할까? 생성자를 남겨놓으면 이 유틸리티 클래스를 사용하는 사람이 원저자의 의도를 무시하고 오용할 가능성이 있다. 이런 경우는 생성자를 private로 해 오용의 가능성을 제거한다.

[예제] 유틸리티 클래스 – CircleUtil.java

```java
public class CircleUtil {

    public static final double PI = 3.14159265358979323846;

    public static double getCircumference(double r)  {
        return r*PI;
    }

    private CircleUtil()  {}

}
```

CircleUtil 생성자를 private로 하지 않았다고 가정해보자. 그러면 해당 함수를 다음과 같이 오용할 가능성이 있다.

```java
        CircleUtil util = new CircleUtil();
        double circumference = util.getCircumference(1.2);
```

컴파일도 되고 결과 값도 정상으로 나온다. 그러나 자원 사용이 최적화되지 않는다는 점에서 품질이 좋은 코드는 아니다. 이럴 때 생성자를 private로 함으로써 임의의 객체 생성을 방지한다. 생성자를 private로 하면 해당 유틸리티 클래스를 사용하는 개발자는 자연스럽게 다음과 같이 사용할 수밖에 없을 것이다.

```
double circumference = CircleUtil.getCircumference(round);
```

이러한 예로 자바의 기본 클래스인 Math가 있다. Math도 일종의 유틸리티 클래스인데 생성자를 private로 함으로써 임의의 객체 생성을 방지한다.

생성자를 private로 할 경우 중요한 제약사항이 발생한다. 해당 클래스를 상속해 하위 클래스를 작성하는 것이 불가능해지는 것이다. 하위 클래스의 생성자에서는 상위 클래스의 생성자를 호출해야 하는데 private로 돼있기 때문이다.

가비지 컬렉션 관련 가이드

들어가면서

C 프로그램에서는 메모리 할당과 해제를 개발자가 처리해야 한다. 그러나 자바는 할당된 메모리를 JVM이 자동으로 해제한다. 자바를 쉬운 언어라고 하는 이유 중의 하나가 메모리 해제를 개발자가 아닌 자바, JVM이 알아서 해주기 때문이었다.

가비지 컬렉션Garbage Collection은 자바가 사용하는 메모리 관리 기법으로 동적으로 할당했던 메모리 영역 중에서 필요없게 된 영역을 해제하는 기능이다. 즉 개발자가 new를 사용해 생성한 객체를 필요 없어지는 시점에 다시 힙 메모리 영역으로 반환하는 동작이다.

그런데 자동으로 JVM이 실행되다 보니까 가비지 컬렉션이 최적으로 되지 않는 경우가 있다. 여기서는 가비지 컬렉션이 최적으로 동작할 수 있도록 하는 프로그래밍 가이드를 제공한다.

프로그래밍 가이드 – 쓸모없는 객체 참조를 제거하라

객체 참조가 쓸모 없어지면 제거한다. C나 C++ 등의 언어에서는 메모리 관리가 필요했지만 자바에서는 메모리 관리가 자동으로 이뤄진다. JVM이 더 이상 객체가 필요 없다고 판단하면 해당 객체에 가비지 컬렉션^{Garbage Collection}을 수행한다. 가비지 컬렉션 실행 시기는 JVM마다 다르며 JVM 기동 시 옵션에 따라 조정할 수 있다.

그렇다면 자바에서는 메모리 관리에 전혀 신경을 쓰지 않아도 되는 것일까? 기동부터 종료까지 금방 끝나는 경우에는 특별히 신경을 쓰지 않아도 된다. 그러나 WAS에 올라가는 프로그램이나 데몬 프로그램 등 프로그램이 오래 수행되는 경우에는 메모리 문제가 발생할 수 있다.

[예제] 쓸모 없는 객체 참조로 인한 메모리 누수 예 – com.javainhand.ext_02.bad.Stack.java

```
public class Stack {
    private static final int DEFAULT_INITIAL_CAPACITY = 7;
    private int size = 0;
    private Object[] elements;

    public Stack() {
        elements = new Object[DEFAULT_INITIAL_CAPACITY];
    }

    public void push(Object obj) {
        ensureCapacity();
        elements[size++] = obj;
    }

    public Object pop() {
        if (size == 0)
            throw new EmptyStackException();

        Object result = elements[--size];
        return result;
```

```
        }

    private void ensureCapacity() {
        if (elements.length == size)
            elements = Arrays.copyOf(elements, 2 * size + 1);
    }
}
```

겉으로 보기에는 특별한 문제가 보이지 않는다. 이제 앞의 스택을 사용한 예를 보자.

[예제] 쓸모 없는 객체 참조로 인한 메모리 누수 예 – StackDemo.java

```
public class StackDemo {

    private Stack stack = new Stack();

    public static void main(String[] args) {
        StackDemo demo = new StackDemo();
        demo.op();

        // 메소드 op에서 생성된 Object 객체가 가비지 컬렉션의 대상이 되지 않는다.

    }

    private void op()  {
        Object obj = new Object();
        stack.push(obj);
        stack.pop();
    }
}
```

op 메소드에서 객체를 생성한 후에 스택에 푸시했다가 팝을 했다. op 메소드에서
생성된 Object 객체는 스택에 푸시했다가 팝을 했기 때문에 더 이상 스택에 보관할
필요가 없다. 또한 op 메소드가 종료되면 해당 메소드 내에서 생성된 객체는 더 이
상 유지할 필요가 없다. 즉 가비지 컬렉션 대상이 돼야 하는 것이다.

그러나 이 코드에서는 op 메소드가 종료된 후에도 해당 메소드에서 생성된 Object 객체가 가비지 컬렉션 대상이 되지 못한다. 어디가 잘못된 것일까? op 메소드가 실행되면서 Object 객체가 생성되고 스택에 푸시 및 팝이 된 후 op 메소드에서 빠져나가기 전의 객체 상태는 다음과 같다.

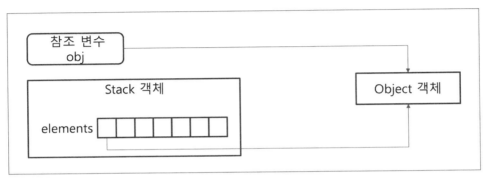

[도표] op 메소드 종료 직전 객체 상태

Object 객체에 대해 참조가 2개나 있기 때문에 Object 객체가 가비지 컬렉션 대상이 되지 않는 것은 정상이다. 이제 op 메소드를 빠져나간 후의 객체 상태를 알아보자.

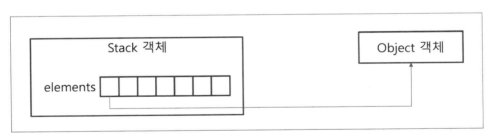

[도표] op 메소드 종료 직후 객체 상태

op 메소드에서 Object 객체를 팝했기 때문에 더는 Object 객체를 사용할 일이 없는데도 스택에서 여전히 Object에 대한 참조를 가지고 있다. Object 객체가 더 이상 사용될 일이 없는데도 참조가 남아있기 때문에 가비지 컬렉션 대상이 되지 못한다.

테스트용 프로그램인 StackDemo.java는 금방 끝나기 때문에 별 문제가 되지 않지만 데몬이나 WAS와 같이 JVM 프로세스가 장시간 지속되는 환경에서는 이런 경우 문제가 될 수 있다. Object 객체가 가비지 컬렉션 대상으로 인식되지 못하기 때문에 해당 메모리 누수^{Memory Leak} 문제가 발생하는 것이다.

이제 Stack.java를 개선해보자. 문제는 팝^{pop}을 했는데도 쓸데없이 객체 참조를 유지 한다는 데 있다. 다음과 같이 pop 메소드에서 null을 참조하도록 하면 된다.

```java
public Object pop() {
    if (size == 0)
        throw new EmptyStackException();

    Object result = elements[--size];
    elements[size] = null;
    return result;
}
```

이제 pop 메소드를 빠져나가면 Object 객체에 대해서는 어떠한 참조도 없다. 가비 지 컬렉션 대상이 되며 기회가 되면 가비지 컬렉션이 될 것이다. 배포되는 소스에는 전체 예제 프로그램이 포함돼있으니 필요하면 참조하기 바란다.

프로그래밍 가이드
– 종결자를 중요 작업에 사용하지 않아야 한다

종결자가 무엇인지부터 알아보자. finalize()는 Object에 정의돼있는 메소드인데 protected로 선언돼있기 때문에 자식 클래스에서 재정의가 가능하다. GC^{Garbage Collection}이 발생할때 해당 메소드가 호출된다.

```java
01 public class FinalizeDemo {
02
```

```
03      @Override
04      public void finalize()  {
05
06      }
07  }
```

앞의 코드에서 3~6행이 재정의한 finalize()이다. 이 종결자^{finalizer}를 중요한 작업에 사용하지 않는다. 종결자^{finalizer}는 객체가 가비지 컬렉터에 의해 해제될 때 실행된다. 그런데 가비지 컬렉터의 실행 시점이 불명확하기 때문에 종결자^{finalizer}의 실행 시점 역시 불확실하다. 그 밖에도 종결자^{finalizer}를 사용하다 보면 여러 가지 고민 사항들이 발생하는데 굳이 세세히 몰라도 된다. 결론은 반드시 수행돼야 하는 작업을 종결자에 의지해 실행하지 말라는 것이다.

객체 복사하기

들어가면서

객체 복사는 자주 사용된다. 자바는 Call By Value라고 하지만, 실제 동작은 Call By Reference로 동작하는 경우가 많아서 객체 복사를 사용해야 하는 경우가 종종 있다. 객체 복사의 주요 방법에 대해 알아보자.

클론을 이용한 복사

다음과 같은 형태의 호출자^{Caller}가 있다고 하자. 어떤 값이 출력될까? "original"이 출력될 것인가? 아니면 다른 값이 출력될 것인가? 그것은 피호출자^{Callee} 클래스의 op 메소드에 달려있다.

[예제] 클론(clone)이 필요한 이유 – CalleeDemo.java

```
public class CalleeDemo {
```

```java
public static void main(String[] args) {

    Map<String, String> map = new HashMap<String, String>();
    map.put("key", "original");

    new Callee().op(map);
    System.out.println("value :"+map.get("key"));
}
}
```

피호출자^{Callee} 클래스가 다음과 같다고 하자.

[예제] 클론이 필요한 이유 - Callee.java

```java
public class Callee {

    public void op(Map<String, String> paraMap)  {
        paraMap.put("key", "changed");
    }
}
```

실행해보면 CalleeDemo 클래스에서는 "changed"가 출력되는 것을 확인할 수 있다. 호출자에서 자신이 관리하던 객체를 파라미터로 전달했을 뿐인데 피호출자에서 호출자가 관리하는 객체의 값을 변경해버렸다. 시스템의 규모가 커지고 개발자가 많아질수록 이러한 현상은 큰 문제를 발생시킨다.

왜 그런지 원인을 분석해보자. Callee의 op 메소드 호출 직전의 형태는 다음과 같다.

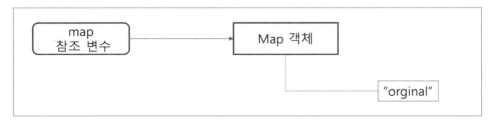

[도표] Callee의 op 메소드 호출 전

Callee의 op 메소드를 호출해서 실행 포인트가 op 메소드 안쪽으로 이동하면 op 메소드의 지역 변수Local Variable이자 참조 변수Reference Variable인 paraMap이 생성된다. 이때 paraMap 참조 변수는 호출자의 Map 객체를 가리킨다.

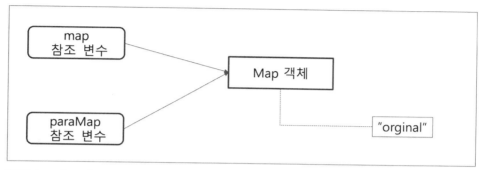

[도표] Callee의 op 메소드 호출 직후

op 메소드에서 Map 객체가 담고 있는 "key"의 값을 "changed"로 변경했다.

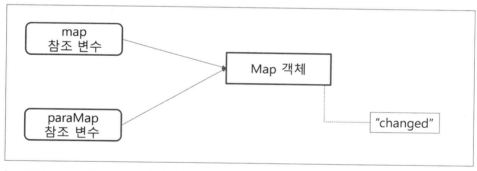

[도표] Callee의 op 메소드 실행하고 복귀 직전

op 메소드가 종료 후 호출자 프로그램으로 복귀하면 op 메소드의 지역 변수인 paraMap 참조 변수는 사라진다. 그렇지만 호출자 프로그램이 관리하던 Map 객체에는 영향을 미쳤다.

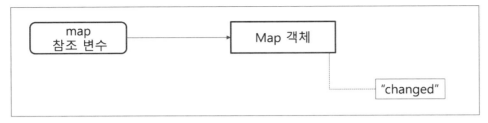

[**도표**] Callee의 op 메소드 종료 후

내가 사용하던 객체를 어떤 함수를 사용하기 위해 파라미터로 전달했을 뿐인데 값이 바뀌어버릴 수 있다. 이러한 위험을 방지하는 방안의 하나로 clone이 사용되기도 한다. 복사본을 생성해 파라미터로 전달하는 것이다. 객체를 복사하는 방법 중 하나인 클론^{clone}에 대해 알아보자.

객체를 복사하기 위해 자바에서는 클론^{clone}이라는 장치를 제공한다. 이를 사용하려면 Cloneable이라는 인터페이스를 구현^{implements}해야 하며, clone 메소드를 재정의한다. 또한 재정의한 clone 메소드에서는 Object 클래스의 clone 메소드를 호출한다. 다음은 올바르지 않은 클론 사용 예다.

[**예제**] 올바르지 않은 클론 사용 예 – com.javainhand.ext_03.bad.CloneableObject.java

```java
public class CloneableObject implements Cloneable {
    private int index;
    private String name;
    private List<String> list;

    public CloneableObject(int index, String name)  {
        this.index = index;
        this.name = name;
        list = new ArrayList<String>();
    }

    public void setIndex(int index)  {
        this.index = index;
    }
```

```
    public void setName(String name)  {
        this.name = name;
    }


    public void add(String str)  {
        list.add(str);
    }


    @Override
    public String toString() {
        return "CloneableObject [index=" + index + ", name=" + name + ", list="
                            + list + "]";
    }


    @Override
    public CloneableObject clone() throws CloneNotSupportedException {
        return (CloneableObject)super.clone();
    }


}
```

설명이 가능한 수준으로만 간략하게 작성했다. 앞의 클래스를 사용한 데모 프로그램
이 다음과 같다고 하자.

[예제] 올바르지 않은 클론 사용 예 – com.javainhand.ext_03.bad.CloneableObjectDemo.java

```
01 public class CloneableObjectDemo {
02
03     public static void main(String[] args) {
04
04         try {
06             CloneableObject original = new CloneableObject(0, "kim");
07             original.add("a");
08             CloneableObject copy = original.clone();
09
```

```
10            copy.setIndex(1);
11            copy.setName("lee");
12            copy.add("b");
13
14            System.out.println("원본 : "+original.toString());
15            System.out.println("복사본 : "+copy.toString());
16
17        } catch (CloneNotSupportedException e) {
18            e.printStackTrace();
19        }
20    }
21 }
```

결과는 다음과 같이 출력된다. 원하는 의도가 아니다. 복사본에만 "b"가 추가되기를 기대했지만 결과는 원본에까지 추가됐다.

```
원본 : CloneableObject [index=0, name=kim, list=[a, b]]
복사본 : CloneableObject [index=1, name=lee, list=[a, b]]
```

6행, 7행이 실행되면 다음과 같이 CloneableObject 객체가 생성된다.

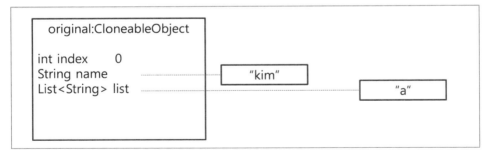

[도표] 원본 객체 생성

8행이 실행되면 복사본 객체가 생성된다. 이때 int와 같은 프리미티브^{Primitive} 타입은 값 자체가 복사되고, 객체를 가리키는 참조 변수는 실제 가리키는 객체 자체가 복사되는 것이 아니라 객체를 가리키는 참조 값만 복사된다.

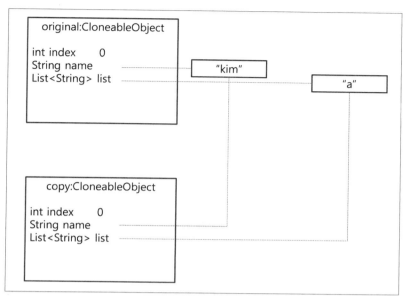

[**도표**] 복사본 객체 생성

10행이 실행되면 setIndex 메소드를 통해 복사본의 정수 값이 변경된다. 이때는 원본 객체에 영향을 미치지 않는다.

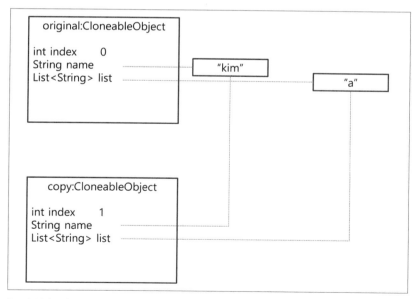

[**도표**] 복사본의 정수 값 변경

다음으로는 11행에서 setName("lee")가 실행된다. "lee"는 프리미티브^Primitive 타입이 아니라 내부적으로 String 객체로 동작한다. 결국 setName 메소드를 통해 복사본 객체의 참조 변수 name이 "lee"라는 다른 String 객체를 가리키게 된다.

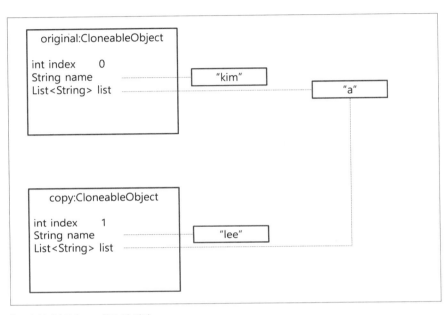

[도표] 복사본의 String 참조 값 변경

12행에서 copy.add("b")가 실행되면 복사본과 원본이 동일하게 가리키던 List 객체에 "b"라는 엘리먼트가 추가된다. 결과적으로 복사본에 추가를 했지만 원본 객체에도 영향을 미친다. 이런 부작용(?) 때문에 우리가 의도한 대로 복사본과 원본이 완전히 별개로 동작하지 못한다.

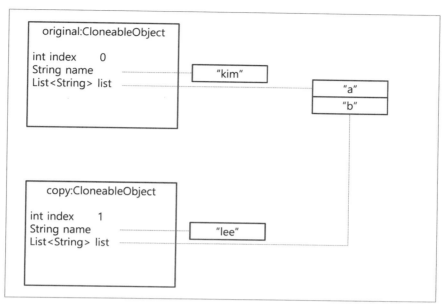

[도표] 복사본과 원본이 참조하는 동일 List 객체에 엘리먼트 추가

근본적인 문제는 Object 클래스의 clone 메소드가 프리미티브^{Primitive} 타입과 참조 변수의 참조 값만 복사하며, 참조 변수가 가리키는 객체는 복사하지 않는다는 데 있다. 앞의 예에서 int, String, List를 대상으로 clone을 수행했는데 int는 각각 별도의 메모리 공간이 할당되기 때문에 별 문제가 발생하지 않았다.

String 객체의 경우에는 원본과 복사본이 동일한 String 객체를 공유하긴 했지만 setName 메소드가 String 객체에 영향을 미치는 것이 아니라 복사본이 아예 다른 String 객체를 가리키도록 참조 변수의 값을 변경했기 때문에 문제가 발생하지 않았다.

여기서 고려할 만한 중요한 사항은 String이나 Boolean과 같은 불변 객체의 경우는 어차피 clone으로 생성된 복사본에서 어떤 동작을 실행해도 공유하는 불변 객체에 영향을 미칠 수 없기 때문에 부작용이 발생하지 않는다는 점이다.

List 객체의 경우에는 원본과 복사본이 동일한 List 객체를 공유했으며, 복사본의

add 메소드 실행이 공유 List 객체에 값을 추가했기 때문에 결국 원본 객체에도 영향을 미쳤다. clone 구현 시 클론 대상 클래스의 멤버 변수에 따른 고려사항을 정리하면 다음과 같다.

[도표] clone 구현 시 클론 대상 클래스의 멤버 변수에 따른 고려사항

멤버 변수 분류	고려사항
프리미티브(Primitive) 타입	특별한 처리가 없어도 된다.
불변 객체(String, Boolean 등)	원본과 복사본이 동일한 객체를 가리켜도 어차피 불변 객체이기 때문에 변경이 불가능해 특별한 처리를 하지 않아도 된다.
가변 객체	원본과 복사본이 동일한 객체를 가리키고, 공유객체가 변경되면 원본과 복사본이 서로 영향을 미칠 수 있기 때문에 특별한 처리가 필요하다.

원본 객체와 clone에 의해 만들어진 복사본이 동일한 가변 객체를 가리키면 문제가 된다. 이때는 복사본이 별도의 가변 객체를 가리키도록 하면 된다.

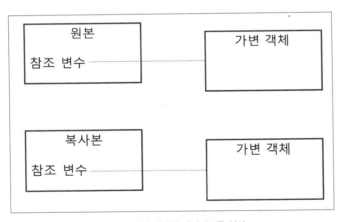

[도표] 원본과 복사본이 별도의 가변 객체를 가리키도록 처리

이를 위해 clone 메소드를 재정의해보자. 복사본이 원본과 다른 List 객체를 가지도록 하기 위해 별도의 new ArrayList⟨String⟩()를 한 후 값을 복사했다.

```
@Override
    public CloneableObject clone() throws CloneNotSupportedException {
        CloneableObject ret = (CloneableObject)super.clone();
        ret.list = new ArrayList<String>();
        for(int i=0;  i<list.size();  i++)  {
            ret.list.add(list.get(i));
        }
        return ret;
    }
```

좀 더 세련된 방법이 있다. ArrayList 클래스에 정의돼있는 clone 메소드를 사용하는 것이다. 앞의 코드도 결국 ArrayList에 대한 복사본을 만드는 동작이었는데 이미 ArrayList 클래스에는 해당 동작을 위한 clone 메소드가 있다. 이제 다음과 같이 CloneableObject 클래스의 clone 메소드를 재정의할 수 있다.

[예제] 올바른 클론 사용 예 – com.javainhand.ext_03.good.CloneableObject.java

```
public class CloneableObject implements Cloneable {
    private int index;
    private String name;
    private List<String> list;

    public CloneableObject(int index, String name)  {
        this.index = index;
        this.name = name;
        list = new ArrayList<String>();
    }

    public void setIndex(int index)  {
        this.index = index;
    }

    public void setName(String name)  {
        this.name = name;
    }
```

```java
    public void add(String str) {
        list.add(str);
    }

    @Override
    public String toString() {
        return "CloneableObject [index=" + index + ", name=" + name + ", list="
                            + list + "]";
    }

    @Override
    public CloneableObject clone() throws CloneNotSupportedException {
        CloneableObject ret = (CloneableObject)super.clone();
        ret.list = (List<String>) ((ArrayList<String>)list).clone();
        return ret;
    }
}
```

List에는 clone 메소드가 없으며 ArrayList에 clone 메소드가 있다. 그래서 ArrayList로 캐스팅한 후 clone 메소드를 실행했고, 반환하기 전에 다시 List로 캐스팅한다. 중요한 설명은 다 끝났다.

추가적으로 CloneNotSupportedException에 대해 알아보자. 이는 자바 규칙인데 Cloneable 인터페이스를 구현implements하지 않은 객체를 clone하고자 할 때 발생한다.

[예제] CloneNotSupportedException 발생 예 - CloneNotSupportedExceptionDemo.java

```java
public class CloneNotSupportedExceptionDemo  {

    public CloneNotSupportedExceptionDemo clone() throws
                                    CloneNotSupportedException {

        return (CloneNotSupportedExceptionDemo) super.clone();
```

```
    }

    public static void main(String[] args) {
        try {
            new CloneNotSupportedExceptionDemo().clone();
        }catch(Exception e) {
            e.printStackTrace();
        }
    }
}
```

CloneNotSupportedExceptionDemo 클래스는 Cloneable 인터페이스를 구현
implements하지 않았다. 이 클래스의 객체에 대해 clone 메소드를 실행하면 다음과 같
이 CloneNotSupportedException이 발생한다.

```
<terminated> CloneNotSupportedExceptionDemo [Java Application] C:₩Program Files₩Java₩jdk1.8.0_101₩jre₩bin₩javaw.exe (2016. 11. 27. 오후 5:59:23)
java.lang.CloneNotSupportedException: com.mayflower.sample.CloneNotSupportedExceptionDemo
    at java.lang.Object.clone(Native Method)
    at com.mayflower.sample.CloneNotSupportedExceptionDemo.clone(CloneNotSupportedExceptionDemo.java:7)
    at com.mayflower.sample.CloneNotSupportedExceptionDemo.main(CloneNotSupportedExceptionDemo.java:12)
```

[도표] CloneNotSupportedException 발생

복사 생성자나 복사 정적 팩토리 메소드를 사용한 복사 방법을 고려하라

객체 복사의 방법 중 하나인 클론clone은 사용법이 복잡하고 직관적이지 않다. 또한
멤버 변수로 가변 객체를 참조하면서 이것이 final로 지정돼있으면 clone 메소드를
재정의하는 데 해결할 수 없는 제약사항이 발생한다.

앞에서 배운 CloneableObject.java(good 패키지)를 떠올려보자.

```
01 public class CloneableObject implements Cloneable {
02     private int index;
03     private String name;
04     private List<String> list;
```

```
05         :
06     @Override
07     public CloneableObject clone() throws CloneNotSupportedException {
08         CloneableObject ret = (CloneableObject)super.clone();
09         ret.list = (List<String>) ((ArrayList<String>)list).clone();
10         return ret;
11     }
12 }
```

4행의 list 멤버 변수를 final로 선언했다면 9행에서 컴파일 에러^{The final field CloneableObject.} list cannot be assigned가 발생할 것이다.

조슈아 블로치^{Joshua Bloch}와 같은 소프트웨어 엔지니어는 클론^{clone} 장치보다는 복사 생성자^{copy constructor}나 복사 정적 팩토리 메소드^{copy static factory method}를 사용하라고 권장한다. 형태는 다음과 같다.

[예제] 복사 생성자 및 복사 정적 팩토리 메소드 – CopyConstructorObject.java

```
01 public class CopyConstructorObject {
02     private int index;
03     private String name;
04     private List<String> list;
05
06
07     public CopyConstructorObject(int index, String name)  {
08         this.index = index;
09         this.name = name;
10         list = new ArrayList<String>();
11     }
12
13     public CopyConstructorObject(CopyConstructorObject source)  {
14         this.index = source.index;
15         this.name = source.name;
16         this.list = new ArrayList<String>( source.list);
17     }
18
```

```
19      public static CopyConstructorObject newInstance(CopyConstructorObject
                    source)  {
20          CopyConstructorObject target = new CopyConstructorObject(source.
                                    index, source.name);
21          target.list = new ArrayList<String>(source.list);
22          return target;
23      }
24
25      public void setIndex(int index)  {
26          this.index = index;
27      }
28
29      public void setName(String name)  {
30          this.name = name;
31      }
32
33      public void add(String str)  {
34          list.add(str);
35      }
36
37      @Override
38      public String toString() {
39          return "CopyConstructorObject [index=" + index + ", name=" + name + ",
                                    list=" + list + "]";
40      }
41 }
```

13~17행이 복사 생성자이며, 19~23행은 복사 정적 팩토리 메소드다. 인스턴스가 다르더라도 같은 클래스이기 때문에 private로 정의돼있는 source 객체의 멤버 변수에 직접 접근할 수 있다.

복사 생성자는 21행의 new ArrayList〈String〉(source.list)에서 보는 바와 같이 이미 자바의 기본 클래스에서도 제공하는 형태다. 복사 정적 팩토리 역시 마찬가지이다. 테스트 코드는 다음과 같다.

```java
public class CopyConstructorObjectDemo {
    public static void main(String[] args) throws CloneNotSupportedException {

        CopyConstructorObject original = new CopyConstructorObject(0, "kim");
        original.add("a");
        CopyConstructorObject copy1 = new CopyConstructorObject(original);

        copy1.setIndex(1);
        copy1.setName("lee");
        copy1.add("b");

        System.out.println("original : "+original.toString());
        System.out.println("clone1 : "+copy1.toString());

        CopyConstructorObject copy2 = CopyConstructorObject.
                                      newInstance(original);

        copy2.setIndex(2);
        copy2.setName("jee");
        copy2.add("c");

        System.out.println("original : "+original.toString());
        System.out.println("clone2 : "+copy2.toString());
    }
}
```

결과 값은 다음과 같다.

```
original : CopyConstructorObject [index=0, name=kim, list=[a]]
clone1 : CopyConstructorObject [index=1, name=lee, list=[a, b]]
original : CopyConstructorObject [index=0, name=kim, list=[a]]
clone2 : CopyConstructorObject [index=2, name=jee, list=[a, c]]
```

어떤가? 클론^{clone}보다 나은가? 물론 코드가 몇 줄 늘어나기는 한다. 복사 생성자나 복사 정적 팩토리 메소드는 멤버 변수를 명시적으로 복사해야 하는 반면, 클론^{clone}에서는 프리미티브^{Primitive} 타입과 불변^{immutable} 객체에 대해 별도의 복사 없이 Object 클래스의 clone 메소드를 호출하면 자동으로 복사가 됐다.

그러나 복사 생성자나 복사 정적 팩토리 메소드는 코드 몇 줄이 늘어나더라도 가독성이 좋으며 클론^{clone}과 같은 제약사항 성격의 규칙이 없다.

클래스 설계 가이드

들어가면서

이제 바람직한 클래스 설계 방안에 대해 알아보자. 이는 기능 달성 여부와는 상관없지만 개발자의 실수를 줄이고 유지보수성을 높이는 등의 소스 품질에 관한 사항이다.

프로그래밍 가이드 – 가능한 불변 클래스로 설계하라

불변 객체^{Immutable Object}는 한번 생성되면 객체의 상태 즉 멤버 변수가 변경되지 않는 객체다. 자바가 제공하는 기본 클래스에도 불변 객체를 위한 다양한 클래스가 있다. 예를 들면 String, 기본 자료형인 Primitive Type에 대응해 객체로 제공되는 Boxed Primitives Type(래퍼 클래스), BigInteger와 BigDecimal 클래스 등이 있다.

가변 객체에 비해 불변 객체는 설계나 구현 그리고 사용이 쉽다. 또한 에러가 발생할 가능성도 가변 객체에 비해 상대적으로 적고 좀 더 안전하며 Thread-safe하다. 또한 가변 객체는 여러 상태를 가지지만, 불변 객체는 생성 시의 상태가 그대로 유지되기 때문에 여러 면에서 단순해진다.

불변 객체에는 다음 세 가지 유형이 있다. 이 유형들이 혼합돼서 불변 객체가 형성된다. 첫째, 멤버 변수가 프리미티브[Primitive] 타입이면서 값이 변하지 않는 경우이다.

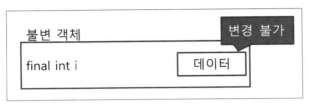

[도표] 불변 객체 – 멤버 변수가 프리미티브(Primitive) 타입인 경우

둘째, 멤버 변수가 객체를 가리키면서 해당 참조 값이 변하지 않고, 가리키는 객체 역시 변동이 없는 경우이다. 다음 도표에서 예로 든 BigInteger 역시 불변 클래스다.

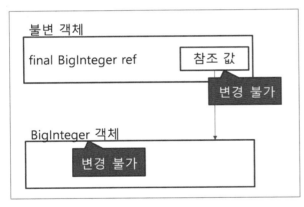

[도표] 불변 객체 – 멤버 변수가 불변 객체에 대한 참조 변수인 경우

셋째, BigInteger와 같은 불변 객체 대신 ArrayList와 같은 가변 객체가 멤버 변수의 참조로 오더라도 이를 인위적으로 수정이 없게 관리하면 불변 객체가 된다.

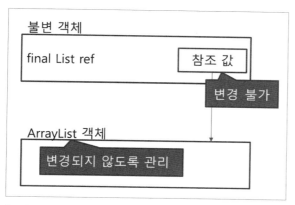

[도표] 불변 객체 – 멤버 변수가 가변 객체에 대한 참조 변수인 경우

불변 클래스를 작성하기 위한 바람직한 가이드는 다음과 같다.

첫째, 객체의 상태를 변경시키는 메소드를 제공하지 않는다. 객체의 상태를 변경시키는 메소드를 뮤테이터^{mutator}라 한다.

둘째, 상속을 하지 못하도록 한다. 불변 클래스로 설계했더라도 상속을 한 후 하위 클래스에서 부주의하게 상위 클래스의 데이터를 조작하면 불변 객체의 성질이 깨질 위험이 있다. 이를 방지하기 위해 아예 상속을 못하게 막는다. 사실 이것은 강제사항은 아니다. 자바의 기본 클래스 중의 하나인 불변 클래스 BigInteger만 하더라도 상속이 금지돼있지는 않다. 다만 불변 클래스로 설계했는데 이를 부주의하게 사용하는 것을 막기 위한 가이드이다.

상속을 막을 수 있는 방법으로는 생성자를 private로 하고 대신 정적 팩토리 메소드를 제공하는 방법이 있다. 또 클래스를 final로 하는 방법도 있다. 두 가지 모두 상속을 못하도록 막는다.

셋째, 모든 멤버 변수를 final로 선언한다. final로 선언하지 않아도 불변 클래스를 작성할 수는 있지만 final로 선언해 있을지 모르는 실수를 미연에 방지하는 것이 좋은 습관이다. 덧붙여 말하자면 final로 했다고 해서 모두 불변이 되는 것은 아니다. 가리키는 참조 객체를 바꾸지 않더라도 안에 들어있는 참조 객체의 내용을 바꿀 수 있기 때문이다.

넷째, 모든 멤버 변수를 private로 선언한다. 예외적으로 public final을 사용해 상수처럼 사용할 수 있기는 하다. 그러나 public final로 했다 할지라도 해당 멤버 변수가 가변 객체를 가리키고 있으면, 이를 사용해 내부적으로 참조하는 객체를 변경할 수 있기 때문에 불변 클래스에서 public final은 신중하게 사용해야 한다.

다섯째, 만약 불변 객체가 가변 객체를 멤버 변수로 참조하고 있다면, 해당 가변 객체를 외부로 노출시키면 안 된다. 다음과 같은 구조로 클래스가 이뤄진 경우를 고려해보자.

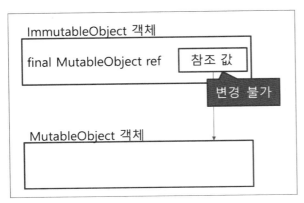

[도표] 객체가 다른 객체를 가리키고 있는 사례

MutableObject가 다음과 같다고 가정하자.

[예제] 불변 객체 예제 – com.javainhand.ext_04.bad.MutableObject.java

```java
public class MutableObject {
    private String name;

    public MutableObject(String name) {
        this.name = name;
    }

    public void setName(String name) {
```

```
            this.name = name;
        }

        @Override
        public String toString() {
            return "MutableObject [name=" + name + "]";
        }
    }
```

ImmutableObject 가 다음과 같다고 가정하자.

[예제] 불변 객체 예제 – com.javainhand.ext_04.bad.ImmutableObject.java

```
public class ImmutableObject {
    private final MutableObject object;

    public ImmutableObject(MutableObject object) {
        this.object = object;
    }

    @Override
    public String toString() {
        return "ImmutableObject [object=" + object + "]";
    }
}
```

앞의 ImmutableObject 객체가 의도한 바대로 불변 객체로 동작할까? 그렇지 않다. MutableObject 객체에 대한 참조가 외부에 노출돼있기 때문에 외부에서 해당 MutableObject 객체를 수정할 수 있다.

[예제] 불변 객체 예제 – com.javainhand.ext_04.bad.ImmutableObjectDemo.java

```
01 public class ImmutableObjectDemo {
02
03     public static void main(String[] args) {
```

```
04          MutableObject mutableObject = new MutableObject("a");
05          ImmutableObject immutableObject = new ImmutableObject(mutableObject);
06          System.out.println(immutableObject.toString());
07          mutableObject.setName("b");
08          System.out.println(immutableObject.toString());
09      }
10 }
```

7행에서 MutableObject 객체에 대한 값을 수정했기 때문에 ImmutableObject 객체의 값이 변경돼버렸다. 결과 값은 다음과 같다.

```
ImmutableObject [object=MutableObject [name=a]]
ImmutableObject [object=MutableObject [name=b]]
```

그렇다면 이를 어떻게 개선해야 하는가? 5행에서 ImmutableObject 객체가 생성자의 파라미터로 mutableObject 객체를 전달받는데, 이를 곧바로 ImmutableObject 객체의 참조 변수로 가리키는 것이 아니라 복사본을 가리키도록 하면 된다.

[예제] 불변 객체 예제 – com.javainhand.ext_04.good.MutableObject.java

```
01 public class MutableObject {
02     private String name;
03
04     public MutableObject(String name)  {
05         this.name = name;
06     }
07
08     public MutableObject(MutableObject source)  {
09         this.name = source.name;
10     }
11
12     public void setName(String name)  {
13         this.name = name;
14     }
```

```
15
16      @Override
17      public String toString() {
18          return "MutableObject [name=" + name + "]";
19      }
20 }
```

8~10행에 복사 생성자가 있다. 이는 객체의 복사본을 생성하기 위한 장치다.

[예제] 불변 객체 예제 – com.javainhand.ext_04.good.ImmutableObject.java

```
01 public class ImmutableObject {
02      private final MutableObject object;
03
04      public ImmutableObject(MutableObject object)  {
05          this.object = new MutableObject(object);
06      }
07
08      @Override
09      public String toString() {
10          return "ImmutableObject [object=" + object + "]";
11      }
12 }
```

5행을 보면 파라미터로 전달 받은 객체를 참조 변수에 바로 할당하는 것이 아니라 복사 생성자를 사용해 복사본을 만든 후 불변 객체의 참조 변수에 할당한다.

여러 상태를 가지는 가변 클래스보다는 하나의 상태를 가지는 불변 클래스로 설계하는 것이 설계, 디버깅에 유리하다. 불변 클래스를 작성할 때는 멤버 변수뿐만 아니라 멤버 변수가 가리키는 객체의 불변성 역시 고려해야 한다.

프로그래밍 가이드 – 상속보다는 컴포지션을 사용하라

상속이 코드 재사용에 효과적인 방법이지만 항상 그런 것은 아니다. 부적절하게 상속을 적용하면 소프트웨어의 품질이 취약해진다. 상속은 동일 패키지 내에서 상위 클래스와 하위 클래스의 구현이 동일한 개발자에 의해 수행되는 것이 바람직하다. 그 조건이 아니라면 상속을 염두에 두고 설계 및 문서화가 된 클래스만 상속하는 것이 안전하다. 패키지를 벗어나서 상속을 염두에 두지 않은 일반 클래스를 상속받는 것은 바람직하지 않다. 단 인터페이스를 구현하는 것은 이와 다르니 혼동하지 말자.

상속은 캡슐화에 악영향을 끼친다. 하위 클래스의 기능은 상위 클래스의 상세 구현에 의존한다. 상위 클래스는 배포된 후에도 버전이 올라가면 상세 구현이 변경될 수 있다. 상세 구현이 변경되면 하위 클래스는 정상 동작하지 않을 수 있다. 말로 하니 잘 와닿지 않는다. 예를 들어보자.

두 가지 예를 볼 것이다. 먼저 ArrayList를 상속받아서 새로운 클래스를 작성해보자. 그리고 add(추가)되는 객체의 개수를 세기 위해 add 메소드와 addAll 메소드에서 count를 관리한다.

[예제] MyList.java

```java
public class MyList<E> extends ArrayList<E> {
    private int count = 0;

    public MyList() {
    }

    @Override
    public boolean add(E e) {
        count++;
        return super.add(e);
    }
```

```
    @Override
    public boolean addAll(Collection<? extends E> c) {
        count += c.size();
        return super.addAll(c);
    }


    public int getAddCount() {
        return count;
    }
}
```

MyList.java를 테스트하기 위해 다음과 같은 프로그램을 작성했다.

[예제] MyListDemo.java

```
public class MyListDemo {

    public static void main(String[] args) {
        MyList<String> myList = new MyList<String>();
        myList.addAll(Arrays.asList("apple", "orange", "banana"));
        System.out.println("count "+myList.getAddCount());
    }
}
```

얼마가 출력될까? 예상한 대로 3이 출력된다. 두 번째 예를 보자. 이번에는
ArrayList가 아니라 HashSet을 상속받아서 앞의 MyList와 동일한 로직을 구현한다.

[예제] com.javainhand.ext_04.bad.MySet.java

```
public class MySet<E> extends HashSet<E> {
    private int count = 0;

    public MySet() {
    }
```

```java
    @Override
    public boolean add(E e) {
        count++;
        return super.add(e);
    }

    @Override
    public boolean addAll(Collection<? extends E> c) {
        count += c.size();
        return super.addAll(c);
    }

    public int getAddCount() {
        return count;
    }
}
```

MySet.java를 테스트하기 위해 다음과 같은 프로그램을 작성했다.

[예제] com.javainhand.ext_04.bad.MySetDemo.java

```java
public class MySetDemo {

    public static void main(String[] args) {
        MySet<String> mySet = new MySet<String>();
        mySet.addAll(Arrays.asList("apple", "orange", "banana"));
        System.out.println("count "+mySet.getAddCount());
    }
}
```

이번에는 결과로 6이 출력됐다. 앞의 것은 ArrayList를 상속받았고 뒤의 것은 HashSet을 상속받았다. 그런데 결과가 다르다. 왜 그런 것일까?

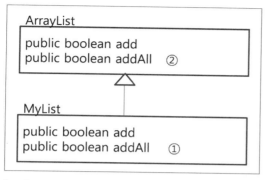

[도표] ArrayList 상속 시 호출 순서

ArrayList를 상속받은 경우는 우리가 일반적으로 생각할 수 있는 순서대로 실행됐다. 이제 HashSet을 상속받은 경우를 살펴보자.

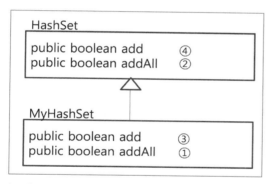

[도표] HashSet 상속 시 호출 순서

① ②번은 MyHashSet를 보면 알 수 있는 흐름이다. 그런데 왜 난데없이 ③이 실행 됐을까? 다음은 HashSet 클래스 코드다.

```
01    public boolean addAll(Collection<? extends E> c) {
02        boolean modified = false;
03        for (E e : c)
04            if (add(e))
05                modified = true;
06        return modified;
07    }
```

4행을 주의 깊게 보자. HashSet의 addAll 메소드 안에서 다시 add 메소드를 호출하고 있다. 이 add 메소드는 HashSet의 add 메소드를 호출하는 것이 아니고 MyHashSet의 add 메소드를 호출한다. 이것이 해당 현상의 주요 원인이다.

우리는 우리가 작성한 MyHashSet만으로는 동작을 유추할 수 없다. 상위 클래스의 동작 방식을 알아야만 결과를 예상할 수 있다. 상위 클래스 ArrayList는 addAll 메소드가 다시 add 메소드를 호출하지 않았으며, 상위 클래스 HashSet는 addAll 메소드가 다시 add 메소드를 호출했기 때문에 이런 차이가 발생했다.

HashSet의 addAll 메소드가 자신의 add 메소드를 사용하고 있는데 이를 셀프 사용 self-use이라고 한다. 그런데 HashSet의 이러한 동작이 앞으로 나올 자바의 모든 버전에서 동일하게 적용될까? 반드시 그렇지는 않다. 역으로 List의 addAll 메소드가 자신의 add 메소드를 사용하지 않고 있는데 이것이 계속 유지될까? 그것도 보장할 수 없다.

앞의 예는 상속을 잘 사용하기 어려운 하나의 예다. 이제 다른 방안을 생각해보자. 상속 대신 사용할 수 있는 방안으로 컴포지션Composition이 있다. 상속과 컴포지션을 비교하면 다음과 같다.

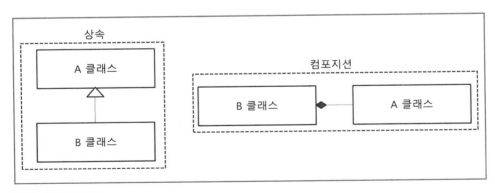

[도표] 상속과 컴포지션

상속을 통해 B 클래스가 A 클래스의 기능을 가질 수도 있지만, 컴포지션을 통해서도 A 클래스에 대한 기능을 제공할 수 있다. 앞에서 상속을 통해 구현한 MySet 클래스 예제를 컴포지션을 통해 구현하면 다음과 같다.

[예제] com.javainhand.ext_04.good.MySet.java

```
01 public class MySet<E> implements Set<E> {
02     private int count = 0;
03     private Set<E> set;
04
05     public MySet() {
06         set = new HashSet<E>();
07     }
08
09     public MySet(Collection<? extends E> c) {
10         set = new HashSet<E>(c);
11     }
12
13     public MySet(int initialCapacity) {
14         set = new HashSet<E>(initialCapacity);
15     }
16
17     public MySet(int initialCapacity, float loadFactor) {
18         set = new HashSet<E>(initialCapacity, loadFactor);
19     }
20
21     @Override
22     public boolean add(E e) {
23         count++;
24         return set.add(e);
25     }
26
27     @Override
28     public boolean addAll(Collection<? extends E> c) {
29         count += c.size();
30         return set.addAll(c);
31     }
32
33     public int getAddCount() {
```

```java
34          return count;
35      }
36
37      @Override
38      public int size() {return set.size();}
39      @Override
40      public boolean isEmpty() {return set.isEmpty();}
41      @Override
42      public boolean contains(Object o) {return set.contains(o);}
43      @Override
44      public Iterator<E> iterator() {return set.iterator();}
45      @Override
46      public Object[] toArray() {return set.toArray();}
47      @Override
48      public <T> T[] toArray(T[] a) {return set.toArray(a);}
49      @Override
50      public boolean remove(Object o) {return set.remove(o);}
51      @Override
52      public boolean containsAll(Collection<?> c) {return set.containsAll(c);}
53      @Override
54      public boolean retainAll(Collection<?> c) {return set.retainAll(c);}
55      @Override
56      public boolean removeAll(Collection<?> c) {return set.removeAll(c);}
57      @Override
58      public void clear() {set.clear();}
59 }
```

3행에 HashSet을 참조 변수로 가리키기 위해 set이라는 멤버 변수가 있다. 컴포지션은 상속을 통해 HashSet의 기능을 가지는 것이 아니라, 멤버 변수를 통해 HashSet를 가짐으로써 HashSet의 기능을 재사용한다.

이때 1행에서 보듯이 MySet은 HashSet과 유사한 메소드를 노출하기 위해 HashSet의 주요 인터페이스인 Set을 구현implements한다. 이렇게 함으로써 Set가 올 자리에 HashSet가 올 수 있었듯이 MySet도 올 수 있다.

```
Set<String> set1 = new HashSet<String>();
Set<String> set2 = new MySet<String>();
```

앞의 예는 getAddCount 같은 새로운 메소드가 추가되느라 MySetDemo 프로그램에서 Set가 사용되지 않았다.

상속은 태생부터 정보 은닉과 거리가 있다. 상위 클래스는 하위 클래스와 강한 결합도^{coupling}를 가지게 된다. 낮은 결합도와 강한 응집성을 가져야 하기 때문에 이는 바람직한 설계가 아니다. 이를 방지하기 위해 가능하면 컴포지션^{composition}을 대안으로 사용하자.

그밖의 기타 사항

클래스 패스를 고려한 클래스 실행

다음과 같은 디렉터리 구조가 있다고 하자.

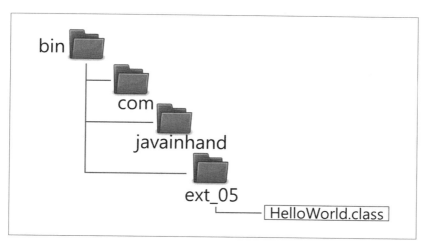

[도표] 디렉터리 구조

HelloWorld의 패키지는 com.javainhand이다. bin 위치에서 java는 다음과 같이 실행하면 된다.

```
java com.javainhand.ext_05.HelloWorld
```

bin 위치 외에서 HelloWorld를 실행하고 싶다면 다음과 같이 -classpath라는 옵션을 사용해 클래스가 있는 위치를 명시적으로 기술한다.

```
java    -classpath    [bin위치기술]    com.javainhand.ext_05.HelloWorld
```

java로 클래스 실행 시 인수 전달하기

클래스를 실행하고자 할 때 다음과 같이 인수를 줄 수 있다.

```
java com.javainhand.ext_05.ArgHelloWorld    kimjihoon    kimhaneul
```

클래스 이름은 ArgHelloWorld이다. 자바 프로그램에서 인수를 받고자 할 때는 다음과 같이 프로그램을 작성한다.

[예제] 인수 주기 예제 – ArgHelloWorld
```
01 public class ArgHelloWorld {
02     public static void main(String[] args) {
03         System.out.println("Hello World "+args[0]+ " " + args[1]);
04     }
05 }
```

인수는 2행의 args에 담겨있는데 args[0], args[1]…에 순서대로 저장돼있다.

이클립스를 사용하는 경우가 많은데 그때는 다음과 같이 이클립스 기능을 사용해 인수를 부여한다.

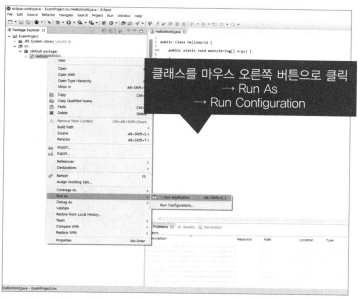

[도표] 이클립스를 사용한 Run 설정

그러면 다음과 같이 인수를 입력할 수 있는 화면이 나타난다.

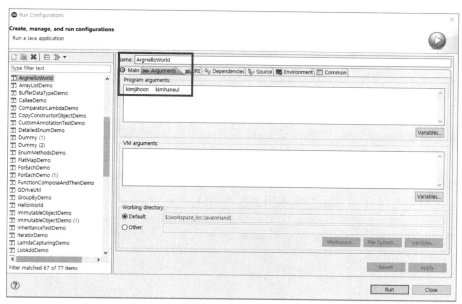

[도표] 이클립스를 사용한 인수 설정

여기서 인수를 입력하면 이클립스가 자바를 대신해 실행할 때 해당 입력 값을 인수로 해 java를 호출한다.

라이브러리란?

프로그램을 개발할 때 모든 기능을 개발자가 직접 작성하지는 않는다. 필요한 기능을 직접 작성할 수도 있지만 복잡한 로직이 담겨있는 기능의 경우 다른 사람이 작성한 모듈을 가져다 사용할 수 있다. 이때 다른 사람이 작성한 모듈을 라이브러리라고 한다. 혹은 자신이 개발한 클래스들을 라이브러리화할 수도 있다.

개발에서 자기가 직접 작성하는 부분이 갈수록 줄어들고 있다. 외부의 라이브러리를 잘 끌어다 쓰는 것이 생산성 및 프로그램의 품질을 높이는 손쉬운 방법 중의 하나이다.

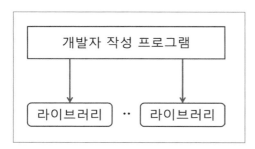

[도표] 프로그램 및 라이브러리

라이브러리라고 해서 별다른 것은 아니다. 컴파일돼있는 여러 클래스 파일을 확장자가 jar인 파일에 부가 정보와 함께 묶어놓은 형태다.

StringUtils라는 클래스가 라이브러리 jar로 제공되고 이를 사용해 다음의 프로그램을 작성한다고 하자.

[예제] 라이브러리 사용 예제 – MyProgram.java

```java
package com.javainhand;

import org.apache.commons.lang3.StringUtils;

public class MyProgram {

    public static void main(String[] args) {
        String str = "";
        boolean flag = StringUtils.isEmpty(str);
        System.out.println("StringUtils.isEmpty(str) : "+flag);
    }
}
```

jar 안에는 결국 클래스들이 묶여있다. 위 예에서 org.apache.commons.lang3. StringUtils를 import하고 있는데 이는 실제로 스트링 클래스에 대한 도움 기능을 모아놓은 commons-lang3-3.7.jar라는 라이브러리에 포함돼있다. 해당 라이브러리에 포함돼있는 클래스를 사용하는 코드는 여타 클래스를 사용하는 코드와 동일하다.

이렇게 jar 형태의 라이브러리를 사용하려면 첫째, 컴파일 타임 때 필요하고, 둘째, 실행 시간에 필요하다. 컴파일 타임 때 필요하다는 것은 javac 명령어를 사용해 확장자가 ~.java 파일을 ~.class로 컴파일할 때 해당 라이브러리를 명시해야 한다는 의미다. 실행 시간에 필요하다는 것은 java 명령어를 사용해 개발자가 작성한 프로그램을 실행할 때 해당 라이브러리를 명시해야 한다는 의미다.

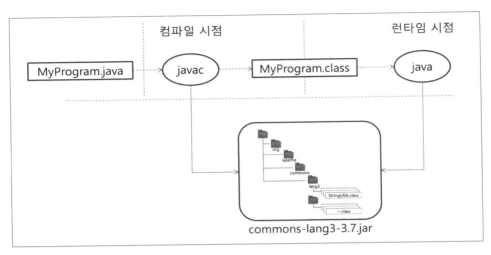

[도표] 라이브러리를 사용한 컴파일 및 실행

앞의 그림에서 알수 있듯이 컴파일 시점에는 컴파일러에게 참조하는 라이브러리를 알려야 하며, 실행 시점에는 가상 머신, 즉 java에게 참조하는 라이브러리를 알려야 한다. 이를 위해 javac와 java의 옵션을 사용해 추가되는 정보를 기술한다.

실무 프로젝트에서는 명령 창에서 javac나 java에 라이브러리 옵션을 주는 방식으로 프로젝트를 진행하지는 않는다. 대신 IDE나 Maven 등의 개발 환경에 라이브러리를 참조하도록 설정한다. 일단 이번에는 이클립스 환경에서 라이브러리를 추가해 보자.

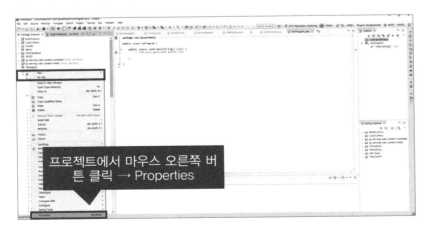

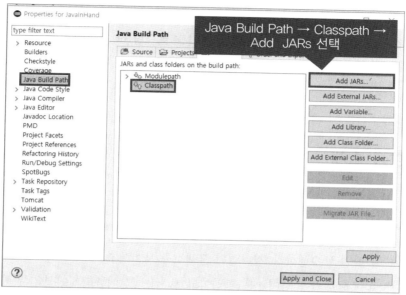

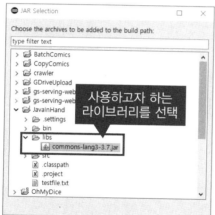

[도표] 라이브러리 추가 작업

사용하려는 라이브러리를 주로 인터넷에서 다운로드해 특정 위치에 복사한 후 앞의
도표와 같은 작업을 수행한다. 앞의 예에서는 프로젝트 폴더 내에 libs라는 디렉터리
를 만들고 그 안에 jar 파일을 내려받았다. 이렇게 이클립스 설정을 하면 우리는 이클
립스를 통해서 컴파일하고 실행하기 때문에 해당 라이브러리에 대한 참조를 이클립
스가 자동으로 수행한다.

본 책에서는 예제 프로그램을 먼저 소개했지만, 실제 프로그램을 작성할 때는 라이브러리 설정 작업을 먼저 해야 한다. 그러지 않으면 프로그램 작성 중에 이클립스가 계속해서 컴파일 오류를 발생시킬 것이다.

Maven 환경 소개

메이븐Maven은 자바용 프로젝트 관리 도구이다. 일반적으로 다음 작업을 수행한다.

첫째, 빌드Build 작업을 수행한다. 예를 들면 .java 파일을 .class 파일로 컴파일한다.

둘째, 패키지Package 작업을 수행한다. 컴파일된 클래스를 묶어서 jar 파일이나 war 파일을 생성한다. jar는 클래스를 묶어놓은 파일이고, war는 웹 어플리케이션을 위한 클래스 및 기타 정보의 묶음 파일이다.

셋째, 테스트Test 작업을 수행한다. 주로 단위 테스트 작업을 수행하는데 저절로 이뤄지는 것은 아니고 별도의 테스트 프로그램을 작성하는 등 부가작업이 필요하다.

넷째, 리포트Report를 수행한다. 빌드 → 패키지 → 테스트 수행 후 리포트를 생성한다.

다섯째, 배포Release 작업을 수행한다. 프로젝트 생성물, 메이븐에서는 아티팩트Artifact라고도 하는데 이를 원하는 위치에 배포한다.

메이븐은 프로젝트 관리 도구이기 때문에 여러 기능이 있지만, 여기에서는 개발자들이 주로 사용하는 의존성Dependency 기능만 소개한다. 의존성 기능은 주로 빌드 작업에 사용되는데, 필요한 라이브러리 선언만 하면 자동으로 다운로드되고 컴파일 시 클래스패스에 포함되도록 한다.

우리는 이클립스를 사용하기 때문에 이클립스와 메이븐이 연동되는 개발 환경을 사용한다. 개념도는 다음과 같다.

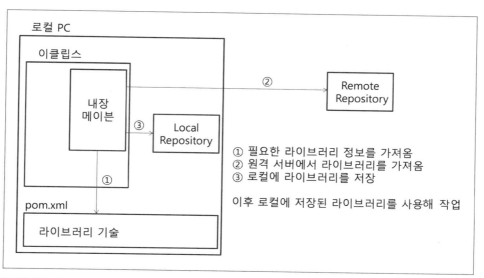

[도표] 메이븐과 이클립스를 사용한 개발 환경 개념도

pom.xml에 필요한 라이브러리를 기술하면 메이븐은 원격 레포지토리에서 라이브러리를 가져다가 로컬 레포지토리에 복사한다. 그리고 이후 이 로컬 레포지토리에 저장된 라이브러리를 사용해 컴파일하고 배포한다.

이제 메이븐을 사용할 수 있는 메이븐 프로젝트를 시작해보자. 디폴트 값으로 넘어가도 되는 부분은 별도로 캡처하지 않았다. 특별한 설명이 없으면 그냥 Next 버튼을 눌러 진행한다.

[도표] Maven Project 생성

이렇게 메이븐 프로젝트를 생성했으면 다음과 같은 구조를 이클립스를 통해 볼 수 있을 것이다.

[도표] Maven Project 구조

메이븐 프로젝트의 특징은 pom.xml이 있다는 것이다. pom은 Project Object Model을 뜻하는데 메이븐에게 전달하는 프로젝트의 정보가 모두 담겨있다.

이제 앞에서 메이븐 없이 포함시켰던 commons-lang3-3.7.jar를 이번에는 메이븐을 사용해 추가해보자.

https://mvnrepository.com 사이트에 접속해 commons-lang3-3.7.jar를 키워드로 검색하자.

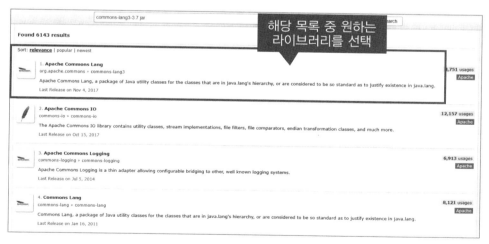

[도표] Maven Repository 검색

여러 목록이 나오는데 우리가 원하는 것은 첫 번째 것이다. 실은 들어가서 상세정보를 봐야 알 수 있는 것이 많다. 포함하고 싶은 라이브러리를 클릭해 들어간다.

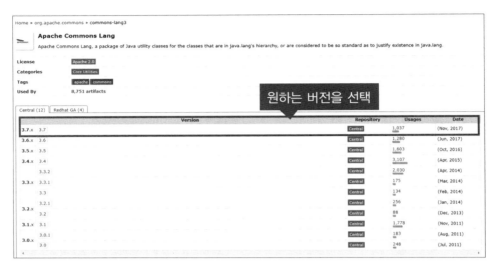

[도표] 원하는 버전 검색

원하는 버전까지 선택했으면 다음 화면이 나온다. 박스 안의 내용을 복사한다.

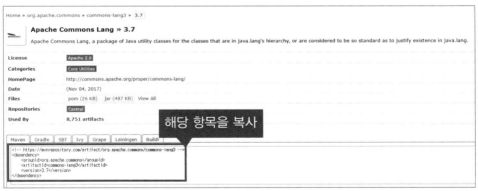

[도표] pom.xml에 추가할 항목 복사

이제 pom.xml을 연 후 복사한 항목을 dependencies에 붙여넣는다. 최종적으로 다음과 같은 형태가 될 것이다.

```xml
<project xmlns="http://maven.apache.org/POM/4.0.0" xmlns:xsi="http://www.w3.org/2
  xsi:schemaLocation="http://maven.apache.org/POM/4.0.0 http://maven.apache.org/x
  <modelVersion>4.0.0</modelVersion>

  <groupId>com.javainhand</groupId>
  <artifactId>myproject</artifactId>
  <version>0.0.1-SNAPSHOT</version>
  <packaging>jar</packaging>

  <name>myproject</name>
  <url>http://maven.apache.org</url>

  <properties>
    <project.build.sourceEnco               d.sourceEncoding>
  </properties>

  <dependencies>

    <!-- https://mvnrepository.com/artifact/org.apache.commons/commons-lang3 -->
    <dependency>
      <groupId>org.apache.commons</groupId>
      <artifactId>commons-lang3</artifactId>
      <version>3.7</version>
    </dependency>

    <dependency>
      <groupId>junit</groupId>
      <artifactId>junit</artifactId>
      <version>3.8.1</version>
      <scope>test</scope>
    </dependency>
  </dependencies>
</project>
```

필요한 라이브러리
정보 붙여넣기

[도표] 라이브러리가 추가된 pom.xml

org.apache.common 그룹의 commons-lang3 라이브러리 중 버전 3.7을 사용하겠다고 pom.xml에 기술한 것이다. 이렇게 기술하면 메이븐은 https://mvnrepository.com에서 관리하는 원격 레포지토리에서 해당 jar 파일을 복사해 로컬 레포지토리로 복사한 후 사용한다. 로컬 레포지토리의 디폴트 위치는 C:\Users\로그인명\.m2이다.

지금까지 개발 입문자들에게 필요한 메이븐을 사용한 라이브러리 추가 방법을 알아봤다. 다시 말하지만 메이븐은 프로젝트 관리 도구이다. 소개한 라이브러리 관리 기능 말고도 다양한 기능이 있다.

안드로이드에서는 메이븐 대신 그래들Gradle을 사용한다. 그러나 국내 대다수 개발자들이 접하게 되는 웹 프로젝트에서는 아직 메이븐을 사용하므로 메이븐을 소개했다.

| 맺으며 |

실무에 필요한 내용만 자바 입문자에게 전달하는 것을 목표로 집필했는데, 그러다 보니 자바 문법을 다 설명한 것도 아니면서, 자바 문법만 설명한 것도 아닌게 됐다. 책을 보고 잘 이해되지 않는 것은 자바 문법이든, 본 책을 벗어나는 범위든 상관없으니 http://javainhand.tistory.com/에 질문하기 바란다.

| 찾아보기 |

에이콘출판의 기틀을 마련하신 故 정완재 선생님 (1935-2004)

손안의 자바

초보자를 위한 자바 프로그래밍의 핵심 + 알파

발 행 | 2018년 7월 17일

지은이 | 김지훈 · 이현우

펴낸이 | 권 성 준
편집장 | 황 영 주
편 집 | 이 지 은
디자인 | 박 주 란

에이콘출판주식회사
서울특별시 양천구 국회대로 287 (목동)
전화 02-2653-7600, 팩스 02-2653-0433
www.acornpub.co.kr / editor@acornpub.co.kr

한국어판 © 에이콘출판주식회사, 2018, Printed in Korea.
ISBN 979-11-6175-183-2
ISBN 978-89-6077-566-4 (세트)
http://www.acornpub.co.kr/book/java-in-hand

이 도서의 국립중앙도서관 출판시도서목록(CIP)은 서지정보유통지원시스템 홈페이지(http://seoji.nl.go.kr)와
국가자료공동목록시스템(http://www.nl.go.kr/kolisnet)에서 이용하실 수 있습니다.(CIP제어번호: CIP2018020868)

책값은 뒤표지에 있습니다.